Kommunikation und Kybernetik in Einzeldarstellungen
Herausgegeben von H. Wolter und W. D. Keidel
Band 6

Johannes Peters

Einführung in die allgemeine Informationstheorie

Mit 75 Abbildungen

Springer-Verlag Berlin Heidelberg GmbH 1967

Johannes Peters
Dr.-Ing. E. h. d. T. H. Hannover
Senior Member d. IEEE
Deisenhofen

ISBN 978-3-642-49098-9   ISBN 978-3-642-86500-8 (eBook)
DOI 10.1007/978-3-642-86500-8

Library of Congress Catalog Card Number 67-12688

Titel-Nr. 6135

*Mögen daher die Techniker erkennen, daß es, um Techniker zu sein,
nicht genügt, Techniker zu sein. Während sie sich mit ihrer besonderen Aufgabe beschäftigen, zieht die Geschichte ihnen den Boden
unter den Füßen fort. Man muß wachsam sein und aus seinem eigenen
Kreis heraustreten: die Landschaft des Lebens zu erspähen, das immer
total ist. Die höchste Fähigkeit zu leben verbürgt nicht irgendein Amt
oder irgendeine Wissenschaft, sie ist die Gesamtheit aller Berufe und
aller Wissenschaften und vieler anderer Dinge mehr . . .*

> *José Ortega y Gasset*
> *in: Betrachtungen über die Technik*

Vorwort

Im Bereich der Nachrichtentechnik hat die Informationstheorie im Verlaufe von knapp 20 Jahren eine umfassende Bedeutung erlangt. Diese Bedeutung beruht darauf, daß es sich hier nicht um eine Theorie der Elektrotechnik, also die Theorie eines Nachrichten*mittels*, sondern um eine Theorie der Nachrichten selbst handelt.

Seit den Arbeiten von SHANNON hat es nicht an Bemühungen gefehlt, die Informationstheorie aus ihrer abstrakten Ferne an die Physik und die Technik der Nachrichtenmittel heranzuziehen und mit den hier geltenden theoretischen Grundlagen in Beziehung zu setzen. An erster Stelle muß hierbei der Arbeiten von SZILARD und BRIOULLIN gedacht werden.

Wenn die Überlegungen, wie es in diesem Buch geschehen ist, an dieser Stelle beginnen, baut sich zwanglos ein innerlich widerspruchsfreies System von Begriffen und Beziehungen auf, das weit über die Nachrichtentechnik im engeren Sinne hinaus die gesamten Naturwissenschaften überdeckt und auch die biologischen Systeme mit in die Physik einbezieht.

Der Grund für diese Universalität liegt in der allgemeinen Bedeutung des zweiten Hauptsatzes der Thermodynamik, wobei die durch den sogenannten Laplaceschen Dämon bezeichnete Lücke gerade durch die Informationstheorie geschlossen wird.

Die allgemeine theoretische Grundlage aller abstrakten Überlegungen ist die Wahrscheinlichkeitstheorie und die Theorie der Zufallsprozesse. Diese Theorien bilden ein in sich geschlossenes mathematisches Lehrgebäude, das die Theorie determinierter Funktionen als einen Sonderfall mit umschließt.

Man kann nur die Frage prüfen, ob diese Mathematik als Ganzes geeignet ist, die Gesamtheit aller physikalischen Beobachtungen so zu interpolieren, daß ein eindeutiges Gesamtbild zustande kommt. Diese Frage ist hier bejaht worden. Man kann diese Übereinstimmung allerdings nicht »beweisen«; es ist aber eine Erfahrungstatsache, daß unsere Beobachtungen dieses Gesamtbild laufend bestätigen, ohne daß es möglich wäre, ein anderes Gesamtbild aufzustellen, das dasselbe leistet.

Dieses Buch geht auf eine Anregung von M. MEYER-EPPLER zurück, wobei es in den dazwischenliegenden langen Jahren mehrfach nötig war, das Geschriebene zu verwerfen und von neuem zu beginnen. Es zeichnet sich in diesem Weg auch der allgemeine Wandel in den Auffassungen ab;

je mehr die Informationstheorie zum Bestandteil eines allgemeinen Weltbildes wurde, um so konkreter wurde sie für den Physiker und Techniker.

Auch persönliche Gründe haben die Fertigstellung des Buches laufend verzögert. Nach dem allzu frühen Tode des ersten Betreuers übernahm H. WOLTER dessen Aufgaben. Der Verfasser hat beiden Persönlichkeiten sehr für ihre Hilfe, ihre Ratschläge und für ihre Geduld zu danken.

Der gleiche Dank gilt auch dem Springer-Verlag. Er hat mit dem Herausgeber Verständnis für alle die Verzögerungen aufgebracht, bei denen außerdem auch äußere Umstände im Leben des Verfassers mitgewirkt haben.

Dieses Buch sollte vorzugsweise demjenigen Techniker eine Grundlage liefern, der sich mit extremen technischen Aufgaben auf dem Gebiete der Informationstechnik zu befassen hat. Deshalb ist auch an einigen Stellen nicht darauf verzichtet worden, die endgültigen Grenzen besonders zu beleuchten, die aus der Shannonschen Theorie durch ihre Verwandtschaft mit dem zweiten Hauptsatz der Thermodynamik abzulesen sind. Innerhalb des realisierbaren Bereiches ist aber auch einige Mühe darauf verwendet worden, die Zusammenhänge so konkret wie möglich darzustellen, wobei die dem gegenwärtigen Stand der Nachrichtentechnik entsprechende Denkweise zugrundegelegt wurde.

Soweit physikalische und mathematische Grundlagen erforderlich sind, wird dem Leser empfohlen, sich der angegebenen Quellen zu bedienen. Eines dieser zitierten Bücher ist auch das 1954 im selben Verlag erschienene Buch des Verfassers: »Einschwingvorgänge, Gegenkopplung, Stabilität«. Jedoch ist das vorliegende Buch in Inhalt und Darstellung davon genauso unabhängig wie von jedem anderen Buch.

Es ist dem Verfasser eine angenehme Pflicht, an dieser Stelle allen denen zu danken, die ihm in den zurückliegenden Jahren in irgendeiner Weise ihre Hilfe gewährt haben, ohne die dieses Buch niemals die Druckreife erreicht haben würde. Das sind insbesondere die Mitarbeiter des Springer-Verlages und der Firma Mandruck München sowie Frau J. Rudel für die Mithilfe beim Korrekturenlesen. Darüber hinaus ist es unmöglich, Namen aufzuzählen, aber es entspricht einem Naturgesetz, daß diejenigen, die dem Verfasser am nächsten standen, auch am meisten in Mitleidenschaft gezogen wurden.

Deisenhofen, im Februar 1967   JOHANNES PETERS

Inhaltsverzeichnis

Verwendete Formelzeichen

A	Experiment, Versuchsbedingung
$\bar{A}$	zu A komplementäre Menge
$(A;(B);p)$	Wahrscheinlichkeitsfeld
a	Buchstabe (im Sinne von Shannon)
$\mathbf{a}$	Beschleunigungsvektor
α	Zählindex
B	Gesamtheit der Möglichkeiten, die auf A folgen (Ergebnisse)
B'	Teilmenge von B
B	Bandbreite
C	Kanalkapazität je Zeichen
C	Kanalkapazität je Zeiteinheit
$\overline{\mathbf{C}}$	nicht ausgenutzte Kanalkapazität
c	Lichtgeschwindigkeit
D	Entfernung
d	Dichte
d	Dirac-Stoß
E	Energie
E_k	kinetische Energie
$E\{\ldots\}$	Erwartungswert der Zufallsgrößen in der Klammer
$E\{G\}$	Erwartungswert des Gewinns
e	Elementarladung
e	Basis des nat. Logarithmensystems
ε	Kleine Abweichung in der Wahrscheinlichkeit
ε	Energie des Planckschen Oszillators
$\boldsymbol{F}$	Flächenelement
$\mathfrak{f}$	Frequenz im mathematischen Sinne (Variable auf der zweiseitig unendlichen Achse)
f	Frequenz im physikalischen Sinne (Variable auf der positiven Halbachse)
Φ	Korrelationsfunktion
Φ	Informationsfluß

f	Funktion von . . .
F	Summenfunktion der Wahrscheinlichkeitsdichte
$\mathbb{F}$	Fouriertransformierte von F
G	Variable
g	Fouriertransformierte von G
γ	Gravitationskonstante
H	Entropie nach Boltzmann oder Shannon
H	Variable
h	Fouriertransformierte von H
h	Plancksche Wirkungskonstante
h	relative Häufigkeit
I	Information nach Shannon
K	Kette
K	Schwerkraft
K	beschleunigende Kraft
KM	magnetisches Kernmoment eines Protons
k	Kettenglied
k	Boltzmannsche Konstante
$\mathscr{L}$	Laplace-Transformation
$\mathscr{L}_{II}$	Laplace-Transformation, zweiseitige
λ	Wellenlänge
M	Ruhemasse des Protons
M	Masse als Zentralkörper
m	Anzahl der Freiheitsgrade
m	»schwere« Masse
m	»träge« Masse
m_0	Ruhemasse
m	Masse, allgemein
m_c	Masse eines Photons (bei Lichtgeschwindigkeit c)
m_e	elementare Masse
μ_B	Bohrsche Magneton
N	Störenergie
N	Blocklänge
n	Anzahl der Photonen

P	Wahrscheinlichkeitsdichte
$I\!P$	Fouriertransformierte der Wahrscheinlichkeitsdichte
p	Wahrscheinlichkeit
$\bar{p}$	komplementäre Wahrscheinlichkeit
p	Impuls
p_S	Wahrscheinlichkeit für Sicherheit
p_F	Wahrscheinlichkeit für Eintritt eines Fehlers
Q	Wärmeenergie
q	Ausfallwahrscheinlichkeit, komplementäre Wahrscheinlichkeit
R	Transinformation
$\bar{R}$	Nicht ausgenützter Teil der Transinformation
r	Entfernung
S	Signalenergie
S	Entropie (nach Clausius)
s	Drehimpuls, Spin
σ^2	Varianz
σ	Streuung
T	absolute Temperatur
t	Zeit
T	Zeitintervall
τ	zeitlicher Abstand, Laufzeit
U	Variable
u	Fouriertransformierte von U
u	(hypothetische) Phasengeschwindigkeit
v	Geschwindigkeit
W	Übertragungsfunktion eines Systems im Original- (Zeit-)Bereich
w	Übertragungsfunktion eines Systems im Bildbereich
ω	$2\pi f$, Kreisfrequenz
X	Zufallsvektor
x	Variable, Zufallsvektor
x′	Variable
x	Raumelement
$\dot{x}$	Differentialquotient von x nach der Zeit t

x_m	»Unschärfe« der Funktion x
$\bar{x}$	$E(x)$, Erwartungswert von x
y	Variable
y_m	»Unschärfe« der Funktion y
$\bar{y}$	$E(y)$, Erwartungswert von y
Z	Wellenwiderstand des freien Raumes
Z	Zufallsvariable
z	Zufallsvektor
z	Gesamtzahl der Zellen in der Zustandsfläche
z	Anzahl der Freiheitsgrade

Einleitung

Die erste technische Anwendung des elektrischen Stromes war nach seiner Entdeckung die Fernübertragung von Nachrichten. Der Telegraph und das Telephon sind wesentlich älter als die Glühlampe oder der Elektromotor.

Als die Energieübertragung in den Vordergrund trat, hat sich die Elektrotechnik in Stark- und Schwachstromtechnik unterteilt, wobei der letzte der beiden Teile heute Nachrichtentechnik genannt wird. Entsprechend hat sich aus der gemeinsamen Theorie der Elektrotechnik die Theorie der Nachrichtentechnik herausgelöst. Die erste große Darstellung einer spezifisch nachrichtentechnischen Denkweise ist die von C. E. Shannon 1948 veröffentlichte »Mathematische Theorie der Kommunikation«, die heute meistens Informationstheorie genannt wird. Diese Theorie hat im Grunde sehr wenig mit Elektrotechnik zu tun, so wenig, daß die Worte ›elektrisch‹ oder ›Elektrizität‹ in dem Werk von Shannon nicht benutzt werden.

Der heute auf dem Gebiete der Nachrichtentechnik vor praktischen Aufgaben stehende Ingenieur ist fast immer Elektrotechniker oder Physiker. Er weiß selbstverständlich die Mathematik als ein Werkzeug zu handhaben, betreibt sie aber in den seltensten Fällen um ihrer selbst willen. Schon dieser Grund mag die Veranlassung dafür sein, daß der Nachrichtentechniker einen schweren Zugang zu seiner spezifischen theoretischen Grundlage hat. Außerdem muß er die Frage nach dem Lohn für die Mühe stellen, sich in diese Dinge einzuarbeiten. Der elektrotechnisch vorgespannte Nachrichtenfachmann wird leicht dabei den Eindruck gewinnen, daß es sich in erster Linie um eine Art Nachrichtenphilosophie handelt, die eben deshalb gar nicht auf einen praktischen Nutzen hin angelegt ist.

Gewiß wird man der Informationstheorie nach einiger näherer Bekanntschaft mit ihr den Nutzen zugestehen, eine Art allgemeines Bewertungssystem darzustellen. Man kann z. B. mit ihrer Hilfe erkennen, daß das Morsealphabet als Kode unseres Buchstabenalphabetes dem theoretischen Optimum erstaunlich nahe kommt. Die Informationstheorie vermag auch Anregungen für noch fehlende technische Lösungen zu geben, weil sie in ihrer umfassenden Übersicht auch Lücken wahrnimmt. Ein Beispiel dafür sind die mit dem Vocoder zusammenhängenden technischen Arbeiten.

Da die Informationstheorie keine Theorie der Elektrotechnik ist, überschreitet ihr Anwendungsbereich bei weitem den der elektrischen Nachrichtentechnik und der Nachrichtentechnik überhaupt. Es besteht daher die Möglichkeit, die Informationstheorie über diesen besonderen Anwendungsbereich hinaus allgemein zugänglich zu machen.

Da ist zunächst der durch L. Szilard (1929) und L. Brillouin (1956) angegebene Zusammenhang mit der thermodynamischen Entropie. Diese Verbindung zur Physik erlaubt es, Sätze der Wärmelehre in der Informationstheorie und solche der Informationstheorie in der Wärmelehre anzuwenden.

Grundsätzlich kann man die Informationstheorie immer dann anwenden, wenn ein Wahrscheinlichkeitsfeld vorliegt. Damit kann man nicht nur alle Verbindungen zwischen zwei nachrichtentechnischen Systemen als Übertragungskanäle behandeln, sondern auch die zwischen einem physikalischen und einem nachrichtentechnischen System. Bei einer Übertragung in Richtung zum nachrichtentechnischen System liegt eine Messung vor, bei einer Übertragung in der Gegenrichtung eine Steuerung.

Wahrscheinlichkeitsfelder gibt es auch im Bereiche der Wirtschaft, der Medizin, der Verteidigung und des öffentlichen Lebens. In Verbindung mit der Entscheidungstheorie und der mathematischen Verfahrensforschung führt die Informationstheorie auf grundsätzliche Grenzen für die Manipulierbarkeit von Massenvorgängen. Diese Bemerkung ist aber nur als ein Hinweis gedacht; Ergebnisse dieser Art kann das Buch nicht bringen.

Die den Techniker wohl am meisten erregende und anregende Erkenntnis liegt im Shannonschen Satz, daß es unter bestimmten Voraussetzungen möglich sei, Nachrichten über einen gestörten Kanal beliebig sicher zu übertragen. Wenn man dabei an die dargestellte Verallgemeinerung der Informationstheorie denkt, stößt man auch auf den Widerspruch der Philosophie, die seit dem griechischen Altertum (Parmenides um 500 v. Chr.) zwischen der objektiven Welt und der subjektiv erkennbaren Welt unterscheidet. Man könne, neuzeitlich ausgedrückt, nicht mit der Wahrscheinlichkeit Eins von unseren sinnlichen Eindrücken auf die wirkliche Welt rückschließen, da der dazwischen liegende Kanal Störungen unterworfen ist.

Das Buch verwendet deshalb einigen Raum auf eine Behandlung des Shannonschen Satzes unter praktisch-technischen Aspekten. Hierbei werden besonders die Auswirkungen eines beschränkten technischen Aufwandes und Fragen der Realisierung beleuchtet.

Das Buch ist in fünf Kapitel und in 67 durch die Kapitel hindurch fortlaufend numerierte Paragraphen unterteilt.

Der Stoff wurde in der Absicht unterteilt und dargestellt, das Lesen zu erleichtern. Hierbei sind auch autodidaktische Erfahrungen mit verwertet worden. Jeder Paragraph sollte eine Treppenstufe sein, die den Leser um ein entsprechendes Stück anhebt, wenn er sie überwunden hat. Eingestreute Beispiele sollten dabei die Ermüdung und die Resignation überwinden helfen; sie können allerdings dort nicht über wirkliche Schwierigkeiten hinwegtäuschen, wo solche anzutreffen sind.

Trotzdem kann das Buch nicht viel mehr als eine Einführung sein. Der Leser wird voraussichtlich, wenn er die oberste Plattform erreicht hat, vielleicht auch schon früher, in der Lage sein, das angegebene Schrifttum für eigene weiterführende Studien zu benutzen.

Das erste Kapitel behandelt die neuzeitliche Physik in Bezug auf die für die Informationstheorie wichtigen Aspekte. Es soll jedoch nicht etwa physikalische Fachbücher ersetzen, sondern an diese heranführen.

Beim zweiten Kapitel wird eine einfache Einführung in die Wahrscheinlichkeitstheorie als Teilbereich der Maßtheorie und der Mengenlehre gegeben. Diese unnötig abstrakt erscheinende Darstellung ist notwendig, um aus dem schwachen und dem starken Gesetz der großen Zahlen entsprechende Schlüsse ziehen zu können. Wenn man aber von vornherein den intuitiven Wahrscheinlichkeitsbegriff (als den Grenzfall der Häufigkeit) einführt, wie dies in manchen für Techniker bestimmten Darstellungen üblich ist, würde dieser wichtige Schluß logisch als Zirkelschluß unzulässig sein. Im übrigen lehnt sich dieses Kapitel eng an ein mathematisches Fachbuch (RICHTER, Wahrscheinlichkeitstheorie) an, ohne allerdings dieses Buch mit den eigenen, möglicherweise nicht immer zulässigen Vereinfachungen belasten zu wollen.

Auf die Wahrscheinlichkeitstheorie baut sich das folgende vierte Kapitel über Zufallsprozesse auf. Auch hierbei mußten starke Vereinfachungen hingenommen werden, die den Mathematiker nicht immer befriedigen werden. Obwohl es viele Bemühungen in dieser Richtung gibt, muß das Fehlen eines Fachbuches beklagt werden, das eine hinreichend vollständige und auf technische Bedürfnisse zugeschnittene Einführung in diesen wichtigen Bereich der praktischen Mathematik gibt. Der Leser möge sich zur weiterführenden Unterrichtung des jeweils angegebenen mathematischen Schrifttums bedienen.

Erst im vierten Kapitel, abgesehen von einem Vorgriff am Ende des ersten Teiles, werden die Grundlagen der Informationstheorie behandelt. Der Verfasser hat sich zu dieser Einteilung entschlossen, weil er nicht glaubt, die in den voraufgegangenen drei Kapiteln enthaltenen Kenntnisse in dem angesprochenen Leserkreis voraussetzen zu können. Die Informationstheorie ist aber in einem gewissen Sinne nur eine Fortführung der Wahrscheinlichkeitstheorie. Die Frage, ob und in welchem Bereich die Informationstheorie »gültig« ist, hängt wieder unmittelbar mit der Frage zusammen, wie sich die Wahrscheinlichkeitstheorie in die Welt der Erfahrung einordnet.

Das fünfte Kapitel bringt einen Ausbau der Informationstheorie auf stetige Vorgänge und schließt mit einigen Paragraphen, die besonders typische technische Anwendungsbeispiele ausführlicher behandeln, als dies bei den häufig in den Text zur Veranschaulichung eingestreuten Beispielen geschehen konnte.

Die gesamte Darstellung strebt in erster Linie an, viele Fachgebiete unter dem Aspekt der Informationstheorie miteinander in Verbindung zu bringen. Das Buch möchte aber außer dem Bemühen, eine umfassende Theorie zu bieten, auch denjenigen Fachmännern Anregungen und vielleicht auch einige Hilfen geben, die »nur« praktische Ziele verfolgen.

Zur Technik der Darstellung sei noch angemerkt, daß die Formeln und Abbildungen in den einzelnen Kapiteln für sich numeriert sind, wobei die Nummer des betreffenden Kapitels vorangestellt wird. Beim Zitieren wird *innerhalb desselben Kapitels* die vorangestellte Kapitel-Nummer fortgelassen.

Kapitel I

Die Umwelt als Quelle und als Verbraucher von Information

§ 1 Einführung in die gedanklichen Voraussetzungen[1]

Eine naturwissenschaftliche Theorie beruht auf Beobachtungen, die mit Hilfe der mathematischen Logik miteinander in einen widerspruchsfreien Zusammenhang gebracht werden. Philosophische Bemühungen, ohne direkte Befragung der Natur ein Bild der Natur zu schaffen, sind spätestens seit Beginn des 20. Jahrhunderts endgültig fehlgeschlagen. Die Relativitätstheorie beruht auf der mathematischen Konzeption des vierdimensionalen nichteuklidischen Minkowskischen Raumes. Diese Konzeption verbindet die beiden Beobachtungstatsachen, das Galileische Additionsgesetz der Geschwindigkeiten im Bereich kleiner Geschwindigkeiten und die aus dem Michelsonschen Versuch zu folgernde Invarianz

---

[1] Z. B.: JEANS, J.: Physik und Philosophie. Zürich: Rascher Verlag 1952. — BAVINK, B.: Ergebnisse und Probleme der Naturwissenschaften, 8. Aufl. Leipzig: S. Hirzel 1944; — Was ist Wahrheit in den Naturwissenschaften? Wiesbaden: Eberhard Brockhaus 1948. — MASON, S. F.: Geschichte der Naturwissenschaft. Stuttgart: Alfred Kröner Verlag. — v. WEIZSÄCKER, C. F.: Die Geschichte der Natur. Göttingen: Vandenhoeck & Ruprecht 1948. — BECKER, F.: Geschichte der Astronomie. Bonn: Universitäts-Verlag 1947. — SCHRÖDINGER, E.: Geist und Materie. Braunschweig: Friedr. Vieweg & Sohn 1961; — Was ist ein Naturgesetz? München u. Wien: R. Oldenbourg 1962. — BOHR, N.: Atomphysik und menschliche Erkenntnis. Braunschweig: Friedr. Vieweg & Sohn 1958. — HEISENBERG, W.: Physik und Philosophie. Stuttgart: S. Hirzel Verlag 1959. — WIRK, A.: Philosophie und Physik. Stuttgart: S. Hirzel Verlag 1961. — JORDAN, P.: Die Physik und das Geheimnis des organischen Lebens. Braunschweig: Friedr. Vieweg & Sohn 1947; — Der Naturwissenschaftler vor der religiösen Frage. Oldenburg: Gerhard Stalling Verlag 1963. — RUSSEL, B.: Philosophie des Abendlandes. Frankfurt a. M.: Holle Verlag 1950; — Probleme der Philosophie, 17. Aufl. Wien: Humboldt Verlag 1943; — The Principles of Mathematics. London: Allen & Unwin Ltd. 1903. — LIETZMANN, W.: Das Wesen der Mathematik. Braunschweig: Friedr. Vieweg & Sohn 1949. — WHITEHEAD, A. N.: Einführung in die Mathematik. Wien: Humboldt Verlag 1948; — Philosophie und Mathematik. Wien: Humboldt Verlag 1949. — WHITTACKER, E.: Von Euklid zu Eddington. Wien: Humboldt Verlag 1952. — BENSE, M.: Konturen einer Geistesgeschichte der Mathematik. Hamburg: Classen & Goverts 1946. — REIDEMEISTER, K.: Raum und Zahl. Berlin–Göttingen–Heidelberg: Springer 1957. — STEINBUCH, K.: Automat und Mensch. Berlin–Göttingen–Heidelberg: Springer 1961. — STACHOWIAK, H.: Denken und Erkennen im kybernetischen Modell. Wien–New York: Springer 1965.

der Lichtgeschwindigkeit gegenüber einer Änderung des Bezugssystems.

Es muß überraschen, daß es gelingt, mit Hilfe einer aus menschlichem Geist geschaffenen Mathematik ein einheitliches und umfassendes Weltbild aufzubauen. Man kann sagen, daß hierbei die Mathematik erfolgreich an die Stelle der Naturphilosophie getreten ist.

Wenn es gelingt, wie es den Anschein hat, wirklich ein umfassendes Weltbild aus Beobachtungen und Mathematik aufzubauen, so ist dieses Weltbild identisch mit der naturwissenschaftlichen Wahrheit. Die Naturwissenschaft kann nichts tun, was außerhalb dieses Fragenbereiches oder darüber hinaus liegt.

Gegen diese Auffassung gibt es die beiden folgenden gewichtigen Einwände:

1. Der Mensch kann nur endlich viele Beobachtungen machen. Die Erkenntnisse sind also stets eine endliche Anzahl von Punkten in einem unendlichen Raum mit sehr vielen Dimensionen. Wir kennen, wie sehr auch die Menge dieser Punkte zunehmen möge, immer nur die Welt in diesen singulären Punkten. Man kann auch unter Benutzung einer mathematischen Ausdrucksweise sagen: die Welt ist stets fast überall unbekannt. Unsere Erkenntnis ist außerdem in den singulären Punkten durch die zufällige Auswahl dieser Punkte gegeben; eine andere Auswahl dieser Punkte hätte ein anderes Weltbild entstehen lassen.

2. Jede Beobachtung ist ein Zufallsergebnis. Darin spiegelt sich nicht nur eine gewisse Unvollkommenheit menschlicher Sinnesorgane, sondern auch eine physikalische Grundtatsache. Wenn man also der Beobachtung den Vorrang vor dem Denken gibt, ersetzt man die vielleicht nur scheinbaren Fehler der menschlichen a priori-Erkenntnis durch die sicher vorhandenen Fehler in der Beobachtung.

Der erste Einwand trifft nur zu, wenn man die ursprünglichen Ergebnisse der wirklich angestellten Versuche betrachtet. Durch die Mathematik werden diese einzelnen Ergebnisse nicht nur untereinander in Beziehung gesetzt, sondern es wird dadurch auch der zwischen diesen Fixpunkten liegende Raum mit erfaßt.

Auf den zweiten Einwand wird dieses Buch in seinen wesentlichen Teilen in verschiedenen Zusammenhängen eingehen. Nach der Wahrscheinlichkeitstheorie ist zwar der einzelne Versuch unsicher, aber man darf daraus nicht auch den Schluß ziehen, daß die Gesamtheit aller Versuche ebenso unsicher sei. Die Wahrscheinlichkeitstheorie und die Informationstheorie beschreiben zusammengenommen die wirklichen Geschehnisse in der Natur richtig und führen zwingend zu der Erkenntnis, daß der Fehler in unseren Beobachtungen mit Anwachsen des Beobachtungsmaterials mit der Wahrscheinlichkeit Eins gegen Null strebt. Das gilt aber nur dann, wenn die Information in diesen Erkenntnissen nicht eine bestimmte Größe übersteigt, durch die alle Kanäle gekennzeichnet sind, die zum Übertragen von Information geeignet sind: die Kanal-kapazität (Shannonscher Satz).

Wenn sich das Buch positivistisch diese Einstellung zu eigen macht, will es nicht etwa dartun, daß man ohne den Begriff Geist auskommt. Es geht auf transzendente Begriffe nur deshalb nicht ein, weil diese nicht durch eine objektive messende Beobachtung erfaßt werden können. Mathematisch ausgedrückt, sind diese Dinge nicht etwa deshalb gleich Null, weil sie hier nicht in Erscheinung treten, es kann sich ebensogut um ein Orthogonalitätsverhältnis zwischen dem Transzendenten und dem Rationalen handeln. Nur aus diesem Grunde ist es auch möglich, bei entsprechend gestellter Aufgabe, alle Betrachtungen auf das Rationale zu beschränken.

§ 2 Die Reproduzierbarkeit des Weltbildes der klassischen Physik

Man kann das Zustandekommen eines naturwissenschaftlichen Welt-bildes als ein gewaltiges Experiment der Natur ansehen, das unseres Wissens nur einmal durchgeführt worden ist[1]. Es wäre für die Beurteilung der Wahrheit dieses Weltbildes eine interessante Frage, ob dieses Experi-ment stets bei gleichen Voraussetzungen auch zu dem gleichen Ergebnis geführt haben würde. Wenn, etwa nach einer großen neuen Sintflut, eine neue Menschheit nochmals die Gesamtheit aller Beobachtungen zu einem Weltbild zusammenfügen würde, müßte dieses dem unseren gleichen? Wenn es in einem fernen Fixsternsystem einen bewohnten Planeten geben sollte, würden geistig gleich geartete Bewohner dann, abgesehen von sprachlichen Unterschieden, Physikbücher besitzen, die auch für uns gelten könnten, oder ist die Gesamtheit aller Naturgesetze in demselben Sinne auf die betreffende Bewohnerschaft beschränkt, wie etwa die von Menschen erlassenen Gesetze auf die einzelnen Geltungsbereiche?

Ein mit den heutigen Erkenntnissen ausgestatteter Mensch könnte in der Physik auf die Wiederholung historisch entstandener Bezeichnun-gen und Unterteilungen verzichten. Er würde möglicherweise die Physik und die Chemie als eine Theorie der Gesamtheit von Elementarteilchen ansehen. Was sich abspielt, sind Umwandlungsprozesse (z.B. Emission und Absorption von Photonen) und Bewegungen. Eine primitive Physik könnte darin bestehen, die Prozesse aller Teilchen sorgfältig zu registrie-ren, ohne daraus irgendwelche Schlüsse zu ziehen. Es ist aber leicht ein-zusehen, daß eine solche geistlose Physik aus Mangel an Speicherkapazi-tät nicht möglich ist. Die Geschichte eines jeden Teilchens kann nur in Speichern aufgehoben werden, die aus Teilchen bestehen, die ihrerseits wieder eine Geschichte haben, usw.

---

[1] Die Tatsache, daß wir nur dieses eine Ergebnis kennen, schließt nicht aus, daß dieses Experiment vorher oder auch gleichzeitig mehrfach wiederholt wurde.

Die Aufzeichnung nur der Gesetze verringert also den Bedarf an Speichern. Allerdings muß man die Gesetze erst aus den beobachteten Prozessen ableiten.

Die klassische Physik beobachtet nicht die einzelnen Elementarprozesse, sondern die aus der Überlagerung von vielen Elementarprozessen hervorgehenden makroskopischen Prozesse. Wenn wir die Bewegung einer Gesamtheit von sehr vielen Elementarteilchen betrachten, befinden wir uns im Bereiche der klassischen Mechanik.

Um die Bewegung eines Körpers zu beschreiben, braucht man ein dreidimensionales Koordinatensystem $x = (x_1, x_2, x_3)$ und eine Zeit t. Außer dem Koordinatensystem, das notwendig an einen großen Körper, z.B. an die Erde, gebunden ist, braucht man noch Maßeinheiten für die Länge und die Zeit, also etwa das Meter und die Sekunde. Auf die technischen Fragen, wie diese beiden Einheiten definiert werden müssen, und wie diese aufgehoben und reproduziert werden, braucht hier nicht eingegangen zu werden[1]. Offensichtlich ist es für die klassische Physik nicht wesentlich, welches Koordinatensystem und welche Längen- und Zeiteinheiten gewählt werden. Gegebenenfalls kann man die Ergebnisse rechnerisch auf andere Koordinaten und auf andere Einheiten transformieren.

Der Katalog von Beobachtungen enthält je Vorgang eine dreidimensionale Funktion

$$x(t) = [x_1(t); x_2(t); x_3(t)], \tag{1.1}$$

die dem einzelnen Körper, oder genauer gesagt, seinem Schwerpunkt zugeordnet ist. (Dabei werde im Augenblick von Drehungen um den Schwerpunkt abgesehen.) Diese Kurven werden stetig sein und für endliche t endliche Funktionswerte besitzen, im einzelnen aber einen recht verschiedenartigen Verlauf aufweisen. Die vergleichende Betrachtung der Bahnen löst die Urfrage der Forschung aus: Wie kommt das? Es muß überraschen, daß diese Frage erst 1687 von NEWTON in dem ersten seiner drei Axiome folgendermaßen beantwortet wurde:

Jeder Körper beharrt in seinem Zustand der Ruhe oder der gleichförmigen geradlinigen Bewegung, wenn er nicht durch einwirkende Kräfte gezwungen wird, seinen Zustand zu ändern.

Dieses Gesetz ist aber noch aus einem anderen Grunde interessant: Es wird hier der anthropomorphe Begriff *Kraft* eingeführt, um das Gesetz knapp formulieren zu können. Physikalisch ist dieser Begriff entbehrlich, wie H. HERTZ in seinem Versuch gezeigt hat, die Mechanik auf neuer Basis zu begründen. »Kraft« ist ein fiktiver Begriff für die Ursache, durch die ein Massenpunkt beschleunigt wird. Dieser Begriff ist aus der Sinnes-

---

[1] S. z. B.: PADELT/LAPORTE: Einheiten und Größenarten der Naturwissenschaften. Leipzig: VEB Fachbuchverlag 1964.

empfindung »Muskelanstrengung« bei alltäglichen Beschleunigungsvorgängen entstanden[1]«.

Wie groß diese Kraft sein muß, sagt das zweite Newtonsche Grundgesetz:

Das Produkt der Beschleunigung eines Körpers und seiner Masse ist gleich der Kraft, welche die Beschleunigung hervorbringt.

Dieser Satz ist nur die verbale Formulierung der Gleichung

$$K = -m \frac{d^2x}{dt^2} \, .$$ (1.2)

Hierin tritt eine vom Material und vom Volumen des Körpers abhängige Konstante m auf, die man seine *Masse* nennt.

Wenn die Masse vorher geeignet definiert worden ist, bezeichnet die Gleichung (2) nicht mehr ein Naturgesetz, sondern ist eine Definitionsgleichung für die Kraft: Die *Einheit der Kraft* ist dabei diejenige Kraft, die der Masse 1 kg in einer Sekunde eine Änderung der Geschwindigkeit um 1 m/s zu erteilen vermag. Diese Einheit der Kraft nennt man 1 *Newton*.

Man kann umgekehrt auch die Kraft durch das Newtonsche Gravitationsgesetz definieren und dann die Gleichung (2) als ein Naturgesetz ansehen. Nachdem Eötvös (etwa um 1900) durch sehr genaue Versuche festgestellt hatte, daß die im Gravitationsgesetz[2]

$$K = -m \frac{\gamma M}{r^2}$$ (1.3)

vorkommende »schwere« Masse m mit der »trägen« Masse m in Gleichung (2) identisch ist, hat die Frage, ob die Gleichung (2) eine Definition oder ein Naturgesetz angibt, ihren Sinn verloren. Eine weitere Folge daraus ist die Äquivalenz zwischen Masse und Beschleunigung nach A. Einstein. Die Einwirkung, die eine Masse M im Abstand r auf einen anderen Massenpunkt m ausübt, ist durch kein physikalisches Mittel von einer Beschleunigung mit dem Wert

$$a = \frac{d^2x}{dt^2} = \frac{\gamma M}{r^2}$$ (1.4)

zu unterscheiden.

Im Fortgang der Untersuchungen werden Begriffe und die ihnen zugeordneten Formelzeichen, physikalische Zusammenhänge und die ihnen zugeordneten mathematischen Funktionen aufgebaut. Die Gleichartigkeit der Beobachtungen erzwingt gleichartige Gesetze. Da die Gesetze untereinander zusammenhängen, hat ein fiktiver neuer Schreiber eines

---

[1] Lexikon der Physik, Stichwort Kraft. Stuttgart: Franck'sche Verlagshandlung 1952.
[2] In dieser Gleichung tritt die allgemeine Gravitationskonstante

$$\gamma = 6{,}68 \cdot 10^{-11} \, \text{m}^3 \, \text{kg}^{-1} \, \text{sec}^{-2}$$

auf.

physikalischen Lehrbuches niemals die Freiheit einer abweichenden Darstellung. Nur wo die Reihenfolge freigestellt ist, kann das als Schlußfolgerung auftreten, was in einer anderen Darstellung die Voraussetzung ist. Das führt aber zu derselben Struktur der Zusammenhänge.

Bezeichnend ist für die klassische Physik, daß auch eine Reihe anderer Begriffe anthropomorph sind: Arbeit, Leistung, Energie, Wärme, Temperatur; sie sind aber abweichend von der Umgangssprache genau definiert. Das braucht bei einem »neuen« Aufbau des Begriffssystems nicht zu geschehen. Um etwas sehr Simples zu sagen, könnte z.B. die Entfernung 3 m durch die Zeit bezeichnet werden, die das Licht braucht, um 3 m zurückzulegen.

Eine Wiederholung des Weges, der zu dem heutigen Weltbild der Physik geführt hat, wird also sicherlich in der Technik der Darstellung von diesem Bild abweichen. Aber es wird ein Bild sein, das unverkennbar die wesentlichen Züge desselben Objektes, unserer Umwelt, trägt. Denjenigen Wesenskern aber, der in allen Bildern invariant auftaucht, darf man als objektiv vorhanden ansehen.

§ 3 Die Physik bei hohen Geschwindigkeiten

Das erste Newtonsche Gesetz hat die Folge, daß man keine absoluten Geschwindigkeiten, sondern nur Geschwindigkeiten relativ zu einem Koordinatensystem bzw. zu einem zweiten Körper feststellen kann. Daher müssen alle Naturgesetze so formuliert sein, daß sich aus ihnen die Unmöglichkeit der Bestimmung eines absoluten Koordinatensystems ergibt. Ferner müssen alle Naturgesetze in Koordinatensystemen, die sich voneinander nur um eine *konstante* Relativgeschwindigkeit unterscheiden, dieselben sein.

Diese Überlegungen waren der Ausgangspunkt der speziellen Relativitätstheorie nach A. EINSTEIN[1]. Experimentell war von MICHELSON 1881 festgestellt worden, daß das Licht unabhängig vom Bezugssystem eine konstante Geschwindigkeit hat. Nach den Vorstellungen der klassischen Physik hätte man erwarten sollen, daß sich das Licht, *bezogen auf ein bestimmtes Koordinatensystem*, nach allen Richtungen mit konstanter Geschwindigkeit ausbreitet. Durch eine Messung der Lichtgeschwindigkeit in drei aufeinander senkrechten Richtungen müßte es im Prinzip möglich sein, die absolute Geschwindigkeit des Beobachters zu messen. Der Michelson-Versuch ist eine solche fehlgeschlagene Messung; er bestätigt also die Grundlagen der Relativitätstheorie.

Wenn man in der klassischen Physik die Geschwindigkeit eines Körpers in einem System zu v_1 und in dem anderen System zu v_2 bestimmt,

---

[1] LORENTZ–EINSTEIN–MINKOWSKI: Das Relativitätsprinzip, 6. Aufl. Suttgart: B. G. Teubner 1958.

so bedeutet das zwingend, daß für die Geschwindigkeit, die das System 2 vom System 1 aus gesehen hat, die Beziehung

$$v_{21} = v_2 - v_1 \qquad (1.5)$$

gilt (Abb. 1.1.). Diese klassische Beziehung ist eine experimentelle Tatsache und muß deshalb als Sonderfall für Geschwindigkeiten, die klein gegen die Lichtgeschwindigkeit c sind, in der neuen Gleichung für die Zusammensetzung der Geschwindigkeiten enthalten sein.

In der speziellen Relativitätstheorie, die sich auf die Transformation auf ein anderes System mit konstanter (im Schrifttum spricht man von *gleichförmiger*) Relativgeschwindigkeit beschränkt, haben die von H. A. LORENTZ 1895 angegebenen Transformationsgleichungen die erforderlichen Eigenschaften.

Eine allgemeine Grundlage ist der von H. MINKOWSKI definierte abstrakte Raum, der den dreidimensionalen klassischen Raum und die klassische Zeitkoordinate umfaßt. Dabei sind die Körper, die sich im Punkt (x_1, x_2, x_3) zur Zeit t aufhalten, nunmehr Punkte im vierdimensionalen Raum $x = (x_1, x_2, x_3, x_4)$, wobei

$$x_4 = c \cdot t \qquad (1.6)$$

ist. Man kann sich jetzt beliebig viele vierdimensionale Koordinatensysteme vorstellen, wobei derselbe Punkt in dem einen System die Koordinaten $x = (x_1, x_2, x_3, x_4)$ und in

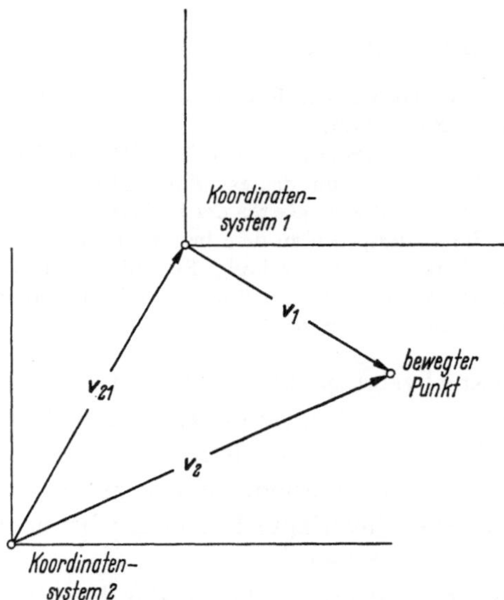

Abb. 1.1.   Das klassische Gesetz der Addition der Geschwindigkeiten. Wenn ein Punkt in dem einen kartesischen Koordinatensystem die Geschwindigkeit v_1 und in dem anderen Koordinatensystem die Geschwindigkeit v_2 hat, so hat das Koordinatensystem 2 im Koordinatensystem 1 die Geschwindigkeit $v_{21} = v_2 - v_1$.

dem anderen System die Koordinaten $x' = (x'_1, x'_2, x'_3, x'_4)$ haben möge. Der Minkowskische Raum hat aber die Eigenschaft, daß jedes differentielle Raumelement $dx = (dx_1, dx_2, dx_3, dx_4)$ so auf ein differentielles Element in dem anderen Raum abgebildet wird, daß dabei das Maß

$$ds^2 = -(dx_1{}^2 + dx_2{}^2 + dx_3{}^2) + dx_4{}^2 \tag{1.7}$$

invariant bleibt. Daß der Minkowskische Raum die geforderte Transformationseigenschaft hat, kann man folgendermaßen zeigen: Zunächst schreibt man die Gleichung (7) in der Form

$$ds^2 = \left(1 - \frac{dx_1{}^2 + dx_2{}^2 + dx_3{}^2}{c^2\, dt^2}\right) c^2\, dt^2. \tag{1.8}$$

Hierbei ist

$$v = \left(\frac{dx_1{}^2 + dx_2{}^2 + dx_3{}^2}{dt^2}\right)^{\frac{1}{2}} \tag{1.9}$$

in der klassischen Physik der Betrag des Augenblickswertes der Geschwindigkeit. In der relativistischen Physik gilt die Invarianz des Minkowskischen Maßes. Wenn sich v der Lichtgeschwindigkeit c nähert, strebt nach Gleichung (8) das Maß für das vierdimensionale Volumenelement dx gegen Null. Da dieses Maß invariant sein muß, gilt es auch in einem anderen Koordinatensystem, d. h., auch in diesem anderen System strebt die Geschwindigkeit v' desselben Punktes gegen c.

Wenn aber v klein ist gegen c, so geht die Gleichung (7) in

$$ds^2 = dx_4{}^2 = c^2\, dt^2 \tag{1.10}$$

über, also in

$$dt = dt' \tag{1.11}$$

und in

$$dx_1{}^2 + dx_2{}^2 + dx_3{}^2 = dx'_1{}^2 + dx'_2{}^2 + dx'_3{}^2. \tag{1.12}$$

Die Invarianz des Minkowskischen Raumes geht also mit fallendem v in die Invarianz des euklidischen Raumes über.

Bei der Extrapolation des Gesetzes von der Addition der Geschwindigkeiten, das mit den Denknotwendigkeiten und mit den experimentellen Tatsachen übereinstimmt, tritt in dem Bereich hoher Geschwindigkeiten der Fall ein, daß neue Beobachtungstatsachen auftreten, die im Widerspruch zu dem bisherigen Gesetz stehen. Seine Extrapolation in den neuen Bereich ist nicht zulässig. Es wird aber dadurch nicht rundweg ungültig, es muß nur so ergänzt werden, daß das bisherige Gesetz im neuen allgemeineren Gesetz als Spezialfall enthalten ist.

Wie dieses Beispiel zeigt, »schreitet« die naturwissenschaftliche Erkenntnis nicht etwa »fort«, d.h. sie bewegt sich nicht etwa durch eine ständig wechselnde Landschaft, sondern sie konvergiert auf eine sich ständig ergänzende und sich abrundende Erkenntnis. Diese hinter allen Beobachtungen stehende invariante Erkenntnis bezeichnen wir als die naturwissenschaftliche Wahrheit.

Das Minkowskische Gesetz ist das einzige lineare Gesetz, das die beiden Randbedingungen, Addition der Geschwindigkeiten bei $v = 0$ und Invarianz von v bei $v = c$, interpoliert. Es ist daher nicht eine willkürliche Hilfskonstruktion zur Überbrückung der Schwierigkeiten, sondern entsteht zwangsläufig.

Daß der Minkowskische Raum[1] eine physikalische Realität darstellt, ergibt sich daraus, daß die im Rahmen seiner Gesetzmäßigkeit zu ziehenden Schlüsse, z.B. die Sätze:

1. *Die höchstmögliche Geschwindigkeit ist die Lichtgeschwindigkeit* (im Vakuum).

2. *Die Masse und die (potentielle) Energie sind einander nach der Gleichung*

$$E = m\,c^2 \qquad (1.13)$$

äquivalent;

nachträglich experimentell glänzend bestätigt wurden.

Es wäre aber auch unrichtig, wenn man glauben wollte, daß die Realität des Minkowskischen Raumes nur für den Physiker gilt, wenn er ganz extreme Versuchsbedingungen vorliegen hat, die normalerweise im Alltag ja nicht auftreten. Auf die Dauer gesehen, hat die moderne Auffassung durchaus Anspruch, auch in die Physik des täglichen Lebens aufgenommen zu werden. Sie ist, im ganzen gesehen, sogar in der Lage, das aus historischen Gründen etwas vielseitige und vielleicht sogar widerspruchsvoll erscheinende Bild der Physik zu vereinheitlichen und dadurch klarer zu machen. Der durch die Gleichung (13) beschriebene Einsteinsche Äquivalenzsatz wird im allgemeinen als ein Transformationssatz aufgefaßt. Die Masse kann entsprechend diesem Gesetz in Energie umgewandelt werden und umgekehrt. In Wahrheit handelt es sich um einen Äquivalenzsatz, d.h., es gibt kein physikalisches Mittel, die beiden äquivalenten Begriffe Masse und Energie zu unterscheiden[2].

Wenngleich das praktische Bedürfnis, eine solche Umrechnung vorzunehmen, in der technischen Wirklichkeit nur selten gegeben ist, die gesamte Jahreserzeugung der Welt an elektrischer Energie entspricht z.B. etwa 100 kg, bedeutet die konsequente Anwendung dieses Äquivalenzsatzes eine Vereinfachung auch im begrifflichen Denken. Sie

---

[1] DUSCHEK u. HOCHRAINER: Tensorrechnung in analytischer Darstellung. **III**, 232 ff. Wien: Springer 1965.
OLLENDORFF, F.: Die Welt der Vektoren. 247–310. Wien: Springer 1950.

[2] Daß diese Äquivalenz nicht auch zur Erkenntnis des technischen Alltages gehört, liegt an dem großen Proportionalitätsfaktor c^2. Einer hohen Energie entspricht eine kleine Masse. Wenn es z. B. zur Erfahrung des Alltages gehören würde, daß eine aufgezogene Armbanduhr eine höhere Masse besitzt als eine nahezu abgelaufene, wäre diese Äquivalenz vermutlich eine »Denknotwendigkeit«. Wegen des hohen Unterschiedes in den verwendeten Maßstäben ist auch eine Energie beträchtlicher Größe kaum mit der Waage festzustellen. Wenn die Stadtwerke München z. B. im Jahre 1963 alle abgenommenen Massen und alle gelieferten Massen sorgfältig gewogen hätten (selbstverständlich müßte diese Wägung auch alle die Elektrizitätswerke einbeziehen, die in das Verbrauchernetz einspeisen), müßten sie einen Defekt von knapp 0,05 kg feststellen, denn das ist das Massenäquivalent für die laut »Jahresbericht der Stadtwerke München für 1963« in diesem Jahr an die Stadt München einschließlich aller Industrie abgegebenen $1234 \cdot 10^6$ kWh.

würde z.B. den Begriff kinetische Energie überflüssig machen. Ein Körper mit der Masse m_0 im Ruhezustande hat in jedem anderen Bezugssystem, das sich ihm gegenüber mit der Geschwindigkeit v bewegt, die Masse

$$m = \frac{m_0}{\sqrt{1 - \left(\frac{v}{c}\right)^2}} \, . \tag{1.14}$$

Gemäß dem Einsteinschen Satz (13) hat er dadurch in diesem System eine Energie, die um

$$\Delta E = (m - m_0)\, c^2 = m_0\, c^2 \left(\frac{1}{\sqrt{1 - \left(\frac{v}{c}\right)^2}} - 1 \right)$$

oder näherungsweise um

$$\Delta E \sim m_0\, c^2 \left[1 + \frac{1}{2} \left(\frac{v}{c}\right)^2 - 1 \right] = \frac{1}{2}\, m_0\, v^2 \tag{1.15}$$

größer ist als die Energie des ruhenden Körpers. Diesen Energieunterschied nennt man, mit einem überflüssigen und auch mißverständlichen Begriff, die kinetische Energie der bewegten Masse.

§ 4 Die Quantisierung der Energie

Man könnte naiverweise glauben, daß die Physik im mikroskopischen Bereich die maßstäbliche Verkleinerung der Makrophysik ist. »Natürlich« werden die Messungen mit abnehmender Größe der Meßobjekte mehr und mehr unsicher, so daß es schließlich nicht mehr möglich ist, überhaupt eine einigermaßen sinnvolle Aussage zu machen. Diese Vorstellung ist grundfalsch.

Die auffälligste neue Eigenschaft aus dem Bereiche der Mikrophysik ist die Quantisierung der Energie. Allerdings gibt es nicht etwa eine einheitliche kleinste Größe der Energie, etwa vergleichbar der kleinsten Münze beim Geld, sondern es hängt diese Münze außerdem noch von der durch den zeitlichen Vorgang gegebenen Frequenz ab. Wenn diese f ist, enthält ein Quant, nach der von M. PLANCK 1900 aufgestellten Theorie, die Energie

$$E = \mathrm{h} f \, . \tag{1.16}$$

Hierbei ist $\mathrm{h} = 6{,}624 \cdot 10^{-34}$ Watt $\cdot$ sec^2 die Plancksche Wirkungskonstante.

Wenngleich es aus guten Gründen praktischer Art nicht üblich ist, in der Hochfrequenztechnik mit Quanten zu rechnen, tritt die Quantisierung sehr wohl auf. Theoretisch ist auch die Energie aus dem Wechselstromnetz quantisiert. (Beispiel s. S. 21f.)

Makroskopische Körper haben einen Impuls

$$p = m\,v\,,\tag{1.17}$$

wobei dieser Begriff es erlaubt, einen für Stoßprozesse wichtigen physikalischen Satz, den Satz von der Erhaltung des Impulses, besonders einfach zu formulieren. Durch den Äquivalenzsatz (13) kann man vermuten, daß eine sich mit Lichtgeschwindigkeit ausbreitende Strahlung pro Quant die Masse

$$m = \frac{E}{c^2} = \frac{\mathrm{h}f}{c^2}\tag{1.18}$$

besitzt. Sie müßte deshalb nach einer Überlegung von Hasenöhrl, 1904, auch den Impuls

$$p = m\,c = \frac{\mathrm{h}f}{c} = \frac{\mathrm{h}}{\lambda}\tag{1.19}$$

aufweisen. Diese Vermutung wurde experimentell bestätigt.

Eine besonders kühne Umkehrung dieser Überlegungen, die auch durch experimentelle Bestätigung zur Tatsache wurde, vollzog de Broglie 1924, indem er die Gleichung (19) auch auf ein materielles Teilchen anwandte, das sich mit der Geschwindigkeit v bewegt. Diesem Teilchen kann also eine Wellenlänge

$$\lambda = \frac{\mathrm{h}}{m\,v}\tag{1.20}$$

und nach Gleichung (14) die Frequenz

$$f = \frac{E}{\mathrm{h}} = \frac{m\,c^2}{\mathrm{h}}\tag{1.21}$$

zugeordnet werden. Man kann also für ein jedes Teilchen, dessen Geschwindigkeit v ist, eine Welle annehmen, die sich mit der Geschwindigkeit

$$u = \lambda \cdot f = \frac{\mathrm{h}}{m\,v} \cdot \frac{m\,c^2}{\mathrm{h}} = \frac{c^2}{v}\tag{1.22}$$

ausbreitet. Da nach der Relativitätstheorie die Geschwindigkeit des Teilchens $v \leqq c$ ist, ergibt sich $u \geqq c$. Die zu einem fliegenden Teilchen mit $v < c$ gehörige Welle kann daher niemals die physikalisch meßbare Geschwindigkeit eines Ausbreitungsvorganges sein, da sonst die Relativitätstheorie verletzt würde. Diese Geschwindigkeit besitzt daher keine physikalische Realität (wohl aber die Welle selbst!).

Diese Welle wurde von Schrödinger 1926 aufgestellt und muß in kartesischen Koordinaten, wenn sie eine ebene Welle ist, der Wellengleichung

$$\frac{\partial^2 \psi}{\partial x_1{}^2} + \frac{\partial^2 \psi}{\partial x_2{}^2} + \frac{\partial^2 \psi}{\partial x_3{}^2} \equiv \varDelta\,\psi = \frac{1}{u^2}\,\frac{\partial^2 \psi}{\partial t^2}\tag{1.23}$$

entsprechen. Nach Ausführen der beiden partiellen Differentiationen auf der rechten Seite erhält man zunächst

$$\Delta\psi = -4\pi^2\,\frac{f^2}{u^2}\,\psi\;. \tag{1.24}$$

Bezeichnet man die kinetische Energie mit

$$\Delta E = \frac{1}{2}\,m\,v^2\,, \tag{1.25}$$

so erhält man unter Benutzung der Gleichungen (21) und (22) die Schrödingersche Gleichung

$$\Delta\psi = -\frac{8\,\pi^2\,m\,\Delta E}{\mathrm{h}^2}\,\psi\,. \tag{1.26}$$

Sie gilt nur für nichtrelativistische Geschwindigkeiten. Hinsichtlich der relativistischen Wellenmechanik muß auf das Schrifttum verwiesen werden[1].

§ 5 Die Quantisierung der Materie (Elementarteilchen)

Wenn die Energie quantisiert ist, muß dies nach Gleichung (13) notwendig auch für die Masse der Fall sein. Die Gleichung (16) führt deshalb zu der Vorstellung, daß jedem Quant der Größe E ein Teilchen entspricht, das *bei der Lichtgeschwindigkeit c* die Masse

$$m = \frac{E}{c^2} = \frac{\mathrm{h}f}{c^2} = \frac{1}{c}\,p \tag{1.27}$$

besitzt. Es gilt also $0 < m < \infty$. Diese Masse kann nach Gleichung (14) nur dann existieren, wenn die Ruhemasse $m_0 = 0$ ist. Dann ist aber die Masse m_v auch für jedes $v < c$ gleich Null.

Diese Elementarteilchen existieren also nur bei Lichtgeschwindigkeit. Man nennt sie *Photonen*. Es ist deshalb auch unmöglich, aus einem Photon nur einen Teil der Energie dadurch zu entnehmen, daß man es auf eine geringere Geschwindigkeit abbremst. Wenn aus irgendeinem Grund nur ein Bruchteil der Energie eines Photons entnommen werden kann, muß die Energiedifferenz wieder als Photon (mit niedrigerer Frequenz als das aufgenommene) abgestrahlt werden.

Man kann daher jede elektromagnetische Strahlung (denn nur diese breitet sich außer den Gravitationswellen mit Lichtgeschwindigkeit aus) gleichwertig als einen Strom von Photonen, gewissermaßen als ein mit

---

[1] OLLENDORFF, F.: Die Welt der Vektoren. 303. Wien: Springer 1950.
CORINALDESI u. STROCCHI: Relativistic Wave Mechanics. Amsterdam: North-Holland Publishing Company 1963.
SOKOLOW, A. A., J. M. LOSKUTOW, und I. M. TERNOW: Quantenmechanik, 273–474. Berlin: Akademie-Verlag 1964.

Lichtgeschwindigkeit strömendes Photonengas, ansehen. Eine Übertragung von Energie besteht also aus einer Emission von Photonen durch die Energiequelle und deren Absorption durch den Energieverbraucher. Hierbei wird fast immer nur *ein Teil der ankommenden Photonen* absorbiert, wobei der Rest teils durchgelassen, teils reflektiert wird. Es kann auch vorkommen, daß *einzelne Photonen* nur mit einem Teil der Energie absorbiert werden. Dann *muß* die Differenz wieder als Photon abgestrahlt werden. Wenn ein Photon aber auf einen Sender trifft, der mit einer höheren Energie strahlen *könnte*, wenn er die erforderliche Energie *hätte*, kann es gerade diese Strahlung dadurch anregen, daß es die noch fehlende Energie beisteuert. Da das abgestrahlte Photon einer höheren Frequenz entspricht, also eine höhere Energie enthält als das dafür absorbierte Photon, bedeutet dieser Vorgang eine Verstärkung. (*M*icrowave *A*mplification by *S*timulated *E*mission of *R*adiation.)

Photonen sind also extrem unstabil. Sie entstehen bei der Emission und vergehen bei der Absorption. Die Umwandlung eines Photons in ein anderes kann man als die Überlagerung beider Vorgänge auffassen.

Wenngleich die Photonen Masse besitzen, betrachtet man sie im allgemeinen nicht als Bausteine der Materie, die im allgemeinen durch eine extreme Stabilität gekennzeichnet sind. Mit den Mitteln der Kernenergietechnik kann man zwar auch in bestimmten Fällen einen Bruchteil der Materie-Masse in Photonen und damit in Energie umsetzen. Jedoch ist ein außergewöhnlich hoher technischer Aufwand nötig, der sozusagen ein Maß für die Stabilität der Materie ist. Instabil sind nur radioaktive Atome. Wenn diese zerfallen, ist die Masse der Überreste geringer als die ursprünglich vorhandene Masse. Die fehlende Differenz wird nach Gleichung (13) als Energie frei.

Masse *ist* Energie. Zur Energieübertragung ist aber nicht unbedingt nötig, daß man wie bei Photonen die gesamte Masse aus Energie entstehen läßt, um diese Masse dann wieder in Energie rückzuverwandeln. Nach Gleichung (14) kann man die Energie, die ohnehin mit der Masse verbunden ist, dadurch erhöhen, daß man dieser eine Relativgeschwindigkeit erteilt. Bremst man diese Masse ab, so wird die Energiedifferenz

$$\Delta E = E_v - E_0 = \left(\frac{m_0}{\sqrt{1 - \left(\frac{v}{c}\right)^2}} - m_0 \right) c^2$$

$$\left(\sim \frac{1}{2} m_0 v^2, \text{ wenn } v \ll c \right) \qquad (1.28)$$

wieder frei. Man kann also Energie auch durch mechanische Stoßprozesse übertragen. Hierfür stehen die Elementarteilchen mit einer von Null verschiedenen Ruhemasse, das sind also alle Elementarteilchen außer Photonen, sowie die aus solchen Elementarteilchen gebildeten zusammengesetzten Einheiten, Atome, Moleküle und makroskopischen Körper, zur Verfügung.

Elementarteilchen mit Ruhemasse sind Elektronen, Mesonen, Neutronen, Protonen. (Hinzu kommen noch Elementarteilchen aus dem Bereich der theoretischen Physik, Positronen, Anti-Neutronen, usw.)

Alle diese Elementarteilchen besitzen vier Haupteigenschaften[1], Ladung, Ruhemasse (bzw. beim Photon m_c), mechanischen Eigendrehimpuls (Spin) und magnetisches Moment. Bei instabilen Elementarteilchen kommen die Lebensdauer, die Art des Zerfalles und die Zerfallsprodukte hinzu. Bei stabilen Elementarteilchen ist noch von Interesse, durch welche Stoßprozesse eine Umwandlung bewirkt wird.

Die Tatsache, daß es nur Elementarteilchen mit diesen vier Eigenschaften gibt, zeigt, daß die Vielfalt der Erscheinungen in der makroskopischen Welt aus diesen vier Grundeigenschaften abgeleitet ist.

Die praktisch bedeutsamen Elementarteilchen sind in Tabelle 1 zusammengestellt. Es fehlen darin Teilchen, die vorzugsweise von theoretischem Interesse sind, also Anti-Teilchen, wie z.B. das Positron, das Neutrino, sowie die vielen Mesonen, die durch die neuere Forschung hinzugetreten sind[2]. In dieser Tabelle ist

$$m_e = 9{,}108 \cdot 10^{-31} \text{ kg} \qquad (1.29)$$

die Ruhemasse des Elektrons. Die Ruhemasse des Protons ist mit $M = 1837\, m_e$ bezeichnet. Die negative Ladung des Elektrons gleich der elektrischen Elementarladung ist

$$e = 1{,}602 \text{ Ampère} \cdot \text{Sekunden.} \qquad (1.30)$$

Außerdem wurden die Abkürzungen für die Einheit des Spins

$$s = \frac{h}{2\,\pi}, \qquad (1.31)$$

für das Bohrsche Magneton

$$\mu_B = \frac{e \cdot h}{4\,\pi\,m_e\,c} = 1{,}156 \cdot 10^{-29} \text{ Voltsec} \cdot \text{Meter,} \qquad (1.32)$$

und für das magnetische Kernmoment eines Protons

$$KM = \frac{e\,h}{4\,\pi\,M\,c} = 6{,}305 \cdot 10^{-33} \text{ Voltsec} \cdot \text{Meter} \qquad (1.33)$$

verwendet.

---

[1] S. z. B.: FINKELNBURG, W.: Einführung in die Atomphysik, 343, 5. und 6. Aufl. Berlin–Göttingen–Heidelberg: Springer 1958.
[2] Die Ergebnisse der neueren Forschung enthält in einer dementsprechend geänderten Klassifizierung: MARSHAK, R. E., und E. C. G. SUDARSHAN: Einführung in die Physik der Elementarteilchen. Mannheim: Bibl. Inst. 1964.

Tabelle 1

Name des Elementar-Teilchens	Ruhemasse	Elektr. Ladung	Drehimpuls (Spin)	Magn. Moment	Lebensdauer	Bemerkungen
Photon	0	0	1		Zw. Emission und Absorption stabil	Besitzt eine Masse $m < \infty$, wenn $v = c$
Elektron	m_e	$-e$	$\frac{1}{2}$ s	1,01145 μ_B	stabil	Elementare elektrische Ladung
μ-	215 m_e		$\frac{1}{2}$ s		$2{,}15 \cdot 10^{-6}$ sec	Entstehen durch Wechselwirkungen zwischen energiereichen Protonen und Neutronen (Höhenstrahlung)
Meson, π-	276 m_e	$\pm e$	0		$1{,}1 \cdot 10^{-8}$ sec	
τ-	966 m_e		0		$> 10^{-9}$ sec	
Neutron	1840 m_e	0	$\frac{1}{2}$ s	$-1{,}9135\ KM$	$\sim$ 20 Min.	Bausteine des Atomkerns, daher auch Nukleonen genannt
Proton	1837 m_e	$+e$	$\frac{1}{2}$ s	$2{,}7935\ KM$	stabil	

Allen diesen Teilchen sind ohne Rücksicht auf ihren physikalischen Ursprung[1] die in Tabelle 2 zusammengestellten Größen zugeordnet.

Tabelle 2

Masse m bei Bewegung der Ruhemasse m_0 (mit der Geschwindigkeit v)	$m = \dfrac{m_0}{\sqrt{1 - \left(\dfrac{v}{c}\right)^2}}$
Energie je Teilchen, (wobei das Teilchen eine beliebige Geschwindigkeit hat)	$E = m c^2$
Impuls je Teilchen, (wobei v die Geschwindigkeit des Teilchens ist)	$p = m v = \dfrac{E}{c^2} \cdot v$
Frequenz	$f = \dfrac{E}{h} = \dfrac{m c^2}{h}$
Wellenlänge	$\lambda = \dfrac{h}{p}$
Ausbreitungsgeschwindigkeit	$u = f \cdot \lambda = \dfrac{c^2}{v}$

---

[1] Wenn die Ruhemasse $m_0 = 0$ ist, so nimmt diese bei der Geschwindigkeit $v = c$ nach der ersten Gleichung in Tabelle 2 den unbestimmten Wert $m = 0/0$ an. Deshalb kann sie ohne Widerspruch beim Photon den Wert $m_c = \dfrac{E}{c^2}$ annehmen.

§ 6 Die elektromagnetische Welle

Der letzte Abschnitt zeigt, daß es in der Physik nur bewegte Teilchen gibt. Die elektromagnetische Welle ist dabei ein Grenzfall innerhalb des allgemeinen Schemas. Es gibt eine Reihe von überzeugenden Beobachtungen[1], die dazu zwingen, bei bestimmten Betrachtungen die elektromagnetische Welle nicht als Lösung der Maxwellschen Gleichungen, sondern als ein mit Lichtgeschwindigkeit strömendes Photonengas aufzufassen. Für die Auffassung, daß die sich mit Lichtgeschwindigkeit ausbreitende Strahlung eine Welle sei, sprechen bekanntlich die Interferenzerscheinungen. Andererseits gibt es aber auch Interferenzerscheinungen bei Elektronenströmen. Schnelle Teilchen benehmen sich also bei bestimmten Versuchen, als ob sie eine elektrische Welle wären.

Diese Dualität Teilchen — Welle, bei der es anscheinend von der Art der angestellten Versuche abhängt, welche von ihren beiden komplementären Erscheinungsformen das Teilchen bzw. die Welle gerade zeigt, macht bekanntlich erhebliche erkenntnistheoretische Schwierigkeiten. Es sieht so aus, als ob die Umwelt in ihrem tiefsten Wesen von der Art der Beobachtung abhängt. Das Objekt ist vom betrachtenden Subjekt abhängig; es ist also objektiv gar nicht da.

Mindestens für die in diesem Buch angestrebten begrenzten Zwecke kann diese Schwierigkeit dadurch beseitigt werden, daß man das Bild der Welle fallen läßt. Es ist jedes Teilchen, wenn es sich bewegt, von einer de-Broglie-Welle begleitet, die nach der Kopenhagener Deutung[2] die Wahrscheinlichkeit für das Auftreten dieses Teilchens, aber nicht das Teilchen selbst darstellt. Diese Deutung der de-Broglie-Welle wurde zuerst von A. EINSTEIN[3] aufgestellt, und BORN verhalf ihr zum Durchbruch.

Es hindert uns nicht daran, auch die elektromagnetische Welle nur als Wahrscheinlichkeitswelle aufzufassen. Sie hat nach Gleichung (22) dieselbe Geschwindigkeit wie die Photonen. Nach dem Gesetz der großen Zahlen geht die wahrscheinliche Abweichung der relativen Anzahl der zu beobachtenden Photonen vom Erwartungswert gegen Null, wenn man sie auf den Erwartungswert bezieht. Dadurch geht aber die Gesamtheit der Teilchen schließlich für den Beobachter in eine elektromagnetische Welle über.

Die Wahrscheinlichkeit wird dabei nicht unmittelbar durch die Schrödingersche Welle ψ, sondern durch das Quadrat ihres Betrages $|\psi|^2$ angegeben, wenn die Lösung der Gleichung (23) so normiert wird,

---

[1] S. FINKELNBURG, W.: Einführung in die Atomphysik, 50. Berlin-Göttingen-Heidelberg: Springer 1964.

[2] HEISENBERG, W., und N. BOHR: Die Kopenhagener Deutung der Quantentheorie. Dokumente der Naturwissenschaft. 4. Stuttgart: Ernst Battenberg Verlag 1963.

[3] Sitzungsberichte d. preuß. Akad. d. Wiss. 1925. 3.

daß die Gleichung

$$\int\limits_{-\infty}^{+\infty} |\psi|^2 \, dx = 1 \qquad (1.34)$$

erfüllt ist. Hierin ist x der mehrdimensionale Ergebnisraum im Sinne der Wahrscheinlichkeitstheorie (s. § 16).

Übrig bleibt allenfalls die Frage, warum die bewegten Teilchen von de-Broglie-Wellen begleitet werden. Da diese Welle jetzt die Wahrscheinlichkeit bedeutet, reduziert sich die Frage auf die nach der Ursache dafür, daß Zufallsereignisse eine Wahrscheinlichkeit haben.

Mit Maxwellschen Gleichungen betrachtet, wird die Leistung, die eine elektromagnetische Welle (über eine Periode gemittelt) überträgt, an einer bestimmten Stelle des Feldes nach Richtung und Stärke durch den Poyntingschen Vektor angegeben. Pro Flächenelement normal zur Ausbreitungsrichtung und pro Zeitelement ist die Energie

$$Q = S \, dF \, dt \,, \qquad (1.35)$$

wenn dF das Flächenelement und dt das Zeitelement ist. Wenn n die Anzahl der Photonen angibt, die an derselben Stelle pro Flächeneinheit und Zeiteinheit durch den Querschnitt treten, so ist also

$$S = n \cdot \mathrm{h}f. \qquad (1.36)$$

Die Überlegungen lassen sich auf den Fall ausdehnen, daß die Energiequelle auf mehr als einer Frequenz, im allgemeinen sogar auf einem stetig mit Energie besetzten Frequenzband strahlt.

Zu diesem Zweck wird die Anzahl der Photonen von einer zusätzlichen Dimension abhängig gemacht, und es möge n' die Anzahl der Photonen bezeichnen, die pro Flächeneinheit und Zeiteinheit und *pro Hertz Bandbreite* durch den Querschnitt treten. Statt Hertz Bandbreite kann man aber auch das Energieintervall angeben, in dem die Energien $\mathrm{h}f$ der gezählten Photonen liegen sollen. Die Leistungsdichte wird dadurch

$$S = \mathrm{h} \int\limits_{0}^{\infty} f \, n'(f) \, df. \qquad (1.37)$$

Die Atomspektren bestehen aus mehreren Linien, die aber bei genauerer Untersuchung noch ein Feinspektrum haben. Ein breites Spektrum strahlen z.B. die normalen Licht- und Wärmequellen ab.
Beispiel (s. Abb. 1.2):
Ein Sender mit der Frequenz 100 MHz strahlt, solange er nicht moduliert ist, ein Photonengas in die durch die Antennencharakteristik gegebenen Richtungen ab, wobei die Photonen sämtlich dieselbe Energie $E = 6{,}62 \cdot 10^{-26}$ Joule besitzen. Ein 100-kW-Sender (Dauerstrich)

strahlt also pro Sekunde $1{,}51 \cdot 10^{30}$ dieser Photonen aus. Wenn die
Übertragungsstrecke, gemessen zwischen Eingang der Sendeantenne und
Ausgang der Empfangsantenne, eine Dämpfung von 160 dB hat, werden
immer noch pro Sekunde $1{,}51 \cdot 10^{14}$ Photonen in den Eingang des Empfängers geliefert. Den Empfänger kann man als Zähler auffassen, der in
regelmäßigen Zeitabständen die Anzahl der inzwischen empfangenen
Photonen zählt. Wenn er dies alle 10^{-4} Sekunden tut, hat er jedesmal
immer noch rund 10^{10} Photonen, deren Anzahl nach den Gesetzen der
Statistik um den Faktor 10^{-5} schwankt. Physikalisch (und erst recht technisch) wird diese Schwankung vollständig von den Störungen verdeckt,
die bei der angegebenen Übertragungsstrecke um viele Größenordnungen überwiegen.

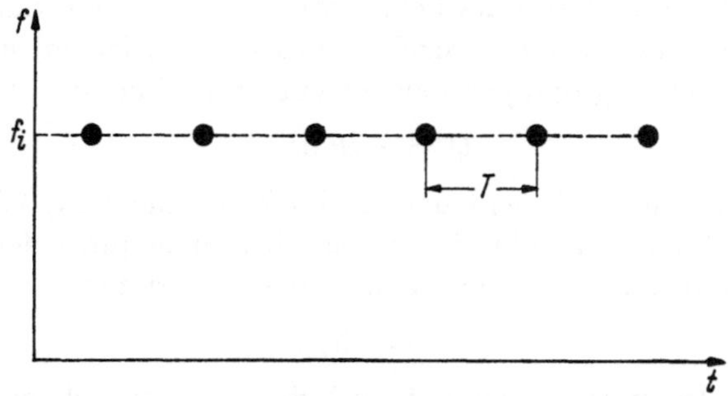

Abb. 1.2. Monochromatischer Strahler mit der Frequenz f_i. Das einzelne Quant enthält die Energie $\mathrm{h} \cdot f_i$. Wenn die Sendeleistung N ist, wird *im zeitlichen Mittel* jeweils
nach einem Zwischenraum von $T = N/(\mathrm{h} \cdot f_i)$ ein Quant emittiert. Die gleichmäßige
Unterteilung der Abstände bezieht sich also auf den Erwartungswert, nicht aber auf die
bei einer bestimmten Realisierung wirklich auftretenden zeitlichen Abstände (s. § 26).

Ein modulierter Sender würde dadurch entstehen, daß man den Erwartungswert der Anzahl der in der Zeiteinheit gesendeten Photonen
durch eine geeignete Vorrichtung veränderlich macht. Es würde auch
eine Modulation bedeuten, wenn man gleichzeitig oder statt dessen auch
die Energie pro Photon veränderlich machte, was eine Frequenzmodu-
lation bedeutet.

Der zu einem modulierten Sender gehörige Empfänger wird die ankommenden Photonen erst ihrer Größe nach sortieren und dann die
einzelnen Klassen für sich getrennt in zeitlichen Abständen zählen.

Wenn man den Sender als Gerät der Nachrichtentechnik auffaßt,
muß man die Küpfmüllersche Unschärfebeziehung

$$t_e \geqq \frac{1}{2\,B} \tag{1.38}$$

zwischen der Bandbreite B und dem zeitlichen Abstand t_e zwischen zwei
Zählungen beachten, der einzuhalten ist, damit die folgende Zählung

einen Wert ergibt, der von dem vorhergehenden Zählwert unabhängig ist. Schreibt man $t_e = \Delta t$ und $B = \Delta f$, also

$$\Delta t \, \Delta f \geqq \frac{1}{2} \tag{1.39}$$

und ersetzt darin nach Gleichung (16) Δf durch $\frac{1}{h} \Delta E$, so erhält man

$$\Delta E \, \Delta t \geqq \frac{h}{2} \, . \tag{1.40}$$

Man kann aber auch aus der trivialen Gleichung für den Ort eines Photons

$$x = x_0 + c \, t \tag{1.41}$$

die Substitution

$$\Delta t = \frac{1}{c} \Delta x \tag{1.42}$$

und aus der Gleichung (19) die Substitution

$$\Delta f = \frac{c}{h} \Delta p \tag{1.43}$$

ableiten, die, in die Küpfmüllersche Unschärfebeziehung (39) eingesetzt, die Beziehung

$$\Delta p \, \Delta x \geqq \frac{h}{2} \tag{1.44}$$

ergeben.

Die Beziehungen (40) und (44) stimmen, abgesehen von einem durch die Definition der Unschärfe verursachten Faktor, mit den Heisenbergschen Unschärfebeziehungen überein.

Offensichtlich handelt es sich hier um ein ganz allgemeines Gesetz, das unabhängig voneinander in zwei verschiedenen Wissensgebieten aufgefunden wurde. Erst jetzt, nachdem diese Wissensgebiete durch eine allgemeine Betrachtungsweise sachlich zueinander in Beziehung treten, wird diese Übereinstimmung evident. (S. a. § 11.)

Im tiefsten Grunde sind die Küpfmüller-Heisenbergschen Unschärfebeziehungen eine *mathematische* Beziehung zwischen zwei Funktionen, die *Fourier-Transformationen* voneinander sind. Daß dieser Aspekt hier zutrifft, kann man folgendermaßen zeigen:

Die von einem Sender ausgestrahlte Leistung kann man durch

$$P(t) = \frac{1}{Z} U^2(t) \tag{1.45}$$

angeben, wobei $U(t)$ der reelle Augenblickswert der Spannung ist. Mit Z sei der Wellenwiderstand des freien Raumes oder der Widerstand eines anderen Verbrauchers bezeichnet. Die Fouriertransformierte von $U(t)$ sei

$$u(\mathrm{f}) = \int\limits_{-\infty}^{+\infty} U(t)\, e^{-i2\pi \mathrm{f} t}\, dt. \tag{1.46}$$

Dann besteht die Parsevalsche Gleichung[1]

$$\int\limits_{-\infty}^{+\infty} u(\mathrm{f})\, u^*(\mathrm{f})\, d\mathrm{f} = \int\limits_{-\infty}^{+\infty} U^2(t)\, dt. \tag{1.47}$$

Die Gleichungen (46) und (47) benutzen einen Frequenzbegriff, der von $-\infty$ nach $+\infty$ reicht, also von dem Frequenzbegriff der Physik abweicht, wie er z. B. in der Planckschen Beziehung (16) benutzt wird. Deshalb wurde vorübergehend als Formelzeichen f gewählt. Um den ursprünglich gewählten physikalischen Frequenzbegriff beizubehalten, wird die Parsevalsche Gleichung nunmehr in der Form

$$\int\limits_{0}^{+\infty} |u(f)|^2\, df = \frac{1}{2} \int\limits_{-\infty}^{+\infty} U^2(t)\, dt \tag{1.48}$$

verwendet. Bei einem nicht modulierten Sender mit

$$U(t) = U_0 \sin 2\pi f t \tag{1.49}$$

ist

$$\int\limits_{0}^{+\infty} |u(f)|^2\, df = \frac{1}{4}\, U_0^2 \tag{1.50}$$

oder

$$S = \frac{2}{Z} \int\limits_{0}^{+\infty} |u(f)|^2\, df. \tag{1.51}$$

Vergleicht man diese Gleichung mit Gleichung (37), so entsteht

$$h f\, n'(f) = \frac{2}{Z}\, |u(f)|^2. \tag{1.52}$$

Geht man zu einem modulierten Sender über, so gilt die Gleichung (52) nicht nur für die bestimmte diskrete Frequenz f, sondern für jedes differentielle Frequenzintervall df. Dabei bedeuten dann $n'(f)$ nicht mehr die Zahl der Photonen, sondern die Zahl der Photonen pro Frequenzintervall und $u(f)$ nicht einen Fourierkoeffizienten, sondern den entsprechenden auf das Frequenzintervall bezogenen Wert. Das ist physikalisch fast selbstverständlich, da die linke Seite nur der quantenphysikalische Ausdruck für die Energie pro Frequenzintervall ist.

---

[1] Mit * wird die konjugiert komplexe Größe bezeichnet.

Man kann also einen Photonensender nicht dadurch modulieren, daß man die Energie pro Photon beibehält und den Mittelwert der Anzahl der Photonen pro Zeitintervall variiert (Ersparnis an Bandbreite). Die Energie pro Photon richtet sich vielmehr nach der Fourier-Transformierten der zu übertragenden Zeitfunktion. (Abb. 1.3.)

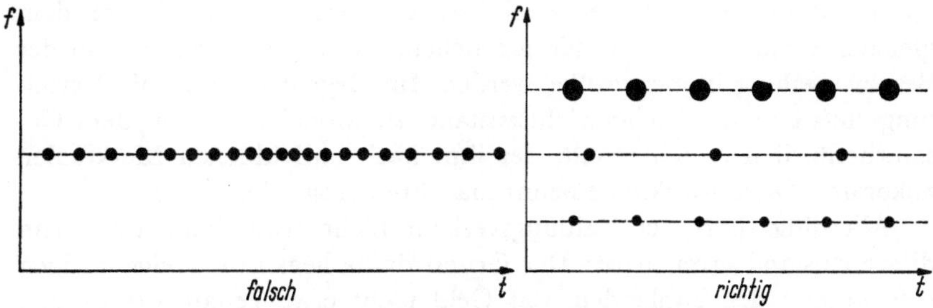

Abb. 1.3. Darstellung eines modulierten Strahlers. Es ist falsch, einen modulierten Strahler als einen monochromatischen Strahler darstellen zu wollen, bei dem nur die zeitlichen Abstände entsprechend dem gerade vorliegenden Augenblickswert der Energie veränderlich sind. Richtig ist vielmehr die Bildung der Fouriertransformierten des modulierten Trägers und die Behandlung einer jeden Fourierkomponente als einen monochromatischen Strahler für sich. Die Bemerkungen zu Bild (2) sind sinngemäß zu übertragen.

§ 7 Wechselwirkungen in der Physik

Allen hier anzustellenden Überlegungen kann man ein einheitliches Bild der Natur zugrundelegen: Sie besteht nur aus einer Ansammlung von Elementarteilchen, wobei im Augenblick die Art der Zusammenfassung zu größeren Einheiten nicht betrachtet werden soll. Alle Wechselwirkungen beruhen auf Bewegungen von Elementarteilchen, wenn man auch Photonen als Elementarteilchen auffaßt, deren Eigenart darin besteht, daß sie nur bei Lichtgeschwindigkeit existieren.

Die Quantisierung der Energie und der Materie kann man anschaulich mit der Quantisierung der Zahlungsmittel im Geldverkehr vergleichen, wo auch dem korrektesten Zahler ein Fehler zwischen der Ist-Zahlung und der Soll-Zahlung unterläuft, dessen Betrag in der Mark-Währung bis zu einem *halben* Pfennig betragen kann.

Der Vergleich mit dem Zahlungsverkehr hinkt aber wie alle Vergleiche. Die kleinste Münze im physikalischen Zahlungsverkehr hat nämlich keinen festen Wert, sondern es hat gewissermaßen jede Frequenz ihre eigene Währung mit der dazugehörigen kleinsten Münze. Der größte Fehler bei der Quantisierung entsteht daher bei der höchsten Frequenz, die man benutzt. Die Fehler fallen im allgemeinen auch erst bei hohen Frequenzen auf, obwohl sie auch bei tiefen Frequenzen vorhanden sind, wo sie gegenüber den sonstigen »Unregelmäßigkeiten« in der Zahlung überhaupt nicht auffallen.

Die Partner am Energieaustausch bezahlen nämlich nicht auf Grund einer Ursache, etwa einer bestehenden Verpflichtung zur Zahlung oder auf Grund einer vorgelegten Rechnung. Sie verteilen vielmehr laufend ihr jeweils vorhandenes Geld an die Umwelt nach Maßgabe der Enge der vorhandenen Beziehungen. (Abb. 1.4.) Da alle Partner dies tun, und da eine Beziehung zwischen zwei Partnern stets wechselseitig von dem gleichen Grad ist, kann es nie geschehen, daß die Unterschiede in der Besitzverteilung immer größer werden. Im Gegenteil strebt die Verteilung stets einem Gleichgewichtszustand zu, wobei jeder von dem Gesamtbesitz den Anteil erhält, der ihm nach individuellen Merkmalen zukommt. Diese Merkmale nennt man Freiheitsgrade.

Allerdings hört der Zahlungsverkehr nicht etwa dann auf, wenn dieser Zustand erreicht ist: Der Grund dafür liegt in der eigenartigen Gewohnheit der Zahlenden, das Geld nicht etwa genau abzuzählen, sondern es nur roh abzuschätzen, so daß zufällige Fehler entstehen. Es gibt daher unaufhörlich zufällige Abweichungen im Besitzstand jedes einzelnen von dem mittleren Vermögen, das ihm auf Grund seiner Freiheitsgrade zukommt.

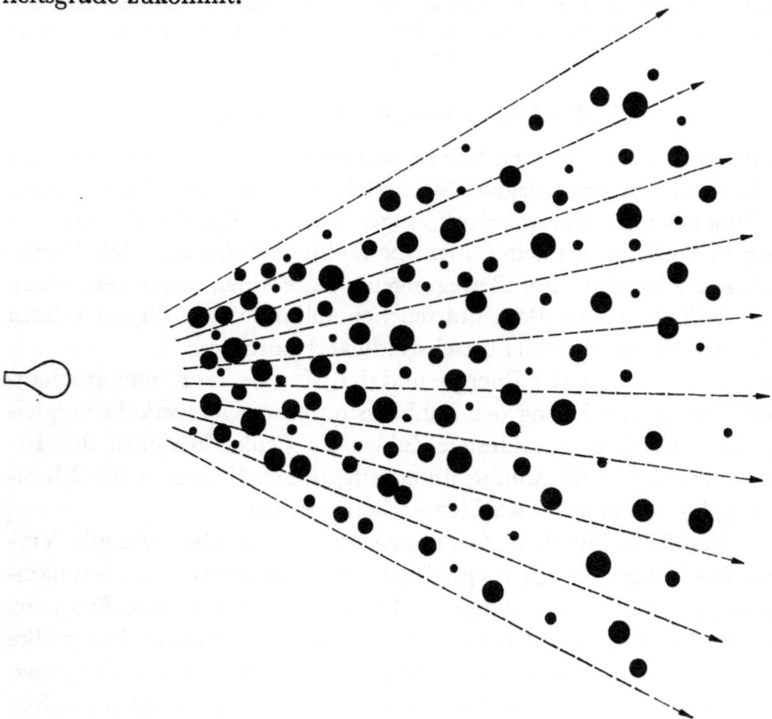

Abb. 1.4.   Wärmestrahler. Es werden Photonen aller Größen entsprechend dem Richtungsdiagramm und der Verteilung der Energie über die Frequenz nach Zufall ausgestrahlt.

Dieses System von Wechselbeziehungen muß man sich noch mit einigen zusätzlichen Raffinessen ausgestattet denken. Es gibt nämlich auch versteckte Vermögenswerte, die für gewöhnlich nicht mitgezählt werden. Diese werden entweder rein zufällig dem allgemeinen Zahlungsverkehr zugeführt, wenn es sich um instabile Anlagewerte handelt, oder es bedarf bei stabilen Depots außergewöhnlicher Anstrengungen, um die potentiellen Mittel wieder frei zu bekommen. Durch besondere Manipulationen gelingt es auch, Vermögensanteile zeitweilig einfrieren zu lassen.

Die Elementarteilchen sind nun wieder in sich organisiert und bilden untereinander größere oder kleinere Gruppen. Auch Gruppen sind wieder in noch größere Einheiten zusammengefaßt usw. Es gibt Verbände von Elementarteilchen, die so exklusiv sind, daß der Zahlungsverkehr nahezu nur auf den eigenen Kreis beschränkt ist. Einen solchen Verband nennt man ein abgeschlossenes System. Nun gibt es zwar im allerstrengsten Sinn nur ein einziges abgeschlossenes System: die Welt als Ganzes. Aber es ist doch möglich, größere und nahezu abgeschlossene Systeme so zu betrachten, als ob sie wirklich abgeschlossene Systeme wären. Die Korrektur kommt dadurch zustande, daß man die Wechselbeziehung zur Außenwelt durch einen Kanal ersetzt. Dieser Kanal ersetzt also für jedes der durch ihn miteinander verbundenen Systeme die gesamte Außenwelt, um die man sich im einzelnen nicht zu kümmern braucht; diese behandeln aber den Kanal so, als ob er ein Mitglied ihres Systems wäre. Er besitzt also auch Freiheitsgrade und nimmt entsprechend als Gebender und Nehmender nach beiden (oder mehreren) Seiten hin am allgemeinen Austauschverkehr teil.

Ein solches quasi-abgeschlossenes System ist auch der einzelne Mensch. Er hat die Angewohnheit, dadurch in das Gesamtgeschehen einzugreifen, daß er gezielt Vermögenswerte anlegt oder abzieht. Da er nicht in die elementaren Prozesse unmittelbar eingreifen kann, fördert er diejenigen Verbände, die seinen Bestrebungen günstig sind, durch materielle Unterstützung und behindert andere, indem er deren Mittel beschneidet.

Die Untersuchung solcher Zusammenhänge, die durch die soeben verwendete Analogie nur oberflächlich beschrieben ist, kann nur durch die Beobachtung größerer Verbände von Elementarteilchen geschehen, um dann rückwirkend mit Hilfe statistischer Gesetze auf die elementaren Vorgänge zu schließen. Auf diese Weise hat der lichtelektrische Effekt zur Planckschen Wirkungskonstante und zur Quantenphysik, der Compton-Effekt zum Impulssatz für Photonen, die Ultraviolett-Katastrophe in Verbindung mit den empirisch ermittelten Strahlungseigenschaften der Materie zum Planckschen Strahlungsgesetz geführt. Die de-Broglie-Welle, die Wellen- bzw. Quantenmechanik waren experimentell bestätigte Folgerungen und Verallgemeinerungen aus diesen Gesetzen. Es gibt daher wohlbegründete Entsprechungen zwischen den makroskopischen Beobachtungstatsachen und ihren mikrophysikalisch-mathematischen Deutungen.

§ 8 Über makro- und mikrophysikalische Zustände in der Thermodynamik

Die Teilgebiete der Physik, die sich mit Elementarteilchen der Physik und ihren Wechselwirkungen untereinander befassen, sind die *Thermodynamik*[1] und die *Statistische Mechanik*[2]. Dabei enthält die Statistische Mechanik die neuzeitliche mikrophysikalische Interpretation der Wärmelehre, während die Thermodynamik auch die makrophysikalischen Erscheinungen betrachtet.

Abgeschlossene thermodynamische Systeme streben, wenn sie sich selbst überlassen werden, einem statistischen Gleichgewichtszustand zu. Die Schnelligkeit, mit der das geschieht, hängt u. a. von der Enge der Kopplung ab, die zwischen den Teilen besteht. Die Welt als Ganzes, die aus einzelnen zum Teil sehr schwach miteinander gekoppelten Systemen besteht, hat diesen Zustand noch nicht erreicht. Die Entwicklung zum thermodynamischen Gleichgewicht geht irreversibel vor sich und bedarf zu ihrer theoretischen Behandlung umfassenderer Methoden. Man müßte also eigentlich die Bezeichnung Thermodynamik auf diese Systeme beschränken[3].

Wir dürfen das hier vorliegende Problem dadurch etwas vereinfachen, daß nur quasi-abgeschlossene Systeme betrachtet werden, die durch eine *sehr schwache* Kopplung mit anderen Systemen verbunden sind. Aber selbst mit dieser Beschränkung ist das Gebiet so umfangreich, daß hier nur einzelne Erkenntnisse zitiert werden können. (Abb. 1.5.)

Die Thermodynamik der im Gleichgewicht befindlichen Systeme hat eine makro- und eine mikrophysikalische Seite. Makroskopische Erscheinungen sind in diesem Zusammenhang Temperatur, Wärme, Druck, Volumen, Masse, usw. Zu jeder dieser Größen gehört eine entsprechende mikrophysikalische Deutung. Die Masse eines makroskopischen Objektes ist die Summe der Massen seiner Elementarteilchen, (wobei die bei der Zerlegung freiwerdende oder aufzubringende Energie als Masse mit eingesetzt werden muß). Druck ist die Summe aller Impulse pro Zeiteinheit und pro Flächeneinheit, die von den Elementarteilchen auf die anstoßende Begrenzungsfläche eines anderen Körpers (bei Gasen: Gefäßwandung) ausgeübt wird.

---

[1] Fast, J. D.: Entropie. Eindhoven: Philips Technische Bibliothek 1960.
[2] Tolman, R. C.: The Principles of Statistical Mechanics. London: Oxford University Press 1938.
[3] de Groot, S. R.: Thermodynamik irreversibler Prozesse. Mannheim: Bibliographisches Institut 1960.

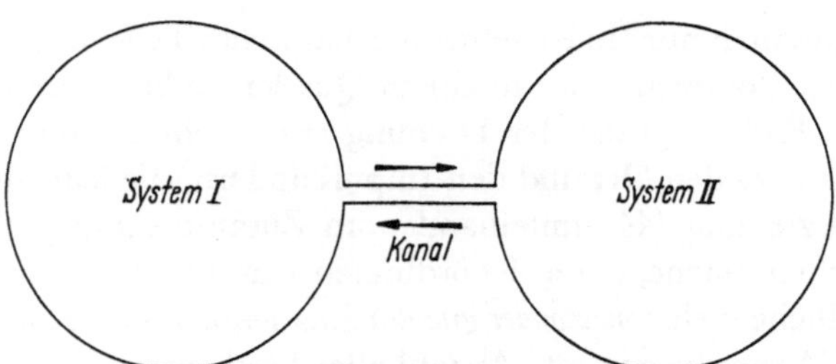

Abb. 1.5.   Kopplung zweier vorher abgeschlossener Systeme durch einen Kanal. Nach Herstellung der Kopplung setzt ein Ausgleichsvorgang ein. Er führt in beiden Systemen zu einem stationären Zustand. Das geschieht durch den Austausch von Energie (Materie), wobei die Nebenbedingungen gelten, daß 1. für die Dauer des Prozesses die Summe beider Entropien zunimmt und 2. die Summe beider Energien konstant ist.

Unter Temperatur versteht man die mittlere kinetische Energie eines Teilchens pro Freiheitsgrad, wenn man den Maßstab geeignet wählt. Der Umrechnungsfaktor ist $\frac{1}{2}$ k, so daß die Energie pro Freiheitsgrad in Joule $= \frac{1}{2}$ kT ist, wobei eine nach BOLTZMANN benannte Konstante

$$k = 1{,}38 \cdot 10^{-23}\ \text{Joule}/^\circ\text{K} \tag{1.53}$$

und die absolute Temperatur T zusammen auftreten. Wärme ist infolgedessen $\frac{z}{2}$ kT, wobei z die Anzahl der Freiheitsgrade in dem betreffenden System angibt. Da man den Faktor $\frac{z}{2}$ k makroskopisch als spezifische Wärme bezeichnet, kann man die Anzahl der Freiheitsgrade in einem makroskopischen System leicht durch eine makroskopische Messung bestimmen. (Vorsicht: diese Zahl kann sich mit der Temperatur ändern!)

Auf Grund ihrer historischen Bedeutung als Grundlage der Wärmekraftmaschinen befaßt sich die klassische Thermodynamik (die eigentlich Thermostatik heißen müßte) vorwiegend mit einem abgeschlossenen Gasvolumen. Durch Zufuhr von Wärmeenergie erhöht sich der Druck. Dabei kann bei Expansion gegen eine äußere Kraft mechanische Arbeit abgegeben werden. Bei der theoretischen Behandlung dieses Prozesses wurde 1850 von CLAUSIUS der Begriff Entropie eingeführt. Wenn ein System von einem Zustand (1) in einen Zustand (2) überführt wird, wobei das Differential der *hinein*fließenden Wärme mit dQ bezeichnet wird, so ist die Entropiezunahme

$$\Delta S = \int_{(1)}^{(2)} \frac{\mathrm{d}Q}{T} \cdot \tag{1.54}$$

Die entsprechende mikrophysikalische Deutung gelang BOLTZMANN 20 Jahre später. Er vollbrachte damit eine der größten Leistungen der theoretischen Physik überhaupt.

Betrachtet man nur ein einzelnes mechanisches Teilchen in einem abgeschlossenen Volumen, etwa in einem Quader, so hat es drei Freiheitsgrade. (Die Freiheitsgrade der Drehung seien »eingefroren«.) Je Freiheitsgrad kann es den Ort und den Impuls ändern, die jedoch durch die Unschärfebeziehung (44) miteinander im Zusammenhang stehen. Auf einer endlichen Fläche, deren Koordinaten x und p_x sind, lassen sich daher nur endliche viele *voneinander grundsätzlich unterscheidbare* Zustände unterbringen. Wenn die gesamte Anzahl aller Freiheitsgrade mit n und die Gesamtzahl aller Zellen in der Zustandsfläche mit z bezeichnet wird, so gibt es nach den Gesetzen der Kombinatorik

$$m = \frac{z!}{n!\,(z\text{-}n)!} \qquad (1.55)$$

verschiedene Mikrozustände. Dabei wird vorausgesetzt, daß sich die Teilchen nicht voneinander unterscheiden, so daß ein einfaches Vertauschen zweier Teilchen miteinander keinen neuen Mikrozustand ergibt.

Jeder der voneinander zu unterscheidenden m Mikrozustände sei mit

$$x_1, \ldots, x_i, \ldots, x_m \qquad (1.56)$$

bezeichnet. Diesen Zuständen seien die Wahrscheinlichkeitszahlen

$$p(x_1), \ldots, p(x_i), \ldots, p(x_m) \qquad (1.57)$$

zugeordnet. Dann ist die Entropie nach BOLTZMANN

$$H = -k \sum_{i=1}^{m} p(x_i) \ln p(x_i). \qquad (1.58)$$

Wenn alle Mikrozustände dieselbe Wahrscheinlichkeit $1/m$ haben, (Spezialfall) ist die Boltzmannsche Entropie

$$H = k \ln m. \qquad (1.59)$$

Diese Gleichung wird von den Lehrbüchern meistens in der Form

$$S = k \ln W$$

angegeben, wobei davon Gebrauch gemacht wird, daß sich im wesentlichen, d.h., abgesehen von einer Konstanten, die Gegenstand weiterführender Untersuchungen von NERNST war (Nullpunktsentropie), eine Gleichheit beider Entropiebegriffe herausgestellt hat. Außerdem bezeichnet die Physik die Anzahl der Möglichkeiten abweichend von der mathematischen Definition mit Wahrscheinlichkeit und verwendet dafür das Formelzeichen W. Wir wollen in diesem Buch die Wahrscheinlichkeit stets im Sinne der mathematischen Definition verwenden. Ersetzt man hier ebenfalls das Boltzmannsche H (eigentlich ein großes griechisches Eta) durch S, so entsteht neben der makroskopischen Gleichung (54) die mikrophysikalische Beziehung

$$S = -\mathrm{k} \sum_{i=1}^{m} p(x_i) \ln p(x_i) + S_0 , \qquad (1.60)$$

in der S_0 eine Konstante ist.

Der Entropiebegriff ermöglicht es, den zweiten Hauptsatz der Thermodynamik besonders knapp auszusprechen:

Wenn ein System einen Kreisprozeß durchläuft, so kann dabei seine Entropie niemals abnehmen.

Die Entropie kann also in einem System sehr wohl durch Einwirkung von außen abnehmen. Die gesamte Änderung entlang eines in sich geschlossenen Weges von Zustandsänderungen kann aber, wie der Satz besagt, niemals negativ sein.

Bei abgeschlossenen Systemen, die noch nicht ihren statistischen Ruhezustand erreicht haben, kann die Entropie durch die innere Entwicklung nur zunehmen. In einem System, dessen Mikrozustände bereits ihre stationäre Wahrscheinlichkeit haben, bleibt demzufolge die Entropie konstant. Diese Entropie ist die höchste Entropie, die in diesem System (ohne Einwirkung von außen) überhaupt möglich ist. Anders ausgedrückt, ändert ein abgeschlossenes System nur dann seinen makroskopischen Zustand oder die Verteilung der Wahrscheinlichkeit über seine mikroskopischen Zustände, wenn dabei in jeder Phase seine Entropie zunehmen kann. Der innere Prozeß ist also irreversibel. Er läuft so ab, daß jede differentielle Zustandsänderung stets in Richtung des steilsten Entropieanstieges erfolgt.

§ 9 Thermodynamische Ausgleichsvorgänge

Gegen den zweiten Hauptsatz der Thermodynamik gibt es einen gewichtigen Einwand: Wenn man ein thermodynamisches System durch eine Trennwand in zwei Systeme unterteilt, und dann beide wieder durch einen Kanal miteinander koppelt, etwa durch ein Loch in der Trennwand, so kann ein Beobachter durch rechtzeitiges Öffnen und Schließen des Kanals einen für das Gesamtsystem weniger wahrscheinlichen Zustand herbeiführen, also die Entropie vermindern. Wenn er z.B. nur langsame Teilchen passieren läßt, wenn sie von rechts nach links strömen, und schnelle Teilchen, wenn sie sich von links nach rechts bewegen, in allen anderen Fällen aber den Kanal geschlossen hält, so werden sich im Mittel schließlich rechts schnellere und links langsamere Teilchen befinden. Makroskopisch gesprochen wird es rechts wärmer und links kälter.

Der für dieses Gedankenexperiment erfundene Fall, daß ein extrem intelligentes Wesen, ein nach MAXWELL oder LAPLACE benannter Dämon, diese Rolle des Wächters und Steuermannes übernimmt, macht den Einwand etwas unwirklich. Man kann sich aber dieses Experiment auch etwas realistischer so vorstellen, daß in einer Flüssigkeit zwei verschiedene Arten von Schwebeteilchen suspendiert sind, die sich in Form, Größe, Gewicht usw. gleichen, so daß sie sich durch den Diffusionsprozeß mischen. Wenn sich die Teilchen für ein Wesen mit einem normalen Wahrnehmungsvermögen erkennbar unterscheiden, etwa durch die Farbe, kann es doch in derselben Weise wie der Dämon eine Entmischung herbeiführen und dadurch die Entropie vermindern. Dieses normale Wesen kann z.B. ein technisch realisierbarer Automat sein. Wenn sich in diesem sich selbst überlassenen System die Entropie ohne Eingriffe von außen vermindern würde, so müßte der zweite Hauptsatz in den Lehrbüchern der Physik gestrichen werden.

Das Gedankenexperiment wurde 1929 von L. Szilard[1] behandelt. Er kam zu der Feststellung, daß die Beobachtung des Austauschvorganges mit einer Störung des Austauschprozesses verbunden ist, durch den die Entropie in dem System mindestens um soviel vermindert wird, wie die steuernden Eingriffe nachher wieder beseitigen. Wenn man das intelligente Wesen mit zum System dazurechnet, wird die Entropie nicht vermindert. Man kann also aus der Feststellung von Szilard den Schluß ziehen:

Der zweite Hauptsatz der Thermodynamik gilt auch für abgeschlossene Systeme, die intelligente Wesen enthalten.

Nunmehr werde hier ein Vorgriff auf die später zu behandelnde Informationstheorie (s. a. § 43) eingeschaltet:

Mit einem Abstand von fast 20 Jahren erschien 1948 das Hauptwerk von Shannon[2], in dem ein Alphabet

$$a_1, \ldots, a_j, \ldots, a_n \tag{1.61}$$

vorausgesetzt wird, in dem jeder Buchstabe eine Wahrscheinlichkeit

$$p(a_1), \ldots, p(a_j), \ldots, p(a_n) \tag{1.62}$$

hat. Dabei hat *durch Definition* ein bestimmter Buchstabe die Information

$$I(a_j) = -\operatorname{ld} p(a_j), \tag{1.63}$$

während der Erwartungswert an Information pro Buchstabe für dieses bestimmte Alphabet

$$E\{I(a_j)\} = \sum_{j=1}^{n} p(a_j)\, I(a_j) = -\sum_{j=1}^{n} p(a_j)\operatorname{ld} p(a_j) \tag{1.64}$$

---

[1] Szilard, L.: Über die Entropieverminderung in einem thermodynamischen System bei Eingriffen intelligenter Wesen. Z. f. Phys., **1929**, 840.

[2] Shannon, C. E.: The Mathematical Theory of Communication. Urbana: The University of Illinois Press 1949.

ist. Diese Größe belegte SHANNON auch mit der Bezeichnung Entropie, und zwar mit der Begründung, daß sie durch eine Änderung des mathematisch unwesentlichen Maßstabes um den Faktor k ln 2 in die Boltzmannsche Entropie übergehe. Die Entropie drücke auch bei einem Alphabet die in dem System bestehende Freiheit aus.

Von der Physik ist die Mitbenutzung dieses Begriffes kaum beachtet und nur in einigen Fällen als Mißbrauch bezeichnet worden. Immerhin wäre wohl der Einwurf berechtigt, daß die Mitbenutzung eines Begriffes von einer solchen zentralen Bedeutung, der außerdem eine ehrwürdige Geschichte besitzt, nur dann zulässig sein sollte, wenn es sich wirklich um eine Identität und nicht nur um eine formale Analogie handelt. Eine Identität könnte aber nur dann vorliegen, wenn sich der Ausdruck $p(a_j)$ auf die Wahrscheinlichkeit von thermodynamischen Zuständen bezieht. Die Physik kennt aber die Begriffe Buchstabe und Alphabet überhaupt nicht, auch kann man physikalisch nicht von thermodynamischen Zuständen in abstrakten Begriffen reden.

Soweit der fiktive Einwurf der Physik, der aber niemals in dieser Form gemacht worden ist. Als einer der ersten Physiker griff BRILLOUIN[1] den Entropiebegriff nach SHANNON auf, und benutzte ihn dazu, den Laplaceschen Dämon auszutreiben. Wenn man nämlich die Information, die der Dämon durch das Beobachten des Systems in sich aufnimmt, als negative Entropie (Negentropie) auffaßt, so daß also

$$S = -k \ln 2 \, H \qquad (1.65)$$

ist, wobei mit SHANNON das Formelzeichen

$$H = E\,[I(a_j)] \qquad (1.66)$$

verwendet wird, so nimmt die Entropie in einem abgeschlossenen System, das ein intelligentes Wesen enthält, nicht nur über einen geschlossenen Zyklus von Beobachten und Steuern, sondern in jedem Augenblick zu (oder mindestens nicht ab).

Diese Erklärung hat ihre Rechtfertigung nur in dem Ergebnis, es fehlt aber die überzeugende Ableitung.

Die Schwierigkeit liegt, von der Physik aus gesehen, darin, daß das Shannonsche Modell auf mathematische Abstraktionen begründet ist. Abstrakte mathematische Begriffe haben keine physikalischen Zustände. Diesen »Mangel« kann man dadurch beseitigen, daß man ein ganz konkretes Alphabet einführt, z.B. eine Anzeigetafel, wie sie etwa bei Sportfesten benutzt wird. Sie besitze z.B. 20 Felder, denen Platten zugeordnet sind, die auf der einen Seite weiß und auf der anderen Seite schwarz angestrichen sind. (Abb. 1.6.) Ein Dekodierer übersetzt die Signale, die über einen Kanal empfangen werden, in Steuerbefehle für die einzelnen

---

[1] BRILLOUIN L.: Science and Information Theory. New York: Academic Press 1956.

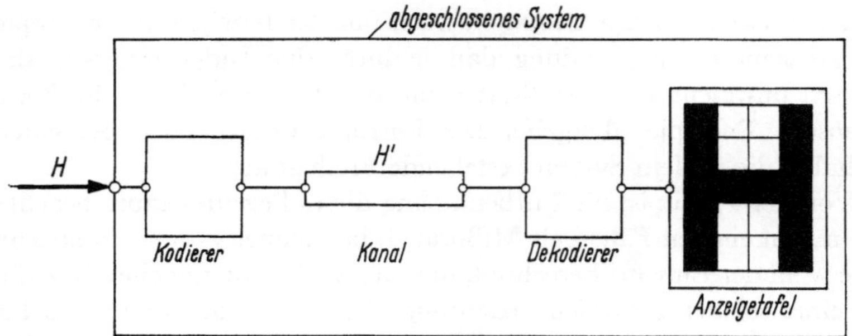

Abb. 1.6.   Die Anzeigetafel. Ein über den Kanal der Anzeigetafel zugeleitetes Signal vermindert die thermodynamische Entropie der Tafel um $\ln 2\,k\,H'$, wobei H' die den Kanal passierende Entropie nach SHANNON ist. Diese Entropie löst über den Dekodierer die Signale aus, die die einzelnen Felder der Anzeigetafel verstellen. Vor diesem Kanal befindet sich ein Kodierer, der jedes H ohne Verlust in das an der Tafel wirksame H' übersetzt. Wenn man Kodierer, Kanal, Dekodierer und Anzeigetafel als ein abgeschlossenes thermodynamisches System ansieht, bleibt der zweite Hauptsatz nur dann gültig, wenn man auch dem abstrakten H eine thermodynamische Entropie zuerkennt.

Platten. Am Eingang des Kanals befindet sich ein Kodierer, der das abstrakte Shannonsche Alphabet in das Steuerkommando übersetzt, das im Kanal fließt.

Die Kette, die aus Kodierer, Kanal und Dekodierer besteht, sei hier zusammenfassend mit Umkodierer bezeichnet. Dieser Umkodierer übersetzt das abstrakte H in ein konkretes und der Physik zugängliches H'.

Die Platten der Anzeigetafel mögen die m thermodynamischen Mikrozustände x_i besitzen. Dadurch, daß diesen Mikrozuständen n nachrichtentechnische Makrozustände überlagert werden, entsteht ein Produktfeld mit insgesamt $m \cdot n$ Paaren $x_i\,;a_j$. Einem solchen Paar ist wegen der Unabhängigkeit beider Vorgänge voneinander die Wahrscheinlichkeit

$$p(x_i; a_j) = p(x_i)\,p(a_j) \tag{1.67}$$

zuzuordnen. Ein Paar $x_i\,;a_j$ ist aber ein thermodynamischer Mikrozustand, der mit vollem Recht eine Entropie nach BOLTZMANN besitzt. Die thermodynamische Entropie dieses konkreten Alphabetes ist deshalb

$$
\begin{aligned}
S_2 &= -\sum_{i=1}^{m}\sum_{j=1}^{n} p(x_i; a_j)\ln p(x_i; a_j) + S_0 \\
&= -\sum_{i=1}^{m}\sum_{j=1}^{n} p(x_i)\,p(a_j)\Big(\ln p(x_i) + \ln p(a_j)\Big) + S_0 \\
&= -\sum_{i=1}^{m} p(x_i)\ln p(x_i) \\
&\quad -\sum_{j=1}^{n} p(a_j)\ln p(a_j) + S_0 \\
&= S_1 + k\ln 2\,H\,, \tag{1.68}
\end{aligned}
$$

wobei jetzt die Boltzmannsche Entropie der Platten allein mit S_1 bezeichnet worden ist. Es ist also dadurch, daß die Platten bewegliche Teile in einem Signalsystem sind, ihre Entropie um $k \ln 2\, H$ größer geworden. Diese Überlegung gilt, da sie keine besonderen Merkmale des speziellen Falles enthält, ganz allgemein. Diese Entropie des Signalapparates vermindert sich um die Entropie (im Sinne der Thermodynamik nach Boltzmann) $k \ln 2\, H$, wenn die Signalleitung ein bestimmtes Signal einstellt. *Information ist also der Teil der Freiheit oder Unbestimmtheit in einem thermodynamischen System, über die man zur Zeichengabe verfügen kann.*

Diese Verminderung der Entropie erfordert eine Mindestenergie, die sich bei einem isothermen Vorgang nach Gleichung (54) zu

$$\varDelta Q = k\,T \ln 2\, H \qquad\qquad (1.69)$$

berechnet. Diese Energie fließt also in dieselbe Richtung wie die Information. Auch das ist physikalisch verständlich: Man könnte zunächst denken, daß man die zur Betätigung einer Signaltafel nötige Energie durch den Einbau von Verstärkern beliebig klein machen könnte. Das ist aber nur bis zu einer bestimmten Grenze der Fall. Wenn man die Verstärkung noch weiter erhöht, werden aus den Freiheitsgraden, die für die Signaleinstellung zur Verfügung stehen, schließlich thermodynamische Freiheitsgrade. Die Betätigungsglieder führen eine Brownsche Bewegung aus und erzeugen dadurch zufällige Zeichen, die keine Information enthalten. Anders gesagt, muß der Signalgeber an die Ruhelage so gefesselt werden, daß es einer bestimmten Mindestenergie bedarf, um ihn daraus zu entfernen.

§ 10 Der Informationsbegriff in seiner allgemeinsten Form

Durch die Gleichung (63) wird die Information *definiert*. Eine Information liegt also immer dann vor, wenn einem bestimmten Zustand oder einem bestimmten Ereignis a_j eine Wahrscheinlichkeit $p(a_j)$ zugeordnet werden kann. Auf die sonstigen Eigenschaften von a_j kommt es überhaupt nicht an. Es *kann* a_j ein elementares akustisches oder graphisches Zeichen sein, so daß die aneinander gereihten Zeichen gesprochene oder geschriebene Wörter ergeben. Dann befinden wir uns im allerengsten Bereich der Nachrichtentechnik. Dieselben Begriffe sind aber auch noch im Bereiche der Datenverarbeitung, der Regelung und der Steuerung anwendbar, also im Nachrichtenverkehr zwischen Mensch und Maschine oder von Maschinen untereinander. Eine daraus erwachsende Verallgemeinerung ist die Kybernetik, die vergleichende Betrachtung der Übertragung von Information *innerhalb* von lebenden und toten Systemen. Die letzte Stufe der Verallgemeinerung vollziehen wir aber dann, wenn wir die gesamte Welt um uns herum als ein gemeinsames System auffassen, das in sich in Wechselbeziehungen steht, und in dem die lebenden Organismen einschließlich des Menschen ohne physikalische Sonderstellung enthalten sind. Das Recht, diese Verallgemeinerung zu vollziehen, beruht auf der Identität von negativer Entropie mit dem Erwartungswert der Information.

Diese Beobachtungen werden durch die mathematische Formelsprache formuliert und miteinander in Beziehung gebracht. So wird Stück für Stück ein Weltbild aufgebaut, das insoweit als wahr gilt, als es in sich widerspruchsfrei ist. Dieses Verfahren führt *zwingend* zu einer physikalischen Welt, in der die elementaren Geschehnisse nicht determiniert werden, sondern nach den Gesetzen des Zufalls ablaufen. Das makroskopische Geschehen ist eine Überlagerung von sehr vielen elementaren Vorgängen, kann also nach den mathematischen Sätzen der Wahrscheinlichkeitstheorie von den elementaren Vorgängen abgeleitet werden. Auch wenn man sich bewußt auf eine positivistische Denkweise beschränkt, entsteht ein Weltbild, das sich von dem aus der klassischen Physik entwickelten deterministischen Weltbild grundsätzlich unterscheidet.

Die Zusammenhänge zwischen Thermodynamik und Informationstheorie lassen es zu, die Beobachtung der Umwelt und die Ansammlung von Wissen, sowie die nutzbringende Verwertung des Wissens beim aktiven Eingreifen in das Geschehen als thermodynamische Wechselbeziehungen aufzufassen. Daher entsteht eine Rückwirkung nicht nur beim Handeln, sondern bereits beim Beobachten auf die Umwelt. Wissen ist gespeicherte negative Entropie. Alles wissen wollen hieße, den Endzustand der thermodynamischen Entwicklung, den Zustand der größten Wahrscheinlichkeit und der größten Entropie herbeiführen zu wollen.

Tatsächlich ist die Ankopplung des Menschen an die Umwelt so schwach, daß diese in der Mikrophysik tatsächlich eintretende Rückwirkung bei makroskopischen Vorgängen unter der Beobachtungsgrenze liegt. Wendet man umgekehrt die Vorstellungen der Informationstheorie auf die Beziehungen zwischen Mensch und Umwelt an, so handelt es sich um zwei durch einen Kommunikationskanal miteinander verbundene Systeme. Die Menge an Wissen, ausgedrückt in Informationseinheiten pro Zeiteinheit, die diesen Kanal passieren kann, ist nach dem Shannonschen Satz kleiner als die Kanalkapazität. Diese ist aber durch Eigenschaften des Menschen beschränkt. Umgekehrt kann man aber auf Grund desselben Satzes die Hoffnung aussprechen, daß dieses begrenzte Wissen in beliebig hohem Grade von Irrtümern befreit werden kann, indem man die einzelnen Beobachtungen zu großen Blöcken zusammenfaßt, in dem sich diese gegenseitig bedingen. Unsere Möglichkeiten, Erkenntnisse zu gewinnen, sind zwar dem Umfange nach begrenzt, dafür haben aber diese beschränkten Erkenntnisse die Tendenz, einer endgültigen Darstellung zuzustreben, die wir mit hinreichendem Recht als Wahrheit bezeichnen dürfen.

§ 11 Anhang zum I. Kapitel: Unschärfebeziehungen

Gegeben seien zwei Funktionen $G(x)$ und $g(y)$, von denen die eine nach dem Gleichungspaar

$$g(y) = \int\limits_{-\infty}^{+\infty} G(x)\, e^{-i2\pi yx}\, dx\,, \tag{1.70}$$

$$G(x) = \int\limits_{-\infty}^{+\infty} g(y)\, e^{+i2\pi xy}\, dy \tag{1.71}$$

die Fouriertransformierte der anderen ist. Dabei werde $G(x)$ als Originalfunktion und $g(y)$ als Bildfunktion bezeichnet. Ferner werde vorausgesetzt, daß das Integral über das Quadrat des Betrages bei beiden Funktionen konvergiert. Dann sind beide Integrale nach dem Parsevalschen Satz einander gleich:

$$A = \int\limits_{-\infty}^{+\infty} |G(x)|^2\, dx = \int\limits_{-\infty}^{+\infty} g(y)\, g^*(y)\, dy\,. \tag{1.72}$$

Hierbei ist $g^*(y)$ die zu $g(y)$ konjugierte komplexe Funktion.

Für die Unschärfe einer Funktion sind viele voneinander verschiedene Maße möglich. In etwas »unscharfer« Ausdrucksweise versteht man darunter den Bereich in einem Koordinatensystem, über den sich eine Funktion »im wesentlichen« erstreckt. Das kann z.B. der Bereich sein, in dem die der Funktion zugeordneten Funktionswerte dem Betrage nach eine bestimmte vorgegebene Schwelle überschreiten. Im allgemeinen wird man wünschen, daß sich dieser Bereich nicht ändert, wenn man die Funktion mit einer Konstanten multipliziert. Die Funktion muß also irgendwie normiert werden, wobei es ebenfalls wieder eine Reihe von Möglichkeiten gibt.

Das Unschärfemaß für die Funktion $G(x)$ sei mit x_m, das der Funktion $g(y)$ mit y_m bezeichnet. Je nach der Definition von x_m und y_m läßt sich für das Produkt $x_m\, y_m$ eine untere Grenze angeben. Diese Grenze ändert sich selbstverständlich mit der Definition des Unschärfemaßes.

In dem ersten zu behandelnden Fall möge ein Funktionenpaar entsprechend den Gleichungen (70) und (71) mit einem anderen Funktionenpaar $H(x)$ und $h(y)$ in folgender Weise zusammenhängen:

$$G(x) = \frac{dH(x)}{dx} \tag{1.73}$$

und daher auch

$$g(y) = i2\pi y\, h(y)\,, \tag{1.74}$$

wobei $h(y)$ die Fourier-Transformierte von $H(x)$ ist. Man kann jetzt die ziemlich trivialen Unschärfemaße

$$x_m = \frac{\int\limits_{-\infty}^{+\infty} |G(x)|\,\mathrm{d}x}{\left|\int\limits_{-\infty}^{+\infty} G(x)\,\mathrm{d}x\right|} \tag{1.75}$$

und das entsprechend definierte y_m einführen, woraus sich die Unschärfebeziehung

$$x_m\, y_m \geqq 1 \tag{1.76}$$

ergibt.

Es ist aber auch nach Gleichung (70)

$$\int\limits_{-\infty}^{+\infty} G(x)\,\mathrm{d}x = g(0) \tag{1.77}$$

und entsprechend nach Gleichung (71)

$$\int\limits_{-\infty}^{+\infty} g(y)\,\mathrm{d}y = G(0)\,. \tag{1.78}$$

Die Unschärfebeziehung (76) gilt auch dann, wenn man nach Substitution die Unschärfemaße

$$x_m = \frac{1}{|G(0)|} \int\limits_{-\infty}^{+\infty} |G(x)|\,\mathrm{d}x \tag{1.79}$$

und das entsprechende y_m einführt.

Drückt man x_m durch $H(x)$ aus, so ist

$$\frac{1}{x_m} = \frac{\dfrac{\mathrm{d}H}{\mathrm{d}x}_{(x=0)}}{H(+\infty) - H(-\infty)} \tag{1.80}$$

die Steilheit einer Tangente, bezogen auf die Änderung des Funktionswertes, während man das andere Unschärfemaß zu

$$y_m = \int\limits_{-\infty}^{+\infty} \left|\frac{h(y)}{h(0)}\right| \mathrm{d}y \tag{1.81}$$

erhält. (Die Anwendung auf das Funktionenpaar $H(x)$ und $h(y)$ ist deshalb zulässig, weil diese ebenfalls durch Fourier-Transformation auseinander hervorgehen.) Setzt man (80) und (81) in die Beziehung (76) ein, so entsteht die Ungleichung

$$\frac{\dfrac{\mathrm{d}H}{\mathrm{d}x}_{(x=0)}}{H(+\infty) - H(-\infty)} = \int\limits_{-\infty}^{+\infty} \left|\frac{h(y)}{h(0)}\right| \mathrm{d}y, \tag{1.82}$$

die man als eine Verallgemeinerung der Küpfmüllerschen Unschärfe-relation[1] (39) ansehen kann.

Die Heisenbergsche Unschärferelation[2] benutzt als Unschärfemaß die Varianz. Daß sie ebenfalls als Beziehung zwischen Fouriertransformierten gilt, kann man zeigen, wenn man im wesentlichen der Heisenbergschen Ableitung folgt:

Bezeichnet man mit

$$\bar{x} = \frac{\displaystyle\int_{-\infty}^{+\infty} x\,|G(x)|^2\,\mathrm{d}x}{\displaystyle\int_{-\infty}^{+\infty} |G(x)|^2\,\mathrm{d}x} = \frac{1}{A}\int_{-\infty}^{+\infty} x\,|G(x)|^2\,\mathrm{d}x \tag{1.83}$$

das Moment erster Ordnung der Funktion $|G(x)|^2$, und das Moment erster Ordnung der Funktion $|g(y)|^2$, dessen Gleichung genau (84) entspricht, mit $\bar{y}$, so seien die Unschärfemaße durch die Gleichungen

$$x_m^2 = \frac{1}{A}\int_{-\infty}^{+\infty} (x-\bar{x})^2\,|G(x)|^2\,\mathrm{d}x \tag{1.84}$$

und

$$y_m^2 = \frac{1}{A}\int_{-\infty}^{+\infty} (y-\bar{y})^2\,|g(y)|^2\,\mathrm{d}y \tag{1.85}$$

definiert.

Durch eine Koordinatentranslation um $\bar{x}$ bzw. um $\bar{y}$, nach der jedoch die alten Bezeichnungen weiter verwendet werden, tritt eine Zentrierung der Momente zweiter Ordnung ein; es verschwinden in den Gleichungen (84) bzw. (85) $\bar{x}$ bzw. $\bar{y}$.

Zunächst erhält man durch Differenzieren der Gleichung (71) nach x

$$\frac{\mathrm{d}G(x)}{\mathrm{d}x} = \frac{\mathrm{d}}{\mathrm{d}x}\int_{-\infty}^{+\infty} g(y)\,e^{i2\pi xy}\,\mathrm{d}y$$

$$= \int_{-\infty}^{+\infty} \Big((i2\pi y)g(y)\Big)\,e^{i2\pi xy}\,\mathrm{d}y\,. \tag{1.86}$$

Wenn $\dfrac{\mathrm{d}G(x)}{\mathrm{d}x}$ und $2\pi y\,g(y)$ dieselben allgemeinen Bedingungen erfüllen, die eingangs von dem Gleichungspaar $G(x)$ und $g(y)$ verlangt wurden, (was keineswegs immer der Fall ist), kann dieses abgeleitete

---

[1] Küpfmüller, K.: Über Einschwingvorgänge in Wellenfiltern. El. Nachr.-T. **1**, 141–152 (1924).
[2] Heisenberg, W.: Z. f. Phys. **43**, 172 (1927).
— Physikalische Prinzipien der Quantentheorie, 13. Mannheim: Bibl. Inst. 1958.

Paar von Fourier-Transformierten in die Parsevalsche Gleichung einge-setzt werden[1]. Man erhält

$$4\pi^2 \int_{-\infty}^{+\infty} y^2 \, |g(y)|^2 \, dy = \int_{-\infty}^{+\infty} \left| \frac{dG(x)}{dx} \right|^2 dx. \tag{1.87}$$

Verwendet man diese Gleichung zur Substitution in die Gleichung (85) und berechnet nunmehr $x_m^2 \, y_m^2$, so erhält man

$$x_m^2 y_m^2 = \frac{1}{4\pi^2} \, \frac{1}{A^2} \int_{-\infty}^{+\infty} x^2 \, |G(x)|^2 \, dx \cdot \int_{-\infty}^{+\infty} \left| \frac{dG(x)}{dx} \right|^2 dx. \tag{1.88}$$

Nunmehr gilt die Schwartzsche Ungleichung

$$x_m \cdot y_m \geqq \frac{1}{2\pi} \, \frac{1}{A} \int_{-\infty}^{+\infty} x \, |G(x)| \, \left| \frac{dG(x)}{dx} \right| \, dx, \tag{1.89}$$

wobei sich die rechte Seite durch die partielle Integration

$$\int_{-\infty}^{+\infty} x \, \left| \frac{dG(x)}{dx} \right| \, |G(x)| \, dx = \frac{1}{2} \left[x \, |G(x)|^2 \right]_{-\infty}^{+\infty} - \frac{1}{2} \int_{-\infty}^{+\infty} |G(x)|^2 \, dx \tag{1.90}$$

vereinfachen läßt. Das erste Glied verschwindet, wenn die Voraussetzun-gen erfüllt sind, unter denen die Gleichung (87) gilt, und das zweite nimmt den durch die Gleichung (72) vorgegebenen Wert an. Damit er-hält man

$$\boxed{x_m \, y_m \geqq \frac{1}{4\pi}.} \tag{1.91}$$

Der Faktor 2, um den das Heisenbergsche Ergebnis größer ist, kommt dadurch zustande, daß hier für beide Funktionen eine beiderseits un-endliche Frequenzachse benutzt wurde. Wenn f die physikalische Fre-quenz bedeutet, müßte in der Parsevalschen Gleichung

$$\int_{-\infty}^{+\infty} |g(y)|^2 \, dy \quad \text{durch} \quad 2 \int_{0}^{+\infty} |g(f)|^2 \, df$$

ersetzt werden.

Da die für die Gleichung (88) geforderte Voraussetzung nicht bei allen Fourier-Paaren erfüllt ist, konvergiert $x_m \cdot y_m$ nicht immer auf einen endlichen Wert. Wenn z.B. eine der beiden Funktionen eine Rechteckkurve ist, tritt bereits Divergenz ein. Die Eigenart der Heisen-bergschen Unschärfebeziehung besteht darin, sehr empfindlich gegen kleine Abweichungen der Funktionen von der Fehlerfunktion zu sein, wo das Minimum des Unschärfeproduktes erreicht wird.

---

[1] S. auch: WIENER, N,: Extrapolation, Interpolation and Smoothing of Stationary Time Series, 2. Aufl., 96 u. 97. New York: Wiley 1950.

Kapitel II

Die Gesetze des Zufalls

§ 12 Von Determiniertheit, Zufall und Wahrscheinlichkeit

Die Grundvorstellung der klassischen Physik ist die Determiniertheit allen Geschehens: Aus einer bestimmten (genau bekannten) Ursache geht eine eindeutig bestimmte Wirkung hervor, *auf A folgt B*. B ist dann wieder die Ursache für C, usw. Diese Folge der Einzelvorgänge aufeinander bilden einen Prozeß, bei dem das Anfangsglied nicht nur das nächstfolgende, sondern mittelbar auch alle anderen Glieder bestimmt. Die Gesamtheit aller möglichen und denkbaren Ketten $A_i, B_i, C_i, \ldots$ besteht aus einzelnen Ketten, die an keiner Stelle miteinander in Verbindung stehen. (Abb. 2.1.).

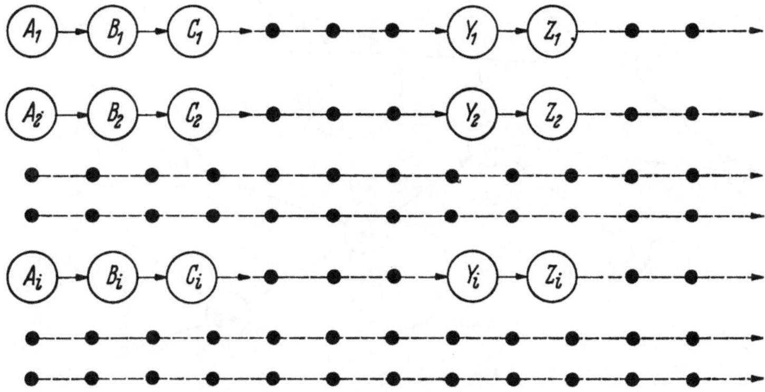

Abb. 2.1. Vorgänge in der deterministischen Physik. Auf ein bestimmtes A folgt stets *ein* bestimmtes B, usw.

Diese Grundvorstellung hat sich unter dem Druck der Tatsachen als irrig herausgestellt. Sämtliche makroskopischen Vorgänge sind aus dem Zusammenwirken von je sehr vielen elementaren und mikroskopischen Vorgängen zu verstehen. Jeder einzelne dieser elementaren Vorgänge ist nicht vorherbestimmbar. Der Zufall wählt bei einer bestimmten (und ebenfalls, wenigstens im Prinzip, genau) bekannten Ursache eine bestimmte Wirkung aus der Gesamtheit aller grundsätzlich möglichen

Wirkungen aus: auf *A kann* a priori nur eine Wirkung aus der Menge (B) der möglichen Wirkungen folgen. Daß dann aber tatsächlich die bestimmte Wirkung B_i eintritt, ist eine Entscheidung des Zufalls. Diese bestimmte Wirkung B_i ist wieder die Ursache für eine neue Entscheidung des Zufalls. Die neue Entscheidung hängt aber von dem Ausgangspunkt B_i ab, d.h., die Menge (C) ist eine Funktion von B_i. Bei einem solchen Prozeß bestimmt also jede Entscheidung gleichzeitig die Menge, die der neuen Entscheidung zur Verfügung steht. Jede spezielle Folge in einem solchen Zufallsmodell nennt man eine Markoffsche Kette, die Gesamtheit aller Ketten einen Markoffschen Prozeß. (Abb. 2.2.)

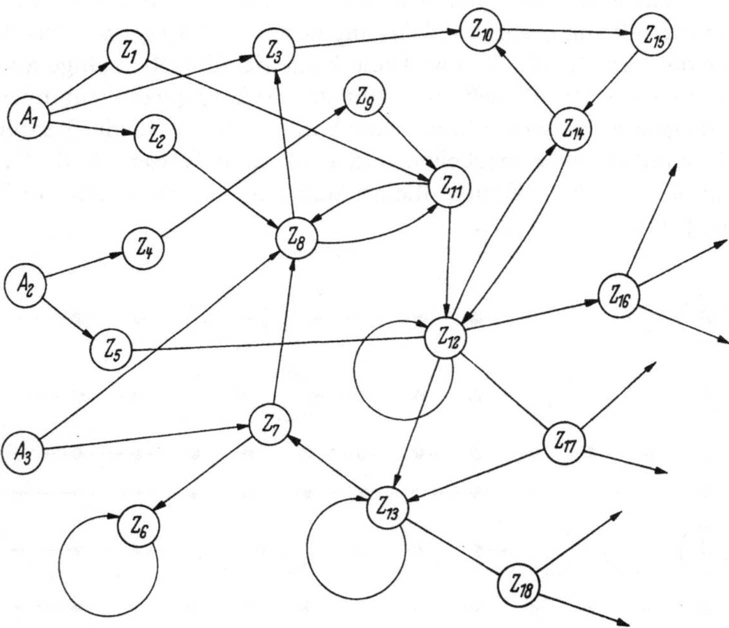

Abb. 2.2. Vorgänge in einer Welt des Zufalls. Von bestimmten Ausgangszuständen gibt es Übergänge zu den übrigen Z_i. (Es kann auch Übergänge zum ursprünglichen Zustand zurück geben). Für jeden Übergang von einem Zustand Z_i zu einem Zustand Z_j gibt es eine (bedingte) Wahrscheinlichkeit $p_i(j)$. Es kann auch Übergänge geben, die vom Zustand Z_i zum gleichen Zustand Z_i führen (Markoffsche Prozesse).

Trotzdem rechnen wir in der makroskopischen Physik und auch in der Technik, soweit sich diese auf sicher bekannte makroskopische Zusammenhänge stützt, mit determinierten Zusammenhängen. Die Gesetze der Mechanik und der Elektrodynamik, die z.B. durch Differentialgleichungen ausgedrückt sein mögen, sind deterministisch. Auch wenn man, wie in der Systemtheorie[1], mit Übertragungsfunktionen rechnet, so hat doch eine bestimmte Funktion $f_1(t)$, die am Eingang eines Übertragungssystems wirkt, das z.B. durch $W(s)$ gekennzeichnet ist, eine dadurch eindeutig festgelegte Wirkung $f_2(t)$ zur Folge. Unserer menschlichen Erfahrung zufolge führt diese Rechnung zu richtigen Ergebnissen, solange wir diese Theorie »vernünftig« anwenden. Abweichungen zwischen Theorie und Praxis führen wir in diesen Fällen gern auf ungenaue Kenntnis der Anfangsbedingungen und auf Störungen durch unvorhergesehene oder sogar unvorhersehbare Ereignisse zurück.

Wir sind ferner der Überzeugung, daß die Welt unseres mathematischen Denkens determiniert ist, wenigstens im Grundsätzlichen. Die Mathematik, die zur Beschreibung von Zusammenhängen in der Physik benutzt wird, ordnet einer bestimmten Aufgabe stets eindeutig eine bestimmte Lösung[2] zu. Wenn sich z.B. ein Körper zur Zeit $t = 0$ im Ort x_0 mit der Geschwindigkeit v_0 befindet, und es wird auf ihn eine Kraft $K(t)$ ausgeübt, so befindet er sich zur Zeit t (nicht relativistische Geschwindigkeiten seien der Einfachheit halber vorausgesetzt) im Punkt

$$x(t) = x_0 + v_0\, t + \int_0^t\int_0^t \frac{1}{m}\, K(t)\, \mathrm{d}t\, \mathrm{d}t\,. \tag{2.1}$$

Dieses rechnerische Ergebnis ist immer eindeutig den gegebenen Werten zugeordnet, es ist durch die Anfangswerte determiniert. Zwar treten bei der numerischen Berechnung von Beispielen Rundungsfehler auf, die sich aber durch einen entsprechenden Aufwand unter jede vorgegebene Schwelle drücken lassen.

Diese Zusammenhänge haben ferner die Eigenart, daß sie auch für das Zurückrechnen in die Vergangenheit gelten. Wenn man $K(t)$ für

---

[1] KÜPFMÜLLER, K.: Die Systemtheorie der elektrischen Nachrichtenübertragung. Stuttgart: Hirzel 1949. — BODE, H. W.: Network Analysis and Feedback Amplifier Design. New York: Van Nostrand 1945. — GARDNER-BARNES: Transients in Linear Systems. New York: Wiley 1942. — WIENER, N.: Kybernetik. Düsseldorf: Econ 1963. (Übersetzung von: Cybernetics. MIT, 1948). — TRUXAL, J. G.: Automatic Feedback Control System Synthesis. New York: McGraw-Hill 1955. — CAUER, W.: Theorie der linearen Wechselstromschaltungen, 2. Aufl. Berlin: Akademie-Verlag 1954; — Theorie der linearen Wechselstromschaltungen, II. Berlin: Akademie-Verlag 1960. — GOODE-MACHOL: System Engineering. New York: McGraw-Hill 1957. — CALDWELL, S. H.: Switching Circuits and Logical Design. New York: Wiley 1958. — CHESTNUT-MAYER: Servomechanisms and Regulating System Design. New York: Wiley 1955. — KUO, B. C.: Analysis and Synthesis of Sampled-Data Control Systems. Englewood Cliffs: Prentice-Hall 1963. — LYNCH & TRUXAL: Introductory System Analysis. New York: McGraw-Hill 1961. — PETERS, J.: Einschwingvorgänge, Gegenkopplung, Stabilität. Berlin–Göttingen–Heidelberg: Springer 1954. — u. a. m.

[2] Die mathematische Lösung ist nicht immer eindeutig, jedoch schließen Nebenbedingungen die »physikalisch sinnlosen« Lösungen aus.

negative t kennt, kann man mit der Gleichung (1) selbstverständlich auch den Ort für eine in der Vergangenheit liegende Zeit ausrechnen.

Alle Voraussagen über makroskopische Ereignisse, auch die in der Astronomie, haben ihre Grenze. Man kann eine Sonnenfinsternis vielleicht noch voraussagen, wenn sie in 1000 Jahren stattfindet, sicher aber nicht mehr über 100000 Jahre im voraus[1]. Diese Grenze können wir aber unwiderlegbar mit der Ungenauigkeit unseres a priori-Wissens erklären. Aber es gibt auch Voraussagen, die nach unserer festen Überzeugung *sicher* gelten, z.B.: »Es wird auch im Jahre 2000 einen Sommer geben.« Oder »Alle Menschen müssen sterben.« – Die Sicherheit, mit der wir derartige Aussagen aussprechen, ist doch in keiner Weise durch die Erkenntnis erschüttert worden, daß auch hierbei Elementarvorgänge zusammenwirken, die im einzelnen keineswegs sicher vorausgesagt werden können.

Das alles zwingt uns dazu, auch dem Zufall ein Gesetz zuzuschreiben, das wir mit Gesetz der Wahrscheinlichkeit bezeichnen. Offenbar ist dies ein Gesetz, das nicht an einem einzelnen Ereignis nachzuprüfen ist, da der Zufall grundsätzlich bei einem Elementarereignis nicht an ein Gesetz des Handelns gebunden ist. Auch eine Zusammenfassung von *endlich vielen* Einzelereignissen ist eine bestimmte zufällige Auswahl aus einer Menge von unendlich vielen solchen Kombinationen, das Ergebnis muß daher ein Zufallsergebnis sein. Da nur Experimente möglich sind, die sich aus endlich vielen Elementarereignissen zusammensetzen, kann man die Gesetze des Zufalls experimentell nicht bestimmen. *Daher ist es ein Verstoß gegen die Logik, wenn wir eine Erfahrung, die aus einer endlichfachen Wiederholung desselben Experimentes stammt, als Wahrscheinlichkeit bezeichnen.* Diese Erfahrung ist in Wirklichkeit nur das zufällige Ergebnis eines Experimentes, das aus der n-fachen Wiederholung desselben Experimentes besteht.

Mithin gibt es keinen anderen Weg, als den, die Wahrscheinlichkeit axiomatisch einzuführen. Wir haben nur die Möglichkeit, hinterher, durch Vergleich der logischen Folgerungen aus diesen Annahmen mit unseren Erfahrungen, darüber zu entscheiden, ob die Axiome »wahr« sind oder nicht.

Das Axiom besteht darin, daß jeder Möglichkeit, die aus A hervorgeht, eine durch A bedingte Maßzahl zugeordnet ist, auch wenn wir diese Maßzahl nicht kennen. Dieses Maß nennen wir Wahrscheinlichkeit. Wenn die Gesamtheit der Möglichkeiten, die auf A folgen *können*, mit (B) bezeichnet wird, so soll diese Gesamtheit die Maßzahl 1 erhalten. Alle anderen Ereignisse, die nicht zur Menge[2] (B) gehören, erhalten die

---

[1] Nach Mitteilung von O. Heckmann, Bergedorf.

[2] Kamke, E.: Mengenlehre, 999. Sammlung Göschen. Berlin: Walter de Gruyter 1955. Alexandroff, P. S.: Einführung in die Mengenlehre und in die Theorie der reellen Funktionen. Berlin: Deutscher Verlag der Wissenschaften 1956.

Maßzahl 0. Von diesem gesamten Maß 1 erhält jede Teilmenge aus (B) ihren Anteil. Wenn in (B) die Elemente

$$B_1, \ldots, B_i, \ldots, B_n$$

enthalten sind, so sind diesen Elementen beziehungsweise die Maßzahlen

$$p(B_1), \ldots, p(B_i), \ldots, p(B_n)$$

zugeordnet. Es gilt gemäß Voraussetzung

$$\sum_{i=1}^{n} p(B_i) = 1 , \tag{2.2}$$

das Maß ist also normiert.

Mathematisch ist die Wahrscheinlichkeit ein normiertes additives Maß auf der Menge aller Möglichkeiten.

Diese Einführung hat den Vorteil, daß alle Rechenregeln und Gesetze der Wahrscheinlichkeitstheorie[1] auf mathematischer Grundlage, nämlich auf der Maßtheorie[2], errichtet werden können. Damit erreicht man eine Unabhängigkeit vom Wahrscheinlichkeits*gefühl* und von Denk*notwendigkeiten*, die ihrerseits nicht immer frei sind von emotionellen Einflüssen.

Diese Prozedur hat zweifellos eine gewisse Ähnlichkeit mit einer Weltreise in einem Flugzeug ohne Fenster, wobei den Reisenden erst am Zielort durch Vergleich der Wirklichkeit mit den Reiseprospekten die Feststellung gestattet wird, ob dies das vorgestellte Ziel ist oder nicht. Wir werden uns dem Verfahren der Fluggesellschaften anschließen, die ihren Fahrgästen zwar den Ausblick gestatten, ihnen auch gelegentlich während des Fluges den augenblicklichen Standort mitteilen lassen, aber die eigentliche Navigation auf Mittel stützen, die von der Bodensicht unabhängig sind.

§ 13 Häufigkeit und Wahrscheinlichkeit

Die Häufigkeit eines Ergebnisses ist deren Anzahl, die bei mehrfacher, insbesondere bei sehr zahlreicher aber endlicher Wiederholung desselben Experimentes eintritt. Die Häufigkeit (und nur diese) kann daher experimentell bestimmt werden. In Zukunft soll hierunter, ohne daß dies besonders gesagt wird, die relative Häufigkeit verstanden werden, die Anzahl der auf dieses bestimmte Ergebnis fallenden Versuche, dividiert durch die Gesamtzahl aller Versuche. Wenn ein Experiment A insge-

---

[1] RICHTER, H.: Wahrscheinlichkeitstheorie. 1. Aufl. Berlin–Göttingen–Heidelberg: Springer 1956.

[2] MAYRHOFER, K.: Inhalt und Maß. Wien: Springer 1952.
CARATHÉODORY, C.: Maß und Integral und ihre Algebraisierung. Basel: Birkhäuser 1956.

samt n-mal wiederholt wird, und wenn dabei a_i mal das Ergebnis B_i erzielt wird, so ist *für diese bestimmte Reihe von Versuchen B_i* die Häufigkeit:

$$h_n(B_i) = \frac{a_i}{n} \,. \tag{2.3}$$

Man überzeugt sich leicht davon, daß auch die Häufigkeit ein normiertes Maß ist, so daß also

$$\sum_i h_n(B_i) = 1 \tag{2.4}$$

gilt. Es wurde bereits in § 12 das namentlich in technischen Büchern verbreitete Verfahren gerügt, diese Häufigkeit an die Stelle der Wahrscheinlichkeit zu setzen, und so zu tun, als ob diese Zahl bereits die Wahrscheinlichkeit wäre. Hier ist aber die Technik in einer schlechteren Lage als die Wahrscheinlichkeitstheorie. Die Theorie kann sich mit der axiomatischen Feststellung begnügen, daß der Wahrscheinlichkeit eines Ergebnisses grundsätzlich ein ebenso genauer numerischer Zahlenwert zukommt, wie etwa der Masse oder der Geschwindigkeit eines Körpers. Nur kann man diese Zahl leider nicht durch ein einfaches Nachmessen bestimmen. Angenommen, ein Techniker hat einen bestimmten Zufallsmechanismus vor sich, und er braucht die Verteilung der Wahrscheinlichkeit auf die verschiedenen möglichen Ergebnisse, (vielleicht, um die Informationstheorie anzuwenden), so kann er diese Verteilung doch entweder nur durch eine Analyse der Wirkungsweise dieses Zufallsmechanismus gewinnen, oder experimentell die Häufigkeit für ein möglichst großes n bestimmen, um diese als die wahrscheinlichste Wahrscheinlichkeit anzusehen. Daß er hierzu auf Grund der Wahrscheinlichkeitstheorie ein gewisses Recht hat, wird sich sofort zeigen.

Eine erste Brücke ist das *starke* Gesetz der großen Zahlen. Es lautet[1], gleich durch eine Formel ausgedrückt:

$$\boxed{\begin{array}{c} \lim_{n \to \infty} h_n(B_i) = p(B_i) \\ \textit{mit der Wahrscheinlichkeit Eins}\,. \end{array}} \tag{2.5}$$

Der Zusatz »mit der Wahrscheinlichkeit Eins« bedarf einer Erklärung. Wir verbinden gefühlsmäßig mit dem Begriff Wahrscheinlichkeit eine gewisse Aussage über die Sicherheit des Eintrittes eines Ereignisses. Dabei bedeutet die Wahrscheinlichkeit 0 *fast* unmöglich und die Wahrscheinlichkeit 1 *fast* sicher. Diese Grenzfälle der Wahrscheinlichkeit gewähren also nicht eine absolute Unmöglichkeit oder eine absolute

---

[1] Beweis: s. RICHTER: Wahrscheinlichkeitstheorie, 1. Aufl. 388. Berlin–Göttingen–Heidelberg: Springer 1956.

Sicherheit. Sie besagen nur, daß bei einer unendlichfachen Wiederholung desselben Experimentes nur mit *endlich* vielen Ausnahmen zu rechnen ist. Wann diese Ausnahme eintritt, bereits beim erstenmal oder nie, vermag niemand zu sagen. Übrigens sind die Adverbien *fast*, wenn sie in einem mathematischen Satz verwendet werden, immer im Sinne einer Präzisionssprache zu verstehen: Wenn man von einem Gesetz spricht, das für fast alle Punkte in einer Ebene gilt, so bedeutet dies, daß sich unter unendlich vielen Punkten (z. B. einer kompakt besetzten Fläche) endlich viele Ausnahmepunkte befinden. (Die endliche Anzahl kann trotzdem sehr hoch, z. B. 10^{1000} sein.)

Es ist nun eine offensichtlich in der menschlichen Natur tief begründete Eigenart, daß der Mensch für seine eigenen Entscheidungen bereits die Wahrscheinlichkeit ε mit der Unmöglichkeit und die Wahrscheinlichkeit $1 - \varepsilon$ mit der Sicherheit gleichsetzt, und zwar auch dann, wenn ε durchaus noch eine von Null verschiedene hinreichend kleine Zahl ist. Z. B. läßt sich auch ein mit der Wahrscheinlichkeitsrechnung vertrauter Mensch im allgemeinen nicht davon abhalten, sein Kraftfahrzeug zu benutzen, obwohl die Wahrscheinlichkeit, an einem bestimmten Tag einen tödlichen Unfall zu erleiden, je nach Lage des Falles zwischen 10^{-5} und 10^{-7} liegt. Andererseits *rechnen* wir aber mit viel viel kleineren Wahrscheinlichkeiten: Ein dressierter Affe, der nur die technische Befähigung erlernt hat, wahllos einzelne Tasten auf der Schreibmaschine (einschließlich Zwischenraum, Wagenrücklauf und Zeilenfortschaltung) anzuschlagen, kann etwa mit der Wahrscheinlichkeit 10^{-100} einen bestimmten Vierzeiler zustandebringen. Wir schließen dann daraus, daß dieser Vierzeiler (für den der deutschen Sprache nicht mächtigen Zufall) die Information ld $10^{100} = 100$ ld $10 = 333$ Bit enthält.

Diese subjektive Einstellung des Menschen zur Wahrscheinlichkeit entspricht aber auch einer Notwendigkeit. Der Mensch setzt sich der Gefahr aus, weil er nach Erfolg strebt, und hierbei ist die größte Gefahr im allgemeinen auch mit der größten Erfolgsaussicht verbunden. Wenn für den Menschen erkennbar ein Mißverhältnis zwischen dem Wagnis und der Erfolgsaussicht besteht, wird er sich der Gefahr nicht aussetzen. Die menschliche Entscheidung läßt sich daher objektivieren, wenn er ein- für allemal in mathematischer Form die Grundsätze seines Handelns, seine Zielfunktion preisgibt. Dann erwächst aus der Analyse der Situation, ausgedrückt durch die wahrscheinlichen Risiken und die wahrscheinlichen Erfolgsaussichten für jede der möglichen Entscheidungen ein mathematisches Verfahren zur Bestimmung der optimalen Entscheidung[1].

---

[1] KROMPHARDT, W., R. HENN, und K. FÖRSTNER: Lineare Entscheidungsmodelle. Berlin–Göttingen–Heidelberg: Springer 1962.

§ 14 Die Grundregeln der Wahrscheinlichkeit

Die klassische Physik und die Technik geben ihre Zusammenhänge durch determinierte mathematische Funktionen an. Wenn eine Größe y von $x_1, \ldots, x_n$ abhängt, besteht eine Funktion

$$y = f(x_1, \ldots, x_n) \, . \tag{2.6}$$

wenn man diese kennt, kann man y aus den gegebenen Größen berechnen. In der Welt des Zufalls beschreiben die Größen $x_1, \ldots, x_n$ einen Zustand. Sie beschreiben also die Versuchsbedingungen, die Anfangssituation A, in der der Zufall über das daraus hervorgehende Ergebnis entscheidet. Versteht man unter y nicht ein bestimmtes Ergebnis, sondern eine Gesamtheit, eine Menge von möglichen Ergebnissen, so ist einem bestimmten Ergebnis

$$y_i = f_i(x_1, \ldots, x_n)$$

die Wahrscheinlichkeit $p(y_i)$ zugeordnet. Die Aufgabe besteht darin, dieses Maß, Wahrscheinlichkeit genannt, als Funktion von y_i im Raume y zu bestimmen.

Diese allgemeine Aufgabe enthält also ein recht umfangreiches Programm, das in elementare und in höhere Aufgaben zerlegt werden kann. Dieser Abschnitt wird diejenigen Rechenregeln bringen, die man etwa mit den vier Grundrechnungsarten auf eine Stufe stellen könnte.

Zunächst einige Ergänzungen zu den Begriffen der Wahrscheinlichkeitstheorie: Die Gesamtheit aller Ergebnisse eines *bestimmten* Versuches bildet eine Menge im mathematischen Sinne. Bezeichnet man das Experiment einschließlich aller Versuchsbedingungen[1] mit A, die Menge aller Ergebnisse mit (B) und die Wahrscheinlichkeitszahlen mit p, so nennt man die symbolische Zusammenfassung dieser drei Begriffe zu dem Tripel $(A; (B); p)$ ein *Wahrscheinlichkeitsfeld*[2].

Die folgenden Regeln beziehen sich auf dasselbe Wahrscheinlichkeitsfeld und ergeben sich in trivialer Weise aus der Maßtheorie

Grundregel 1. *Die Wahrscheinlichkeit für ein* (d. h. irgendein) *Ergebnis aus* (B) *ist Eins.*

Grundregel 2. *Die Wahrscheinlichkeit für ein Ergebnis, das nicht aus* (B) *ist, beträgt Null.*

Grundregel 3. *Die Wahrscheinlichkeit für das Eintreten eines von zwei disjunkten[3] Ergebnissen ist gleich der Summe der beiden Wahrscheinlichkeitszahlen.*

---

[1] RICHTER, H.: Wahrscheinlichkeitstheorie, 58. Berlin–Göttingen–Heidelberg: Springer 1956.

[2] RICHTER, H.: Wahrscheinlichkeitstheorie, 149. Berlin–Göttingen–Heidelberg: Springer 1956. (Infolge der stärkeren begrifflichen Differenzierung sind die Bezeichnungen bei RICHTER nicht immer gleich denen im anderen, namentlich technischen Schrifttum. Der Verfasser hat sich aber entschlossen, so weit wie möglich die Begriffe von RICHTER zu verwenden.)

[3] Disjunkt bedeutet: entweder das eine oder das andere.

Grundregel 4. *Die Wahrscheinlickkeit dafür, daß B_i nicht eintritt*[1], (sondern irgendein anderes Ergebnis aus (B))), *ist*

$$p(\overline{B}_i) = 1 - p(B_i) \,. \tag{2.7}$$

Jetzt werde eine neue Versuchsbedingung A' eingeführt. Sie ist die durch eine Zusatzbedingung verschärfte Bedingung A, so daß die Ergebnisse von A' auch Ergebnisse von A sind. Bezeichnet man die Ergebnisse von A' mit (B') so ist (B') eine Teilmenge von (B).

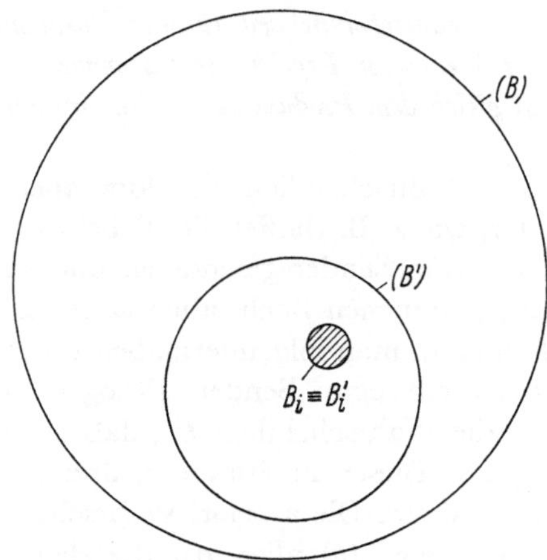

Abb. 2.3.   Zum Teilungssatz. (Legende im Text)

Ein bestimmtes Ergebnis B_i möge als Element von (B') mit B_i' bezeichnet sein. Dann bedeutet die Erhebung der bisherigen Teilmenge (B') zur ganzen Menge, daß die Wahrscheinlichkeit aller Elemente $B_i' \subset (B')$ gleich der bisherigen Wahrscheinlichkeit, dividiert durch $p(B')$ ist; (Abb. 2.3.):

$$p(B_i') = \frac{p(B_i)}{p(B')} \,, \tag{2.8}$$

oder in Worten:

Grundregel 5. *Die Wahrscheinlichkeit eines Elementes in einer Teilmenge ist gleich der Wahrscheinlichkeit in der ursprünglichen Menge, dividiert durch die Wahrscheinlichkeit der Teilmenge.*

Ein anderer Fall liegt vor, wenn nach der Wahrscheinlichkeit dafür gefragt wird, daß zwei Ergebnisse gleichzeitig eintreten. (Hier ist das Wort gleichzeitig nicht unbedingt wörtlich aufzufassen, sondern es muß durch irgendeine Regel ein Zufallsergebnis einem andern Zufallsergebnis zugeordnet sein. Man fragt z. B. in der Informationstheorie nach der

---

[1] Hierbei ist $\overline{B}_i$ die zu B_i komplementäre Menge.

Wahrscheinlichkeit aller Buchstabenpaare, die als a_i gesendet und als b_j empfangen wurden. Man kann a_i und b_j in diesem Sinne als »gleichzeitige« Ereignisse auffassen, obwohl physikalisch zwischen den Anteilen dieses Paares (a_i; b_j) die durch die Laufzeit der Nachricht eintretende Verschiebung liegt.) Hinsichtlich der korrekten theoretischen Behandlung dieses Falles wird auf das Schrifttum[1] verwiesen.

Unter der Voraussetzung, daß die Wahrscheinlichkeitsfelder beider Anteile statistisch voneinander unabhängig sind, liefert die theoretische Behandlung folgenden Satz:

Grundregel 6. *Die Wahrscheinlichkeit für das Zusammentreffen von zwei Ergebnissen, die je einer Menge von Ergebnissen entnommen sind,* die statistisch unabhängig sind, *ist gleich dem Produkt der beiden einzelnen Wahrscheinlichkeiten.*

Haben die beiden Wahrscheinlichkeitsfelder aber eine statistische Beziehung zueinander, wie z. B. (hoffentlich!) bei der Nachrichtenverbindung zwischen den vom Sender gesendeten Buchstaben a_i und den vom Empfänger aufgenommenen Buchstaben b_j, so ist der Satz 6 nicht gültig. In diesem Fall kann man folgendermaßen überlegen: Es besteht ein Wahrscheinlichkeitsfeld beim Sender. Bezogen auf dieses Wahrscheinlichkeitsfeld ist die Wahrscheinlichkeit, daß der Buchstabe a_i aus (a) gesendet wird, $p(a_i)$. Dieser Buchstabe a_i ändert aber die Wahrscheinlichkeit am Empfänger. Die a priori-Wahrscheinlichkeit, daß ein Buchstabe b_j aus der Menge (b) aller grundsätzlich vom Empfänger wiedergebbaren Buchstaben empfangen wurde, sei $p(b_j)$. Die Menge aller Buchstaben, die dann noch empfangen werden können, wenn ein bestimmter Buchstabe a_i gesendet worden ist, kann man immer noch mit (b) angeben, auch dann, wenn einzelne oder fast alle Buchstaben unmöglich noch empfangen werden können. Was sich ändert, ist die einem jeden b_j zugeordnete Wahrscheinlichkeit. Bezeichnet man diese bedingte Wahrscheinlichkeit mit $p_{a_i}(b_j)$, so ist a_i; b_j ein Element aus dem Produktfeld, das aus den Wahrscheinlichkeitsfeldern $[A; (a); p(a)]$ und $[a_i; (b); p_{a_i}(b)]$ zu bilden ist. Beide Felder sind unabhängig voneinander, denn das erste kennzeichnet eine Eigenschaft des Senders und das andere die kombinierte Eigenschaft des Kanals und des Empfängers für einen ganz bestimmten gesendeten Buchstaben. Daher ist jetzt

$$p(a_i; b_j) = p(a_i)\, p_{a_i}(b_j). \tag{2.9}$$

Diesen Zusammenhang kann man wieder durch einen Satz ausdrükken:

---

[1] MAYRHOFER: Inhalt und Maß, 80, Gleichung (9). Wien: Springer 1952.
— Inhalt und Maß, 83, Hilfssatz. Wien: Springer 1952.
RICHTER H.: Wahrscheinlichkeitstheorie, 1. Aufl. 150. Berlin–Göttingen–Heidelberg: Springer 1956.

Grundregel 7. *Die Wahrscheinlichkeit für das Zusammentreffen von zwei Ergebnissen, die je einer Menge von Ergebnissen entnommen sind,* die statistisch voneinander abhängen, *gleicht dem Produkt aus der Wahrscheinlichkeit des einen Ergebnisses und der durch dieses Ergebnis bedingten Wahrscheinlichkeit für das andere Ergebnis.*

§ 15 Beispiele für die Anwendung der Grundregeln

Die Grundregeln der Wahrscheinlichkeitstheorie wirken einfach und überzeugend, zum Teil sogar »selbstverständlich«. Trotzdem kann ihre praktische Anwendung bei bestimmten praktischen Beispielen, insbesondere, wenn mehrere Regeln miteinander kombiniert werden oder eine mehrfache Wiederholung einzelner Regeln geschieht, zu Ergebnissen führen, die keineswegs mehr so offensichtlich und selbstverständlich sind. Daher hat es sicher einen gewissen Sinn, durch einige geeignete Beispiele einen Zwischen-Ausblick zu geben.

Die Regeln (1) bis (4) mögen an einem idealen Würfel demonstriert werden. Unsere Beispiele leiden noch ein wenig darunter, daß der Begriff Wahrscheinlichkeit sich noch etwas in der Schwebe befindet. Die Wahrscheinlichkeit ist gewissermaßen eine zwar vorhandene, für den Betrachter aber nicht erkenntliche Zahl zwischen Null und Eins, die jedem der möglichen Ergebnisse von Natur aus ebenso sicher zugeordnet ist. Es ist etwa so wie bei einem Physiker ohne Waage, er weiß zwar, daß jeder Gegenstand eine Masse hat, kann aber die genaue Zahl nicht bestimmen. Deshalb sind die für Glücksspiele verwendeten Zufallsmechanismen stets so brauchbare Beispiele. Man kennt deren Wahrscheinlichkeitszahlen immer dann genau, wenn man annehmen darf, daß diese keinen Herstellungsfehler enthalten. Das Beispiel eines solchen idealen Mechanismus ist ein Würfel. Die Voraussetzung A enthält also die Aussage, daß solch ein idealer Würfel vorliegt, und daß mit diesem Würfel ein nicht manipulierter Wurf gemacht wird, ein Wurf also, bei dem nicht durch irgendeinen technischen Trick bestimmte Ergebnisse begünstigt oder benachteiligt werden. Dann umfaßt die Menge der Ergebnisse 6 Möglichkeiten, die Augenzahlen 1, 2, 3, 4, 5, 6, wobei jede bestimmte Augenzahl dieselbe Wahrscheinlichkeit 1/6 hat. Nach Regel 1 ist die Wahrscheinlichkeit, eine dieser Augenzahlen zu würfeln, Eins, und die Wahrscheinlichkeit, daß eine andere Augenzahl, z. B. eine 7 gewürfelt wird, ist nach Regel 2 gleich Null. Die Wahrscheinlichkeit, entweder eine 1 oder eine 3 oder eine 4 zu würfeln, ist nach Regel 3 die Summe $1/6 + 1/6 + 1/6 = 1/2$. Die Wahrscheinlichkeit, *keine* 6 zu würfeln, ist nach Regel 4 durch $1-1/6 = 5/6$ gegeben.

Auf die Grundregel 5 zielt folgende Frage: *Wie groß ist die Wahrscheinlichkeit dafür, daß unter den Würfen mit gerader Augenzahl eine 4 auftritt?* – In dieser Frage enthalten die Worte – unter den Würfen mit gerader Augenzahl – die Aufforderung, die Wahrscheinlichkeit auf eine neue Menge zu beziehen, die in der bisherigen Menge als Teilmenge enthalten ist. In der bisherigen Menge ist $p(4) = 1/6$. Da $p(\text{gerade}) = 1/2$, ist $p(4') = p(4)/p(\text{gerade}) = 1/3$.

Für die Anwendung der Grundregel 6 braucht man zwei *voneinander unterschiedene* Würfel (z. B. habe der eine Würfel rote und der andere schwarze Augen). Beide dazugehörigen Wahrscheinlichkeitsfelder bilden ein Produktfeld mit den Ergebnissen:

$$\begin{array}{cccccc}
1;1 & 1;2 & 1;3 & 1;4 & 1;5 & 1;6 \\
2;1 & 2;2 & 2;3 & 2;4 & 2;5 & 2;6 \\
3;1 & 3;2 & 3;3 & 3;4 & 3;5 & 3;6 \\
4;1 & 4;2 & 4;3 & 4;4 & 4;5 & 4;6 \\
5;1 & 5;2 & 5;3 & 5;4 & 5;5 & 5;6 \\
6;1 & 6;2 & 6;3 & 6;4 & 6;5 & 6;6,
\end{array}$$

wobei die kursiven Zahlen im Druck z. B. die Augen des roten und die senkrechten Zahlen die Augen des schwarzen Würfels bedeuten mögen.

Jedes dieser Paare hat nach Regel 6 die Wahrscheinlichkeit 1/36. (Man beachte aber, daß etwa folgende Frage: – *Wie groß ist die Wahrscheinlichkeit, daß das Produkt beider Augenzahlen 12 ist?* –, bereits außerhalb der elementaren Regeln liegt und daher auf einen späteren Zeitpunkt verschoben werden muß.)

Die Grundregel 7 wird später noch häufig angewendet werden. Daher genügt wohl im Augenblick ein triviales Beispiel, das der Tragweite dieser Regel in keiner Weise gerecht wird: *Eine Urne enthalte 26 Plättchen, die je einen der folgenden Buchstaben aufgedruckt haben:* A B C D E F G H I J K L M N O P Q R S T U V W X Y Z. *Wie groß ist die Wahrscheinlichkeit, daß ein Mensch, dessen Monogramm aus zwei* verschiedenen dieser *Buchstaben besteht, durch zwei aufeinander folgende wahllose Griffe in diese Urne sein Monogramm in der richtigen Reihenfolge herausholt?* – Für den ersten Buchstaben ist die Wahrscheinlichkeit 1/26, daß er der richtige ist. Wenn dies der Fall ist, verringert sich der Vorrat an Buchstaben in der Urne auf 25. Die Wahrscheinlichkeit, daß der zweite Buchstabe richtig ist, beträgt daher 1/25. Die Wahrscheinlichkeit, daß beide Buchstaben richtig sind, hat daher den Wert $1/26 \cdot 25 = 1/6500$. [Nicht etwa $(1/26)^2$].

Wesentlich schwierigere Beispiele können häufig noch durch geschicktes Kombinieren der Grundregeln gelöst werden, z. B. die folgende Frage: *Wie groß ist die Wahrscheinlichkeit, daß sich unter 10 Würfen wenigstens einmal eine Sechs befindet?*

Es sind folgende einzelne Schritte zweckmäßig:

1. Die Wahrscheinlichkeit, bei einmaligem Würfeln das Ergebnis 6 zu erhalten, ist 1/6.

2. Die Wahrscheinlichkeit, bei einmaligem Würfeln *keine* 6 zu erhalten, ist $1 - 1/6 = 5/6$ (Grundregel 2).

3. Die Wahrscheinlichkeit, bei 10maligem Würfeln *keine* 6 zu erhalten, ist $(5/6)^{10}$ (9malige Anwendung der Grundregel 6).

4. Die Wahrscheinlichkeit, bei 10maligem Würfeln *mindestens einmal* eine 6 zu erhalten, ist $1 - (5/6)^{10} = 0,984$ (Grundregel 2).

Noch eine Frage dieser Art:

Wie groß ist die Wahrscheinlichkeit eines Spielers, zu gewinnen, wenn folgende Regeln bestehen: 1. Die Augenzahl des ersten Wurfes bestimmt, wie häufig er anschließend nochmals würfeln darf. 2. Der Spieler erhält das Doppelte seines Einsatzes zurück, wenn er mindestens einmal in allen Würfen einschließlich des ersten Wurfes eine 6 erzielt, im anderen Fall verliert er seinen Einsatz?

Die Antwort ist wieder schrittweise zu erreichen:

1. Die Augenzahl des *ersten* Wurfes sei n.

2. Wenn $n = 6$ ist, hat der Spieler bereits gewonnen.

3. Wenn n nicht 6 ist, beträgt die Wahrscheinlichkeit *in dem Augenblick, wo dieses Ergebnis des ersten Wurfes bekannt ist*, nach der Antwort in dem voraufgegangenen Beispiel $1 - (5/6)^n$.

4. Die gesuchte Wahrscheinlichkeit ist

$$p(\text{Gewinn}) = \sum_{n=1}^{6} p(n) \cdot p_n(\text{Gewinn}) \, .$$

5. Im vorliegenden Fall ist $p(n) = 1/6$. Ferner gilt für die bedingten Wahrscheinlichkeiten

$$p_n(\text{Gewinn}) \begin{cases} = 1 \, , \text{ wenn } n = 6, \\ = 1 - (5/6)^n, \text{ wenn } n \neq 6 \, . \end{cases}$$

6. Die Rechnung nach der unter Punkt 4 angegebenen Gleichung liefert:

$$p(\text{Gewinn}) = \frac{1}{6} \left[1 + \sum_{n=1}^{5} \left[1 - \left(\frac{5}{6} \right)^n \right] \right]$$

$$= \frac{1}{6} \left[1 + 5 - \frac{1 - \left(\frac{5}{6} \right)^6}{1 - \frac{5}{6}} \right] = \left(\frac{5}{6} \right)^6 = 0,3349 \, .$$

Ein Spieler, der auf diese Bedingungen eingeht, wagt zu viel. Er sollte also verlangen, daß er pro Gewinn rund das Dreifache seines Einsatzes zurückerhält, wenn er sich für sein Engagement von einer Gleichheit der Aussichten leiten läßt.

Es gibt aber auch jetzt schon Beispiele, bei denen verhältnismäßig einfache Wahrscheinlichkeitsbetrachtungen für praktische Anwendungsfälle aufschlußreich sein können.

Ein solches Beispiel ist die *Ausfallwahrscheinlichkeit von Geräten*, die aus vielen Einzelteilen mit einer bestimmten Ausfallwahrscheinlichkeit zusammengesetzt sind.

Die Einzelteile mögen gemäß Annahme die Eigenschaft besitzen, spontan zu versagen. Es gibt also für jedes Einzelteil zwei Zustände 1 und 0, *einwandfrei* und *nicht einwandfrei*. Der erste der beiden Zustände besitzt für das Einzelteil i die Wahrscheinlichkeit $p_i(t)$ (Funktionswahrscheinlichkeit). Diese fällt im allgemeinen monoton mit dem Alter t. Dem zweiten Zustand sei die Wahrscheinlichkeit (Ausfallwahrscheinlichkeit)

$$q_i(t) = 1 - p_i(t) \tag{2.10}$$

zugeordnet. Sie ist das Komplement zur Funktionswahrscheinlichkeit.

Die entsprechenden Wahrscheinlichkeiten für das ganze Gerät sind mit $p(t)$ und $q(t)$ bezeichnet. Für die Art der Abhängigkeit von den Wahrscheinlichkeiten $p_i(t)$ und $q_i(t)$ der Einzelteile i sind folgende beiden typischen Fälle charakteristisch:

1. Das ganze Gerät versagt, wenn nur ein Einzelteil versagt.

2. Das ganze Gerät arbeitet einwandfrei, wenn nur ein einziges Einzelteil einwandfrei arbeitet.

Ferner sind noch folgende Mischformen denkbar:

3. Das Gerät besteht aus Baugruppen. Es versagt, wenn nur eine Baugruppe versagt. Dabei arbeitet diese Baugruppe dann einwandfrei, wenn jedes Einzelteil in dieser Baugruppe einwandfrei arbeitet.

4. Das Gerät besteht aus Baugruppen. Es arbeitet einwandfrei, wenn nur eine Baugruppe einwandfrei arbeitet. Eine dieser Baugruppen versagt jedoch bereits dann, wenn nur ein Einzelteil in dieser Baugruppe versagt.

Der Fall 1 ist der am häufigsten diskutierte Fall. Es möge angenommen werden, daß die Wahrscheinlichkeiten für die Einzelteile voneinander unabhängig sind (was aber keineswegs immer zuzutreffen braucht). Dann erhält man

$$p(t) = \prod_{i=1}^{n} p_i(t) \sim 1 - \sum_{i=1}^{n} q_i(t) , \tag{2.11}$$

$$q(t) \sim \sum_{i=1}^{n} q_i(t), \text{wenn } q(t) \ll 1 , \tag{2.12}$$

wenn die einzelnen Wahrscheinlichkeiten für das Nicht-Funktionieren so klein sind, daß auch ihre Summe noch klein gegen 1 ist. Wenn man diese Voraussetzung für die Summe nicht mehr machen kann, wohl aber für den einzelnen Anteil, darf man statt der Gleichung (11)

$$\ln p(t) = \sum_{i=1}^{n} \ln p_i(t) \sim - \sum_{i=1}^{n} q_i(t) \tag{2.13}$$

schreiben. Dann ist

$$p(t) \sim \exp\left(-\sum_{i=1}^{n} q_i(t)\right), \text{ wenn } q_i(t) \ll 1 \ . \tag{2.14}$$

Das durch die Gleichung (12) ausgedrückte Gesetz hat eine zentrale Bedeutung in allen Überlegungen im Zusammenhang mit Zuverlässigkeitserwägungen. Eine praktisch ausreichende Sicherheit liegt nur dann vor, wenn $q(t) = \varepsilon$ hinreichend klein ist. (Vgl. die Überlegungen S. 93.) Dem entspricht für jedes einzelne $q_i(t)$ die Bedingung

$$q_i(t) \le \frac{\varepsilon}{n} \ . \tag{2.15}$$

Es werden also bei einer großen Anzahl von Einzelteilen extrem hohe Anforderungen an die Zuverlässigkeit eines jeden Einzelteils gestellt.

Wie jetzt durch die Besprechung des Falles 2 gezeigt werden wird, ist die Forderung nach extremster Zuverlässigkeit eines jeden Einzelteils nicht die einzig mögliche Lösung. Praktisch ist es selbstverständlich nur möglich, dieses Prinzip in der mit 4. bezeichneten Variante zu realisieren. Wenn j Baugruppen so zu einem Gerät vereinigt sind, daß das ganze Gerät auch dann noch einwandfrei arbeitet, wenn nur eine Baugruppe noch in Betrieb ist, besteht die Beziehung

$$q(t) = \prod_{j=1}^{m} q_j(t) \ . \tag{2.16}$$

Wenn $q(t) = \varepsilon$ eine sehr kleine obere Grenze vorgegeben erhalten hat, kann man nunmehr einer jeden Baugruppe ein

$$q_j(t) \le \varepsilon^{\frac{1}{m}} \tag{2.17}$$

zugestehen, das für jedes Einzelteil in einer Baugruppe, wenn n Einzelteile je Baugruppe vorhanden sind, eine obere Grenze für die Wahrscheinlichkeit des Versagens von

$$q_i(t) \le \left(\frac{\varepsilon}{n}\right)^{\frac{1}{m}} \tag{2.18}$$

nach sich zieht.

Beispiel: Für ein bestimmtes Gerät wird eine Ausfallwahrscheinlichkeit verlangt, die innerhalb eines Intervalles $0 \le t \le T$ eine obere Grenze von 10^{-7} nicht überschreiten darf. Da dieses Gerät 10^5 Einzelteile von etwa gleicher Ausfallwahrscheinlichkeit erfordert, bei denen nach den vorliegenden Erfahrungen nur garantiert werden kann, daß $q_i(t) \le 10^{-4}$ ist, kann man die Forderung nur dadurch erfüllen, daß man $m = 3$ wählt.

Es ist also sehr wohl möglich, aus den Gesetzen der Wahrscheinlichkeit Regeln zum praktischen Handeln abzuleiten, ohne daß der numerische Wert der Wahrscheinlichkeit *genau* bekannt zu sein braucht.

Wenn man Urteile aus Beobachtungen ableitet, muß man sich überlegen, welche statistische Sicherheit dieses Urteil hat. Die Beobachtungen können ja auch durch ein Spiel des Zufalls zustandegekommen sein. Ein typisches Beispiel hierfür wird von H. RICHTER angegeben[1]:

Um die Existenz medialer Begabungen zu beweisen, wird folgendes Experiment angestellt: In Anwesenheit von 500 Versuchspersonen wird ein Zufallsversuch 10mal wiederholt, bei dem zwei Ergebnisse, je mit der Wahrscheinlichkeit 0,5, möglich sind. Die Versuchspersonen können die Ergebnisse nicht beobachten und haben die Aufgabe, ihre Inspirationen niederzuschreiben. Wie groß ist die Wahrscheinlichkeit, daß mindestens ein Versuchsteilnehmer, der nicht über eine mediale Begabung verfügt, 1. durch bloßes Raten sämtliche 10 Ergenbisse richtig rät, oder 2. dabei höchstens einen Fehler macht?

Zur ersten Teilfrage kann man auf Grund der bereits behandelten Beispiele die Antwort unmittelbar hinschreiben. Diese Wahrscheinlichkeit ist

$$1 - \left[1 - (0,5)^{10}\right]^{500} = 0,3862 \, .$$

Für den gefühlsmäßig urteilenden Menschen wird dieses Ergebnis vermutlich überraschend hoch sein. Offenbar setzt er aber die Anzahl der Teilnehmer nicht richtig in die »Rechnung« ein. So würde die Wahrscheinlichkeit für mindestens eine vollständig richtige Antwort des Zufalls bei 1000 Teilnehmern bereits auf 0,6245 steigen. Wie sich bereits bei den Zuverlässigkeitsfragen zeigte, gewinnt ein Ergebnis mit geringer Wahrscheinlichkeit, diese möge so klein sein, wie sie wolle, hinsichtlich seines mindestens *einmaligen* Auftretens bei mehrfacher Wiederholung desselben Experiments eine beliebig hohe Wahrscheinlichkeit, wenn man nur die Anzahl der Wiederholungen hinreichend groß wählt. Ferner wird das gefühlsmäßige Urteil selten berücksichtigen, daß ein komplementäres Gesamtergebnis, also ein Ergebnis, bei dem alles falsch ist, dieselbe Wahrscheinlichkeit hat, wie ein Ergebnis, bei dem alles richtig ist. Dabei ist allerdings vorauszusetzen, daß diese Symmetrie bereits beim Einzelergebnis bestehen muß.

Bei der zweiten Teilfrage ist von vornherein mit einer wesentlich höheren Chance für den Zufall zu rechnen. Sie werde durch eine Folge von Überlegungen der vollständigen Antwort entgegengeführt:

1. Ein Prüfungsteilnehmer, der nur rät, wird, nachdem er die Fragen 1–9 bereits richtig beantwortet hat, die Frage 10 mit derselben Wahrscheinlichkeit 0,5 richtig oder falsch beantworten. Die Wahrscheinlichkeit, daß 1–9 richtig und 10 falsch beantwortet ist, beträgt also ebenfalls $(0,5)^{10}$. Da die Wahrscheinlichkeit nicht von der Reihenfolge der Fragen abhängt, ist die Wahrscheinlichkeit für einen einzelnen Teilnehmer, eine Folge von Antworten abzuliefern, bei der entweder die erste oder die zweite, . . . , oder die 10. Frage falsch beantwortet ist, wobei die jeweils anderen Fragen richtig beantwortet sind, $10 \cdot (0,5)^{10}$.

[1] RICHTER, H.: Wahrscheinlichkeitstheorie, 1. Aufl. 122 u. 420. Berlin–Göttingen–Heidelberg: Springer 1956.

2. Die Wahrscheinlichkeit, daß er keine Antwortliste abgibt, die nicht 9 beliebige Fragen richtig beantwortet, ist $1 - 10 \cdot (0,5)^{10}$. Wenn man die Antwortliste mit 10 richtigen Antworten einbezieht, erhält man schließlich: Die Wahrscheinlichkeit für einen bestimmten Prüfling, daß er *mindestens* 9 richtige Antworten abgibt, beträgt $1 - 11 \cdot (0,5)^{10}$.

3. Die Wahrscheinlichkeit, daß *jeder* der 500 Prüflinge mindestens 9 Fragen richtig beantwortet, ist daher $[1 - 11 \cdot (0,5)^{10}]^{500}$ und die Wahrscheinlichkeit, daß *keiner* von ihnen nicht *mindestens* 9 Fragen richtig beantwortet,

$$1 - [1 - 11 \cdot (0,5)^{10}]^{500} = 0,995485 \quad !!!$$

Im Mittel gibt es unter 200 Veranstaltungen dieser Art nach Wahrscheinlichkeit nur einen Fall, wo auch der Zufall trotz Fehlens einer wirklichen medialen Begabung nicht mindestens ein Medium vortäuscht.

Es besteht durchaus Veranlassung, sich von diesem Ergebnis sehr nachdenklich stimmen zu lassen! Offensichtlich kann sich das gefühlsmäßige Urteil hinsichtlich der Rolle des Zufalls leicht um Größenordnungen täuschen. Daß dieses Beispiel über mediale Begabungen stellvertretend für sehr viele gleichartige Fälle der menschlichen Erfahrung steht, wo Gesamturteile aus endlich vielen wahren Tatsachen abgeleitet werden, liegt auf der Hand.

§ 16 Der Ergebnisraum

Der in unseren Überlegungen eingetretene Fortschritt zwingt dazu, nunmehr auch am Begriffssystem weiterzubauen.

Wir wollen uns an den Ausgangspunkt unserer Überlegungen erinnern, an die physikalische Erfahrungstatsache nämlich, daß in der Physik keineswegs auf eine bestimmte Ursache A eine dadurch determinierte Wirkung B folgt, sondern daß die Bedingung A die *Menge der möglichen Wirkungen* (B) bestimmt, aus denen der *Zufall* eine bestimmte Wirkung B_i auswählt. Dann haben wir *axiomatisch* ein Maß $p(B_i)$ eingeführt, das diesem bestimmten B_i zugeordnet sein soll. Wir wollen diese Feststellung sofort berichtigen und sagen, daß dieses Maß, Wahrscheinlichkeit genannt, dem betreffenden Ergebnis zugeordnet sein soll, und nicht dem Namen B_i, den wir diesem Ergebnis gegeben haben. Erst wenn diese Namen den Ereignissen umkehrbar eindeutig zugeordnet sind, stellen sie für die wirklichen Ergebnisse eine äquivalente Menge dar, auf die man die zugeordneten Maße übertragen kann. Nur um zu vermeiden, daß man ein bestimmtes Ergebnis nicht durch eine eingehende verbale Beschreibung jedesmal von neuem eingehend kennzeichnen muß, ersetzt man es durch ein mathematisches Formelzeichen B_i. Wenn z. B. die Ergebnisse geometrische Figuren sind, die sich eindeutig voneinander unterscheiden (*disjunkt* sind), kann man ihnen die Namen von B_1 bis B_n

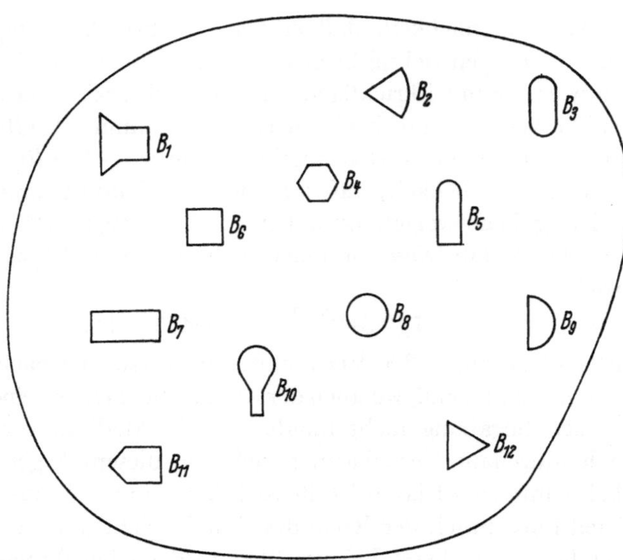

Abb. 2.4. Äquivalente Mengen. Der Menge der Figuren ist die Menge der Symbole B_1, B_2, ..., B_{12} umkehrbar eindeutig zugeordnet. Beide Mengen sind daher einander äquivalent.

zuordnen (Abb. 2.4.). Wenn es selbstverständlich ist, daß es sich hierbei um die Ergebnisse (B) handelt, die durch A determiniert sind, genügt auch irgendeine andere Unterscheidung, etwa durch die Buchstaben a, b, ..., n oder durch die Ziffern 1, 2, ..., 1000.

Glücksspiele sind insofern eine Ausnahme und deshalb auch schlechte Beispiele, weil hier die einzelnen Ergebnisse durch eine willkürliche und physikalisch durch nichts begründete Entscheidung einen Wert zugeteilt erhalten haben, und daß mit diesen Zahlen auch gerechnet wird (Spielregeln). Es gibt keinen physikalischen Grund dafür, einer bestimmten Würfelfläche z. B. den Wert Eins und einer anderen z. B. den Wert Sechs zuzuordnen. Man könnte die Flächen auch durch wertefreie Symbole, z. B. % & § + = ! unterscheiden.

Etwas grundsätzlich anderes ist die Menge der *Meß*ergebnisse B_1, ..., B_i, ..., B_n, die von einem Meßinstrument angezeigt wird. Hier sind die *Zahlen* keineswegs durch eine willkürliche Entscheidung den Ergebnissen als Namen zugeordnet worden, sondern sie *sind* die Ergebnisse.

Die Endkontrolle in einem Werk, das z. B. Stahlkugeln für Kugellager oder Kondensatoren für die Nachrichtentechnik herstellt, produziert laufend Zufallszahlen, die z. B. den Durchmesser der Kugeln oder die Kapazität der Kondensatoren bedeuten. Hier bedeutet die Zahl einen Wert und begründet eine Einordnung in eine bestimmte Rangordnung, sie bezeichnet einen Punkt auf einer Koordinatenachse. Wenn ein Ergebnis durch mehrere Meßwerte gekennzeichnet ist, kann man es als einen Punkt in einem Raum mit entsprechend vielen Dimensionen ansehen. Dieser abstrakte Raum ist der *Ergebnisraum.*

Abhängig von der Versuchsvorschrift ist jedem Punkt dieses Raumes ein Maß zugeordnet. Hierbei sind drei Fälle denkbar:

1. Es gibt endlich viele diskrete Punkte in diesem Raum, denen insgesamt das Maß 1 zugeteilt ist.

2. Das Maß ist stetig über unendlich viele Punkte des Raumes verteilt. In jedem Punkt x besteht also eine Wahrscheinlichkeits*dichte* $P(x)$. Eine Wahrscheinlichkeit > 0 besteht nur für ein Raumelement $\Delta x > 0$, und zwar ist diese annähernd, wenn $P(x)$ im Bereiche Δx hinreichend konstant ist,

$$p(x) = P(x)\,\Delta x\,. \tag{2.19}$$

3. Ein Teil des Maßes M_1 ist nach 1. über endlich viele diskrete Punkte verteilt, der andere Teil M_2 ist nach 2. über unendlich viele Punkte stetig verteilt. Dabei gilt $M_1 + M_2 = 1$.

Streng physikalisch gibt es nur die diskrete Verteilung. Es ist so wie bei einem Gas mit der Masse 1, das man sich in irgend einer Weise über einen Raum verteilt zu denken hat. Obwohl man genau weiß, daß es nur aus einzelnen diskreten Teilchen besteht, ist es meistens doch vorteilhafter und zweckmäßiger, so zu tun, als ob es auch einer stetigen Verteilung fähig wäre.

Auch für Glücksspiele kann man mit dem Ergebnisraum operieren. Hier sind bestimmte diskrete Punkte die äquivalente Menge, die der Menge der Ergebnisse des Zufallsmechanismus *willkürlich* zugeteilt ist.

Mathematisch ist es gleichgültig, ob ein Punkt im Ergebnisraum ein bestimmtes Ergebnis ist, oder ob er einen willkürlichen Namen für ein Ergebnis bedeutet. Es ist jedoch zweckmäßig, die Unterscheidung schon jetzt zu machen.

Der Ergebnisraum[1] ist also ein mehrdimensionaler Raum mit den Koordinaten

$$X \equiv x_1, x_2, \ldots, x_r, \ldots, x_z\,. \tag{2.20}$$

Für die Wahrscheinlichkeitsdichte $P(x)$ gilt

$$\int_{-\infty}^{+\infty} P(x)\,\mathrm{d}x = 1\,, \tag{2.21}$$

oder ausführlich geschrieben

$$\underbrace{\int_{-\infty}^{+\infty} \ldots \int_{-\infty}^{+\infty}}_{(z\ \text{mal})} P(x_1, \ldots, x_z)\,\mathrm{d}x_1 \ldots \mathrm{d}x_z = 1\,. \tag{2.22}$$

---

[1] Wir bezeichnen jetzt das Ergebnis mit x, während in Gleichung (6) die Koordinaten der Versuchsbedingung mit x bezeichnet werden.

Die Wahrscheinlichkeit dafür, daß ein Ergebnis in einem bestimmten Teil x_1 des gesamten Raumes liegt, erhält man durch das Integral

$$p(x_1) = \int\limits_{(x_1)} P(x)\, \mathrm{d}x\,. \tag{2.23}$$

Die Anzahl der Dimensionen des Raumes kann man vermindern, wenn die durch eine bestimmte Komponente ausgedrückte Eigenschaft des Ergebnisses nicht interessiert. Wenn dies z. B. die Koordinate x_z ist, erhält man

$$P(x_1, \ldots, x_{z-1}) = \int\limits_{-\infty}^{+\infty} P(x_1, \ldots, x_{z-1}, x_z)\, \mathrm{d}x_z\,. \tag{2.24}$$

Die Wahrscheinlichkeit dafür, daß die Wahrscheinlichkeit für ein bestimmtes Ergebnis unter x' liegt, ist

$$F(x') = \int\limits_{-\infty}^{x'} P(x)\, \mathrm{d}x\,. \tag{2.25}$$

Es ist

$$F(-\infty) = 0\,, \quad F(+\infty) = 1\,. \tag{2.26a, b}$$

Man nennt $F(x)$ meist die Summenfunktion. Auch die Bezeichnung Verteilungsfunktion wird zuweilen verwendet.

Die Summenfunktion hat den großen Vorteil, daß sie sowohl für diskrete Wahrscheinlichkeiten als auch für Wahrscheinlichkeitsdichten brauchbar ist. Sie ist daher die einzig mögliche Darstellung des gemischten Falles einer fast überall stetigen Verteilung. (Abb. 2.5.).

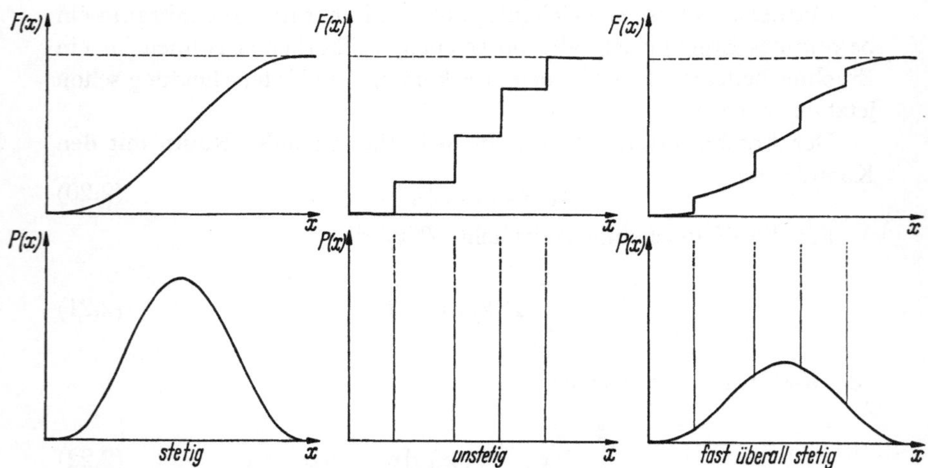

Abb. 2.5. Wahrscheinlichkeitsdichte und Wahrscheinlichkeitsverteilung (Summenfunktion) bei einer stetigen, diskreten, und fast überall stetigen Verteilung. (In dem dargestellten Beispiel ist die fast überall stetige Verteilung aus der Vereinigung zu gleichen Teilen der stetigen und der diskreten Verteilung entstanden.)

§ 17 Die Übertragung der Wahrscheinlichkeit auf die determinierte Funktion des Ergebnisses

Wenn man bei einem Würfel, ohne ihn im übrigen zu ändern, nur die Merkmale ändert, durch die man bestimmte Ergebnisse erkennt und voneinander unterscheidet, so bleiben die Werte der Wahrscheinlichkeit ungeändert, denn sie kennzeichnen den Würfel und nicht die Merkmale. Deshalb kann man die Augenzahlen überkleben und z. B. durch die disjunkten Symbole

$$\begin{array}{cccccc} \% & \& & \S & + & = & ! \\ 1 & 2 & 3 & 4 & 5 & 6 \end{array}$$

ersetzen. Ebenso kann man die Augenzahlen durch verschiedene Farben oder durch Phantasienamen ersetzen. Es ist grundsätzlich ein Sonderfall, daß ein Ergebnis durch eine Zahl gekennzeichnet ist. Wenn dies aber der Fall ist, so kann man auch diese Zahl durch eine andere Zahl ersetzen, die dieser *umkehrbar eindeutig* zugeordnet ist. Man kann also die Augenzahlen durch deren Quadrate nach der Zuordnungstabelle

$$\begin{array}{cccccc} 1 & 4 & 9 & 16 & 25 & 36 \\ 1 & 2 & 3 & 4 & 5 & 6 \end{array}$$

ersetzen, ohne daß damit an den zugeordneten Wahrscheinlichkeiten etwas geändert würde; sie werden von der inzwischen eingetretenen Veränderung überhaupt nicht berührt. (Diese Zuordnung ist deshalb eindeutig, weil es keine negativen Augenzahlen gibt.) Ein anderes Beispiel ist die Logarithmusfunktion. (Hierbei ist die Zuordnung nur dann *umkehrbar* eindeutig, wenn man sich auf reelle Zahlen beschränkt.) Sie ergibt die Zuordnungstabelle:

$$\begin{array}{cccccc} \log 1 & \log 2 & \log 3 & \log 4 & \log 5 & \log 6 \\ 1 & 2 & 3 & 4 & 5 & 6 \end{array} .$$

Bezeichnet man die Augenzahl mit n und ordnet ihr die Zahl $m = f(n)$ zu, so liegt im allgemeinen keine umkehrbar eindeutige Zuordnung mehr vor. Wenn z. B. $m = (n-3)^2$ ist, entsteht die Tabelle

$$\begin{array}{cccccc} 4 & 1 & 0 & 1 & 4 & 9 \\ 1 & 2 & 3 & 4 & 5 & 6 \end{array} .$$

In diesem Fall gilt (Abb. 2.6.):

$$\begin{aligned} p(0) &= p(3), \\ p(1) &= p(2) + p(4), \\ p(4) &= p(1) + p(5), \\ p(9) &= p(6). \end{aligned}$$

Allgemein bleibt das Maß $p(x_i)$ erhalten, das der Veränderlichen x in *diskreten* Punkten x_i zugeordnet worden ist; in den »Bild«punkten y_i

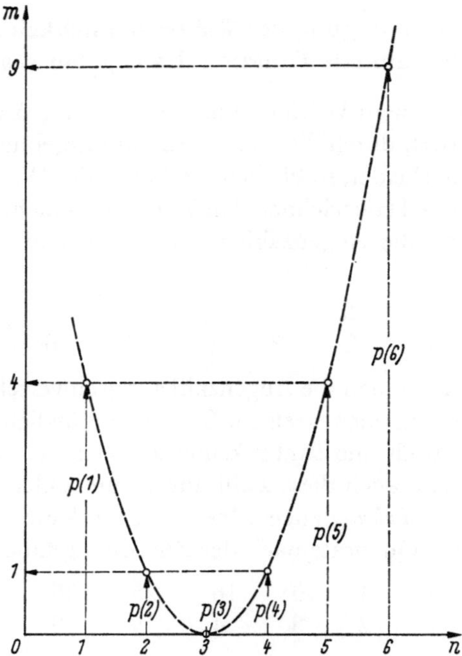

Abb. 2.6.   Eine eindeutige (nicht aber umkehrbar eindeutige) Zuordnung.
(Legende s. Text)

ist das Maß dasselbe. Nur wenn zwei oder mehrere Bildpunkte (zufällig) zusammenfallen, ist das Maß in einem mehrfachen Bildpunkt gleich der Summe der einzelnen Maße.

Jetzt werde die Wahrscheinlichkeits*dichte* $P(y)$ betrachtet. Es seien $P(x)$ und die (mehrdeutige) Abbildungsfunktion $y = f(x)$ bekannt (Abb. 2.7.).

Zur mehrfachen Überdeckung der durch die Abbildung $y = f(x)$ auf der y-Achse entstehenden Wahrscheinlichkeitsdichte werde die Funktion $f(x)$ in den Extremwerten unterteilt, so daß einzelne monoton steigende oder monoton fallende Äste entstehen, und die einzelnen Äste getrennt betrachtet. Ein solcher Ast ist der Kurvenabschnitt von a nach b, ein anderer der von b nach c und ein dritter der von c nach d. Betrachtet man zur Zeit nur *einen* dieser Äste, so gilt für die durch ihn erzeugte Wahrscheinlichkeitsdichte

$$|P(y)\mathrm{d}y| = |P(x)\mathrm{d}x|\,, \tag{2.27}$$

oder:

$$P(y) = \frac{1}{\left|\dfrac{\mathrm{d}x}{\mathrm{d}y}\right|}\, P(x)\,. \tag{2.28}$$

Wenn die Funktion $f(x)$, wie im vorliegenden Beispiel, aus mehreren Ästen besteht, die je monoton steigen oder fallen, so erhält man

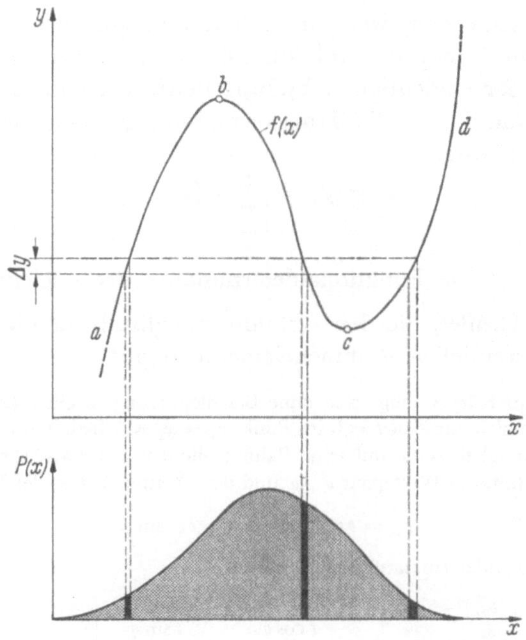

Abb. 2.7. Transformation der Wahrscheinlichkeitsdichte auf eine andere Veränderliche. Da die Abbildungsfunktion nicht umkehrbar eindeutig ist, wird sie in mehrere je für sich umkehrbar eindeutige Abschnitte zerlegt. Dann ist die transformierte Wahrscheinlichkeitsdichte die Summe der von den einzelnen Abschnitten erzeugten Anteile der Wahrscheinlichkeitsdichte. Die Abbildung zeigt, welche Anteile von $P(x)$ jetzt in das Intervall Δy fallen.

die gesamte Wahrscheinlichkeitsdichte $P(y)$ als die Summe der Anteile, die von den einzelnen Ästen herrühren. Wenn die Ergebnisräume

$$X = x_1, \ldots, x_r, \ldots, x_z \; ; \; Y = y_1, \ldots, y_s, \ldots, y_z$$

mehrdimensional sind, und das Abbildungsgesetz durch die Gleichung

$$y = f(x) \tag{2.29}$$

gegeben ist, die in ausführlicher Schreibweise

$$
\begin{aligned}
y_1 &= f_1(x_1, \ldots, x_r, \ldots, x_z), \\
&\;\;\vdots \\
y_s &= f_s(x_1, \ldots, x_r, \ldots, x_z), \\
&\;\;\vdots \\
y_z &= f_z(x_1, \ldots, x_r, \ldots, x_z)
\end{aligned}
\tag{2.30}
$$

lauten möge, so muß die Wahrscheinlichkeitsdichte in den Volumenelementen, die sich in den beiden Koordinatensystemen entsprechen, identisch dieselbe sein, wenn die Abbildung umkehrbar eindeutig ist. Andernfalls muß man die Abbildungsfunktion in Teile zerlegen, die je eine umkehrbar eindeutige Abbildung bewirken, und dann die einzelnen Dichten addieren. Die Transformationsgleichung für je einen derartigen Anteil lautet

$$P(y) = \frac{1}{\left|\frac{\partial y}{\partial x}\right|} P(x) \,. \tag{2.31}$$

Dabei ist $\frac{\partial y}{\partial x}$ die Funktionaldeterminante der Gleichung (30). Sie ist diejenige Größe[1], die den Abbildungsmaßstab für die sich entsprechenden differentiellen Volumenelemente angibt.

Beispiel:[2] Ein Körper möge sich ohne Beschleunigung in einer $(x_1; x_2)$-Ebene bewegen, wobei er sich zur Zeit $t = 0$ im Punkt $x_1 = x_2 = 0$ befinden möge. Der Betrag seiner Geschwindigkeit sei v und seine Bahn schließt mit der x_1-Achse den Winkel φ ein. Für ein bestimmtes Wertepaar v'; φ' und dem Zeitpunkt t ist der Bildpunkt

$$x_1' = t\,v'\cos\varphi' \colon x_2' = t\,v'\sin\varphi' \,.$$

Die Funktionaldeterminante ist

$$\begin{vmatrix} \dfrac{\partial x_1}{\partial v} & \dfrac{\partial x_2}{\partial v} \\[2ex] \dfrac{\partial x_1}{\partial \varphi} & \dfrac{\partial x_2}{\partial \varphi} \end{vmatrix} = \begin{vmatrix} t\cos\varphi & t\sin\varphi \\[1ex] -t\,v\sin\varphi & t\,v\cos\varphi \end{vmatrix} = t^2\,v \,.$$

Wenn in dem Punkte $(v'; \varphi')$ die Wahrscheinlichkeitsdichte $P(v'; \varphi')$ besteht, so ist die entsprechende Wahrscheinlichkeitsdichte im Bildpunkt

$$P(x_1'; x_2') = \frac{1}{t^2 v} P(v'; \varphi') \,.$$

§ 18 Der Erwartungswert

Fast jede Entscheidung, die ein Mensch treffen kann, ist in irgendeiner Weise ein Handel mit dem Zufall. Man gibt etwas dafür her und hofft, daß die Gegenleistung den Einsatz wert ist. Da auch der zu leistende Preis meistens nicht nur in einem einmaligen Nachteil zu sehen ist, etwa einem sofort zu zahlenden Geldbetrag, sondern häufig auch nur eine Menge (im mathematischen Sinn) von Nachteilen umfaßt, aus der der Zufall auswählt, braucht man eine Bewertung für den Zufall. Vielleicht kann man für denselben Preis günstigere Aussichten »kaufen«.

Das einfachste Beispiel für eine solche Entscheidung enthält die Frage, ob man ein bestimmtes Lotterielos kaufen soll oder nicht. *Eine* der Größen, die den Gegenwert der Lotterie beschreiben, und die man daher dem Preis des Loses entgegenzustellen hat, ist der mittlere Lot-

---

[1] DUSCHEK, A.: Vorlesungen über höhere Mathematik. **II**, 114. Wien: Springer 1950.
[2] S. auch § 20, Abschn. 7, die Gleichungen (53) und (54).

teriegewinn, der mathematisch als Erwartungswert des Gewinnes (E(Gewinn)) bezeichnet wird.

Der Spielplan möge folgende Gewinne vorsehen:

$$n_1 \text{ Gewinne zu je } G_1,$$

$$\cdot \quad \cdot \quad \cdot \quad \cdot \quad \cdot \quad \cdot$$

$$\cdot \quad \cdot \quad \cdot \quad \cdot \quad \cdot \quad \cdot$$

$$n_i \text{ Gewinne zu je } G_i,$$

$$\cdot \quad \cdot \quad \cdot \quad \cdot \quad \cdot \quad \cdot$$

$$\cdot \quad \cdot \quad \cdot \quad \cdot \quad \cdot \quad \cdot$$

$$n_z \text{ Gewinne zu je } G_z,$$

insgesamt also $N = n_1 + \cdots + n_i + \cdots + n_z$ Gewinne, die insgesamt den Wert $n_1 \cdot G_1 + \cdots + n_i \cdot G_i + \cdots + n_z \cdot G_z$ darstellen. Dann entfällt auf jeden Spieler der Anteil

$$E(G) = \frac{1}{N} \sum_{i=1}^{z} n_i \cdot G_i = \sum_{i=1}^{z} \frac{n_i}{N} \cdot G_i. \tag{2.32}$$

Dieser Anteil ist der Erwartungswert[1] oder die mathematische Erwartung. Man kann ihn auch als Mittelwert bezeichnen, wenn sicher ist, daß man vor Bildung eines Mittelwertes jeden Gewinn mit dem Gewicht versieht, der seiner zu erwartenden Häufigkeit entspricht. Im Grenzfall geht n_i/N in die Wahrscheinlichkeit $p(i)$ über, so daß man als Erwartungswert die Größe

$$E(G) = \sum_{i=1}^{z} p(i) \cdot G_i \tag{2.33}$$

definieren kann.

Nebenbei gesagt, zeigt diese Definition, daß ein Erwartungswert nur dann existiert, wenn die einzelnen Ergebnisse in der Ergebnismenge einen *Wert* besitzen, also Punkte im Ergebnisraum sind. Die geometrischen Figuren in Abb. 4 haben keinen Erwartungswert.

Einen Erwartungswert hat nicht nur die Gesamtheit der Punkte im Ergebnisraum, sondern eine jede diesen Punkten zugeordnete Funktion. Geht man zur stetigen Verteilung über, so gibt es nicht nur den Erwartungswert

$$E(x) = \int_{-\infty}^{+\infty} x \, P(x) \, dx, \tag{2.34}$$

sondern auch den Erwartungswert

$$E(f(x)) = \int_{-\infty}^{+\infty} f(x) \, P(x) \, dx. \tag{2.35}$$

---

[1] Der Verfasser hat aus dem Buch von Doob, Stochastic Processes, die Bezeichnung E(...) für den Erwartungswert übernommen. Da die schrägeckige Klammer () in diesem Buch nur beim Erwartungswert verwendet wird, könnte man grundsätzlich den Erwartungswert auch durch die Klammern allein, also durch (...), bezeichnen.

Unter diesen Erwartungswerten spielen wieder im eindimensionalen Fall die Erwartungswerte

$$E(x^k) = \int\limits_{-\infty}^{+\infty} x^k\, P(x)\, \mathrm{d}x \tag{2.36}$$

eine besondere Rolle. Man nennt sie auch die *Momente k-ter Ordnung*. Den Erwartungswert nach Gleichung (34) kann man daher auch wohl als Moment erster Ordnung bezeichnen, während das Moment nullter Ordnung nach Gleichung (21) stets den Wert Eins hat.

§ 19 Die charakteristische Funktion

Wer sich nicht durch eine Rücksicht auf historische Bezeichnungen gebunden fühlt, möge statt charakteristische Funktion lieber *Fourier-transformation*[1] *der Wahrscheinlichkeitsfunktion* sagen.

Damit ist gleichzeitig eine Erklärung über die charakteristische Funktion gegeben worden. Sie ist durch die Gleichung

$$\mathbb{P}(u) = \int\limits_{-\infty}^{+\infty} P(x)\, \mathrm{e}^{i(u_1 x_1 + \cdots + u_r x_r + \cdots + u_z x_z)}\, \mathrm{d}x \tag{2.37}$$

mathematisch gegeben. Durch diese Transformation wird die Funktion $P(x)$ der z-dimensionalen Veränderlichen x auf den (ebenfalls z-dimensionalen) u-Raum abgebildet. Diese Transformation hat keinen physikalischen Hintergrund und geschieht nur der Rechenvorteile halber.

Diese Transformation hat in der Wahrscheinlichkeitstheorie etwa dieselbe Bedeutung, wie die Laplace-Transformation bei der Berechnung von Einschwingvorgängen bei determinierten Funktionen. Man kann sich bei der eindimensionalen Wahrscheinlichkeit viel Gedankenarbeit sparen, wenn man auf die *zweiseitige* Laplace-Transformation Bezug nimmt. Da diese durch

$$f(s) = \int\limits_{-\infty}^{+\infty} F(t)\, \mathrm{e}^{-st}\, \mathrm{d}t \tag{2.38}$$

definiert wird[2], kommt man auf die Gleichung (37), wenn man t durch x und $-s$ durch iu ersetzt[3].

Nunmehr kann man die Sätze und Rechenregeln der $\mathscr{L}_{II}$-Transformation übernehmen[4], wobei die Gleichung (21) sich in die Gleichung (40) transformiert.

---

[1] Genau genommen das (—1)-fache derselben.

[2] DOETSCH, G.: Handbuch der Laplace-Transformation. **I**, 60. Basel: Birkhäuser 1950.

[3] Hinsichtlich mehrdimensionaler Transformationen s. VOELKER/DOETSCH: Die zweidimensionale Laplace-Transformation. Basel: Birkhäuser 1950.

[4] DOETSCH, G.: Handbuch der Laplace-Transformation. **II**, 17–25. Basel: Birkhäuser 1955.

Die wichtigsten von ihnen sind in Tabelle 4 (unter Beschränkung auf den eindimensionalen Fall) zusammengestellt.

Tabelle 4

Korrespondierende Operationen

Die Operationen in der linken Spalte an der Wahrscheinlichkeitsdichte können gleichwertig durch die entsprechende Operation in der rechten Spalte an der charakteristischen Funktion ersetzt werden.

	$P(x)$	$\mathbb{P}(u)$	
1.	$P(ax - b)$	$\dfrac{1}{\lvert a \rvert}\, e^{i\frac{bu}{a}}\, \mathbb{P}\!\left(\dfrac{u}{a}\right)$	
2.	$\displaystyle\int_{-\infty}^{x} P(\xi)\, \mathrm{d}\xi$	$-\dfrac{1}{iu}\, \mathbb{P}(u)$	
3.	$\dfrac{\mathrm{d}P(x)}{\mathrm{d}x}$	$-iu\, \mathbb{P}(u)$	
4.	$\dfrac{\mathrm{d}^n P(x)}{\mathrm{d}x^n}$	$(-iu)^n\, \mathbb{P}(u)$	(2.39.1–2.39.7)
5.	$x^n\, P(x)$	$\dfrac{\mathrm{d}^n \mathbb{P}(u)}{(i\,\mathrm{d}u)^n}$	
6.	$\displaystyle\int_{-\infty}^{+\infty} P_1(x - \xi)\, P_2(\xi)\, \mathrm{d}\xi$	$\mathbb{P}_1(u)\, \mathbb{P}_2(u)$	
7.	$P_1(x)\, P_2(x)$	$\dfrac{1}{2\pi}\displaystyle\int_{-\infty}^{+\infty} \mathbb{P}_1(u - u')\, \mathbb{P}_2(u')\, \mathrm{d}u'$	

Setzt man in die Gleichung (37) $u = 0$ ein, so nimmt die rechte Seite nach Gleichung (21) den Wert 1 an. *Daher ist für sämtliche charakteristischen Funktionen* (Kontrolle!):

$$\mathbb{P}(0) = 1 . \tag{2.40}$$

Mit Hilfe der Gleichung (39), Regel 2, erhält man für die Fourier-Transformierte der Summenfunktion

$$\int_{-\infty}^{+\infty} F(x)\, e^{-iux}\, \mathrm{d}x = -\mathbb{F}(u) = \frac{1}{iu}\, \mathbb{P}(u) . \tag{2.41}$$

Durch n-maliges Differenzieren der (eindimensional genommenen) Definitionsgleichung (37) nach u erhält man

$$\frac{\mathrm{d}^n \mathbb{P}(u)}{\mathrm{d}u^n} = i^n \int_{-\infty}^{+\infty} x^n\, P(x)\, e^{iux}\, \mathrm{d}x . \tag{2.42}$$

Für $u = 0$ entsteht daraus

$$(-i)^n\, \frac{\mathrm{d}^n \mathbb{P}(u)}{\mathrm{d}u^n}\bigg|_{(u=0)} = E\{x^n\} . \tag{2.43}$$

5*

Entwickelt man die charakteristische Funktion in die Taylorsche Reihe

$$P(u) = P(0) + u\,P'(0) + \frac{u^2}{2!}\,P''(0) + \cdots \qquad (2.44)$$

und setzt hier die Ausdrücke nach Gleichung (43) ein, so ergibt dies die Reihe

$$P(u) = 1 + iu\,E\{x\} + \frac{(iu)^2}{2!}\,E\{x^2\} + \frac{(iu)^3}{3!}\,E\{x^3\} + \cdots \qquad (2.45)$$

Man kann also die charakteristische Funktion durch die Momente ausdrücken.

§ 20 Das »elementare« Rechnen mit Zufallsgrößen

Mit dem inzwischen geschaffenen Werkzeug wollen wir uns wieder der Aufgabe zuwenden, das Rechnen mit Zufallsgrößen zu erlernen. Gegeben seien die beiden unabhängigen Veränderlichen x und y, die außerdem auch voneinander im statistischen Sinne unabhängig seien. Gegeben seien die Wahrscheinlichkeitsdichten $P_1(x)$ und $P_2(y)$. Die Frage lautet: Welche Wahrscheinlichkeitsdichte hat z, wenn $z = \mathrm{op}\,(x;y)$ aus x und y durch eine der vier Grundoperationen gewonnen wird?

Wenn aber ein bestimmtes x mit einem bestimmten y ein bestimmtes z ergeben soll, muß erst einmal dieses x mit diesem y zusammentreffen. Alle möglichen Paare $(x;y)$ sind Elemente des Produktfeldes, und zwar ist nach § 14 Satz 6

$$P(x;y) = P_1(x)\,P_2(y)\,. \qquad (2.46)$$

Hierbei kann man x und y als Komponenten einer zweidimensionalen Veränderlichen (oder allgemeiner: einer Veränderlichen, deren Anzahl an Dimensionen gleich der Summe der von x und y ist) auffassen. Nunmehr wird dieses Ergebnisfeld auf ein anderes Ergebnisfeld z, h transformiert, wobei h eine Hilfsgröße ist. Man erhält zunächst $P(z;h)$ und daraus das gesuchte $P(z)$, indem man $P(z;h)$ über h integriert. Man braucht nur dafür zu sorgen, daß $z = \mathrm{op}\,(x;y)$ stets durch die gewünschte Operation entsteht.

Alle Teilschritte dieses Verfahrens sind uns aber bekannt. Wir können sogar die allgemeinere Aufgabe lösen, daß x und y nicht statistisch voneinander unabhängig sind. In diesem Fall ist ja nach § 14

$$P(x;y) = P(x)\,P_x(y)\,. \qquad (2.47)$$

1. *Addieren.* Wir benutzen die Transformationsgleichungen

$$z = x + y\,,$$
$$h = x\,,$$

die wegen der Funktionaldeterminante -1 die Gleichung[1]

---

[1] Man übersehe nicht, daß der *Betrag* der Funktionaldeterminante einzusetzen ist.

$$P(z;h) = P_1(x)\, P_2(y) = P_1(x)\, P_2(z - x)$$

ergibt. Daraus entsteht die gesuchte Wahrscheinlichkeitsdichte zu

$$P(z) = \int\limits_{-\infty}^{+\infty} P_1(x)\, P_2(z - x)\, \mathrm{d}x. \qquad (2.48)$$

2. *Subtrahieren.* Die Transformationsgleichungen

$$z = x - y,$$
$$h = x$$

ergeben jetzt die Funktionaldeterminante 1. Man erhält in derselben Weise:

$$P(z) = \int\limits_{-\infty}^{+\infty} P_1(x)\, P_2(x - z)\, \mathrm{d}x. \qquad (2.49)$$

3. *Multiplizieren.* Das entsprechend abgewandelte Rezept schreibt die Transformationsgleichungen

$$z = xy,$$
$$h = x$$

mit der Funktionaldeterminanten $-x$ vor. Das führt gemäß Vorschrift zu

$$P(z) = \int\limits_{-\infty}^{+\infty} \frac{1}{|x|}\, P_1(x)\, P_2\left(\frac{z}{x}\right) \mathrm{d}x. \qquad (2.50)$$

4. *Dividieren.* Die Transformationsgleichungen

$$z = \frac{x}{y},$$
$$h = x$$

haben die Funktionaldeterminante x/y^2. Das daraus berechnete Ergebnis ist

$$P(z) = z^2 \int\limits_{-\infty}^{+\infty} \frac{1}{|x|}\, P_1(x)\, P_2\left(\frac{x}{z}\right) \mathrm{d}x. \qquad (2.51)$$

5. *Die Grundoperationen bei statistischer Abhängigkeit der Operanden voneinander.*

Wenn die Operanden statistisch voneinander abhängen, braucht man nur in den bisherigen Ergebnissen die Änderung zu berücksichtigen, die $P(x;y)$ durch Gleichung (47) im Vergleich zu Gleichung (46) erfährt. Dadurch entstehen der Reihe nach die Rechenvorschriften

5.1. *für Addieren:*

$$P(z) = \int\limits_{-\infty}^{+\infty} P(x)\, P_x(z-x)\, \mathrm{d}x, \qquad (2.52)$$

5.2. *für Subtrahieren:*

$$P(z) = \int\limits_{-\infty}^{+\infty} P(x)\, P_x(x-z)\, \mathrm{d}x, \qquad (2.53)$$

5.3. *für Multiplizieren:*

$$P(z) = \int\limits_{-\infty}^{+\infty} \frac{1}{|x|}\, P(x)\, P_x\left(\frac{z}{x}\right) \mathrm{d}x, \qquad (2.54)$$

5.4. *für Dividieren:*

$$P(z) = z^2 \int\limits_{-\infty}^{+\infty} \frac{1}{|x|}\, P(x)\, P_z\left(\frac{x}{z}\right) \mathrm{d}x. \qquad (2.55)$$

Der Hervorhebung halber sollte noch einmal bemerkt werden, daß diese vier Grundoperationen für Zufallszahlen den elementaren Rechenarten Addieren: $z = x + y$; Subtrahieren: $z = x - y$; Multiplizieren: $z = x\, y$; Dividieren: $z = x/y$ entsprechen, wie sie für bestimmte (nicht zufällige) Größen in der Grundschule gelehrt werden. Die Übertragung der Rechenvorschriften auf Zufallszahlen, die durch ihre Wahrscheinlichkeitsdichten gegeben sind, führt, wie man sieht, zu neuen Vorschriften, die man sicher nicht mehr als so ganz elementar bezeichnen kann.

Grundsätzlich genügen diese Rechenvorschriften für zwei Operanden, um die gesamte bestehende Mathematik auf Zufallszahlen zu übertragen. Wenn man, um ein elementares Beispiel zu nehmen, die Masse eines Quaders mit den Kantenlängen x_1, x_2, x_3 und der Dichte d zu

$$m = d\, x_1\, x_2\, x_3$$

berechnet, lautet die entsprechende Rechenaufgabe jetzt: *Wie groß ist die Wahrscheinlichkeitsdichte für m, wenn die Wahrscheinlichkeitsdichten für die Dichte d und die Kantenlängen x_1, x_2, x_3 gegeben sind?* Sie ist durch mehrfache Anwendung der Rechenvorschrift in Gleichung (54) lösbar.

Aus der Tatsache, daß alle bisherigen Rechenvorschriften jetzt auf Zufallszahlen übertragen werden können, die im statistischen Sinne bekannt sind, können wir folgenden Schluß ziehen:

Wenn eine Größe $z = f(x_1, x_2, \ldots, x_n)$ als Funktion von den gegebenen Größen x_i durch diese bestimmt wird, so gilt dies entsprechend auch für die Wahrscheinlichkeitsdichte von z, wenn die Wahrscheinlichkeitsdichten für alle x_i und die statistischen Abhängigkeiten der Größen x_i untereinander bekannt sind.

Noch knapper kann man diesen Zusammenhang wie folgt ausdrücken:
An die Stelle der Determiniertheit der Größen selbst tritt die Determiniertheit ihrer Wahrscheinlichkeitsdichten, wenn man von determinierten Größen zu Zufallsgrößen übergeht.

6. *Fortgesetztes Addieren.* Ein mehrfach wiederholtes Addieren unabhängiger Veränderlicher kann durch mehrfache Anwendung der Gleichung (48) geschehen. Dieses Verfahren kann durch die Gleichung (39), Regel 6 wesentlich vereinfacht werden. Wenn

$$z = x_1 + x_2 + \cdots + x_n,$$

wobei sämtliche Größen in dieser Gleichung Zufallsgrößen sind, so gilt für die dazugehörigen charakteristischen Funktionen

$$\mathbb{P}(v) = \mathbb{P}(u_1) \cdot \mathbb{P}(u_2) \cdot \cdots \cdot \mathbb{P}(u_n) . \tag{2.56}$$

Die charakteristische Funktion $\mathbb{P}(v)$ des Ergebnisses kann man durch Fourier-Transformation in die Wahrscheinlichkeitsdichte $P(z)$ zurückverwandeln.

7. *Fortgesetztes Multiplizieren.* Die Aufgabe

$$z = x_1 \cdot x_2 \cdot \cdots \cdot x_n$$

kann man durch

$$y_i = \ln x_i$$

auf die fortgesetzte Addition zurückführen. Man braucht nur die Wahrscheinlichkeitsdichten mit den durch § 17 gegebenen Mitteln auf andere Ergebnisfelder zu transformieren. Das sind in diesem Spezialfall die Transformationen $y = \ln x$ und $y = e^x$. Man erhält

$$P(y) = |x|\, P(x), \quad \text{wenn } y = \ln x , \tag{2.57}$$

und

$$P(y) = e^{-x}\, P(x) , \quad \text{wenn } y = e^x . \tag{2.58}$$

Das fortgesetzte Addieren kann man auch hier als eine Approximation des Integrierens ansehen. Abgesehen davon, eröffnet die Gleichung (56), die ja sowohl beim fortgesetzten Addieren als auch beim fortgesetzten Multiplizieren verwendet wird, allgemeine Ausblicke, von denen im § 25 die Rede sein wird.

§ 21 Stochastische Abhängigkeiten

Der Abrundung halber wurde im letzten Paragraphen (§ 20) ein Vorgriff auf die Wahrscheinlichkeit bei *statistischer* Abhängigkeit gemacht. Gehen wir jetzt wieder von dem Begriff der *determinierten* Abhängigkeit aus, bei der zu jedem bestimmten x ein bestimmtes y gehört, so verstehen wir im Gegensatz dazu unter einer *statistischen* Abhängigkeit, daß ein bestimmtes x die Wahrscheinlichkeit von y bestimmt. Statt dessen spricht man wohl auch von einer Abhängigkeit nach Wahrscheinlichkeit; die einzig richtige Bezeichnung wäre *stochastische* Abhängigkeit[1].

Bereits am Beginn aller unserer Wahrscheinlichkeitsbetrachtungen bestand eine Abhängigkeit dieser Art durch die axiomatische Einführung, daß die Versuchsbedingung A die Menge (B) aller Ergebnisse und die den einzelnen Ergebnissen B_i zugeordneten Maßzahlen $p(B_i)$ bestimmt. Hierbei bezeichnet das Wort Versuch natürlich in einem ganz allgemeinen Sinne alle Vorgänge, die von einer Ursache-Situation aus zu Ergebnissen führen. Was wir jetzt betrachten, ist dieses Abhängigkeitsverhältnis, das nur im Sinne des § 16 quantitativ zugeschärft ist. Es existiere ein (im allgemeinen mehrdimensionaler) Ergebnisraum y, in dem das jedem Punkt zugeteilte Maß $P(y)$ von einer (im allgemeinen ebenfalls mehrdimensionalen) Größe, der Bedingung x, abhängt. Wir schreiben diese *bedingte* Wahrscheinlichkeitsdichte $P_x(y)$.

Da die Verallgemeinerung auf mehrere Dimensionen bei den folgenden Betrachtungen in keinem Augenblick Schwierigkeiten machen wird, seien zur Vereinfachung x und y als eindimensional angenommen. Aus den Komponenten von x und y wird ein abstrakter Überraum gebildet, also aus den Komponenten x und y eine Fläche, deren Punkte die Wertepaare $x_i; y_j$ sind. Dieser Überraum ist auch durch das Produktfeld gegeben, der in § 16 kurz angedeutet wurde.

Es ist nützlich, sich die verschiedenen Ergebnisräume mit den zugeordneten Wahrscheinlichkeiten durch eine Skizze zu veranschaulichen. Ein Muster dafür folgt.

Die Wahrscheinlichkeit $p(x)$	ist ein Maß im Ergebnisraum	für x;		
„ „ $p(y)$	„ „ „ „	„	„ y;	
„ „ $p(x;y)$	„ „ „ „	„	„ $x;y$;	
„ bedingte W. $p_{x_i}(y)$	„ „ „ „	„	„ $x_i;y$;	
„ „ „ $p_{y_j}(x)$	„ „ „ „	„	„ $x;y_j$.	

---

[1] Die in § 12 eingeführte Bezeichnung »Entscheidung des Zufalls« hat einige vor allem darstellungstechnische und stilistische Vorzüge gegenüber den synonymen Bezeichnungen »stochastische Entscheidung« oder »aleatorische Entscheidung«. Dagegen kann man schwer von einer Abhängigkeit des Zufalls sprechen, ohne bereits durch diese Bezeichnung eine falsche Vorstellung einzuleiten. Eine »stochastische Abhängigkeit« soll eine Situation bezeichnen, in der die Wahrscheinlichkeit, also das den einzelnen möglichen Ergebnissen zugeordnete Maß, nicht eine gegebene feste Funktion im Ergebnisraum ist, sondern von einer anderen Größe oder von einer anderen Funktion abhängt.

Unrichtig wäre es auch, von einer statistischen Abhängigkeit zu sprechen, wenn man unter Statistik die Technik der Aufnahme von Zahlenmaterial bei wirklich sich vollziehenden Ereignissen versteht. Man kann durchaus auch eine Statistik bei determinierten Zusammenhängen betreiben.

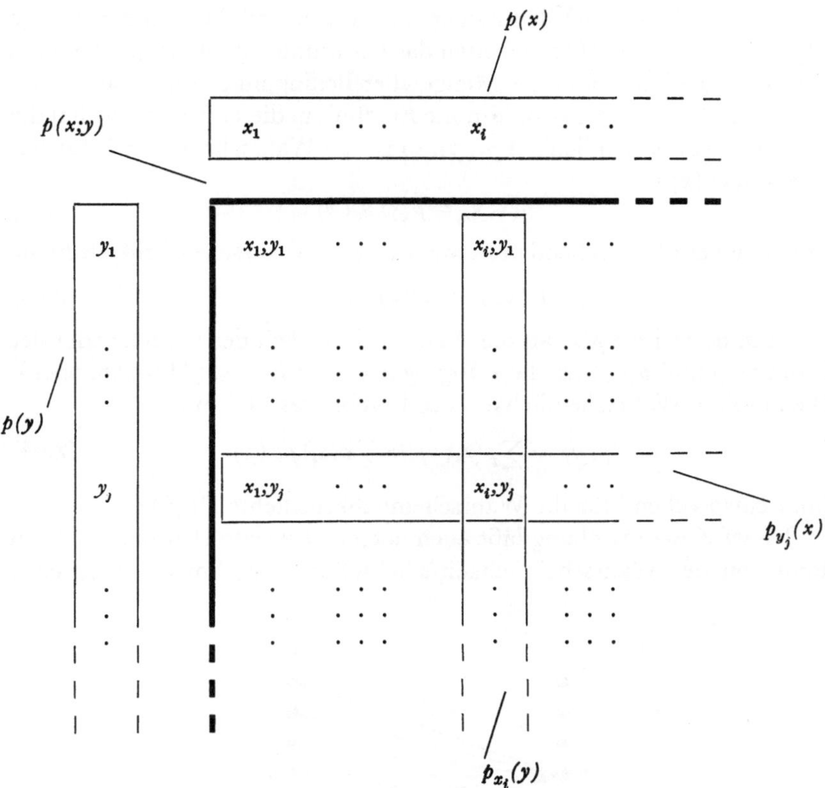

Es gilt daher auch

$$\sum_j p_{x_i}(y_j) = 1 \tag{2.59}$$

bzw.

$$\int\limits_{-\infty}^{+\infty} P_x(y)\, \mathrm{d}y = 1\,, \tag{2.60}$$

d. h., das Maß auf diesen Mengen ist normiert. Diese bedingten Mengen kann man als Teilmengen einer umfassenden Menge $(x;y)$ auffassen. Einem bestimmten Punkt sei die Wahrscheinlichkeit $p(x_i;y_j)$ bzw. die Wahrscheinlichkeitsdichte $P(x;y)$ zugeordnet. Dieses Maß ist auf den Überraum normiert, d. h., es ist

$$\int\limits_{-\infty}^{+\infty}\int\limits_{-\infty}^{+\infty} P(x;y)\, \mathrm{d}x\, \mathrm{d}y = 1\,. \tag{2.61}$$

Entsprechendes gilt für die diskrete Wahrscheinlichkeit. Man kann zu einem bestimmten Punkt in diesem Überraum dadurch gelangen, daß man erst die bestimmte Bedingung x_i auswählt und dann in der Menge $x_i(y)$ der bedingten Möglichkeiten das bestimmte Ergebnis y_j. Wenn die bestimmte Bedingung in der Menge aller Bedingungen die Wahrscheinlichkeit $p(x)$ hat, und das bestimmte Ergebnis in dieser Teilmenge hat die bedingte Wahrscheinlichkeit $p_x(y)$, so ist die Wahrscheinlichkeit für das Punktpaar $(x; y)$

$$p(x; y) = p(x)\, p_x(y)\,, \tag{2.62}$$

bzw. in einer entsprechenden Betrachtung die Wahrscheinlichkeitsdichte

$$P(x; y) = P(x)\, P_x(y)\,. \tag{2.63}$$

Man bezeichnet $p(x)$ als die Wahrscheinlichkeit der Ursache oder der Bedingung und $p_x(y)$ als die *Übergangswahrscheinlichkeit* (Abb. 2.8. oben). Die absolute Wahrscheinlichkeit des Ergebnisses ist dann

$$p(y) = \sum_i p(x_i; y) = \sum_i p(x_i)\, p_{x_i}(y) \tag{2.64}$$

(und entsprechend für die Wahrscheinlichkeitsdichte $P(y)$).

Dieser Zusammenhang läßt auch noch eine zweite Deutung zu. Man kann von der Wahrscheinlichkeit(sdichte) des Ergebnisses $P(y)$ bzw.

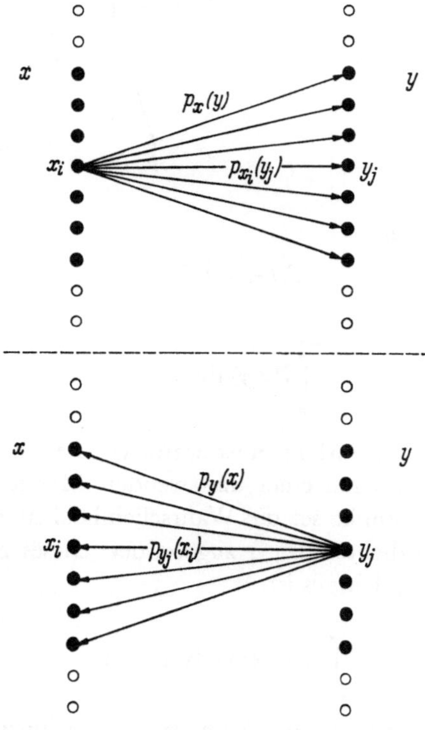

Abb. 2.8. Übergangswahrscheinlichkeit und Rückschlußwahrscheinlichkeit
(Legende im Text)

$p(y)$ ausgehen und von dort aus auf die Ursache schließen, die zu diesem Ergebnis geführt haben mag (Abb. 2.8. unten). Man erhält auf diese Weise

$$P(x;y) = P(y)\ P_y(x)\,, \tag{2.65}$$

wobei $P_y(x)$ bzw. $p_y(x)$ die *Rückschlußwahrscheinlichkeit*(sdichte) ist.

Beispiel: Für die Zeit t_1, zu der sich ein Fahrzeug auf den Weg begibt, ist nur die Wahrscheinlichkeitsdichte $P(t_1)$ bekannt. Die Geschwindigkeit v des Fahrzeugs sei konstant und nach Wahrscheinlichkeit durch die bedingte Wahrscheinlichkeitsdichte $P_{t_1}(v)$ gegeben.

Gefragt wird nach der bedingten Wahrscheinlichkeitsdichte $P_{t_2}(D)$ für die im Zeitpunkt $t_2 = t_1 + \tau$ zurückgelegte Entfernung.

Um die Aufgabe zu lösen, kann man zunächst die zweidimensionale Wahrscheinlichkeitsdichte

$$P(t;v) = P(t_1) \cdot P_{t_1}(v) \tag{2.66}$$

durch Multiplizieren der gegebenen Wahrscheinlichkeitsdichten berechnen.

Die gesuchte Wahrscheinlichkeitsdichte $P(t_2;D)$ ergibt sich daraus durch die Koordinatentransformation

$$t_2 = t_1 + \tau\,, \tag{2.67}$$

$$D = v(t_2 - t_1)\,, \tag{2.68}$$

wobei die Fahrzeit τ als Parameter behandelt wird. Die Funktionaldeterminante ist

$$\begin{vmatrix} \dfrac{\partial t_2}{\partial t_1} & \dfrac{\partial t_2}{\partial v} \\[2mm] \dfrac{\partial D}{\partial t_1} & \dfrac{\partial D}{\partial v} \end{vmatrix} = \begin{vmatrix} 1 & 0 \\ -v & t_2 - t_1 \end{vmatrix} = t_2 - t_1 = \tau\,. \tag{2.69}$$

Man erhält also das Ergebnis

$$P(\tau;D) = \frac{1}{\tau} P(t_1) \cdot P_{t_1}(v)\,. \tag{2.70}$$

§ 22 Versuche, die eine endlichfache Wiederholung desselben Versuches sind

Ein Versuch $A \to (B)$ werde n-mal durchgeführt. Wenn der *Einzel*versuch durch die möglichen Ergebnisse $B_1, \ldots, B_i, \ldots, B_z$ mit den zugeordneten Wahrscheinlichkeitszahlen $p_1, \ldots, p_i, \ldots, p_z$ gekennzeichnet ist, hat der *Gesamt*versuch

$$N = z^n \tag{2.71}$$

verschiedene Ergebnisse, wobei jedes dieser Gesamtergebnisse eine Folge

$$B_{\varkappa_1}, \ldots, B_{\varkappa_i}, \ldots, B_{\varkappa_z} \tag{2.72}$$

ist, in der alle $\varkappa_i$ unabhängig voneinander alle Werte von 1 bis z durchlaufen können. Ein durch (72) gegebenes Gesamtergebnis werde eine *Ergebniskette* genannt. Die Gesamtheit der voneinander verschiedenen Ergebnisketten ist durch die in dem Produkt

$$(B_1 + \cdots + B_i + \cdots + B_z)^n \tag{2.73}$$

enthaltenen Terme der Form (72) gegeben. Da die Einzelversuche voneinander unabhängig sind, hat jede dieser Ergebnisketten die Wahrscheinlichkeit

$$p(k_1) \cdot \, \cdots \, \cdot p(k_i) \cdot \, \cdots \, \cdot p(k_z) \, . \tag{2.74}$$

Die Summe der den Ergebnisketten zugeordneten homonymen Wahrscheinlichkeitsprodukte (74) ist

$$(p_1 + \cdots + p_i + \cdots + p_z)^n = 1^n = 1 \, . \tag{2.75}$$

Die Menge der voneinander verschiedenen Ergebnisketten, von denen jede die durch (74) gegebene Wahrscheinlichkeit hat, ist also eine *vollständige* Menge der disjunkten Ergebnisse des Gesamtversuches.

Man kann aber als Ergebnisse des Gesamtversuches nicht nur die voneinander verschiedenen Ergebnisketten, sondern die z-dimensionale *Zahl*

$$k_1, \ldots, k_i, \ldots, k_z \tag{2.76}$$

ansehen, von der die Komponente k_i angibt, wieviel Kettenglieder B_i die Ergebniskette enthält. Die Summe aller Kettenglieder ist gleich der Anzahl der Einzelversuche, da jeder Einzelversuch ein Kettenglied anfügt:

$$\sum_{i=1}^{z} k_i = n \, . \tag{2.77}$$

Die Wahrscheinlichkeit *einer* Ergebniskette, bei der die Anzahl der jeweils gleichen Kettenglieder durch (76) gegeben ist, beträgt gemäß dem Ausdruck (74):

$$p(K_j) = p_1^{k_1} \cdot \, \cdots \, \cdot p_i^{k_i} \cdot \, \cdots \, \cdot p_z^{k_z} \, . \tag{2.78}$$

Wenn die Anzahl der Kettenglieder, die je auf eine Gruppe von gleichen Kettengliedern entfällt, vorgeschrieben ist, kann man durch Permutation

$$m = \frac{n!}{k_1! \cdot \, \cdots \, \cdot k_i! \cdot \, \cdots \, \cdot k_z!} \tag{2.79}$$

verschiedene Ketten aus denselben Gliedern zusammensetzen. Die Wahrscheinlichkeit der durch (76) gegebenen Zahl ist also

$$p(k_1, \ldots, k_i, \ldots, k_z) = m \, p(K_j) =$$
$$= \frac{z!}{k_1! \cdot \, \cdots \, \cdot k_i! \cdot \, \cdots \, \cdot k_z!} p_1^{k_1} \cdot \, \cdots \, \cdot p_i^{k_i} \cdot \, \cdots \, \cdot p_z^{k_z} \, . \tag{2.80}$$

Statt der Zahlen k_i, (die man allerdings in der Physik auch zuweilen als Wahrscheinlichkeit bezeichnet), werden die (relativen) Häufigkeiten

$$h_i = \frac{k_i}{n} \tag{2.81}$$

verwendet. Da eine umkehrbar eindeutige Zuordnung besteht, ist

$$p(h_1, \ldots, h_i, \ldots, h_z) = p(k_1, \ldots, k_i, \ldots, k_z) \ . \tag{2.82}$$

Im Gegensatz zur Ergebniskette, die dann wertfrei ist, wenn die einzelnen Kettenglieder wertfrei sind, bedeutet die (z-dimensionale) Häufigkeit einen Punkt im z-dimensionalen Ergebnisraum.

Diese Häufigkeitszahl hat auch nichts zu tun mit dem Ergebnis einer Serie von Einzelversuchen beim Glücksspiel. Hierbei hat jedes Einzelergebnis einen Wert und alle Einzelwerte werden gemäß den Spielregeln zu einem Gesamtergebnis zusammengesetzt. Dieses ist beim n-maligen Würfeln z. B.

$$G = n \sum_{i=1}^{6} i\, h_i \ . \tag{2.83}$$

Die Gleichung (80) nimmt eine einfachere Form an, wenn man nur zwischen B_i und Nicht-B_i mit dem Formelzeichen $\overline{B_i}$ unterscheidet. Dann hat $\overline{B_i}$ die Wahrscheinlichkeit

$$p(\overline{B}_i) = 1 - p_i = q_i \ . \tag{2.84}$$

Man erhält:

$$p_n(k_i) = \frac{n!}{k_i!\,(n-k_i)!} p_i{}^{k_i}\, q_i{}^{(n-k_i)} \ . \tag{2.85}$$

Diese Gleichung kann der Reihe nach auf sämtliche Komponenten von h angewendet werden.

Beispiel: Mit einem idealen Würfel wird 12mal gewürfelt. Wie groß ist die Wahrscheinlichkeit, k-mal eine 6 zu würfeln?

(Bemerkung: Bei einem idealen Würfel liefern alle Augenzahlen dasselbe Ergebnis!) Die gesuchte Wahrscheinlichkeit ist

$$p_{12}(k) = \frac{12!}{k!\,(12-k)!}\,(1/6)^k\,(5/6)^{12-k} \ . \tag{2.86}$$

Für k sind sämtliche ganzzahligen Werte von 0 bis 12 möglich. Man errechnet mit Hilfe der Gleichung (86) die Tabelle

$p_{12}(0) = 0{,}112, \quad p_{12}(3) = 0{,}197, \quad p_{12}(6) = 0{,}006,$
$p_{12}(1) = 0{,}269, \quad p_{12}(4) = 0{,}088, \quad p_{12}(7) = 0{,}001,$
$p_{12}(2) = 0{,}296, \quad p_{12}(5) = 0{,}028, \quad \ldots \ldots \ldots$

(Abb. 2.9.)

Die numerischen Schwierigkeiten bei größeren k oder z kann man mit der Stirlingschen Formel

$$n! = \sqrt{2\pi n}\left(\frac{n}{e}\right)^n \tag{2.87}$$

umgehen. Man kann daher die Werte $p_n(k)$ auch für beliebig große Werte von n und k ausrechnen. Selbstverständlich haben diese Wahrscheinlichkeitszahlen nur für ganzzahlige positive Werte von k und n einen Sinn, wenngleich die Stirlingsche Gleichung auch die Berechnung

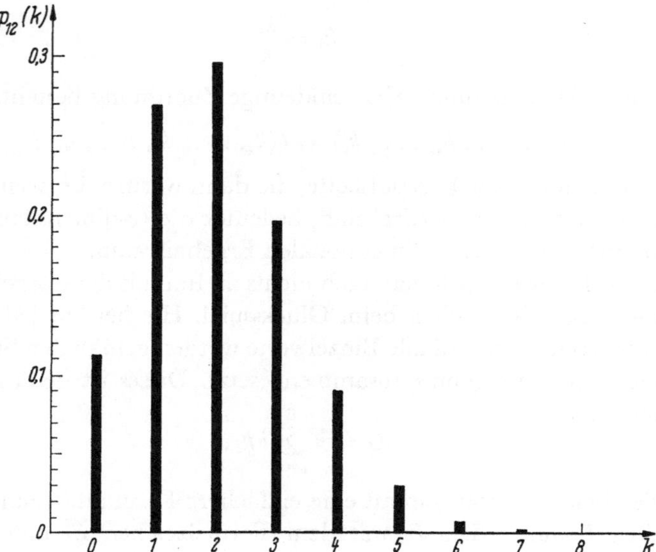

Abb. 2.9. Beispiel zur Wahrscheinlichkeit einer bestimmten Häufigkeit eines bestimmten Ergebnisses bei n-facher Wiederholung desselben Versuches: Es wird $n = 12$mal mit demselben Würfel geworfen. Wie wahrscheinlich ist die Häufigkeit k eines bestimmten vorgegebenen Ergebnisses? (Z. B., daß eine 6 erscheint). (Für $k > 7$ ist die Wahrscheinlichkeit kleiner als 10^{-3} und läßt sich nicht mehr graphisch angeben.)

der Wahrscheinlichkeit für beliebige Zwischenwerte erlaubt. (Man könnte sich in Abb. 9 die Werte durch eine stetige Kurve untereinander verbunden denken. Eine solche auch mathematisch angebbare Kurve hat nur eine Bedeutung in den einzelnen diskreten Parameterwerten).

§ 23 Die wahrscheinlichen relativen Häufigkeiten bei großen Wiederholungszahlen

Unter Beherzigung der soeben ausgesprochenen Warnung wollen wir uns jetzt großen Wiederholungszahlen zuwenden.

Dabei gehen wir von der Gleichung (85) aus, die in der Mathematik als Bernoullische Gleichung bezeichnet wird. Sie gibt die Wahrscheinlichkeit $p_n(k_i)$ als Funktion von den drei Veränderlichen:

gesamte Anzahl der durchgeführten Versuche: $\qquad\qquad\qquad n\,,$
davon Anzahl der Versuche mit dem bestimmten
vorgegebenen Ergebnis B_i: $\qquad\qquad\qquad\qquad\qquad k_i\,,$
Wahrscheinlichkeit des Ergebnisses B_i
bei einem einzelnen Versuch: $\qquad\qquad\qquad\qquad\qquad p_i\,.$
(Die Wahrscheinlichkeit $q_i = 1 - p_i$ für das komplementäre Ergebnis wird nicht als 4. Veränderliche gezählt.)

Der Übergang zu großen Wiederholungszahlen läßt in der Betrachtungsweise zwei Varianten zu, die sich durch die gestellten Nebenbedingungen unterscheiden.

Variante 1:

Der Erwartungswert

$$N_i = E\{k_i\} = n\,p_i \tag{2.88}$$

ist ein konstanter Parameter. (Wir lassen, wenn Irrtümer nicht möglich sind, von jetzt ab den Index i fort.)

Drückt man in Gleichung (85) die Fakultäten $n!$ und $(n-k)!$ durch die Stirlingsche Formel (87) aus, so erhält man

$$p_N(k) = \frac{1}{k!}\sqrt{\frac{2\pi\,(n-k)}{2\pi n}} \cdot \frac{n^n}{(n-k)^{n-k}} \cdot \mathrm{e}^{-k} \cdot p^k \cdot q^{n-k}\,. \tag{2.89}$$

Die Wurzel geht gegen 1, wenn n bei konstantem k gegen Unendlich geht. Nach einer Umordnung unter den Potenzen auf der rechten Seite geht die Gleichung (89) dabei zunächst in

$$p_N(k) = \frac{1}{k!}\left(\frac{n}{n-k}\right)^n (n-k)^k\,\mathrm{e}^{-k}\left(\frac{p}{q}\right)^k q^n \tag{2.90}$$

und dann, wenn man p durch N/n ersetzt, in

$$\boxed{p_N(k) = \frac{1}{k!}\,N^k\,\mathrm{e}^{-N}} \tag{2.91}$$

über. Diese nach POISSON benannte Wahrscheinlichkeit gilt immer dann, wenn die Wiederholungszahl n über alle Grenzen wächst, dagegen der Erwartungswert für die Anzahl der Ergebnisse N endlich ist.

Beispiel: Ein Ausschnitt aus der Fläche, die von einem Hagelschauer getroffen worden ist, sei so klein, daß innerhalb dieser Fläche der Erwartungswert für die Anzahl der Hagelkörner pro Flächeneinheit konstant ist. Diese Fläche werde mit verschiedener Rasterung (fein bis sehr grob) gleichmäßig in Flächenelemente unterteilt. Wie groß ist die Wahrscheinlichkeit für die auftretenden Anzahlen der Hagelkörner pro Flächenelement, wenn die Größe der Flächenelemente so gewählt wurde, daß die Erwartungswerte der Hagelkörner $N = 0{,}1,\ 1{,}0,\ 10{,}0,\ 100{,}0$ sind?
Die einer Tafel[1] entnommenen Werte zeigt Abb. 2.10.

Variante 2:

Die Anzahl n der Wiederholungen ist nunmehr ein veränderlicher endlicher Parameter, jedoch sei sie so groß, daß die Häufigkeitszahlen nur noch *relativ* wenig von dem Erwartungswert N abweicht. Betrachtet wird die Wahrscheinlichkeit der Abweichung[2]

$$u = k - N\,. \tag{2.92}$$

---

[1] Defense Systems Department, General Electric Company: Tables of the Individual and Cumulative Terms of Poisson Distribution. Princeton: Van Nostrand 1962.
[2] Die Abweichung u kann sich nur um ganzzahlige Werte ändern, jedoch ist u selbst keine ganze Zahl, da der Erwartungswert N keine ganze Zahl ist.

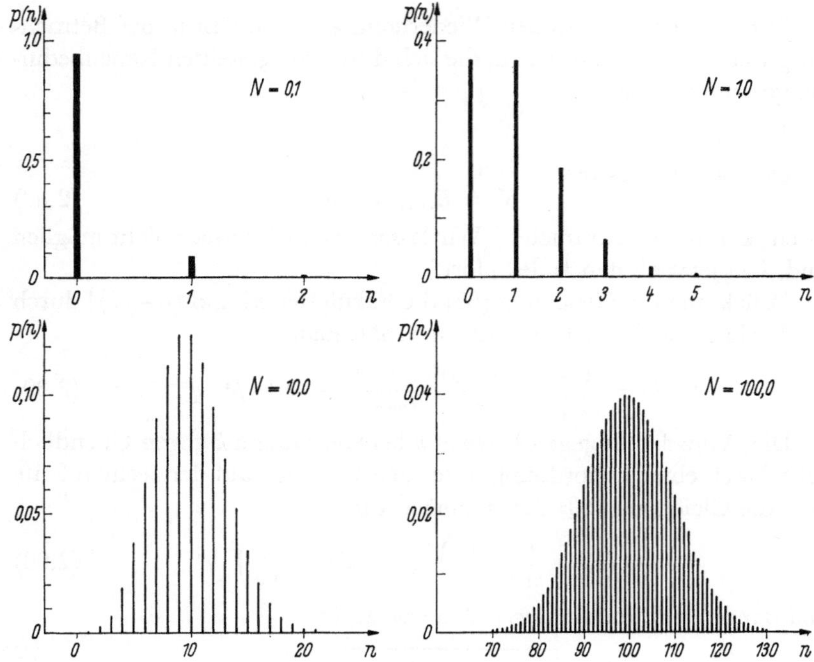

Abb. 2.10.   Die Erwartungswerte für die Trefferzahlen bei einem Erwartungswert von
$N = 0{,}1,\ 1{,}0,\ 10{,}0,\ 100{,}0$.

Setzt man die Abweichung nach Gleichung (92) in die Gleichung (85) ein, so erhält man

$$p_N(u) = \frac{1}{\sqrt{2\pi\left(p + \frac{u}{n}\right)\left(p - \frac{u}{n}\right)n}} \cdot \frac{n^n\, p^{pn+u}\, q^{qn-u}}{(pn + u)^{pn+u}\,(qn - u)^{qn-u}}. \quad (2.93)$$

Dem als Faktor auftretenden Bruch auf der rechten Seite kann man schrittweise durch eine Folge von kleinen Umformungen eine andere Form geben. Wenn man die Potenzen mit gleichem Exponenten zusammenfaßt, erhält man erst

$$n^n \left(\frac{p}{pn + u}\right)^{pn+u} \left(\frac{q}{qn - u}\right)^{qn-u}. \quad (2.94)$$

Da

$$n^{pn+u}\, n^{qn-u} = n^{(p+q)n} = n^n \quad (2.95)$$

ist, kann man den Ausdruck (94) durch

$$\left(\frac{pn}{pn + u}\right)^{pn+u} \left(\frac{qn}{qn - u}\right)^{qn-u} \quad (2.96)$$

und diesen durch

$$\left[\left(\frac{pn}{pn + u}\right)^{pn}\right]^{\frac{pn+u}{pn}} \left[\left(\frac{qn}{qn - u}\right)^{qn}\right]^{\frac{qn-u}{qn}} \quad (2.97)$$

ersetzen. Setzt man diesen Ausdruck in die Gleichung (93) ein, so ist

$$p_N(u) = \frac{1}{\sqrt{2\pi\left(p+\frac{u}{n}\right)\left(p-\frac{u}{n}\right)n}} \left[\left(\frac{pn}{pn+u}\right)^{pn}\right]^{\frac{pn+u}{pn}} \left[\left(\frac{qn}{qn-u}\right)^{qn}\right]^{\frac{qn-u}{qn}} \quad (2.98)$$

immer noch das genaue Ergebnis. Man kann es durch eine Näherung
ersetzen, wenn 1. n eine sehr große Zahl ist und 2. weder p noch q verschwinden. (Die Wahrscheinlichkeit p_i für das Ergebnis B_i darf also
weder gleich Null, noch darf es gleich Eins sein.) Ferner sollen 3. die zu
betrachtenden Abweichungen sehr klein gegen pn, also auch sehr klein
gegen qn sein. Dann geht in Gleichung (98) die erste große Klammer
in e^{-u} und die zweite große Klammer in e^{+u} über. Dann ist

$$p_N(u) = \frac{1}{\sqrt{2\pi pqn}}\, e^{-u\left(1+\frac{u}{pn}\right)}\, e^{+u\left(1-\frac{u}{qn}\right)}$$

oder

$$\boxed{\; p_N(u) = \frac{1}{\sqrt{2\pi pqn}}\, e^{-\frac{u^2}{2pqn}} \;} \qquad\qquad (2.99)$$

Auch diese Funktion gilt nur für ganzzahlige Werte von u, d.h. also,
sie besteht nur aus den diskreten Punkten[1] für ganzzahlige u auf der
stetigen Funktion $p_N(u)$.

Den Gleichungen (81), (88) und (92) kann man die Substitution

$$u = (h-p)\cdot n \qquad\qquad (2.100)$$

entnehmen und erhält mit dieser

$$p_N(h-p) = p_N[(h-p)\cdot n] = \frac{1}{\sqrt{2\pi pqn}}\, e^{-\frac{(h-p)^2}{2pq/n}}. \qquad (2.101)$$

Die rechten Seiten von den Gleichungen (99) und (101) sind, abgesehen von einer der Normierung dienenden Konstanten, sogenannte
Gaußsche Normalverteilungen. Führt man in Gleichung (99) die Größe

$$\sigma^2 = pqn \qquad\qquad (2.102a)$$

bzw. in Gleichung (101) die davon vollständig verschiedene Größe

$$\sigma^2 = \frac{pq}{n} \qquad\qquad (2.102b)$$

ein, wobei σ also nur ein Maß für die »Breite« der Glockenkurve ist, so
stellt man fest, daß die *absolute* Abweichung $u = |h-p|\cdot n$ mit wachsendem

---

[1] Aus diesem Grunde darf man auch nicht über die rechte Seite von Gleichung (99)
integrieren, sondern muß die Summe bilden, wenn man die Wahrscheinlichkeit für
mehrere Abweichungen zusammengenommen bestimmen will.

n zunimmt, während die *relative* Abweichung $|h - p|$ mit wachsendem n *abnimmt*.

Wenn man in Gleichung (101) die Häufigkeit h als fest vorgegeben ansieht, kann man sie auch als eine Gleichung für die *wahrscheinlichste Wahrscheinlichkeit* lesen. Diese nimmt ihr Maximum für $p = h$ an. Das heißt:

Die bei einer großen Anzahl von Wiederholungen festgestellte relative Häufigkeit für ein bestimmtes Ergebnis ist der wahrscheinlichste Wert für die Wahrscheinlichkeit (wenn man keinerlei zusätzliches Wissen aus anderen Beobachtungen besitzt).

§ 24 Der wahrscheinliche mittlere Fehler

Man kann den soeben ausgesprochenen Satz leicht mißverstehen in dem Sinne, daß die relative Häufigkeit ein Ersatz für die Wahrscheinlichkeit, eine Quasi-Wahrscheinlichkeit sei.

Man muß aber daran festhalten, daß die Gesamtheit von *endlich vielen* Wiederholungen desselben Versuches *immer* durch den Zufall entschieden wird, also *immer* ein zufälliges Gesamtergebnis haben wird, ausgedrückt dadurch, daß dieser relativen Häufigkeitsverteilung eine Wahrscheinlichkeit zukommt.

Der Ausdruck *wahrscheinliche Wahrscheinlichkeit* kennzeichnet die Situation des normalen Betrachters eines Zufallsmechanismus, der wohl weiß, daß grundsätzlich eine sichere Wahrscheinlichkeit existieren muß, daß er aber aus unzureichender Kenntnis von dessen Konstruktion diese Wahrscheinlichkeit nur mit großer Unsicherheit angeben kann. Auf Grund seiner unzureichenden Kenntnis gibt es eine Menge (im mathematischen Sinn des Wortes) von möglichen »Wahrscheinlichkeiten«, wobei jeder Entscheidung für eine bestimmte »Wahrscheinlichkeit« wieder eine Wahrscheinlichkeit zuerkannt werden muß.

Man kann sich z.B. vorstellen, daß eine große Anzahl von Menschen versucht hat, sich unabhängig voneinander über dasselbe Problem Klarheit zu verschaffen. Da jeder von ihnen nur endlich viele Versuche anstellen konnte, aus denen er seine Schlüsse gezogen hat, hat jeder als Zufallsergebnis eine wahrscheinlichste Wahrscheinlichkeit, nämlich seine Häufigkeitsverteilung beizusteuern. Wenn jeder von ihnen weiß, daß sein Ergebnis zufällig ist, wird es möglich sein, eine Häufigkeitsverteilung über die einzelnen Häufigkeitsverteilungen zusammenzustellen und als eine bessere Annäherung an die Wahrheit, also an die sichere Wahrscheinlichkeitsverteilung anzusehen.

Kein Beobachter kann die Wahrscheinlichkeit für einen *real vorhandenen* Zufallsmechanismus angeben, denn er kann nicht *unendlich* viele Versuche machen, noch dazu, ohne daß sich dieser (z. B. durch Abnutzung) ändert. Das mittlere Ergebnis einer *endlich*-fachen Wiederholung weicht daher immer etwas vom »wahren« Mittelwert ab, der nur theoretisch existiert, es hat einen *Fehler*. Da dieser Fehler vom Zufall bestimmt wird, muß er eine Wahrscheinlichkeit haben.

Von einem zahlenmäßig angebbaren Fehler kann man nur bei meßbaren Ergebnissen sprechen, wenn die Ergebnisse also durch Zufallsgrößen x gekennzeichnet sind. Der Fehler eines bestimmten zufälligen Ergebnisses x_i kann natürlich verschieden definiert werden. Es ist aber das einfachste, den Betrag $|x_i - E(x)|$ als Maß für den Fehler anzusehen, wobei der unbekannte hypothetische Erwartungswert $E(x)$ also den wahren Wert repräsentiert. Wenn eine große Anzahl von Experimenten eine große Anzahl von Fehlern liefert, wird man als resultierenden Fehler die aus der Technik geläufige mittlere quadratische Abweichung ansehen können. (Dies ist aber nur die einfachste Zusammenfassung.) Das mittlere Quadrat aller Abweichungen ist, da jedes x_i entsprechend seiner Wahrscheinlichkeit auftritt,

$$\begin{aligned} E\{(x - E(x))^2\} &= E(x^2 - 2xE(x) + (E(x))^2) \\ &= E(x^2) - 2\,E(x) \cdot E(x) + (E(x))^2 \\ &= E(x^2) - (E(x))^2\,. \end{aligned} \tag{2.103}$$

Der wahrscheinlichste mittlere quadratische Fehler ist also

$$\sqrt{E\{(x - E(x))^2\}} = \sqrt{E(x^2) - (E(x))^2}\,. \tag{2.104}$$

Der wahrscheinliche quadratische Fehler oder, in mathematischer Sprechweise, die Wurzel aus dem zentrierten Moment zweiter Ordnung, ist eine Eigenschaft der Wahrscheinlichkeitsverteilung selbst. Man braucht, um diesen angeben zu können, nur die beiden Momente erster und zweiter Ordnung zu kennen:

Das Gesetz des Zufalls schließt das Gesetz der zufälligen Fehler in sich.

Den mittleren quadratischen Fehler nach Gleichung (104) bezeichnet man auch als *Streuung*, das Quadrat davon, also den Ausdruck unter dem Wurzelzeichen, als *Varianz*.

Bei diesem Rückwärtsaufrollen der Zusammenhänge aus der Annahme heraus, daß es eine bestimmte Wahrscheinlichkeitsverteilung über die möglichen Ergebnisse gibt, kann die Frage nach der Wahrscheinlichkeitsverteilung über die verschiedenen möglichen mittleren quadratischen Fehler bei einer Bildung des Mittelwertes über endlich viele zufällige Einzelergebnisse nicht ausbleiben. Wir können diese Aufgabe durchaus mit den charakteristischen Funktionen lösen; es bedeutet jedoch eine ökonomischere Verwendung von Mühe (und Druckkosten), wenn wir sie zurückstellen bis uns wirksamere Mittel (zentraler Grenzwertsatz) zur Verfügung stehen (s. § 25).

Dafür greifen wir auf eine andere Frage zurück: Wie groß ist der wahrscheinliche mittlere quadratische Fehler der Anzahl k_i eines bestimmten Ergebnisses B_i mit der Wahrscheinlichkeit p_i, wenn der Versuch

n-mal wiederholt wird? Wir verzichten jetzt wieder auf den Index $_i$ und betrachten diese n-fache Versuchsreihe als *einen* Versuch, wobei die Wahrscheinlichkeit für die möglichen Ergebnisse durch die Gleichung (85) gegeben ist. Wir brauchen nur $E_n(k)$ und $E_n(k^2)$ auszurechnen und in die Gleichung (104) einzusetzen.

Es ist

$$E_n(k) = \sum_{k=1}^{n} k\, p_n(k)$$

$$= \sum_{k=1}^{n} k\, \frac{n!}{k!\,(n-k)!} p^k\, q^{n-k}\,. \tag{2.105}$$

Diese Summe kann man auch in der Form

$$\sum_{k=1}^{n} pn\, \frac{(n-1)!}{(k-1)!\,(n-1-(k-1))!} p^{k-1}\, q^{n-1-(k-1)} = pn \tag{2.106}$$

schreiben, wobei das Ergebnis vorauszusehen war.

Für die Berechnung von $E_n(k^2)$ ist der Weg ähnlich. Wir schreiben

$$E_n(k^2) = E_n(k(k-1)) + E_n(k) \tag{2.107}$$

und erhalten auf diese Weise

$$E_n(k^2) = (pn)^2 + pn\,. \tag{2.108}$$

Dann ist

$$E_n(k^2) - (E_n(k))^2 = (pn)^2 + pn - (pn)^2 = pn\,. \tag{2.109}$$

Mithin ist der mittlere quadratische Fehler (Streuung)

$$\sqrt{E_n((k-E_n(k))^2)} = \sqrt{pn}\,. \tag{2.110}$$

Der mittlere quadratische Fehler der Anzahl der Ergebnisse ist gleich der Wurzel aus der mittleren Anzahl der Ergebnisse.

Beispiele:

1. An einem bestimmten Tage betrage in einem bestimmten Lande unter Berücksichtigung aller Nebenumstände der Erwartungswert für die Anzahl der tödlichen Verkehrsunfälle 36. Dann ist die wahrscheinliche mittlere Abweichung vom Erwartungswert 6. Abweichungen in dieser Größenordnung vom Erwartungswert haben also keine irgendwie geartete Ursache, sondern geschehen zufällig, wenn die einzelnen Ereignisse, wie vorausgesetzt, unabhängig voneinander sind. Größere Abweichungen vom Mittelwert führen dagegen zu dem Schluß, daß sich hier eine Abhängigkeit von einer Schwankung der Bedingungen bemerkbar macht.

2. Ein Einheitspreis-Geschäft, das nur Waren im Preise von 1.— DM einzeln verkauft, muß bei einem monatlichen Umsatz im Werte von 1 000 000.— DM mit einer Schwankung im Mittel von 1000.— DM rechnen, wenn es den Verkaufserfolg als eine Gesamtheit von zufälligen Einzelverkäufen ansieht. Wenn die Schwankungen größer sein sollten, muß man nach einer Ursache suchen, mit dem dieser Vorgang korreliert ist (s. § 38), sind die Schwankungen dauernd kleiner, so kann es sich auf die Dauer nicht um eine Summe von Zufallsgeschäften handeln. (Z. B. Stammkundschaft mit einem regelmäßigen Bedarf oder Sättigungseffekt: die Firma verkauft nur monatlich eine bestimmte konstante Produktion.)

3. Ein physikalisches Institut verfügt über ein Meßinstrument, dessen Genauigkeit ε eine Funktion der Dauer T einer Messung ist. Wenn das Meßobjekt sich als eine Überlagerung einzelner Teilchen mit zufälligem Verhalten auffassen läßt, muß der Fehler mindestens nach der Funktion

$$\varepsilon = \frac{\varepsilon_0}{\sqrt{T}} \qquad (2.111)$$

abnehmen, wenn die Ausnutzung der Genauigkeitssteigerung einen Sinn haben soll.

Das Gesetz nach Gleichung (110) gilt auch, wenn ein fester Erwartungswert $N = pn$ als fester Parameter vorgegeben wird, oder wenn nur kleine Abweichungen $u = h - p$ betrachtet werden, da die Poissonsche Verteilung und die Gaußsche Verteilung aus der Bernoullischen Verteilung in § 22 abgeleitet sind.

§ 25 Der zentrale Grenzwertsatz

Wir haben uns bereits im § 20 mit den vier Grundrechenarten befaßt, wie sie sich auf zufällige Rechengrößen übertragen. Man kann der Notwendigkeit, im Bereiche des Zufalls elementar zu rechnen, nicht entgehen: Das wirklich »elementare« elementare Rechnen gibt es nur bei determinierten Größen und Funktionen, also im Bereiche der reinen Mathematik, der klassischen Physik und allenfalls auch bei einer gewissen idealisierenden Technik. Die beste Kenntnis, die man im Bereiche der neuzeitlichen Physik und der neuzeitlichen Technik von einer Größe oder von einer Funktion haben kann, ist die Kenntnis der Wahrscheinlichkeitsverteilung über alle Möglichkeiten. Das Rechnen mit Größen und Funktionen ist also das Rechnen mit Wahrscheinlichkeiten. Daher mußte im § 24 die Frage nach der Verteilung der Wahrscheinlichkeit über die möglichen Werte des mittleren quadratischen Fehlers auftauchen, wenn dieser Mittelwert über endlich viele Einzelergebnisse gebildet wird.

Diese dort zurückgestellte Frage greifen wir jetzt auf, verallgemeinern sie aber auf den Fall, daß nicht etwa die n sich überlagernden Zufallsergebnisse $x_1, \ldots, x_n$ sämtlich untereinander nach Wahrscheinlichkeit gleich sind, sondern wir lassen (in gewissen Grenzen, von denen noch die Rede sein wird,) zu, daß jedes der n Ergebnisse einer anderen Menge mit einer eigenen Wahrscheinlichkeitsverteilung entnommen ist. Wir wollen diese Ergebnisse im Sinne des § 20, Abs. 6 addieren und finden dort einen Hinweis, der durch die Gleichung (56) gegeben wird. Diese Gleichung betrachten wir in Verbindung mit der Gleichung (45).

Jetzt setzen wir ganz allgemein voraus, daß

1. sämtliche n Wahrscheinlichkeitsverteilungen dadurch bekannt sind, daß wir ihre sämtlichen Momente $E(x_i^m)$ kennen.

Von diesen Momenten soll ferner gelten, daß

2. für die Momente erster Ordnung $(m = 1)$ gilt

$$E[x_j] = 0, \qquad (2.112)$$

und daß

3. alle Momente höherer Ordnung $(m > 1)$ von Null verschieden und endlich sind:

$$a \leqq E[x_i^m] \leqq b \quad \text{für} \quad m > 1, \qquad (2.113)$$

wobei a und b positiv sind.

Diese Voraussetzungen haben durchaus eine konkrete Bedeutung, wie wir später bei der Behandlung von Beispielen zeigen wollen.

Wenn wir dagegen mathematisch die Voraussetzungen (112) und (113) einführen, geben wir damit der Gleichung (45) diejenige Form, die notwendig ist, um den Satz von LAPLACE über den Grenzwert eines Produktes[1] anwenden zu können.

Mit den gemachten Voraussetzungen gilt jetzt für die charakteristische Funktion (45):

$$\mathbb{P}_i(0) = 1, \; \mathbb{P}'_i(0) = 0, \; \mathbb{P}''_i(0) = - E[x_i^2]. \qquad (2.114, \text{a–c})$$

»Außer der Funktion $\mathbb{P}_i(u)$ betrachten wir noch die Funktion[2] $Q_i(u) = \ln \mathbb{P}_i(u)$. Für sie ist, wie man leicht nachrechnet,

$$Q_i(0) = 0, \; Q_i{'}(0) = 0, \; Q_i{''}(0) = -E[x_i^2] \cdot \qquad (2.115, \text{a-c})$$

Für die Taylorsche Entwicklung von $Q_i(u)$ an der Stelle 0 folgt also

$$Q(u) = - \frac{1}{2} E[x_i^2] u^2 + r_i(u) u^3,$$

wo

$$r_i(u) = \frac{Q_i{'''}(\vartheta u)}{6}, 0 < \vartheta < 1 \qquad (2.116)$$

in der Umgebung von 0 stetig und daher beschränkt ist, und zwar gelte

$$r_i(u) < \eta \; \text{für} \; u < \varepsilon$$

und für alle i. Wir bilden nun

$$\sum_{i=1}^{n} Q_i(u) = \ln[\mathbb{P}_1(u) \, \mathbb{P}_2(u) \cdots \mathbb{P}_n(u)]$$

$$= - \frac{u^2}{2} \sigma_n^2 + u^3 \sum_{i=1}^{n} r_i(u),$$

wo

$$\sum_{i=1}^{n} E[x_i^2] = \sigma_n^2$$

gesetzt ist. Wegen (113) und (116) ist

$$n\,a^2 \leqq \sigma_n^2 \leqq n\,b^2 \; \text{und} \; \left| \sum_{i=1}^{n} r_i(u) \right| < n\eta, \qquad (2.117)$$

[1] DUSCHEK, A.: Vorlesungen über höhere Mathematik. II, 235. Wien: Springer 1950.
[2] Wir übernehmen hier den Wortlaut der angegebenen Stelle im Schrifttum. Nur die Formelzeichen wurden zur Anpassung an dieses Buch ausgewechselt.

d. h. σ_n geht mit n wie $\sqrt{n}$ gegen ∞. Setzen wir noch

$$\sigma_n u = \xi, \quad u = \frac{\xi}{\sigma_n},$$

so folgt

$$\ln (P_1 P_2 \cdots P_n) = -\frac{\xi^2}{2} + \frac{\xi^3}{\sigma_n^3} \sum_{i=1}^{n} r_i(u)$$

und

$$\frac{\xi^3}{\sigma_n^3} \sum_{i=1}^{n} r_i(u) < \frac{\eta |\xi^3|}{\sqrt{n}\, a^3},$$

wenn wir nur n so groß wählen, daß für $|\xi| < M$, d. h. $|u| < \frac{M}{\sigma_n}$ auch $|u| < \varepsilon$ erfüllt ist. Es muß also $\frac{M}{\sigma_n} \geq \varepsilon$ oder nach (117)

$$n \geq \frac{M^2}{b^2 \eta^2}$$

erfüllt sein. Es wird[1]

$$\lim_{n \to \infty} [P_1(u)\, P_2(u) \cdots P_n(u)] = e^{-\frac{1}{2} \sigma_n^2 u^2} \qquad (2.118)$$

und dies ist der Inhalt des von LAPLACE herrührenden Satzes:

Die Grenzfunktion eines Produktes von n Funktionen, die alle an der gleichen Stelle u_0 das Maximum 1 haben, ist für n $\to \infty$ eine Gaußsche Funktion.«

Soweit das Zitat aus Duschek.

Wenn aber die charakteristische Funktion einer Gaußschen Funktion zustrebt, so muß auch die Wahrscheinlichkeit einer Gaußschen Funktion zustreben, da beide Funktionen Fourier-Transformationen voneinander sind. Daher entsteht der *zentrale Grenzwertsatz:*

Die Wahrscheinlichkeit einer Summe von unendlich vielen unabhängigen Zufallsergebnissen ist eine Gaußsche Funktion, wenn die Wahrscheinlichkeit jedes dieser Zufallsergebnisse das gleiche Moment erster Ordnung hat, während das Moment zweiter Ordnung von Null verschieden und endlich ist.

Die zu

$$P(u) = e^{-\frac{1}{2} \sigma_n^2 u^2}$$

gehörende Wahrscheinlichkeitsfunktion ist

$$P(x) = \frac{1}{\sigma_n} \frac{1}{\sqrt{2\pi}} e^{-(x^2/2\sigma_n^2)}, \qquad (2.119)$$

wobei, wie aus der zitierten Ableitung zu ersehen,

$$\sigma_n^2 = \sum_{i=1}^{n} E[x_i^2] \qquad (2.120)$$

ist. Wenn alle beteiligten Ergebnisse eine Wahrscheinlichkeit besitzen, deren Varianz gemäß Voraussetzung endlich ist, muß $P(x)$ im Grenzfall

---

[1] Die Variable u hat natürlich nichts mit der Abweichung u im § 23 zu tun.

eine Glockenkurve unendlicher Breite sein, die überall den Wert Null hat.

Es ist der zentrale Grenzwertsatz zwar wieder ein Satz, der nur in dem praktisch niemals existierenden Fall $n = \infty$ streng gilt; jedoch rührt seine praktische Bedeutung daher, daß die Konvergenz in vielen praktisch interessanten Fällen außerordentlich rasch erfolgt. Dies zeigt man am besten an einem Beispiel: Es sei

$$P(x) = \frac{1}{2} \text{ für } |x| \leq 1 \,,$$
$$= 0 \text{ für } |x| > 1 \,. \tag{2.121}$$

mit der dazugehörigen charakteristischen Funktion

$$\mathbb{P}(u) = \frac{1}{u} \sin u = 1 - \frac{u^2}{3!} + \frac{u^4}{5!} - \frac{u^6}{7!} + - \cdots . \tag{2.122}$$

Wenn man die zufällige Summe von 5 solcher Ereignisse betrachtet, hat deren Wahrscheinlichkeit die charakteristische Funktion

$$\mathbb{P}^5(u) = \frac{1}{u^5} \sin^5 u \sim e^{-\frac{5}{3!} u^2} . \tag{2.123}$$

Der Unterschied zwischen der wahren charakteristischen Funktion und der Annäherung durch die Fehlerfunktion ist für kleine Werte von u gleich Null und wird für größere Werte von u ebenfalls wieder klein, da beide Funktionen außerordentlich rasch gegen Null gehen[1].

Wie man der Gleichung (120) entnehmen kann, gilt bereits bei kleinen n der Satz:

Die Varianz der Wahrscheinlichkeit für die Summe von unabhängigen Zufallsergebnissen ist gleich der Summe der Varianzen der einzelnen Wahrscheinlichkeiten.

Beispiel: Welche Wahrscheinlichkeit hat die Summe aller Augenzahlen, wenn 1200-mal mit einem fehlerfreien Würfel geworfen wird?

Bei einem Wurf ist

das Moment erster Ordnung $E(x) = \frac{7}{2}$,

das Moment zweiter Ordnung $E(x^2) = \frac{91}{6}$,

das zentrierte Moment zweiter Ordnung (Varianz)

$$E[(x - E(x))^2] = E(x^2) - (E(x))^2 = \frac{91}{6} - \frac{49}{4} = \frac{35}{12} .$$

Bei 1200 Würfen ist

das Moment erster Ordnung (Erwartungswert schlechthin): 4200,

die Varianz: 3500.

Mithin ist

$$p_{1200}(Az) = \frac{1}{\sqrt{7000\pi}} e^{-\frac{(Az-4200)^2}{7000}} .$$

(Auch dieses Ergebnis hat nur Sinn für ganze Augenzahlen Az.

---

[1] Man kann dies durch Reihenentwicklung der beiden Ausdrücke auf der rechten Seite der Gleichung (122) zeigen.

Gegenbeispiele:

1. Wenn verschiedene Klassen von Würfeln benutzt werden, es habe z. B. die erste Klasse Augenzahlen von 1 bis 6, die zweite Klasse Augenzahlen von 11 bis 16, die dritte Klasse von 21 bis 26, usw., so strebt die Summe aller Augenzahlen mit wachsender Anzahl der Würfe nicht einer Gaußfunktion, sondern einer Summe von Gaußfunktionen zu, die ihre Mittelwerte bei 3,5, 13,5, 23,5 usw. haben und deren Maxima sich wie die Wahrscheinlichkeitszahlen für die betreffende Klasse in der Gesamtmenge verhalten.

Grund: Das Moment erster Ordnung verschwindet nicht an derselben Stelle.

2. Bei einer Zufallsgröße sei die Wahrscheinlichkeit für jede (positive oder negative) ganze Zahl dieselbe. Die Wahrscheinlichkeit für eine Summe solcher Größen strebt mit wachsender Zahl der Summanden ebenfalls *nicht* gegen eine Gaußsche Funktion.

Grund: Das Moment zweiter Ordnung wächst über alle Grenzen.

§ 26 Im Bereich zwischen Zufall und Sicherheit

Wir dehnen jetzt den Rückblick bis ins erste Kapitel hinein aus. Dort gilt keine Ableitung, keine Schlußfolgerung, wenn sie nicht im Einklang mit den Erfahrungstatsachen steht, die uns durch die angestellten Versuche zugänglich werden. Selbstverständlich wird die Welt als Ganzes aufgefaßt, die auch in sich widerspruchsfrei sein muß. Als Kriterium dafür, ob zwei Beobachtungen miteinander zu vereinbaren sind oder nicht, haben wir die Logik im Sinne der Mathematik gewählt. Folgerichtig entsteht dabei ein mathematisches Modell der Welt, das dann *gilt*, d. h. die objektive Wahrheit darstellt, wenn es alle Erfahrungstatsachen widerspruchsfrei miteinander verbindet. Dieses Modell bezeichnen wir als *wahr*, denn mehr können wir nicht tun, wenn wir bewußt alles das ausschalten, was nicht in diesem Netzwerk enthalten ist, dessen Knoten die *beobachteten* Tatsachen und dessen Strecken die *dem menschlichen Geist entstammenden* mathematischen Beziehungen sind.

Die Überlegungen im ersten Kapitel haben zwingend zu dem Schluß geführt, daß diese Welt eine Welt des Zufalls ist, da anders die Gesamtheit *aller* Erfahrungen in sich nicht logisch widerspruchsfrei sein würde.

Dieses zweite Kapitel hat vorläufig alle Beziehungen zur Welt der Erfahrungen fallengelassen. Es geht von einem abstrakten Modell aus, in dem jedes mögliche Ergebnis einer Entscheidung des Zufalls mit einem fiktiven Maß versehen ist. Dieses Maß heißt Wahrscheinlichkeit. Daher ist dieses Kapitel auch nichts anderes als eine logische Beschreibung eines Luftschlosses, dessen Fundament nicht von Erfahrungstatsachen, sondern von einer experimentell nicht nachprüfbaren Annahme gebildet wird. Diese Grundlage des Gedankenbaues wird etwas durch reale Beispiele verschleiert. Diese sind aber als Transparentfolien anzusehen, die man zwar auf die Zeichnung legen kann, die aber für diese nicht von Bedeutung sind. An keiner Stelle wurde gesagt, daß sich aus der praktischen Erfahrung etwa dieses oder jenes ergäbe, daß noch niemand 100mal hintereinander eine 6 gewürfelt hätte oder ähnliches. Wir haben nur bei diesen Extremfällen praktischer Beispiele festgestellt, daß auch diese ein Maß, allerdings ein sehr kleines, besitzen.

Es muß daher in diesem letzten Paragraphen dieses Kapitels die Frage gestellt und behandelt werden, wie sich die Axiomatik dieses Kapitels mit dem Positivismus des ersten Kapitels verträgt. Wenn sich ein Widerspruch ergibt, müssen wir diesen Bau verwerfen; stimmt er aber widerspruchsfrei mit den Tatsachen überein, müssen wir ihm den Rang zuerkennen, einen Teil der Wahrheit darzustellen.

Der hier angestrebte Vergleich beider Kapitel leidet an einer grundsätzlichen Schwierigkeit: Man kann zwar annehmen, daß jedes mögliche Ergebnis einer Entscheidung ein Maß besitzt, das diese Möglichkeit genauso charakterisiert wie die Verbrennungswärme ein Stück Kohle. Nur sehen wir uns außerstande, dieses Maß experimentell zu bestimmen. Wir können daher nur die Gesamtheit aller Linien auf der Zeichnung und auf der Transparentfolie miteinander vergleichen, und uns fragen, ob uns der Grad der Übereinstimmung ausreichend erscheint oder nicht. Wir sind es gewöhnt, die mathematische Beschreibung eines Vorganges, z.B. der Bewegung eines Planeten, mit dem Ergebnis der Beobachtung zu vergleichen, um dieses entweder gutzuheißen oder abzulehnen oder vielleicht auch zu verbessern. Jetzt führt die Wahrscheinlichkeitstheorie ein Modell ein, das sich grundsätzlich nicht mit der Beobachtung vergleichen läßt. Gemäß dieser Theorie wären dazu unendlich viele Messungen anzustellen und auszuwerten. Da nur endlich viele Messungen möglich sind, kann die Theorie niemals streng auf ihre Gültigkeit hin geprüft werden.

Man kann aber auch sagen, daß gerade dieser Zug an der Wahrscheinlichkeitstheorie ihren Realismus unterstreicht. Auch die Beobachtung eines Objektes liefert ja nicht auf Anhieb genaue Daten über Bahnparameter, Masse, Strahlungseigenschaften, usw., sondern unser qualitatives und quantitatives Wissen von diesem Objekt wird durch die Folge der Beobachtungen ergänzt und vertieft. Jede Messung fügt zu dem vorhandenen Wissen noch ein Körnchen hinzu, und zwar gerade auch bei makroskopischen Objekten. Die einzelne Messung hat eine begrenzte Genauigkeit. Es gibt keine Messung, durch die man die Zahl π auf 800 Stellen nach dem Komma bestimmen kann, höchstens auf etwa 4 bis 6 Stellen, je nach dem Aufwand. Trotzdem besteht die Überzeugung, daß die mathematische Zahl die »richtige« ist, während die Messung im Grunde genommen überflüssig ist, da sie einen selbstverständlichen Zusammenhang nur unzulänglich bestätigt. So gesehen, ist auch die Forderung nach einer strengen Bestätigung der Wahrscheinlichkeitstheorie nicht real. Man kann nur erwarten und verlangen, daß sie innerhalb der Grenzen unserer Beobachtungsmöglichkeiten einen Vergleich aushält. Selbstverständlich gibt es, wenn ein Widerspruch im Bereich der Beobachtungstatsachen nicht auftritt, keinen Einwand dagegen, über diesen Bereich der Tatsachen hinaus zu extrapolieren und die Wahrscheinlichkeitstheorie als die universelle Grundlage des naturwissenschaftlichen Weltbildes überhaupt anzusehen.

Ein bemerkenswerter Zug der Wahrscheinlichkeitstheorie besteht auch darin, daß sie diesen Grenzübergang für $n \to \infty$ zuläßt. So entsteht in diesem Kapitel das starke Gesetz der großen Zahlen, im nächsten Kapitel wird die Orthogonalität von Zufallsvektoren mit unendlich vielen Dimensionen und im darauf folgenden dritten Kapitel der Shannonsche Satz dieses Bild abrunden. In diesen Grenzwertsätzen wird aber, was sehr zu bemerken ist, nicht etwa von der Sicherheit eines bestimmten Ergebnisses gesprochen, sondern nur von der Wahrscheinlichkeit Eins. Das bedeutet maßtheoretisch, daß es daneben noch unendlich viele andere Ergebnisse geben kann, die aber dann *zusammengenommen* das Maß *Null* haben. Die Wahrscheinlichkeit Null bedeutet ebenfalls im strengen Sinne nicht etwa ein Unmöglich, sondern sie teilt die unendlich vielen Ereignisse in zwei Klassen ein: die eine Klasse enthält unendlich viele Ergebnisse, die das Maß 1 haben; die andere Klasse umfaßt endlich viele (u. U. 10^{1000}) Ergebnisse mit dem Maß 0.

Die Wirklichkeit ist jener Zwischenbereich, in dem n zwar beliebig groß, aber immer noch endlich ist. Das bedeutet aber, daß unsere Einteilung in Klassen geändert werden muß: Es gibt nunmehr nicht zwei Klassen mit den Maßen 1 und 0, sondern nur zwei Klassen mit den Maßen $1 - \varepsilon$ und ε, wobei ε eine Funktion von n ist. Entsprechendes gilt für jeden anderen Wert einer Wahrscheinlichkeit zwischen 1 und 0. Man kann z. B. sagen, daß jeder physikalisch einwandfreie Würfel für jedes der 6 möglichen Ergebnisse die Wahrscheinlichkeit 0,1666666 ... besitzt, und man kann auch hier ziemlich witzlos einige hundert Stellen nach dem Komma hinschreiben, obwohl man wirklich experimentell einige Mühe haben wird, auch nur die zweite Stelle nach dem Komma *sicher* zu bestimmen.

Wir konzentrieren jetzt unser Hauptaugenmerk auf dieses ε als Funktion von n. Es darf uns nicht wundernehmen, daß auch diese Beziehung keine determinierte Funktion ist, sondern eine Wahrscheinlichkeit zum Ausdruck bringt.

Da ist zunächst einmal die universelle Erscheinung sowohl bei der Häufigkeit gleicher Ergebnisse, ausgedrückt durch die Bernoullische Wahrscheinlichkeit und den davon abgeleiteten Poissonschen und Gaußschen Wahrscheinlichkeiten, daß der Erwartungswert (erster Ordnung) für diese Zahl proportional n, ihre Varianz aber auch proportional n zunimmt. Es muß daher eine Proportionalität zwischen dem einfachen Erwartungswert und der Varianz unabhängig von n existieren. Auf Grund der aus dem zentralen Grenzwertsatz zu ziehenden Folgerungen gilt diese Beziehung auch zwischen dem einfachen Erwartungswert und der Varianz jeder anderen zufälligen Größe, die die Summe von vielen voneinander unabhängigen Ergebnissen ist.

Die mathematische Formulierung dieses Zusammenhanges ist die Bienaymé-Tschebyscheffsche Ungleichung[1]

$$p(|k - E(k)| \geqq a) \leqq \frac{1}{a^2} E\left[(k - E(k))^2\right] . \qquad (2.124)$$

Da die linke Seite niemals größer als 1 sein kann, ist diese Gleichung nur anwendbar, wenn die beliebig vorgegebene Konstante a größer ist als die Varianz.

Die Wahrscheinlichkeitstheorie enthält die beunruhigende Aussage, daß es keine Sicherheit gegen Katastrophen gibt, wenn man den Zusammenhang einmal anthropomorph ausdrücken will. Ein Maß für die relative Sicherheit ist die Wahrscheinlichkeit

$$\varepsilon = p(x - E(x)) \leqq M , \qquad (2.125)$$

die Wahrscheinlichkeit also, daß die Differenz zwischen dem Ergebnis und dem Erwartungswert dieses Ergebnisses einen vorgegebenen Wert *nicht* überschreitet.

Diesen Ansatz kann man folgendermaßen interpretieren: Im täglichen Leben gibt es sehr viele Massenerscheinungen, die durch das unglückliche Zusammentreffen vieler Umstände jede vorgegebene Grenze überschreiten können. Man trifft gegen den Eintritt einer solchen Gefahr zwar Vorsichtsmaßnahmen, man baut Deiche gegen die Sturmflut, man stellt in Unfallkrankenhäusern vorsorglich Betten für die Opfer eines Sonntagsverkehrs bereit, aber doch nur bis zu einer endlichen Höhe. Der Grenzfall, daß sämtliche Stürme aller Weltmeere sich ausgerechnet in einer bestimmten Bucht vereinigen, daß sämtliche Autofahrer Knochenbrüche davontragen, ist nur theoretisch denkbar, er »kommt praktisch nicht vor«. Die Höhe der Schranke M, die man gegen die Katastrophe errichten muß, ist streng genommen nur ein Abwägen gegen das durch ε ausgedrückte Risiko, daß diese Grenze doch einmal überschritten werden könnte.

Um dieses Risiko abzuschätzen, greifen wir auf den zentralen Grenzwertsatz zurück. Man kann hiergegen einen Einwand machen und sagen,

---

[1] Die strenge Ableitung kann in DUSCHEK, A.: Vorlesungen über höhere Mathematik. I, 169. Wien: Springer 1949,
oder in RICHTER, H.: Wahrscheinlichkeitstheorie. 1. Aufl. 244. Berlin–Göttingen–Heidelberg: Springer 1956, nachgelesen werden.

daß nunmehr doch ein *Grenzwert*satz auf ein endliches n angewendet werde. Daher eine Zwischenbemerkung: Nach Gleichung (45) hat die charakteristische Funktion der Wahrscheinlichkeit $P(x - E(x))$ die Form

$$\mathbb{P}(u) = 1 - \frac{u^2}{2} E\left[(x - E(x))^2\right] + \cdots, \qquad (2.126)$$

wobei bereits die charakteristische Funktion für die Wahrscheinlichkeit *eines* zufälligen Ergebnisses *für kleine u* durch die Funktion (126) ersetzt werden kann, da

$$\lim_{u \to 0} \mathbb{P}(u) = e^{-\frac{u^2}{2} E\left[(x - E(x))^2\right]} \qquad (2.127)$$

gilt. Bei der Überlagerung von zwei oder mehreren zufälligen Ergebnissen ist nur die Summe der entsprechenden Varianzen einzusetzen. Aus der Theorie der Fourier-Transformation weiß man aber[1], daß die charakteristische Funktion in der Umgebung von $u = 0$ das Bild der Wahrscheinlichkeit in der Umgebung von $x = \infty$ ist. Eine kleine Zahl von sich überlagernden Verteilungen wird daher um so genauer durch eine Fehlerfunktion angenähert, je größer $|x - E(x)|$ ist.

Bezeichnet man die Summe von endlich vielen Varianzen mit σ_n^2, so ist die charakteristische Funktion

$$\mathbb{P}(u) = e^{-\frac{1}{2} \sigma_n^2 u^2} \text{ für kleine } u \qquad (2.128)$$

und die dazugehörige Wahrscheinlichkeit

$$P(x) = \frac{1}{\sigma_n \sqrt{2\pi}} e^{-\frac{(x - E(x))^2}{2\sigma_n^2}} \text{ für große } x . \qquad (2.129)$$

Die Wahrscheinlichkeit[2], daß $(x - E(x))$ eine vorgegebene Grenze M überschreitet, ist daher

$$\varepsilon = \int_M^\infty P(x)\, dx = \frac{1}{\sqrt{\pi}} \int_\gamma^\infty e^{-U^2}\, dU, \qquad (2.130)$$

wobei

$$U = \frac{x - E(x)}{\sqrt{2}\, \sigma_n}, \qquad (2.131)$$

$$\gamma = \frac{M}{\sqrt{2}\, \sigma_n} \qquad (2.132)$$

eingesetzt worden sind.

---

[1] Wenn man $P(x)$ als die Fourier-Transformation von $\mathbb{P}(u)$ ansieht. S. z. B.: DOETSCH, G.: Einführung in Theorie und Anwendungen der Laplace-Transformation. Basel: Birkhäuser 1958.

[2] Eine Ableitung dieser Gleichung befindet sich auch in DUSCHEK, A.: Vorlesungen über höhere Mathematik. II, 251. Wien: Springer 1950.

Es ist üblich, diese Wahrscheinlichkeit für $|x - E(x)|$ anzugeben, was gegenüber (130) den doppelten Wert ergibt. Zwar hat dieser Wert in den beiden angegebenen Beispielen (und in einigen anderen) keinen Sinn, jedoch folgen wir damit der im Schrifttum anzutreffenden Darstellung.

Das Integral (130) hat die Eigenschaft, mit wachsendem γ sehr schnell auf sehr kleine Werte zu fallen, wie die folgende Tabelle 5 und die Abb. 2.11. zeigen.

Tabelle 5

Funktionswerte des Integrals $\quad 2\varepsilon = \dfrac{2}{\sqrt{\pi}} \int\limits_{\gamma}^{\infty} \mathrm{e}^{-U^2} dU$

γ	2ε	γ	2ε	γ	2ε
0,00	1,0000	0,60	0,3961	1,40	0,0477
0,10	0,8875	0,70	0,3222	1,60	0,0237
0,20	0,7773	0,80	0,2579	1,80	0,0109
0,30	0,6714	0,90	0,2031	2,00	0,0047
0,40	0,5716	1,00	0,1573	2,50	0,0004
0,50	0,4795	1,20	0,0897	3,00	0,0000

Für noch größere Werte von γ benutzt man zweckmäßig die asymptotische Entwicklung[1]

$$2\varepsilon = \frac{1}{2} \mathrm{e}^{-\gamma^2} \left(\frac{1}{\gamma} - \frac{1}{2\gamma^3} + \cdots \right), \tag{2.132}$$

Die Darstellung der damit errechneten Werte zeigt in einem logarithmischen Maßstab, *wie* diese Wahrscheinlichkeit für das Überschreiten der Schranke mit wachsender Schranke fällt. Man kann praktisch jeden Grad der Quasi-Sicherheit haben, wenn man nur die Schranke entsprechend hoch macht. Es bleibt auch die mathematische Bedingung erhalten, daß die Wahrscheinlichkeit $\varepsilon = 0$ nur für $M = \infty$ eintritt (oder für die Überlagerung *endlich* vieler zufälliger Ergebnisse für eine Schranke, die für jede einzelne Entscheidung den schlimmsten Ausgang berücksichtigt.)

Die Frage jedoch, welchen Preis M man für eine bestimmte durch ε ausgedrückte Quasi-Sicherheit bezahlen sollte, liegt jenseits aller mathematischen oder physikalischen Vernunft. Für den Einzelfall ist es sicher vernünftig, ein um so niedrigeres ε in Kauf zu nehmen, je weniger einschneidend die Konsequenzen für den Eintritt der Katastrophe sind und

---

[1] Diese Formel wird in

KNOPP, K.: Theorie und Anwendung der unendlichen Reihen. 571. Berlin: Julius Springer 1931,

angegeben. Allgemeines über asymptotische Reihen befindet sich ferner z. B. in:

LENSE, J.: Reihenentwicklungen in der mathematischen Physik. 145–151. Berlin: W. de Gruyter 1933.

DOETSCH, G.: Handbuch der Laplace-Transformation. II, 29–44. Basel: Birkhäuser 1955.

je höher der Preis für die Schranke ist. Eigentlich ist aber trotzdem erstaunlich, mit einem wie kleinen ε sich die Menschen im allgemeinen noch zufrieden geben, wenn diese Wahrscheinlichkeit den Verlust des eigenen Lebens bedeutet. Für den Teilnehmer an einem Autorennen ist dieses ε sicher nicht viel kleiner als 10^{-3} und für denjenigen, der nur einen Sonntagsausflug im Kraftfahrzeug macht, kaum niedriger als 10^{-5}. Die Menschen haben sich daran gewöhnt und nehmen je nach Lage des Falles ein hinreichend niedriges ε bereits als einen ausreichenden Ersatz für die Sicherheit.

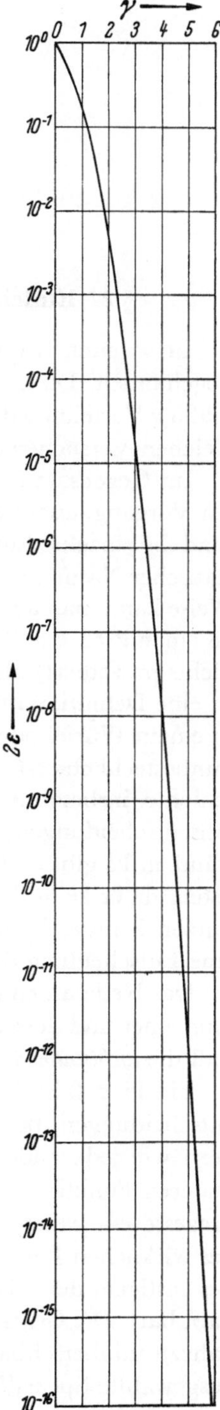

Abb. 2.11. Die Wahrscheinlichkeit des Überschreitens einer vorgegebenen Schranke. Dabei ist ε die Wahrscheinlichkeit für das *Über*schreiten einer *oberen* oder für das *Unter*schreiten einer *unteren* Schranke. Die Wahrscheinlichkeit für das Überschreiten einer Schranke dem Betrage nach gibt die eingetragene Größe 2ε.

Kapitel III

Zufallsprozesse

§ 27 Einleitende Bemerkungen über Zufallsprozesse

Im zweiten Kapitel wurden nur *einzelne* Entscheidungen des Zufalls abgehandelt. Dabei ist als eine einzelne Entscheidung auch die zahlenmäßige Verteilung der Ergebnisse in einer *endlichen* Anzahl von unter sich gleichen Versuchen angesehen worden.

Im Gegensatz zu einer einzelnen Entscheidung ist ein Zufallsprozeß ein Vorgang, *also eine zeitliche* Folge *von Entscheidungen* des Zufalls. Während die einzelne Entscheidung und die daran geknüpften Überlegungen statischer Natur sind, ist der Zufallsprozeß dynamisch. In einer trivialen Weise kann man auch die mehrfache Wiederholung desselben Versuches als einen Prozeß auffassen. Man bezeichnet einen solchen Prozeß (in dem nichts prozediert) als *stationär*. Von diesem Typ sind die Glücksspiele; es ist eine Definition für die idealen Eigenschaften des Zufallsmechanismus in einem Würfel oder in einem Roulette, daß deren Wahrscheinlichkeit »unbestechlich« ist, d. h., unabhängig ist von der Zeit, von der Vorgeschichte, insbesondere auch von den eigenen bereits vorher gefällten Zufallsentscheidungen, von irgendwelchen anderen Vorgängen oder Umständen. Es gibt deshalb auch kein »System«, um diesen Zufall zu überlisten, da er keine Regel befolgt, die man für die eigenen Absichten benutzen könnte. Wenn dies in einem Einzelfall gelingt, so ist auch dies eine Entscheidung des Zufalls.

Das Neue an einem Prozeß, der ihn von der mehrfachen Wiederholung einer und derselben Entscheidung unterscheidet, ist im allgemeinen Fall die *nichtstationäre* Wahrscheinlichkeit.

Ein Prozeß ist daher im allgemeinen eine zeitliche Folge von Zufallsentscheidungen, bei der die Wahrscheinlichkeit nicht konstant ist, sondern wie jede andere Funktion von einem Parameter oder von einer anderen Funktion abhängen kann. Wenn man so will, sind die Zufallsprozesse ein wesentlich besseres und auch anpassungsfähigeres Modell des wirklichen Lebens (wo angeblich die »Zufalls«erfolge den besonders begünstigen, der schon einmal – zufällig oder determiniert – Erfolg gehabt hat). Die Gesamtheit aller überhaupt denkbaren Zufallsprozesse ist nahezu unübersehbar. Man kann aus diesem Grunde auch immer nur ausgewählte Spezialfälle von Zufallsprozessen betrachten.

Den Zufallsprozeß kann man aber auch von den determinierten Prozessen herleiten, bei denen keinerlei Entscheidung stattfindet, sondern nur in jedem Augenblick ein bestehendes Gesetz vollzogen wird. Dort geht ein Zustand aus dem anderen hervor; jeder zukünftige Zustand ist bereits dann bestimmt, sobald die Anfangsbedingung A_t bestimmt ist, (die man je nach Geschmack als ein für allemal geschehene Auswahl aus der Menge aller möglichen Anfangsbedingungen oder aber auch als grundsätzlich gegeben ansehen kann). Bekanntlich war dies *das Weltbild der klassischen Physik.* Der Prototyp einer mathematischen Beschreibung eines determinierten Prozesses sind die Differentialgleichungen, von denen die linearen Differentialgleichungen wieder ein Spezialfall sind.

Es ist jetzt an der Zeit, eine generelle Klassifizierung aller der mathematischen Modelle zu versuchen, die die Beziehungen zwischen Ursache und Wirkung darstellen sollen. (Tabelle 6.) Es besteht eine doppelte Unterteilung in je zwei verschiedene Merkmale, der einzelne Vorgang und der Prozeß sowie die Determiniertheit und der Zufall. Insgesamt entstehen also 4 Klassen.

Tabelle 6

Darstellung des Zusammenhanges zwischen Ursache und Wirkung durch mathematische Modelle

	A ist die Ursache, der bestehende Zustand, die Versuchsbedingung, die Voraussetzung, *B* ist die Wirkung, die Folge, das Ergebnis, der logische Schluß.	
	Der einzelne Vorgang	*Der Prozeß*
Determiniertheit	$B = f(A)$	$\sum_\nu a_\nu \dfrac{\mathrm{d}^\nu A}{\mathrm{d}t^\nu} = \sum_\mu b_\mu \dfrac{\mathrm{d}^\mu B}{\mathrm{d}t^\mu}$
	Diese Funktion ist (u. U. erst in Verbindung mit Nebenbedingungen) eindeutig, aber nicht notwendig umkehrbar eindeutig.	Die Differentialgleichungen können auch nichtlinear sein. Ihre Lösungen hängen nur von den Anfangsbedingungen ab.
Zufall	Es besteht eine bedingte Wahrscheinlichkeit $p_A(B_j)$ für jedes $B_j \subset (B)$.	
	Die Wirkung ist in der Zeit konstant und nur von *A* abhängig.	Die Wirkung hängt nicht nur von *A* ab, sondern außerdem noch von beliebigen anderen Parametern und Funktionen.

Da ist zunächst die einfache determinierte Beziehung zwischen einer bestimmten Ursache und einer bestimmten Wirkung. Wenn man z. B. einen über der Erdoberfläche an einem Faden aufgehängten Körper plötzlich freigibt, fällt er und befindet sich eine Millisekunde später um eine Strecke von 4,9 µm näher zum Erdmittelpunkt. Die Versuchsbedingung A führt (wenn man alle anderen Einflüsse ausschaltet) direkt und eindeutig zur Wirkung B. Der neue Zustand (im Beispiel Ort und Geschwindigkeit des Körpers) bedingen für ein definiertes Zeitintervall später einen daraus hervorgehenden Zustand. Die Aneinanderreihung aller durchlaufenen Zustände ergibt einen determinierten Prozeß, der bereits durch die allererste Bedingung (im Beispiel: Körper im Gravitationsfeld an der Erdoberfläche; Freigabe zur Zeit $t = 0$; Beobachtung der Folge von Zuständen in definierten Zeitpunkten) festgelegt ist.

Das Gegenstück zum fallenden schweren Körper ist eine fallende Feder oder eine fallende Schneeflocke. Zwar unterliegt die Schneeflocke derselben Einwirkung durch das Gravitationsfeld, doch überwiegen in kurzen Zeitabständen die Kräfte durch die turbulente Bewegung der Luft. Man kann nur sagen, daß die Schneeflocke nach Wahrscheinlichkeit den Fallgesetzen entspricht, immer jeweils vom letzten beobachteten Zustand aus gerechnet. (Genauer ausgedrückt, befolgt der Erwartungswert für den neuen Zustand die Fallgesetze, wenn man über die augenblickliche Richtung und die Stärke des Windes nichts weiter weiß.) Die Aneinanderreihung aller Zustände einer bestimmten Schneeflocke ergeben eine bestimmte Realisierung eines Zufallsprozesses.

Die allgemeinste und umfassendste Beschreibung wirklicher Vorgänge liefert also der Zufallsprozeß.

Wenn man den Zufallsprozeß aus dem determinierten Prozeß ableitet, bei dem in jedem Augenblick der Zustand durch ein Gesetz vorgeschrieben ist, könnte man im Gegensatz dazu einen Zufallsprozeß durch eine Funktion beschreiben, dessen unabhängige Veränderliche die Zeit t ist, und bei der *jeder Funktionswert* durch den Zufall bestimmt wird.

Diese Definition wird im mathematischen Schrifttum zwar als Darstellung der Brownschen Bewegung benutzt[1], jedoch ist sie für die hier vorliegende Allgemeinheit zu eng. Dann läge z.B. eine Funktion, bei der der Zufall nur zu den diskreten Zeitpunkten $n \cdot t_0$ den Funktionswert bestimmt, und die in dem dazwischenliegenden Zeitintervall einen determinierten Wert (z.B. 0 oder den vorhergehenden Wert) besitzt, noch außerhalb dieser Definition. Eine allgemeinere Definition[2] bezeichnet als Zufallsprozeß eine Gesamtheit von Funktionen $[x(t)]$, aus denen der Zufall eine bestimmte Funktion $x_i(t)$ auswählen kann. Es wird hierbei noch nicht einmal verlangt, daß die einzelnen Funktionen $x_i(t)$ zeitliche Fol-

---

[1] Lévy, P.: Processus Stochastiques et Mouvement Brownien. 27. Paris: Gauthier-Villars 1948.

[2] Blanc-Lapierre, A. & R. Fortet: Théorie des Fonctions Aléatoires. 75. Paris: Masson 1953.

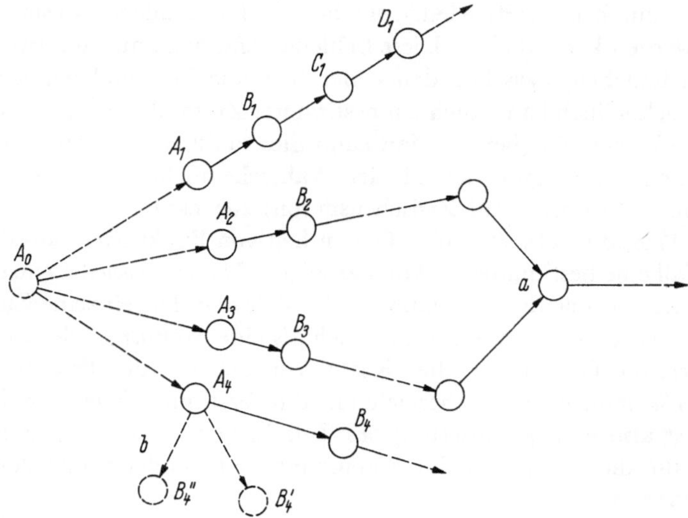

Abb. 3.1. Determinierter Prozeß. Wenn die Anfangsbedingung A_i gegeben ist, liegen damit auch sämtliche folgenden Zustände fest. Verschiedene Realisierungen können in einen bestimmten Zustand gemeinsam einmünden (bei a), dagegen ist eine Verzweigung auf mehrere Zustände (von A_0 auf die einzelnen A_i oder von A_4 auf B_4, B'_4, B''_4 bei b) nicht zulässig und macht aus dem determinierten Prozeß einen Zufallsprozeß.

gen von Zufallswerten sind. Ein Zufallsprozeß ist demnach z. B. auch die Gesamtheit aller Funktionen $A_i \sin w_0 t$, wenn die Amplitude A_i durch den Zufall aus der Gesamtheit aller Amplituden (A) ausgewählt wird.

Wenn wir nochmals zu dem alten Schema eines Prozesses als einer zeitlichen Folge von Ereignissen zurückkehren, so sind zwar (Abb. 3.1.) die auf die Anfangsbedingungen $A_1, \ldots, A_4$ folgenden Vorgänge determiniert, sie sind aber in dem Augenblick Zufallsprozesse, in dem man die Anfangsbedingungen als durch den Zufall bestimmt ansieht. Dieses Bild zeigt ferner, daß bei einem determinierten Vorgang mehrere Vorgänge eine gemeinsame Fortsetzung (bei a) haben können, jedoch ist die dargestellte Aufzweigung in mehrere Möglichkeiten (bei b) nicht zulässig. Wenn die Zustände B'_4 und B''_4 als Folgen von A_4 neben B_4 möglich sind, hört der Prozeß von hier ab auf, determiniert zu sein.

In derselben Darstellung (Abb. 3.2.) wird ein Zufallsprozeß durch die Möglichkeit einer Aufzweigung bei jedem Zustand (Knotenpunkt) gekennzeichnet. Es können jedoch auch mehrere Vorgänge auf einen gemeinsamen Knoten führen. Bei einer Aufzweigung muß es für jeden der von einem Knoten Z_i fortführenden Wege eine bedingte Wahrscheinlichkeit $p_{Z_i}(Z_j)$ geben, wobei die Summe über alle j den Wert Eins haben muß. (Einen der möglichen Wege geht der Prozeß von hier ab mit Sicherheit!) Bei Zufallsprozessen sind auch geschlossene Schleifen möglich, durch die stets wieder ein bereits durchlaufener Zustand erreicht werden kann (bei *a*). Diese Schleife kann auch aus nur zwei Zuständen bestehen, zwischen denen der Vorgang hin- und herwechselt (bei *b*). Schließlich kann auch ein bestimmter Zustand die Endstation in einer Sackgasse sein (bei *c*). Man kann dies so darstellen, daß es einen geschlossenen Weg gibt, der mit der Wahrscheinlichkeit 1 stets wieder zum selben Zustand (ohne Zwischenstation) zurückführt.

Ein Prozeß ist also stets eine Gesamtheit von Funktionen, aus denen der Zufall eine bestimmte Funktion auswählt. Dabei *können* die einzelnen Funktionen wieder *Zufalls*funktionen der Zeit sein. Die einzelne Zufallsfunktion wird zur Unterscheidung auch als eine *Realisierung* des Zufallsprozesses, die Gesamtheit aller Realisierungen, also der Prozeß, wird auch als *Schar* oder *Ensemble* bezeichnet. (Eine bestimmte fallende Schneeflocke ist also eine Realisierung des Zufallsprozesses, erst ein Schneesturm, also die Schar oder das Ensemble aller fallender Schneeflocken, ist ein Prozeß.)

Die Zufallsprozesse werden zweckmäßig in Klassen unterteilt. Eine Unterteilung in stationäre und nichtstationäre Prozesse wurde schon einleitend erwähnt.

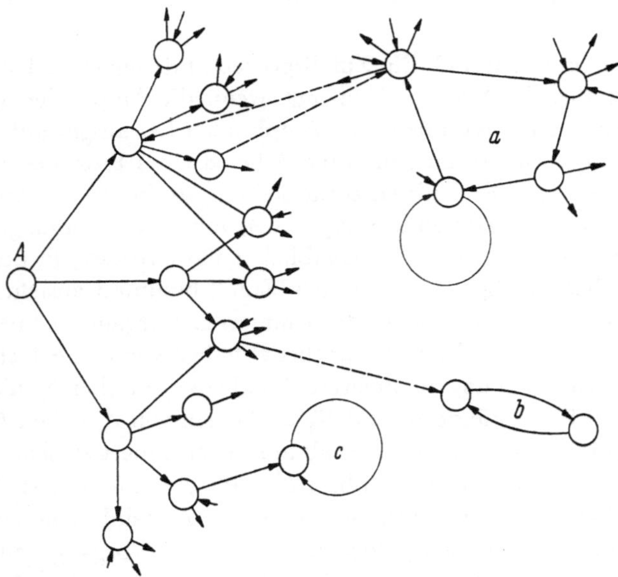

Abb. 3.2. Zufallsprozeß. Eine der möglichen Darstellungen eines Zufallsprozesses geht von der Folge der durchlaufenen Zustände aus. (Realisierung). Das Unterscheidungsmerkmal gegenüber einem determinierten Prozeß besteht darin, daß es für einen gegebenen Zustand Z_i aus diesen Zuständen die Möglichkeit eines Überganges zu mehr als einem anderen Zustand Z_j gibt.

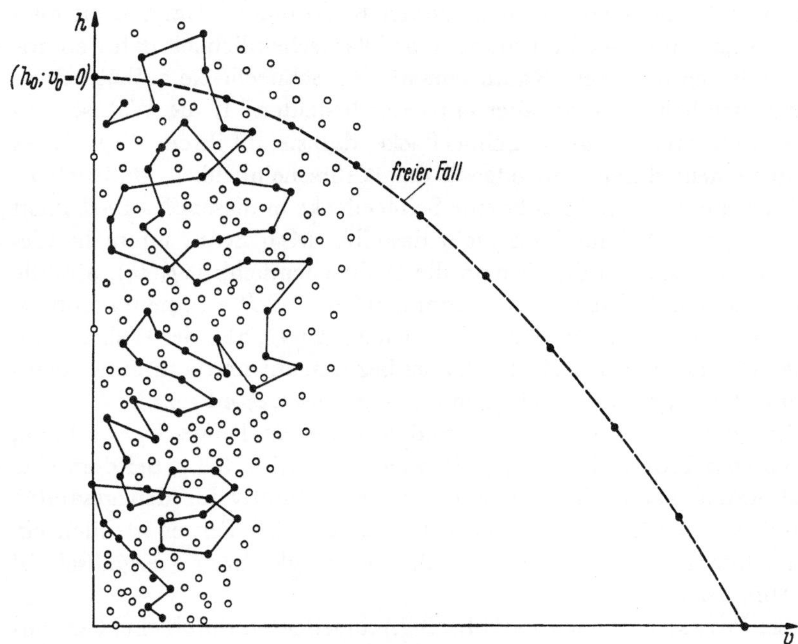

Abb. 3.3. Der determinierte und der Zufallsprozeß. Im Gegensatz zum freien Fall, bei dem die Anfangsbedingung zur Zeit t_0 (h_0, $v_0 = 0$) die gesamte Folge von Zuständen für $t > t_0$ bestimmt, unterliegt ein leichter Körper mit hohem Luftwiderstand (Schneeflocke) daneben in starkem Maße den regellosen Kräften turbulent bewegter Luft. Wenn die Wahrscheinlichkeit für einen bestimmten Zustand bei einer bestimmten Realisierung dieselbe ist wie die Wahrscheinlichkeit für den gleichen Zustand, bezogen auf einen bestimmten Zeitpunkt (Momentaufnahme), nennt man den Zufallsprozeß ergodisch.

Alle Prozesse, die nicht zur Klasse der stationären Prozesse gehören, bilden die Klasse der *nichtstationären* Prozesse. Sie ist dadurch gekennzeichnet, daß die Wahrscheinlichkeit sich mit der Zeit ändert, wobei es gleichgültig ist, wie und wodurch sie sich ändert.

Wie schon aus der Verschiedenheit in der Definition eines Zufallsprozesses hervorging, kann man diesen Prozeß entweder in einzelne Realisierungen zerlegen oder aber man kann einen bestimmten Zeitpunkt festhalten und alle mit diesem Zeitpunkt verbundenen Möglichkeiten betrachten. In dem einen Fall stellt man, um wieder das Bild zu benützen, den Weg einer Schneeflocke in den Vordergrund, im andern Fall einen bestimmten Zeitpunkt mit den verschiedenen ihm zugeordneten Zuständen der Schneeflocken. (Abb 3.3.). Diese beiden Betrachtungsweisen ergeben einen Unterschied in Bezug auf den Begriff der Wahrscheinlichkeit. Man kann den Zustand der Schneeflocke z.B. kennzeichnen durch ihre Höhe h über dem Erdboden und durch den Betrag ihrer Geschwindigkeit v in bodenfesten Koordinaten. Dann kann man einem Element dieses h-v-Raumes eine Wahrscheinlichkeit dafür zuordnen, daß sich in diesem Raumelement eine Schneeflocke aufhält. Diese Wahrscheinlichkeit kann aber entweder bedeuten: 1. die Wahrscheinlichkeit für eine bestimmte Schneeflocke, daß sie auf ihrem Wege dieses Raumelement durchläuft, oder 2. die Wahrscheinlichkeit, daß sich zu einem bestimmten Zeitpunkt eine Schneeflocke in diesem Raumelement aufhält. Beides ist durchaus nicht dasselbe. Man nennt nunmehr diejenigen Prozesse, bei denen man die Wahrscheinlichkeit $p_t(B_i)$, also die Wahrscheinlichkeit für einen bestimmten Zustand B_i zu einem bestimmten Zeitpunkt t, mit der Wahrscheinlichkeit $p_f(B_i)$, also der Wahrscheinlichkeit für den gleichen Zustand, aber bezogen auf eine bestimmte Realisierung $f_i = \mathrm{x}_i(t)$, vertauschen kann, einen *ergodischen* Prozeß.

Ergodizität und Stationarität sind verschiedene Dinge. Es ist z.B. ein ergodischer Prozeß denkbar, (z.B. wieder die Abb. 3.3.), bei dem eine Realisierung nach Wahrscheinlichkeit repräsentativ für den gesamten Prozeß ist, obwohl der Prozeß nicht stationär ist. Ferner ist auch ein stationärer Prozeß möglich, der aber nicht gleichzeitig ergodisch ist (s. Abb. 3.4.).

Bei Prozessen, die wie in Abb. (3.2.) angedeutet, durch eine Gesamtheit von möglichen Zuständen und den zwischen diesen Zuständen möglichen Übergängen und deren Wahrscheinlichkeiten gekennzeichnet sind, spielt häufig die Zeit als Parameter keine Rolle; es ist nur die Folge der durchlaufenen Zustände von Bedeutung, nicht aber die Zeitpunkte, zu denen dies geschieht. Wenn in einem solchen Modell die bedingte Wahrscheinlichkeit der Übergänge nur von dem Zustand abhängt, in dem sich die betrachtete Realisierung gerade befindet, so nennt man den dazugehörigen Prozeß einen *Markoffschen Prozeß*.

Die physikalische Analogie zum Markoffschen Prozeß ist das Huyghenssche Prinzip in der Physik[1]. Für die Ausbreitung einer Elementarwelle ist nur der zuletzt erreichte Punkt maßgebend, nicht aber die durch die bisher durchlaufenen Punkte dargestellte Vorgeschichte. Genauso stellt bei einem Markoffschen Prozeß der gegenwärtige Zustand die einzige Verknüpfung, jetzt allerdings statistischer Art, zwischen der Vergangenheit und der Zukunft dar.

Markoffsche Prozesse[2] können sowohl stationär als auch nichtstationär ergodisch und nichtergodisch (Abb. 3.4.), sein, je nachdem, ob die Übergangswahrscheinlichkeiten unabhängig sind von der Zeit oder nicht.

---

[1] Lévy, P.: Processus Stochastiques et Mouvement Brownien. 37. Paris: Gauthier-Villars 1948.

[2] Eine strenge mathematische Betrachtung enthält:
Dynkin, E. B.: Die Grundlagen der Theorie der Markoffschen Prozesse. Berlin–Göttingen–Heidelberg: Springer 1961.

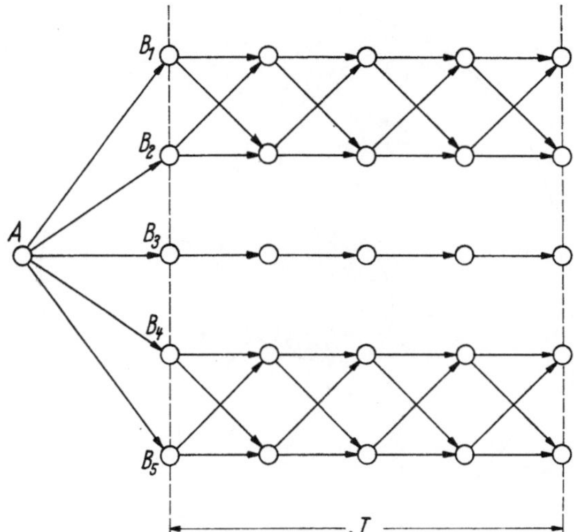

Abb. 3.4. Beispiel eines stationären nichtergodischen Prozesses. Die Wahrscheinlichkeit für einen bestimmten Zustand ändert sich zwar nicht, jedoch durchlaufen die einzelnen Realisierungen nicht sämtliche Zustände.

Andere Möglichkeiten, Markoffsche Prozesse in Klassen einzuteilen werden von FANO[1] im Zusammenhang mit informationstheoretischen Problemen genannt.

Schließlich werden wir uns später gern auch der Möglichkeit bedienen, auch solche Funktionen mit Zufalls-Parametern, deren unabhängige Veränderliche nicht die Zeit ist, als Zufallsprozeß bezeichnen zu dürfen. Ein derartiges Bedürfnis liegt z.B. vor, wenn eine Funktion der Zeit, die Zufallsparameter enthält, auf eine Bildebene transformiert worden ist. Eine Laplace-Transformierte, z.B. $\dfrac{1}{s^2 + a^2}$, in der a durch den Zufall bestimmt wird, ist eine bestimmte Realisierung der Gesamtheit dieser $\mathscr{L}$-Transformierten, die jetzt einen Zufallsprozeß darstellt.

§ 28 Beispiele von Zufallsprozessen

1. Eine radioaktive Substanz (Abb. 3.5.) sende gleichmäßig (im statistischen Sinne) nach allen Richtungen Elementarteilchen aus. Sie befinde sich im Mittelpunkt einer gedachten Hüllkugel, deren Oberfläche in einzelne untereinander gleiche Flächen F zerlegt ist. Die Folge der Treffer auf jede dieser Flächen ist eine bestimmte Realisierung des Zufallsprozesses. Betrachtet man ein Zeitintervall T, so gibt es für jedes

---

[1] FANO, R. M.: Transmission of Information. 104–114. New York: MIT-Press 1961.

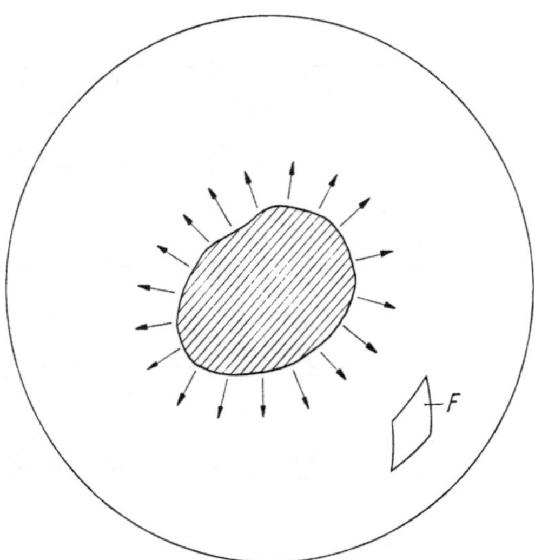

Abb. 3.5.   Strahlungsprozeß einer radioaktiven Substanz. (Legende im Text)

Flächenelement F und für jedes Zeitintervall T einen Erwartungswert
für die Anzahl der Treffer

$$E(n) = N. \tag{3.1}$$

Der Prozeß ist im strengen Sinne nichtstationär, da N entsprechend
einer Funktion

$$N = N_0\, e^{-at} \tag{3.2}$$

gegen Null geht. Wenn man jedoch n aneinandergrenzende Zeitinter-
valle $T_1 \ldots T_n$ betrachtet, wobei $n \cdot T$ sehr klein gegen die Halbwerts-
zeit des radioaktiven Zerfalles ist, kann man mit hinlänglicher Annäherung N als unabhängig von t ansehen. Dann ist die Wahrscheinlichkeit,
daß eine Fläche F in einem Intervall T von n Teilchen getroffen wird,
für alle Flächen genau und für alle Intervalle annähernd gleich

$$p(n) = \frac{N^n}{n!}\, e^{-N}. \tag{3.3}$$

Der Prozeß ist also quasi-stationär ergodisch.

2. Monochromatisches Licht fällt auf einen Körper. Dieser Körper
besteht aus einzelnen Molekülen, die mit dem Licht in Wechselwirkung
treten. Dieser im allgemeinen makroskopisch zu beobachtende Vorgang
hat folgende Auswirkungen:

2.1. Es treten die optischen Erscheinungen der Reflexion und Bre-
chung an den beiden Oberflächen und der Absorption beim Durchgang
durch den Körper auf.

2.2. Das absorbierte Licht erhöht dabei die Temperatur des Körpers und bewirkt eine Abstrahlung von Wärme (= Licht mit höherer Wellenlänge).

2.3. Der Körper strahlt außerdem Elektronen aus (= Photoelektrischer Effekt).

Mikroskopisch betrachtet besteht das Licht aus einzelnen Photonen. Das Schicksal eines jeden Photons ist eine bestimmte Realisierung eines Zufallsprozesses.

Mikroskopisch sind folgende Typen von Realisierungen möglich:

2.4. Ein bestimmtes Photon durchläuft den Körper unverändert (wenn auch mit geänderter Richtung).

2.5. Ein bestimmtes Photon wird an der Oberfläche reflektiert.

2.6. Ein bestimmtes Photon wird von einem Atom (oder Molekül) absorbiert.

Im letzten Fall sind folgende Unterentscheidungen möglich:

2.6.1. Die Energie $E = hf$ wird in eine entsprechende kinetische Energie $\frac{1}{2} m v^2$ des absorbierenden Moleküls umgesetzt.

2.6.2. Die Energie $E = hf$ wird für eine chemische Umwandlung des Moleküls verbraucht.

2.7. Die Energie bewirkt eine Ionisation, also eine Zerlegung des Moleküls in zwei entgegengesetzt geladene Teilchen. Ein Spezialfall dieser Ionisation ist die Zerlegung in ein Elektron und einen positiv geladenen Rest.

2.8. Es wird ein Valenzelektron oder ein annähernd freies Elektron aus dem Atomverband herausgelöst. Dieses Elektron hat eine kinetische Energie gleich hf. Wenn es aus der Oberfläche des Körpers austritt und die Austrittsarbeit E_a überwunden hat, besitzt es also noch die kinetische Energie

$$E_k = hf - E_a \,. \tag{3.4}$$

2.9. Es können auch mehrere dieser Vorgänge gleichzeitig stattfinden, z.B. kann ein Photon mit erniedrigter Frequenz f' in eine bestimmte Richtung und ein Elektron in eine andere Richtung gleichzeitig abgestrahlt werden. Dabei ist nur ein solcher Vorgang möglich, bei dem gleichzeitig der Energiesatz und der Impulssatz in den beiden Koordinaten der Stoßebene erfüllt ist (Compton-Effekt).

2.10. Nachdem ein Vorgang gemäß 8 oder 9 stattgefunden hat, verzweigt sich die Realisierung in das Schicksal des abgetrennten Elektrons und des abgetrennten Photons. Sowohl das Photon als auch das Elektron können die Oberfläche des Körpers verlassen. Ein Elektron kann auf seinem freien Weg durch ein elektrisches Feld beschleunigt werden. Wenn es schließlich von einem Atom absorbiert wird, nimmt dieses dabei eine entsprechend hohe Energie auf, die es z.B. befähigt, eine entsprechend kurzwellige Strahlung (Röntgenstrahlen) auszusenden. In einem makroskopischen Körper kann ein auftreffendes Elektron mehrere Elektronen auslösen (Größenordnung 20 bis 50), die nunmehr wieder beschleunigt werden können usw. (Sekundärelektronenvervielfacher). Es kann aber auch innerhalb dieses Körpers die Anzahl der insgesamt aus ihrer Atombindung gelösten Elektronen lawinenartig wachsen, wenn das beschleunigte Feld groß genug ist; es tritt ein elektrischer Durchschlag ein.

Der Prozeß, den die Bestrahlung eines makroskopischen Körpers mit Licht darstellt, braucht also kein stationärer Zufallsprozeß zu sein, da sich die Wahrscheinlichkeit in einer einzelnen Realisierung vom vorhergehenden Ergebnis zum nächsten ändern kann. Der Zufallsprozeß ist auch nicht ergodisch, denn es gibt einzelne Realisierungen, bei denen die Reihe der aufeinander folgenden Ergebnisse durchaus nicht mit derselben Wahrscheinlichkeit aufeinander folgen, wie sie zu einem bestimmten Zeitpunkt in den verschiedenen Realisierungen nebeneinander auftreten.

3. Jemand beschließt, sein Glück in der Lotterie zu versuchen. Er legt von vornherein und unwiderruflich für jedes Ergebnis einer Auslosung fest, welches Los nunmehr gekauft werden soll. Die Gesamtheit aller Realisierungen des Zufalls ist ein Markoffscher Prozeß, denn die Fortsetzung wird nur durch das letzte Ergebnis bestimmt. Der Prozeß ist ferner stationär, denn die Wahrscheinlichkeit hängt nicht von der Zeit ab.

Nichtstationäre Markoffsche Prozesse bietet der tägliche Alltag in einer unübersehbar großen Zahl und Mannigfaltigkeit an; die letzte Entscheidung des Zufalls bestimmt die Fortsetzung.

§ 29 Beschreibung eines Zufallsprozesses

Ein Zufallsprozeß *kann* nach § 27 eine Aneinanderreihung von Zufallsentscheidungen auf der Zeitachse sein. Wenn in dem einen Grenzfall die enge Definition des Zufallsprozesses gilt, wonach der Funktionswert *in jedem Augenblick* eine Entscheidung des Zufalls ist, so ist der Prozeß dann vollständig beschrieben, wenn diese Wahrscheinlichkeit als Funktion der Zeit bekannt ist.

Beispiel: Ein Teilchen führt eine Brownsche Bewegung aus[1]. Sein Ort in einem kartesischen Koordinatensystem sei 0 für $t = 0$. Allgemein sei der Ort des Teilchens mit x_i ($i = 1, 2, 3$) bezeichnet. Die Wahrscheinlichkeit für ein bestimmtes Raumelement $x_i \, dx_i$ ist eine Funktion der Zeit t. Um diese Funktion abzuleiten, wird die Zeit in einzelne Intervalle t_0 eingeteilt, so daß $t_n = n \, t_0$ ist.

---

[1] Vergl.: WIENER, N.: Nonlinear Problems in Random Theory. 1–15. New York: The Technology Press of MIT 1958.

Nunmehr gilt für die Wahrscheinlichkeit

$$p_{t_n}(x_i) = \frac{1}{\sigma_n \sqrt{2\pi}}\, e^{-\frac{x_i^2}{2\sigma_n^2}},\qquad (3.5)$$

wobei σ_n^2 die für den Zeitraum t_n geltende Varianz sei.

Läßt man zur Vereinfachung der Schreibweise den die betreffende Koordinaten-achse bezeichnenden Index i fort, und nennt x_n den wahrscheinlichen Ort auf der i-Achse zur Zeit t_n, so gilt

$$p(x_{n+m}) = \int p(x_n)\, p_{x_n}(x_m)\, \mathrm{d}x_n\,.\qquad (3.6)$$

Die Berechnung dieses Integrales, die man entweder elementar und umständlich oder elegant (mit Hilfe charakteristischer Funktionen) und einfach vornehmen kann, liefert

$$p(x_{n+m}) = \frac{1}{\sqrt{2\pi(\sigma_n^2 + \sigma_m^2)}}\, e^{-\frac{x_{n+m}^2}{2(\sigma_n^2 + \sigma_m^2)}}\qquad (3.7)$$

d. h. es ist

$$\sigma_{n+m}^2 = \sigma_n^2 + \sigma_m^2\,.\qquad (3.8)$$

Läßt man nunmehr die willkürliche Unterteilung in äquidistante Intervalle fallen, so gilt allgemein

$$\sigma_t^2 = \sigma_0^2 \cdot t\,.\qquad (3.9)$$

Die Varianz nimmt proportional der Zeit zu.

Wenn der Prozeß stationär-ergodisch ist, enthält die Wahrscheinlichkeit nicht den Parameter Zeit. Dieselbe Wahrscheinlichkeit gilt dann auch für jeden anderen Zeitpunkt.

Im allgemeinen (nichtstationären) Fall ist aber die Wahrscheinlichkeit $p_t(x_i)$ für jedes x_i aus (x) eine Funktion der Zeit t. Es tritt deshalb in allen im zweiten Kapitel aufgestellten Gesetzen die Zeit t zusätzlich als Parameter auf. Hierin eingeschlossen ist auch der Fall, daß für bestimmte Zeitpunkte dem Zufall nur die Menge (x), für andere Zeitpunkte aber nur die Menge (x') zur Verfügung steht. Man kann dann den Prozeß durch die Vereinigungsmenge $(x)\,\&\,(x')$ beschreiben. Zu bestimmten Zeitpunkten ist die Wahrscheinlichkeit für alle Elemente aus (x') gleich Null, für alle anderen Zeitpunkte gilt das entsprechende für die Elemente aus (x).

Den Erwartungswert $E_t(x)$ kann man auch als den determinierten Anteil in dem Prozeß für ein bestimmtes t auffassen. Dann ist

$$x' = x - E_t(x)\,,\qquad (3.10)$$

physikalisch anschaulich gesprochen, der Schwankungsanteil. Dieser Anteil hat die Varianz (gleich Moment zweiter Ordnung)

$$E_t(x'^2) = E_t((x - E_t(x))^2)\,.\qquad (3.11)$$

Ebenso wird die durch die Tschebyscheff-Bienayméesche Ungleichung angegebene Grenze (s. § 26) eine Funktion der Zeit. Verläuft

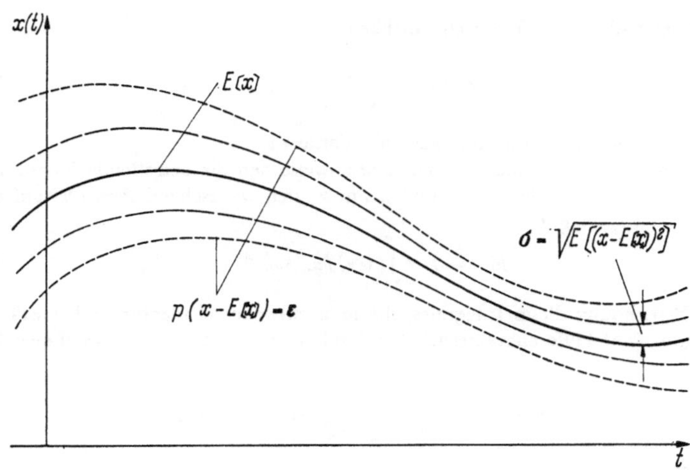

Abb. 3.6.   Die »Toleranzschläuche«. Der Erwartungswert $E(x)$ verläuft innerhalb von Grenzen, die durch die Wurzel aus der Varianz (mittlerer quadratischer Fehler) bestimmt wird. Noch weitere Grenzen setzt die Schranke für die Wahrscheinlichkeit eines Fehlers ε.

diese Grenze als Funktion der Zeit stetig, so bildet sie einen »Toleranzschlauch« für alle Realisierungen. (Abb. 3.6.)

Es ist zu beachten, daß alle diese Größen für ein bestimmtes t und für die Gesamtheit der Ergebnisse aller Realisierungen zu diesem Zeitpunkt gelten. Die Erwartungswerte sind also nicht die zeitlichen Mittelwerte. Nur bei stationär-ergodischen Prozessen stimmen sie numerisch mit den entsprechenden Mittelwerten überein.

Nichtstationäre Prozesse unterscheiden sich untereinander ferner durch die Art der Abhängigkeit der Wahrscheinlichkeit von der Zeit. Bei manchen stationären Prozessen und auch bei Markoffschen Prozessen unterscheiden sich die einzelnen Realisierungen nur durch die Reihenfolge der Ergebnisse auf der Zeitachse. Die genauen Zeitpunkte sind beliebig. In der Zwischenzeit kann die Funktion z. B. das Ergebnis der letzten Entscheidung beibehalten. Es kann aber auch die Wahrscheinlichkeit als Funktion der Zeit determiniert sein, wie im Beispiel der Brownschen Bewegung. Schließlich kann die Wahrscheinlichkeit selbst wieder eine Zufallsfunktion der Zeit sein. (Es wird für jeden Zeitpunkt erst durch eine Zufallsentscheidung bestimmt, welches Wahrscheinlichkeitsgesetz bei der jetzt folgenden Zufallsentscheidung gelten soll.) Ein Sonderfall dieses Falles ist der Markoffsche Prozeß: Hier bestimmt die letzte Entscheidung des Zufalls das für die nächstfolgende Entscheidung gültige Wahrscheinlichkeitsgesetz.

Man kann die Frage stellen, ob solche Funktionen, bei denen der Zufall nur in einzelnen diskreten Zeitpunkten eine Änderung des Zustandes herbeiführt, noch Zufallsfunktionen im strengen Sinne sind. Nur wenn der Zufall auch den Zeitpunkt wählt, in dem diese zufällige Änderung erfolgt, entscheidet der Zufall im Sinne der Definition *in jedem Augenblick*. Es ist nicht einmal erforderlich, daß in diesem zufälligen Zeitpunkt auch eine zufällige Änderung erfolgt. Ein Zufallsprozeß liegt auch dann vor, wenn es nur zwei Zustände gibt und in den zufälligen Zeitpunkten von dem gerade herrschenden auf den jeweils anderen Zustand umgeschaltet wird. Dagegen liegt im engeren Sinne kein Zufallsprozeß vor, wenn es nur einzelne *determinierte* Zeitpunkte gibt, die z. B. von einer Uhr nach einem determinierten Gesetz ausgewählt werden, zu denen der Zufall eine Entscheidung über den Funktionswert fällen darf. In allen anderen Zeitpunkten wird der Funktionswert durch ein determiniertes Gesetz bestimmt (z. B. können alle determinierten Funktionswerte den Wert Null haben).

Bisher war in diesem Paragraphen nur von dem Prozeß die Rede. Wenn der Prozeß nichtergodisch ist, braucht das, was für den Prozeß zu einem bestimmten Zeitpunkt gilt, keineswegs auch für eine bestimmte Realisierung zu gelten. Z. B. kann der Prozeß aus der regellosen Bewegung kleiner Teilchen (Moleküle) bestehen (s. Abb. 3.7.). In einzelnen Punkten des Raumes sind Rezeptoren untergebracht, die ein auftreffendes Teilchen nunmehr festhalten. Die Realisierung geht für ein hier klebengebliebenes Teilchen also in ein determiniertes Verhalten über, während der Prozeß im übrigen das Wahrscheinlichkeitsgesetz befolgt (Lochbillard).

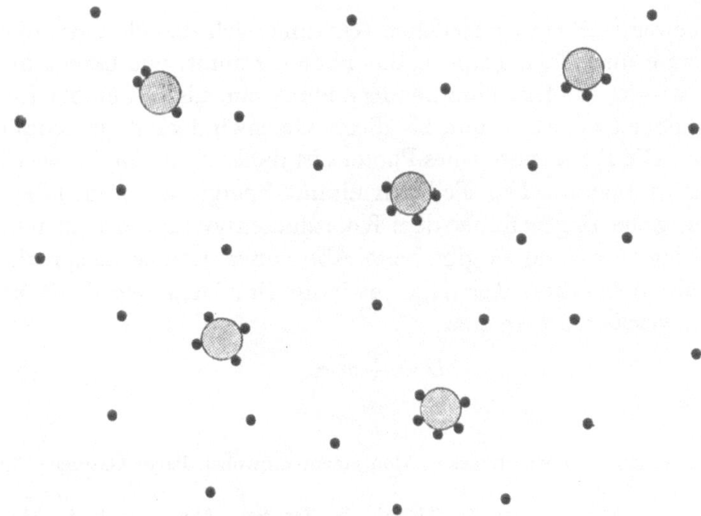

Abb. 3.7. Nichtergodischer Prozeß.

§ 30 Physikalisch reale Zufallsprozesse

Wie das erste Kapitel gezeigt hat, sind die elementaren Geschehnisse in der Natur Folgen von Zufallsentscheidungen, die Gesamtheit aller Folgen ist also ein Zufallsprozeß. Da sich dieses Buch auf die von der Natur gelieferten Zufallsprozesse beschränken will, muß der darüber hinaus mathematisch interessierte Leser also auf das mathematische Schrifttum verwiesen werden[1].

Man kann aus physikalischen Gründen nur solche Zufallsprozesse beobachten, die Energie mit sich führen. Ein Teil dieser Energie wird vom Beobachter nach Maßgabe der Intensität seiner Beobachtung, genau würde man sagen, entsprechend der von ihm entnommenen Information, abgezweigt und verbraucht. Im Bereich der Mikrophysik bestehen energiehaltige Prozesse entweder aus emittierten Photonen oder aus beschleunigten elementaren Masseteilchen. Der Empfänger nimmt die Energie auf, wenn er das Photon absorbiert oder das Masseteilchen abbremst. Die Klasse dieser Prozesse enthält auch nur soviele voneinander verschiedene Realisierungen, wie vom Beobachter als verschieden erkannt werden können. Hierbei bestehen für die Unterscheidbarkeit (also für die Disjunktion) über den augenblicklichen Stand der Meßtechnik hinaus die durch die Unschärferelationen nach HEISENBERG und KÜPFMÜLLER gegebenen endgültigen Grenzen. Diese Grenzen können von der Meßtechnik höchstens angestrebt, niemals aber ganz erreicht und erst recht nicht überschritten werden.

Den physikalischen Hintergrund können wir folgendermaßen zusammenfassen:

Ein bewegtes Elementarteilchen (einschließlich des Photons) besitzt eine Energie und einen Impuls. Ein Photon nimmt, wie bereits in § 5 erwähnt wurde, insofern eine Sonderstellung ein, als es nur bei Lichtgeschwindigkeit c existiert und bei dieser Geschwindigkeit eine endliche Masse hat. Die Ruhemasse eines Photons ist daher Null. Die Masse eines Teilchens *ist* Energie. Das Teilchen nimmt Energie auf und dabei an Masse zu, wenn es gegenüber dem Koordinatensystem des Beobachters beschleunigt wird, und es gibt beim Abbremsen wieder entsprechend Energie ab. Wenn diese Relativgeschwindigkeit v klein gegen c ist, kann man diese *kinetische* Energie zu

$$U = \frac{1}{2} m v^2 \tag{3.12}$$

berechnen.

---

[1] LÉVY, P.: Processus Stochastiques et Mouvement Brownien. Paris: Gauthier-Villars 1948.

BLANC-LAPIERRE, A. et FORTET, R.: Théorie des Fonctions Aléatoires. Paris: Masson & Cie 1953.

DOOB, J. L: Stochastic Processes. New York: J. Wiley & Sons 1953.

Eine genauere Betrachtungsweise würde feststellen, daß die kinetische Energie nur darauf beruht, daß sich in der Einsteinschen Äquivalenzbeziehung

$$E = m\,c^2 \tag{3.13}$$

die Masse um den Faktor

$$\beta = \frac{1}{\sqrt{1-\left(\frac{v}{c}\right)^2}} \tag{3.14}$$

erhöht hat. Daher ist die kinetische Energie nichts anderes als die Zunahme an potentieller Energie

$$U = (\beta - 1)\,E\,. \tag{3.15}$$

Man kann auch sagen, daß ein Körper mit der potentiellen Energie E die Geschwindigkeit

$$v = c\sqrt{1-\left(\frac{E}{E+U}\right)^2} \tag{3.16}$$

annimmt, wenn man ihm zusätzlich die Energie U zuführt.

Außer der mechanischen Auffassung, daß sich wirklich Teilchen bewegen, kann man die Bewegung eines Teilchens auch durch eine Welle mit der Phasengeschwindigkeit

$$u = \frac{c^2}{v} \tag{3.17}$$

beschreiben. Diese Geschwindigkeit ist bei einem Masseteilchen größer als die Lichtgeschwindigkeit und bei einem Photon gleich der Lichtgeschwindigkeit.

Die Einführung dieser Welle schafft die Möglichkeit, für Energie und Impuls Ausdrücke zu schaffen, die sowohl für Photonen als auch für Masseteilchen gelten. Ein Photon hat die Energie

$$E = \mathrm{h}f\,, \tag{3.18}$$

ein Masseteilchen dagegen die Energie

$$E = m\,c^2\,, \tag{3.19}$$

wobei mit m die relativistische Masse bei der Relativgeschwindigkeit v gemeint ist. Diese ist mit m_0 als Ruhemasse, wenn man den durch Gleichung (14) gegebenen Umrechnungsfaktor berücksichtigt,

$$m = \frac{m_0}{\sqrt{1-\left(\frac{v}{c}\right)^2}}\,. \tag{3.20}$$

Wenn man die Geschwindigkeit der Welle nach Gleichung (17) in die Gleichung (20) einsetzt, und den dadurch gegebenen Ausdruck für die Masse wieder in Gleichung (19) einsetzt, erhält man

$$E = m_0\frac{c^2}{\sqrt{1-\left(\frac{c}{u}\right)^2}}\,. \tag{3.21}$$

Die Zunahme an Energie gegenüber der Ruheenergie $E_0 = m_0\,c^2$ sei mit

$$U = m_0\,c^2\left(\frac{1}{\sqrt{1-\left(\frac{c}{u}\right)^2}} - 1\right) \tag{3.22}$$

und der Impuls mit

$$p = m\,v \tag{3.23}$$

bezeichnet. Die Masse beträgt sowohl beim Photon als auch beim Masseteilchen

$$m = \frac{1}{c^2}\,E\,. \tag{3.24}$$

Ebenso lautet der für Photon und Masseteilchen gemeinsam gültige Ausdruck für den Impuls

$$p = m\,\frac{c^2}{u}\,, \tag{3.25}$$

der bei Verwendung des allgemein geltenden Ausdruckes (24) für die Masse in

$$p = \frac{1}{u}\,E \tag{3.26}$$

übergeht.

Wenn wir uns auf nicht relativistische Geschwindigkeiten beschränken, gilt für eine Abweichung in der Messung des Impulses

$$\Delta p = \frac{1}{u}\,\Delta E = \frac{1}{u}\,\Delta U\,. \tag{3.27}$$

Es ist gemäß Gleichung (18)

$$\Delta E = \Delta U = \mathrm{h}\,\Delta f, \tag{3.28}$$

also nach Multiplizieren mit Δt

$$\Delta E \cdot \Delta t = \Delta U \cdot \Delta t = \mathrm{h}\,\Delta f\,\Delta t = \frac{1}{2}\,\mathrm{h}\,, \tag{3.29}$$

wobei sich die rechte Seite nach der Küpfmüllerschen Unschärferelation ergibt. Der Unterschied gegenüber der Heisenbergschen Unschärfebeziehung besteht in dem Faktor π.

Wenn der Experimentator weiß, *welche* Elementarteilchen sein Versuch umfaßt, so ist ihm bei Photonen bereits deren Geschwindigkeit und bei Masseteilchen bekannter Art deren Ruhemasse bekannt. In der Messung der Energie E bei Photonen und der kinetischen Energie U bei sonstigen Masseteilchen und der Zeit ihres Auftreffens t auf einen Schirm erschöpfen sich dann die möglichen Messungen.

Die Beobachtung eines Zufallsprozesses beschränkt sich also auf die Beobachtung von sich bewegenden Elementarteilchen. Man kann jedes Teilchen, dem Ergebnis der Beobachtung entsprechend, in eine $E;t$ bzw. $U;t$ Ebene eintragen. Dabei genügt es, diese Ebene in Flächenelemente der Größe $(1/2) \cdot \mathrm{h}$ zu unterteilen und die Zahl der auf jedes der

Flächenelemente entfallenden Teilchen anzugeben. Eine genauere Messung ist physikalisch nicht möglich, eine genauere Darstellung des Beobachtungsergebnisses hat logisch keinen Sinn. Wie in § 11 gezeigt wurde, ist die Unschärfebeziehung nicht nur eine physikalische sondern darüber hinaus eine mathematische Grundtatsache.

§ 31 Die Freiheitsgrade eines Prozesses mit begrenzter Bandbreite

Für denjenigen, der mit seinen Überlegungen auf dem Boden der Wirklichkeit bleiben will, ist damit die Frage gestellt, wie man die Beschreibung eines Zufallsprozesses »entfeinern« kann, ohne daß die darin enthaltenen Einzelheiten ihre physikalische Bedeutung verlieren. Angenommen, $x_i(t)$ wäre eine Realisierung eines solchen Zufallsprozesses, welche Beschränkungen muß man diesem $x_i(t)$ und damit, da dies auch für alle anderen Realisierungen gilt, auch dem gesamten Prozeß auferlegen? Um eine Anknüpfung an das Teilchenmodell zu haben, kann man sich vorstellen, $x_i(t)$ sei der Augenblickswert der Feldstärke oder der Augenblickswert des Impulses auf der Auffangfläche des Empfängers. Dann ist der Augenblickswert der Energie proportional $x_i^2(t)$, wobei die fehlende Proportionalitätskonstante die erforderliche physikalische Dimension hat.

Man wird geneigt sein, die Photonen in die einzelnen Frequenzbereiche einzuordnen. Dasselbe kann man auf Grund der wellenmechanischen Hypothese auch mit den Masseteilchen tun. Diese Zerlegung ist identisch mit der Fourieranalyse in der Mathematik, wenn man

$$X(f) = \int_0^T x(t) \, e^{-i2\pi ft} \, dt \tag{3.30}$$

errechnet. Hier wird angenommen, daß sich der Prozeß nur über das endliche Intervall von 0 bis T erstreckt. Die Transformierte nach Gleichung (30) existiert sicher, da das Integral

$$A = \int_0^T |x(t)|^2 \, dt \tag{3.31}$$

sicher endlich ist, da es die Gesamtenergie bedeutet. Da die Energie nach dem Planckschen Satz [Gleichung (18)] mit der Frequenz gegen Unendlich geht, muß zwingend eine obere Frequenzgrenze B existieren, d.h., es gibt kein Photon außerhalb des Frequenzbandes von 0 bis B. Dann gilt die Parsevalsche Gleichung[1]

---

[1] Auch hier ist wieder die Frequenz im mathematischen Sinne mit (Frequenzachse von $-\infty$ bis $+\infty$) f, die Frequenz im physikalischen Sinne (= Anzahl Perioden pro Sekunde) mit f bezeichnet.

$$A = \int_{-B}^{+B} X(\mathfrak{f}) \, X^*(\mathfrak{f}) \, d\mathfrak{f} \, . \tag{3.32}$$

Dabei ist $X^*(\mathfrak{f})$ zu $X(\mathfrak{f})$ konjugiert komplex.

Die Parsevalsche Gleichung ist ein mathematischer Satz[1]. Nebenbei ist sie auch physikalisch evident, da die Gesamtenergie dieselbe bleiben muß, unabhängig davon, ob man die Summe über die Zeit oder über den Frequenzbereich bildet.

Die zur Gleichung (30) gehörende Rücktransformation lautet

$$x(t) = \int_{-B}^{+B} X(\mathfrak{f}) \, e^{i2\pi\mathfrak{f}t} \, d\mathfrak{f} \, . \tag{3.33}$$

Die Fourier-Transformation nach Gleichung (30) bzw. (33) ist nur ein Spezialfall der Abbildung durch orthogonale Funktionen. Die Aufgabe ist vollständig dann gelöst, wenn es eine vollständige Reihe von Funktionen $g_n(t)$ derart gibt, daß

$$\int_0^T g_n(t) \, g_m(t) \, dt \begin{cases} = 1 & \text{für } n = m \\ = 0 & \text{für } n \neq m \end{cases} \tag{3.34}$$

gilt, und wenn für jede dieser Funktionen ein Koeffizient bestimmt worden ist, der seinen Anteil in der Summe der Orthogonalfunktionen bestimmt.

Bei der hier vorliegenden komplexen Fouriertransformation kann man eine der Orthogonalfunktionen bis auf einen konstanten Faktor mit

$$g_n(t) = e^{-i2\pi\mathfrak{f}_n t} \tag{3.35}$$

ansetzen. Das Integral

$$\int_0^T g_n(t) \, g_m(t) \, dt = \int_0^T e^{-i2\pi(\mathfrak{f}_n+\mathfrak{f}_m)t} \, dt = \frac{1 - e^{-i2\pi(\mathfrak{f}_n+\mathfrak{f}_m)T}}{i2\pi(\mathfrak{f}_n + \mathfrak{f}_m)} \tag{3.36}$$

nimmt nur dann den Wert Null an, wenn $(\mathfrak{f}_n + \mathfrak{f}_m)\,T$ sich um $1/2$ von einer ganzen Zahl unterscheidet. Die Frequenzen sind also ganze Vielfache von

$$f_1 = \frac{1}{2T} \tag{3.37}$$

und haben einen Abstand von $2f_1$ voneinander. In einem Band von der Breite $2B$ lassen sich daher höchstens $2BT$ Frequenzen symmetrisch zur Frequenz Null unterbringen[2]. Zwar gehört zu einem Anteil eine kom-

---

[1] S. z. B.: Doetsch, G.: Handbuch der Laplace-Transformation. I, 247. Basel: Birkhäuser 1950.

[2] Wenn man den Begriff Frequenz technisch als die Anzahl der Perioden pro Sekunde auffaßt, verschwinden die negativen Frequenzen und die von diesen eingenommene Hälfte der Bandbreite. Technisch enthält also ein Band von der Breite B höchstens $2BT$ orthogonale Signale.

plexe Amplitude, mit *zwei* Eigenwerten. Da die Koeffizienten für entgegengesetzt gleiche Frequenzen konjugiert komplex sein müssen, da $x(t)$ als eine physikalische Größe überall reell ist, bleibt es bei $2BT$ voneinander unabhängigen Eigenwerten.

Wenn man die Anzahl der unabhängig voneinander wählbaren Größen als die Anzahl der Freiheitsgrade bezeichnet, so kann man das Ergebnis[1] folgendermaßen aussprechen:

Eine reelle Funktion $x(t)$ der Zeit t, deren Fouriertransformierte $X(\mathfrak{f})$ oberhalb der Grenzfrequenz B verschwindet, hat in einem Zeitintervall T nur $2BT$ Freiheitsgrade.

Wenn der Prozeß die Gesamtheit aller Realisierungen innerhalb dieses Frequenzbandes B und des Intervalls T ist, kann man jede Realisierung auch als eine Entscheidung des Zufalls über jeden der $2BT$ Freiheitsgrade auffassen.

Wie eine genauere Überlegung zeigt, braucht man über die Art dieser Eigenwerte keine einschränkende Voraussetzung zu machen. Man kann einzelne beliebig gelegene Funktionswerte festlegen. Man kann die Realisierung auch durch eine Taylorsche Reihe oder durch eine andere Reihe bestimmen und dabei über $2BT$ voneinander unabhängige Koeffizienten verfügen. Schließlich kann man auch verschiedenartige Größen, z. B. Fourier-Koeffizienten und Funktionswerte vorgeben und engt die Freiheitsgrade um die entsprechende Zahl ein.

Jetzt entsteht ein Widerspruch gegen die *engere* Definition eines Zufallsprozesses: Auch ein endliches Intervall T enthält unendlich viele Zeitpunkte. Wenn der Zufall über jeden dieser Funktionswerte entscheiden soll, muß dem Prozeß eine unendlich hohe Bandbreite zur Verfügung stehen. Diese kann von einer Realisierung nur dann wirklich ausgenützt werden, wenn eine alle Grenzen überschreitende Energie dahinter steckt. Damit die mathematische Definition eines Zufallsprozesses auch die im physikalischen Bereich möglichen Vorgänge mit erfaßt, muß man jeden Prozeß, der überhaupt von einer Entscheidung des Zufalls mitbestimmt wird, und wenn dies auch nur eine einzige Entscheidung ist, als Zufallsprozeß bezeichnen. Selbstverständlich kann man recht triviale Grenzfälle nicht ausschließen. Wenn man z. B. den Zufall über eine Anfangsbedingung entscheiden läßt, während der nun folgende Prozeß auf Grund dessen determiniert abläuft, liegt ein Zufallsprozeß vor. Daher haben wir uns von vornherein für die allgemeinere Definition entschieden.

Der allgemeinere Begriff einer Zufallsfunktion reicht von den Prozessen, bei denen *jeder Wert* determiniert ist, bis zu den Prozessen, bei denen der Zufall jeden Funktionswert bestimmt, *aber mit Ausschluß dieser beiden Grenzfälle.*

---

[1] Dieses Ergebnis zieht unmittelbar das sogenannte Abtasttheorem der Informationstheorie nach sich, das daher nicht *mehr* besonders bewiesen werden muß.

8*

§ 32 Erfassung des Bereiches zwischen den streng determinierten und den streng stochastischen Prozessen

Um einen Weg in diesen Zwischenbereich vortreiben zu können, wo weder jeder Augenblickswert durch ein strenges Gesetz noch durch eine Entscheidung des Zufalls bestimmt wird, kann man diesen durch einfache Ersatzbilder darzustellen versuchen.

Das erste dieser Ersatzbilder ist bereits mehrfach benutzt worden. Es ist der bedingte Zufall, wenn die Bedingung, von der der Zufall abhängt, determiniert gegeben ist. Das andere Ersatzbild ist ein (für die Physik nur als idealer Grenzfall existierender) Zufallsprozeß im Sinne der mathematischen Definition, der nunmehr noch physikalisch weiterverarbeitet wird, d. h. dessen Realisierungen also einem determinierten Prozeß unterworfen werden. Man könnte sich z. B. einen Zufallsprozeß mit unendlicher Bandbreite vorstellen (nicht physikalisch, sondern als mathematische Fiktion), der nachträglich ein die Bandbreite begrenzendes lineares Filter durchläuft. Da dieser Vorgang, wenigstens in guter Approximation, auch in Wirklichkeit vor sich geht, wenn ein Dirac-Stoß ein lineares Filter durchläuft, besteht also Veranlassung, ihn zu untersuchen.

Wenn man die determinierten Prozesse im Sinne der klassischen Physik als ein System von simultanen Differentialgleichungen auffaßt, wird man sofort auf die Aufgabe gedrängt, die Frage der Differenzierbarkeit und der Integrierbarkeit von Zufallsfunktionen zu behandeln. Bei einer Zufallsfunktion im strengen Sinne, und um solche muß es sich ja jetzt handeln, wäre beim Differenzieren nach der Zeit[1] der Grenzwert

$$\dot{x}(t) = \lim_{\Delta t \to 0} \frac{x(t + \Delta t) - x(t)}{\Delta t} \tag{3.38}$$

zu bilden. Dieser Grenzwert existiert aber nicht, da die Differenz im Zähler nicht von Δt abhängig ist. Wenn Δx gegen Null geht, muß also $\dot{x}(t)$ über alle Grenzen wachsen, um im genauen Punkt $\Delta t = 0$ unbestimmt zu werden. Wenn man versucht, ähnlich naiv zu integrieren, kommt man zu entsprechend seltsamen Ergebnissen. Man tut daher als Techniker gut daran, von konkreten Sachverhalten auszugehen.

Frage 1. *Ein elektrischer Strom, bestehend aus einem Poissonschen Prozeß einzelner Elektronen, fließt in einen idealen Kondensator mit der Kapazität C hinein. Welcher Zufallsprozeß gilt für die Spannung?*

Wer sich praktisch mit Problemen dieser Art befaßt, wird wahrscheinlich noch einige Gegenfragen stellen wollen. Wir stellen uns daher eine Elektronenquelle in einem Vakuumgefäß vor. Der Kondensator wird von einem Teil der Wandung gebildet, der auf beiden Seiten eine Metallbelegung hat. Zu Beginn des Prozesses sei eine große Potentialdifferenz zwischen der Kathode und der inneren Elektrode des Kondensators

---

[1] Der Differentialquotient ist symbolisch durch den darüber gesetzten Punkt angedeutet worden.

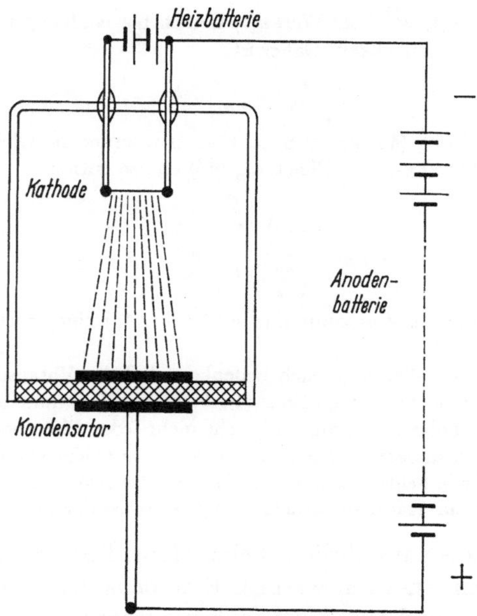

Abb. 3.8. Zur Aufladung eines Kondensators durch einen Elektronenstrom.

vorhanden, die etwa durch eine in diesem Zeitpunkt angelegte äußere Spannung hervorgerufen werde.

Die Anordnung möge so sein (Abb. 3.8.), daß jedes Elektron, das sich aus der Kathode ablöst, den Kondensator (praktisch ohne Zeitverzug) erreicht. (Es möge also nur die Anfangsphase betrachtet werden, in der diese Voraussetzungen hinlänglich erfüllt werden können.)

Ferner möge die Heizung der Kathode so eingestellt sein, daß ein Strom von 1 μA (10^{-6} A) fließt. Wenn der Kondensator eine Kapazität von $C = 10^{-8}$ Farad hat, nimmt die an ihm liegende Spannung, makroskopisch gerechnet, um

$$u(t) = \frac{I}{C}\, t \tag{3.39}$$

zu. Bei dem angenommenen Beispiel beträgt der Spannungsanstieg also linear 100 Volt/Sek. Da $I = 10^{-6}$ A der Erwartungswert des Stromes ist, kann man $U = 100$ Volt $\cdot$ sec als den Erwartungswert des Zufallsprozesses bezeichnen.

Mikroskopisch betrachtet ist der Erwartungswert für die Anzahl der Elektronen, die in der Zeit t übergehen,

$$N = \frac{I}{e}\, t\,, \tag{3.40}$$

wobei $e = 1{,}602 \cdot 10^{-19}$ Coulomb die Ladung eines Elektrons ist. Die Wahrscheinlichkeit, daß in dieser gleichen Zeit n Elektronen wirklich übergegangen sind, ist durch die Poisson-Verteilung

$$p(n) = \frac{N^n}{n!}\, \mathrm{e}^{-N} \tag{3.41}$$

gegeben. Diese n Elektronen bilden zur Zeit t die Ladung auf dem Kondensator, der infolgedessen die Spannung

$$u(t) = \frac{n(t)\, e}{C} \tag{3.42}$$

hat. Jedem Wert von $n(t)$ ist dieser Wert $u(t)$ umkehrbar eindeutig zugeordnet, besitzt
also die gleiche Wahrscheinlichkeit. Daher ist

$$p\left(\frac{n\,e}{C}\right) = \frac{N^n}{n!}\,e^{-N}, \qquad (3.43)$$

wobei N durch Gleichung (40) gegeben ist. Löst man ferner die Gleichung (42) nach
n auf und setzt für N und n in die Gleichung (43) ein, so entsteht

$$p_t(u) = \frac{\left(\frac{I}{e}\,t\right)^{\frac{u\,C}{e}}}{\left(\frac{u\,C}{e}\right)!}\cdot e^{-\left(\frac{I}{e}\,t\right)}. \qquad (3.44)$$

Da N proportional der Zeit zunimmt, beschreibt (43) einen nichtstationären und
nichtergodischen Prozeß.

Der Praktiker wird allerdings auch bedenken, daß die Voraussetzungen nur für
Bruchteile einer Sekunde zu erfüllen sind. (In Wirklichkeit nimmt die Spannung am
Kondensator bald so hohe Werte an, daß nicht mehr jedes Elektron absorbiert wird.
Einige kehren zurück, andere bilden eine Raumladungswolke vor der Kathode, die
schließlich eine so große Feldstärke aufbaut, daß kein Elektron mehr dagegen anlaufen
kann; es kehren alle zur Kathode zurück. Von jetzt ab ist der Prozeß stationär!)

Die einigermaßen ausführliche Behandlung dieses Beispieles soll auch
vor unvorsichtigen Ansätzen warnen. Eine beiläufige Bemerkung möge
dies unterstreichen und zum Nachdenken anregen: *Es ist die Induktivität
vernachlässigt worden, die im Anodenstromkreis liegt. Wie wirkt sich das aus?*

Frage 2. *Ein Poissonscher Zufallsgenerator liefert die Eingangsfunktion (Ursache) für ein lineares physikalisch reales passives Übertragungssystem. Wie sieht
die Ausgangsfunktion aus?*

Zunächst wieder einige technische Anmerkungen: Der Generator sei etwa so ausgeführt wie im letzten Beispiel. Das Filter bestehe aus Widerständen, Kondensatoren,
Induktivitäten, also aus elektrischen Einzelteilen mit räumlich konzentrierten Eigenschaften. Der auf das Filter folgende Verbraucher werde durch einen ohmschen Widerstand ersetzt, der mit in die Schaltung aufgenommen ist.

Zur Behandlung dieser Aufgabe wird der Generator als Quelle einer Folge von
Dirac-Stößen angesehen. Das Integral über einen Stoß ergibt eine Elementarladung.
Die Dauer eines Stoßes sei so klein, daß sie auf das Ergebnis keinen Einfluß hat[1].

Wenn $x_i(t)$ eine Realisierung des Eingangsprozesses und $y_i(t)$ eine Realisierung des
Ausgangsprozesses ist, kann man das verbindende lineare Netzwerk durch ein System
von Differentialgleichungen beschreiben, das nach diesen beiden Funktionen aufgelöst
schließlich die Gestalt

$$\sum_{\alpha=0}^{n} a_\alpha \frac{d^\alpha}{dt^\alpha} x_i(t) = \sum_{\beta=0}^{m} b_\beta \frac{d^\beta}{dt^\beta} y_i(t) \qquad (3.45)$$

annimmt. Von dieser Form führt ein direkter Weg zu der nunmehr beabsichtigten
Behandlung, wenn man diese Differentialgleichung in den Bildbereich der Laplace-
Transformation transformiert. Unter der Voraussetzung, daß der Impulsgenerator
erst nach dem Nullpunkt der Zeit in Betrieb genommen wird, verschwinden sämtliche
höheren Differentialquotienten von $x_i(t)$ und, auf Grund des Kausalitätsgesetzes der
Physik, auch für $y_i(t)$ *für den Zeitpunkt* $t = 0$. Ferner sind dann

$$x_i(t) = y_i(t) = 0 \text{ für } t < 0. \qquad (3.46)$$

---

[1] S. a.: § 34.

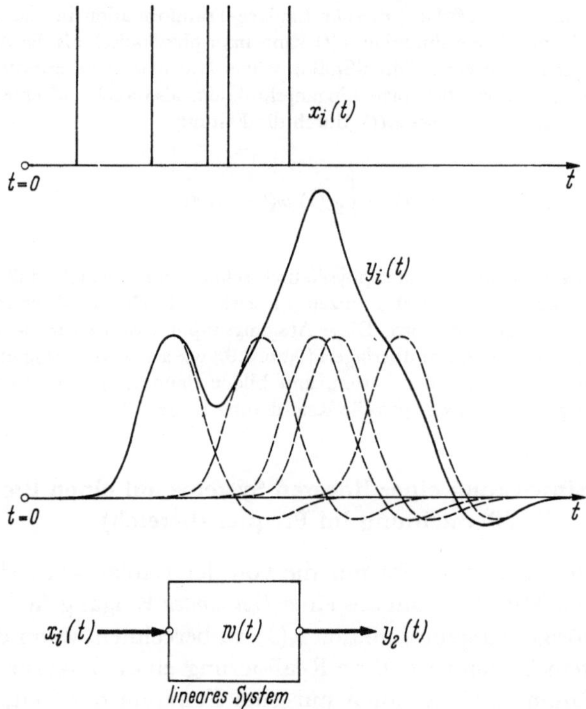

Abb. 3.9. Übertragung einer zufälligen Folge extrem kurzer Impulse durch ein lineares System. Das lineare System wird dabei durch $w(t)$, die Antwort auf einen Dirac-Stoß, beschrieben.

Diese Voraussetzungen bedeuten physikalisch, daß der zu betrachtende Vorgang erst zum Zeitpunkt $t = 0$ beginnt; es wird also nicht ein abklingender Rest übernommen, der der Vorgeschichte entstammt. Unter dieser Voraussetzung liefert die Transformation im Bildbereich die algebraische Gleichung

$$X_i(s) \cdot \sum_{\alpha=0}^{n} a_\alpha s^\alpha = Y_i(s) \sum_{\beta=0}^{m} b_\beta s^\beta , \qquad (3.47)$$

die man nach $Y_i(s)$ auflösen kann. Dabei sind

$$X_i(s) = \mathscr{L}\{x_i(t)\}; \quad Y_i(s) = \mathscr{L}\{y_i(t)\} \qquad (3.48)$$

Laplace-Transformierte der Funktionen $x_i(t)$ und $y_i(t)$. Nunmehr kann man das lineare Übertragungssystem durch eine Funktion im Bildbereich

$$W(s) = \frac{\displaystyle\sum_{\alpha=0}^{n} a_\alpha s^\alpha}{\displaystyle\sum_{\beta=0}^{m} b_\beta s^\beta} \qquad (3.49)$$

beschreiben, der im Originalbereich die Funktion

$$w(t) = \mathscr{L}^{-1}\{W(s)\} \qquad (3.50)$$

entspricht. Dabei ist mit $\mathscr{L}^{-1}\{\ \}$ die zur Laplace-Transformation inverse Rücktransformation bezeichnet. Diese Funktion $w(t)$ kann man physikalisch als die Antwort des Übertragungssystems auf einen Dirac-Stoß ansehen. Hat man diese ermittelt, so kann man die Antwort auf eine beliebige Eingangsfunktion, also auch auf eine bestimmte Realisierung des Zufallsprozesses $x_i(t)$, durch die Faltung

$$y_i(t) = \int\limits_0^t x_i(\tau)\, w(t-\tau)\, d\tau \tag{3.51}$$

ermitteln. Dieses Ergebnis bedeutet physikalisch schlicht und einfach, daß auch jeder einzelne Impuls aus dem Generator einzeln in je einen durch die Gleichung (51) bestimmten Impuls umgeformt wird. Diese Ausgangsimpulse werden in derselben zeitlichen Staffelung einander linear überlagert (Abb. 3.9.) wie sie bei den Eingangsimpulsen zur Bildung von $x_i(t)$ bestanden hatten, und bilden dann $y_i(t)$. Damit ist die allgemeine Beziehung auch für jede spezielle Realisierung hergestellt.

§ 33 Einwirkung eines linearen Systems auf einen Prozeß (Betrachtung im Frequenzbereich)

Der letzte Paragraph gibt nur die von der Laplace-Transformation her bekannten Mittel an, um aus einer *bestimmten* Eingangsfunktion $x_i(t)$ die dazugehörige Ausgangsfunktion $y_i(t)$ zu berechnen, wenn das Übertragungssystem bekannt ist. Eine Realisierung eines Zufallsprozesses ist in diesem Zusammenhang auch nur eine Funktion der Zeit, wie jede andere Funktion, die durch eine geschlossene mathematische Formel angegeben wird. Es fehlt aber noch eine allgemeine Aussage über die *Gesamtheit* aller Ausgangsfunktionen, also über den *Prozeß*, wenn die *Gesamtheit* aller Eingangsfunktionen, also ebenfalls ein *Prozeß*, gegeben ist.

Der Gleichung (51) entspricht im Bildbereich der Laplace-Transformation die Gleichung

$$Y_i(s) = X_i(s) \cdot W(s)\,. \tag{3.52}$$

Wie man mit allgemeinen energetischen Betrachtungen nachweisen kann, gilt diese Gleichung auch auf der imaginären Achse der s-Ebene. Setzt man

$$\mathrm{Im}\, s = 2\pi\mathrm{f} = \omega\,, \tag{3.53}$$

so hat man die Gesamtenergie am Eingang

$$E_x = \int\limits_{-\infty}^{+\infty} |\mathrm{X}_i(\mathrm{f})|^2\, \mathrm{df} = \int\limits_{-0}^{+\infty} |x_i(t)|^2\, \mathrm{d}t\,, \tag{3.54}$$

$$\int\limits_{-\infty}^{+\infty} |\mathrm{W}(\mathrm{f})|^2\, \mathrm{df} = \int\limits_{0}^{+\infty} |w(t)|^2\, \mathrm{d}t\,, \tag{3.55}$$

und am Ausgang

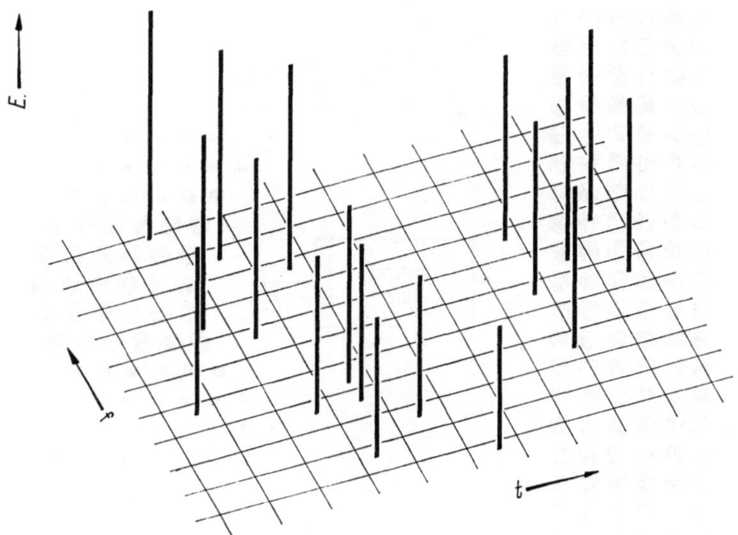

Abb. 3.10. Darstellung eines Prozesses durch die Verteilung von Energie nach Zufall über eine f-t-Ebene, die in Zellen der Größe 1/2 unterteilt ist.

$$E_y = \int\limits_{-\infty}^{+\infty} |Y_i(f)|^2 \, df = \int\limits_{0}^{+\infty} |y_i(t)|^2 \, dt \,. \qquad (3.56)$$

Die Gleichung (52) geht mit der Substitution (53) in

$$|Y_i(f)|^2 = |W(f)|^2 \cdot |X_i(f)|^2 \qquad (3.57)$$

über.[1] (Hier ist Y_i (f) statt Y_i ($i2\pi f$) und entsprechend für W und X geschrieben worden.)

Diese Gleichungen sind folgendermaßen zu verstehen:

Man kann die in ein lineares System hineingeschickte Energie E_x nach Gleichung (56) sowohl über die Zeit- als auch über die Frequenzachse verteilen (Abb 3.10.). Eine entsprechende Verteilung über Zeit und Frequenz besitzt auch die entnommene Energie E_y. Es gibt dabei $|W(f)|^2$ die durch das lineare System bewirkte Änderung der Verteilung über die Frequenz an.

Nach dem Durchgang durch das lineare System sind jedoch die Energieanteile aus den einzelnen Frequenzanteilen nicht nur in ihrer Größe geändert, sondern auch zeitlich gegeneinander verschoben (Abb. 3.11.).

---

[1] Man kann dies leicht dadurch zeigen, daß man die Gleichung (52) nochmals für die konjugiert komplexen Größen hinschreibt und dann beide Gleichungen miteinander multipliziert.

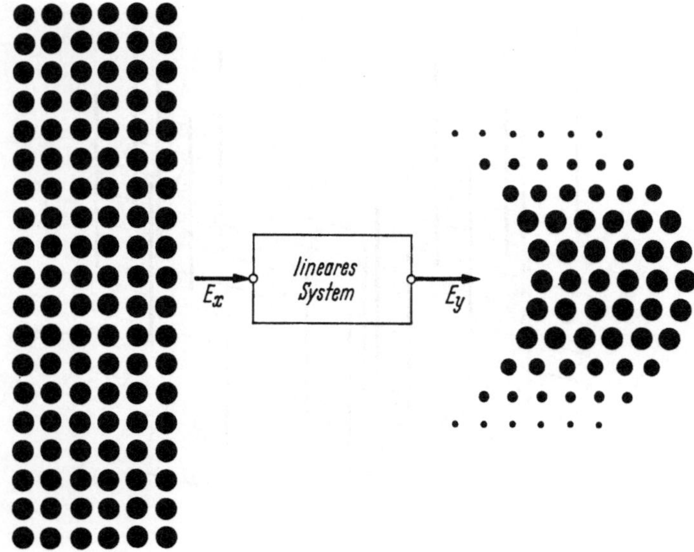

Abb. 3.11. Schematische Darstellung der Änderungen eines Zufallsprozesses durch
ein lineares Übertragungssystem.

Über die Laufzeit in linearen Systemen gibt es ein recht umfangreiches Schrifttum, das aber auch einige Mißverständnisse aufweist. Deshalb soll dieses Problem nochmals für ein repräsentatives Beispiel behandelt werden:

Ein einzelnes »Energiepaket« sei durch die Funktion

$$x_i(t) = \frac{1}{2}\left[\mathsf{x}_i(t) + \mathsf{x}_i^*(t)\right] = e^{-(t/t_0)^2}\cos 2\pi f_0 t, \qquad (3.58)$$

also durch eine auf den Träger w_0 aufmodulierte Glockenkurve, im Zeitbereich beschrieben. Es hat seinen Schwerpunkt bei $t = 0$. Seine Ausdehnung im Frequenzbereich muß man, da es nicht die bei der Laplace-Transformation gemachten Voraussetzungen erfüllt, mit der *zweiseitigen* Fourier-Transformation bestimmen. Man kann
sich dabei auf den Anteil $\mathsf{x}_i(t)$ beschränken, da der andere dazu konjugiert komplex
ist. Man erhält

$$\mathsf{X}_i(f) = \int\limits_{-\infty}^{+\infty} \mathsf{x}_i(t)\, e^{-i2\pi f t}\, \mathrm{d}t$$

$$= \int\limits_{-\infty}^{+\infty} e^{-(t/t_0)^2}\, e^{i2\pi f' t}\, e^{-i2\pi f t}\, \mathrm{d}t. \qquad (3.59)$$

Der Integrand läßt sich in die Faktoren

$$e^{-t_0^2\pi^2(f'-f)^2} \cdot e^{-\left[\frac{t}{t_0} + i\pi t_0(f'-f)\right]^2}$$ zerlegen, von denen nur der zweite die Integrations-
variable t enthält. Führt man noch den Parameter

$$f_0 = \frac{1}{t_0 \sqrt{\pi}} \tag{3.60}$$

ein, so erhält man die gesuchte Verteilung des »Energiepaketes« über den Frequenzbereich

$$X_i(f) = \frac{1}{f_0 \sqrt{\pi}}\, e^{-\left(\frac{f'-f}{f_0}\right)^2} . \tag{3.61}$$

Das am Ausgang erscheinende Energiepaket ist durch

$$\begin{aligned} Y_i(f) &= W(f) \cdot X_i(f) \\ &= \frac{1}{f_0 \sqrt{\pi}}\, e^{-\left(\frac{f'-f}{f_0}\right)^2 + \ln W(f)} \end{aligned} \tag{3.62}$$

hinsichtlich seiner Verteilung auf der Frequenzachse bestimmt. Die Verteilung über die Zeitachse und damit die gesuchte Verschiebung des Schwerpunktes der Zeit erhält man durch die Rücktransformation

$$y_i(t) = \int_{-\infty}^{+\infty} Y_i(f)\, e^{i2\pi t f}\, df . \tag{3.63}$$

Wenn man das Übertragungssystem auch auf der imaginären Frequenzachse als stabil voraussetzt, kann man $\ln W(f)$ für jedes f in die Reihe

$$\ln W(f) = k_0 + k_1\, i(f - f') + k_2\, [i(f - f')]^2 + \cdots \tag{3.64}$$

entwickeln. Bricht man diese Reihe nach dem zweiten Glied ab, so erhält man

$$\begin{aligned} y_i(f) &= \int_{-\infty}^{+\infty} \frac{1}{f_0 \sqrt{\pi}}\, e^{-\left(\frac{f'-f}{f_0}\right)^2 + k_0 + ik_1\,(f-f') + i2\pi t f}\, df \\ &= e^{k_0 - ik_1 f'} \cdot x_i\left(t + \frac{k_1}{2\pi}\right) . \end{aligned} \tag{3.65}$$

Wenn man den Koeffizienten k_1 nach der auf die Gleichung (64) angewendeten Taylorschen Entwicklungsgleichung ausrechnet, so erhält man einen mathematischen Ausdruck, der physikalisch das -2πfache der *Gruppen*laufzeit bedeutet.

Damit erhält man das Gesetz:

Beim Durchlaufen eines linearen Übertragungssystems wird jeder elementare Energieanteil eines Prozesses um einen Faktor gleich dem Quadrat des Betrages *des Übertragungsfaktors für diese Frequenz geändert und um die für diese Frequenz geltende Gruppenlaufzeit verzögert.*

§ 34 Zum Dirac-Stoß

Bekanntlich ist der Dirac-Stoß, dem man die beiden Eigenschaften

$$1. \qquad \begin{aligned} d(t) &= +\infty \quad \text{für} \quad t = 0, \\ &= 0 \qquad \text{für} \quad t \neq 0; \end{aligned} \tag{3.66}$$

$$2. \qquad \int_{-\infty}^{+\infty} d(t)\, dt = 1 \tag{3.67}$$

zuerkennen muß, keine Funktion im mathematischen Sinne. Er ist aber auch physikalisch nicht realisierbar, denn dazu wäre nach der Unschärferelation eine unendlich hohe Energie erforderlich. Trotzdem ist der Dirac-Stoß ein sehr nützliches pseudomathematisches physikalisches Hilfsmittel, das in einfacher Weise eine Beschreibung eines linearen Übertragungssystems zuläßt, ohne daß dabei noch eine gewisse Abhängigkeit von den Eigenschaften des vorgeschalteten Generators besteht. Auf Seite 118 war es als eine physikalische Erfahrungstatsache hingestellt worden, daß ein sehr kurzer Impuls an einem physikalischen Übertragungssystem das bewirkt, was die Theorie für einen Dirac-Stoß nach den Gleichungen (66) und (67) erwarten läßt.

Zweifellos ist eine solche Grundlage für weiterführende Überlegungen nicht eben besonders befriedigend, so daß hierzu sicher einige zusätzliche Anmerkungen nötig sind.

Es gibt eine Klasse von Funktionen, von denen jede einzelne die Eigenschaften

1.
$$x_i(t) = 0 \quad \text{für} \quad t < 0, \tag{3.68}$$

2.
$$\int_0^{+\infty} x_i(t)\, \mathrm{d}t = 1 \tag{3.69}$$

besitzt. Wenn eine bestimmte Funktion $x_i(t)$ dieser Klasse angehört, so gilt dies auch für die Funktion $n \cdot x_i(nt)$. Wenn $x_i(t)$ die Laplace-Transformation $X_i(s)$ hat, so ist die Laplace-Transformierte von $n \cdot x_i(nt)$ auf Grund des Ähnlichkeitssatzes[1]

$$X_{i(n)}(s) = X_i\left(\frac{s}{n}\right). \tag{3.70}$$

Wenn n gegen Unendlich geht, ist also $X_{i(\infty)}(s)$ für alle endlichen s gleich $X_i(0)$.

Wenn wir eine Hilfsfunktion

$$h(t) = \int_0^t x_i(\tau)\, \mathrm{d}\tau \tag{3.71}$$

einführen, so ist nach einem asymptotischen Satz der $\mathscr{L}$-Transformation[2]

$$\lim_{s \to 0} s\, H(s) = \lim_{t \to 0} h(t). \tag{3.72}$$

Nach dem Integrationssatz[3] ist

$$H(s) = \frac{1}{s} X_i(s). \tag{3.73}$$

---

[1] DOETSCH, G.: Handbuch der Laplace-Transformation. I, 85. Basel: Birkhäuser 1950.
[2] DOETSCH, G.: Einführung in Theorie und Anwendung der Laplace-Transformation. 226. Basel: Birkhäuser 1958.
[3] DOETSCH, G.: Handbuch der Laplace-Transformation. I, 87. Basel: Birkhäuser 1950.

Deshalb gilt auch der Satz[1]

$$X_i(0) = \int\limits_0^\infty x_i(t)\, \mathrm{d}t\,.\tag{3.74}$$

Es besteht daher folgender Satz:
Eine Funktion möge die Eigenschaft

$$\int\limits_0^\infty f(t)\, \mathrm{d}t = C\tag{3.75}$$

besitzen. Dann strebt die Laplace-Transformierte der Funktion $\lim\limits_{n\to\infty} n\,f(nt)$ *für alle endlichen* s *dem Wert* C *zu.*

Die bisher als Erfahrungstatsache behandelte Erkenntnis über die hinreichende Realisierung eines Dirac-Stoßes ist also streng gültig. Wenn wir also in Zukunft von Dirac-Stoß sprechen, meinen wir nicht die durch die Gleichungen (66) und (67) definierte pseudomathematische Funktion, sondern wir meinen den Grenzwert

$$d(t) = \lim_{n\to\infty} \int\limits_0^\infty n\, x_i(nt)\, \mathrm{d}t\,,\tag{3.76}$$

wobei $x_i(t)$ eine beliebige Wahl aus der Klasse aller der Funktionen ist, die die Bedingungen (68) und (69) erfüllen.

Die Laplace-Transformierte $D(s)$ ist auch nicht identisch 1, sondern unterscheidet sich nur in einem *endlichen* Bereich $|s| \leqq R$ beliebig wenig von 1. Für die nur an diesem endlichen Bereich interessierte Physik ist dieser Unterschied ohne Bedeutung; für die Mathematik kann eine Konstante keine Laplace-Transformierte sein. Man kann also R zwar beliebig groß, niemals aber unendlich groß machen, sowohl physikalisch als auch mathematisch.

Jetzt könnte man aber immer noch unter Berufung auf die Küpfmüllersche Unschärfebeziehung glauben, daß man einen Dirac-Stoß auch mit beliebig wenig Energie realisieren könnte, indem man bei konstantem Produkt $\Delta f \cdot \Delta t$ gleichzeitig den Faktor Δf gegen Unendlich und den Faktor Δt gegen Null gehen läßt. Hier setzt aber die Heisenbergsche Unschärfebeziehung schließlich jeder technischen Perfektion eine Grenze. Dann muß man nämlich für das Ziel $\Delta t \to 0$ den Preis $\Delta E \to \infty$ bezahlen. Dieses Problem werden wir einstweilen zurückstellen.

---

[1] Vergl.: DOETSCH, G.: Handbuch der Laplace-Transformation. I, 516. Basel: Birkhäuser 1950.

§ 35 Mathematische Eigenschaften realisierbarer Übertragungssysteme

Die beiden Eigenschaften des linearen Übertragungssystems, die Energiepakete, aus denen sich ein Zufallsprozeß zusammensetzt, 1. der Größe nach zu ändern und 2. zeitlich zu verschieben, sind dieselben Eigenschaften, die bei determinierten Vorgängen, z.B. bei harmonischen Schwingungen, auftreten. Daher gelten auch bei Zufallsprozessen die gleichen inneren Beziehungen zwischen diesen beiden Eigenschaften. Man kann nicht über die Konstruktionselemente eines linearen Systems so verfügen, daß dadurch ein beliebig vorgegebenes Paar von Eigenschaften realisiert wird[1].

Es sollen daher die oben erwähnten beiden Eigenschaften jetzt mit den beiden klassischen Eigenschaften identifiziert und die für sie bestehende grundsätzliche Kopplung näher beleuchtet werden.

Ausgangspunkt sei die Laplace-Transformierte $W(s)$ nach Gleichung (49), die entweder mit den Methoden der Netzwerkanalyse aus der Schaltung berechnet, oder die durch Transformation der Antwort $w(t)$, entstanden sein kann, die ein bestimmtes Übertragungssystem auf einen Dirac-Stoß gibt.

Da $W(s)$ eine analytische Funktion ist, die in der rechten s-Halbebene einschließlich der imaginären Achse außerdem regulär-analytisch ist (womit gemeint ist, daß sie dort *überall* differenzierbar ist), reichen bereits die Werte $W(i\omega)$ auf der imaginären Achse aus; jeder Wert $W(s)$ läßt sich auf Grund eines Satzes der Funktionentheorie aus den Werten $W(i\omega)$ berechnen, wenn das Integral entlang eines Halbkreises, der den Weg von $+i\infty$ nach $-i\infty$ schließt, verschwindet.

Daß diese Eigenschaften für $W(s)$ zutreffen, ergibt sich aus dem Kausalitätsgesetz der Physik: (s. Abb. 3.12.)

1. Wir setzen voraus, daß $d(t) = 0$ für $t < 0$ ist. Ferner verschwindet $D(s)$ für $R' \gg R$ aus dem im letzten Paragraphen angegebenen physikalischen Grund.

2. Auf Grund des zweiten Teils dieser Voraussetzung gilt nach einem Satze der Laplace-Transformation **für t $<$ 0**, daß

$$\int_{rH} D(s)\, e^{ts}\, ds = 0 \qquad (3.77)$$

ist[2], wobei das Integral über den *rechten* Halbkreis zu erstrecken ist.

3. Wegen des ersten Teils der Voraussetzung in Punkt 1 ist ferner

$$\int_{-i\infty}^{+i\infty} D(s)\, e^{ts}\, ds = 2\pi i\, d(-t) = 0\,.$$

---

[1] BODE, H. W.: Network Analysis and Feedback Amplifier Design. 303 ff. New York: Van Nostrand 1945.

[2] DOETSCH, G.: Handbuch der Laplace-Transformation. I, 224. Basel: Birkhäuser 1950.

4. Da das aus beiden Abschnitten zusammengesetzte Umlaufintegral verschwindet, muß der Integrand $D(s)\,e^{ts}$ *für* $t < 0$ in dem umlaufenen Bereich, also in der rechten s-Halbebene, regulär-analytisch sein.

5. Auf Grund des *Kausalitätsgesetzes der Physik* ist auch

$$w(t) = 0 \; \textit{für } t < 0, \; \text{wenn} \; d(t) = 0 \; \textit{für } t < 0.$$

Daher muß auch auf Grund derselben Argumentation $W(s)\,D(s)\,e^{ts}$ *für* $t < 0$ in der rechten s-Halbebene regulär-analytisch sein. Das ist aber nur möglich, wenn dort auch $W(s)$ regulär-analytisch ist.

6. Daher ist das Umlaufintegral

$$\oint W(s)\,\mathrm{d}s = 0. \tag{3.78}$$

7. Kein physikalisch mögliches Übertragungssystem überträgt beliebig hohe Frequenzen. Selbst die Systeme, die an der Grenze des interessierenden Frequenzbereiches noch keinen feststellbaren Abfall haben, (z.B. eine aus zwei Kupferdrähten bestehende Lecher-Leitung), erreichen schließlich doch diese Grenze, (z.B. bei optischen Frequenzen). Daher ist (unter bestimmten Voraussetzungen über die Steilheit des Abfalles)

$$\int_{rH} W(s)\,\mathrm{d}s = 0. \tag{3.79}$$

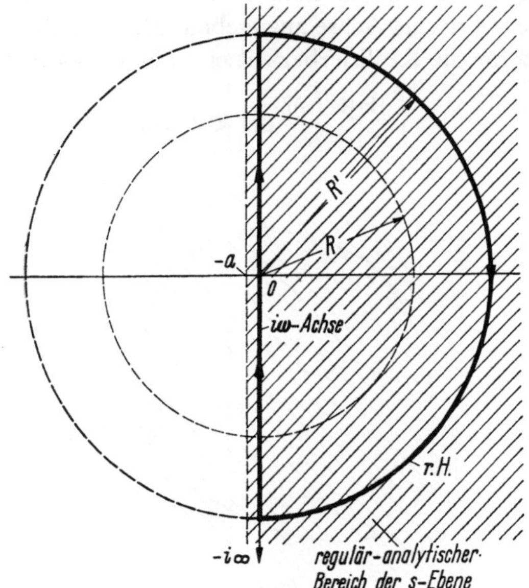

Abb. 3.12.   Der Integrationsweg in der s-Ebene für $t < 0$.

8. Aus den Gleichungen (78) und (79) ergibt sich

$$\int\limits_{-i\infty}^{+i\infty} W(s)\, \mathrm{d}s = 0 \,. \tag{3.80}$$

Diese Gleichung gilt jedoch nur dann, wenn die Messung auch den gesamten Abfallbereich (jenseits von R) mit erfaßt.

Der Punkt 5. führt zwar nur zu dem Ergebnis, daß $W(s)$ in der rechten s-Halbebene regulär-analytisch sein muß, also dort keine Singularitäten besitzen darf. Wenn man jedoch voraussetzt, daß

$$w(t) = 0 \ \text{für} \ t \to \infty \tag{3.81}$$

oder gar, daß

$$w(t) = \mathrm{e}^{-at} \ \text{für} \ t \to \infty \tag{3.82}$$

gilt, was in der Praxis bedeutet, daß das Übertragungssystem nicht nur einfach stabil [Gleichung (81)], sondern sogar mit einer gewissen Sicherheit stabil sein muß [Gleichung (82)], dann muß der regulär analytische Bereich sich auch bis Re $s = -a$ erstrecken.

Es sei noch hinzugefügt, daß man nicht notwendig die komplexe s-Ebene braucht, um die physikalisch möglichen Eigenschaften eines Übertragungssystems zu beschreiben. Da funktionentheoretisch gesehen die Werte auf der Ebene sich aus der analytischen Fortsetzung der Werte auf der imaginären Achse ergeben, muß es möglich sein, bereits eine Bedingung für die physikalische Realisierbarkeit nur unter Benutzung der Werte auf der $i\omega$-Achse anzugeben. Man erhält so die Wienersche Bedingung für die Realisierbarkeit eines Übertragungssystems:

$$\int\limits_{-\infty}^{+\infty} \frac{|\ln|W(\omega)||}{1 + \omega^2}\, \mathrm{d}\omega < +\infty \,. \tag{3.83}$$

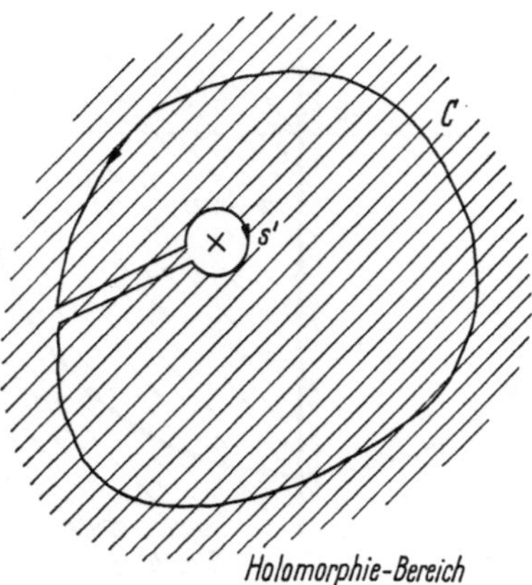

Abb. 3.13. Zum Cauchyschen Integral.

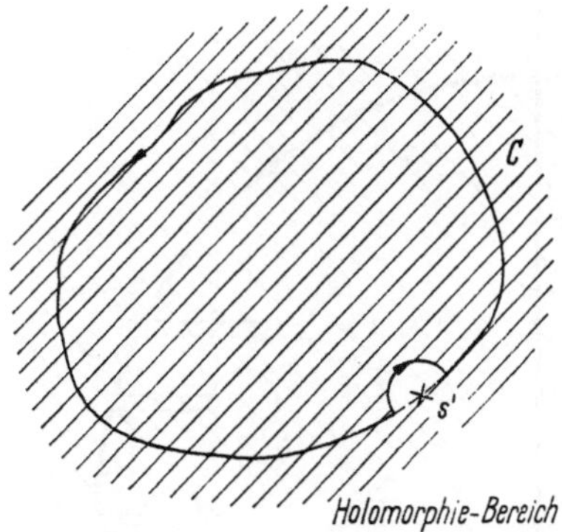

Abb. 3.14. Zum Cauchyschen Integral, wenn s' *auf* dem Integrationsweg C liegt.

Auf eine Ableitung muß wegen der umfangreichen mathematischen Voraussetzungen im Rahmen dieses Buches verzichtet werden. Statt dessen wird auf das mathematische Schrifttum[1] hingewiesen.

§ 36 Beziehungen zwischen Laufzeit und Dämpfung

Die hier zu behandelnde Beziehung zwischen der Laufzeit und der Dämpfung eines Energiepaketes beruht auf einer allgemeinen Eigenschaft des linearen Übertragungssystems, und ist ein Sonderfall der aus dem Schrifttum[2] bekannten Beziehungen zwischen den Komponenten der Netzwerkfunktionen. Sie beruht wie alle diese Beziehungen auf dem Residuensatz der Funktionentheorie. Er sagt aus, daß

$$\oint_{(C)} \frac{H(s)}{s-s'}\, ds = 2\pi i\, H(s') , \tag{3.84}$$

wenn 1. $H(s)$ in dem vom Integrationsweg C umschlossenen Bereich und auf dem Integrationsweg holomorph[3] ist und wenn 2. der Punkt *in* dem umschlossenen Bereich (und nicht nur auf dem Rande) liegt. (Abb. 3.13.)

Liegt aber der Punkt s' auf *dem Integrationsweg*, so gilt, weil das Residuum nur durch einen *Halb*kreis umgangen zu werden braucht (Abb. 3.14.) die Hälfte von (84) also

$$\oint_{(C)} \frac{H(s)}{s-s'}\, ds = \pi i\, H(s') . \tag{3.85}$$

<hr>

[1] Paley-Wiener: Fourier-Transforms in the Complex Domain. 14–20. New York: American Mathematical Society 1934.

[2] Bode, H. W.: Network Analysis and Feedback Amplifier Design. 303 ff. New York: Van Nostrand 1945.

[3] ›Holomorph‹ ist ein Ausdruck, der dasselbe bedeutet wie ›regulär analytisch‹.

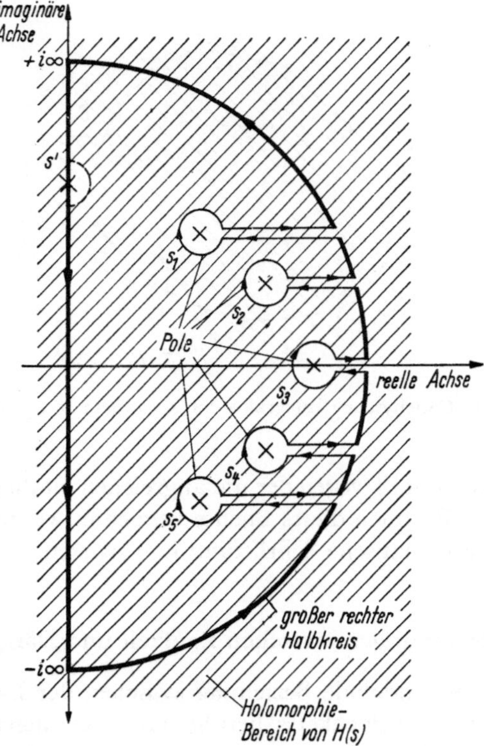

Abb. 3.15. Integrationsweg für die Berechnung der Beziehungen zwischen Gruppenlaufzeit und Dämpfung eines linearen Systems.

Dieser Satz gilt für jeden beliebigen *geschlossenen* Integrationsweg innerhalb des Holomorphiebereiches von $H(s)$. Wenn $H(s)$ einzelne singuläre Punkte enthält, die innerhalb des vom Integrationsweg umschlossenen Bereiches liegen, so muß der Weg so geändert werden, daß die Singularitäten nunmehr außerhalb des geschlossenen Weges liegen.

In Abb. 3.15. ist ein Integrationsweg dargestellt worden, der aus folgenden Abschnitten besteht:

1. das Integral I_1 entlang der imaginären Achse von $+i\infty$ bis $-i\infty$,

2. das Integral I_2 auf einem großen Kreis in der *rechten* s-Halbebene von $-i\infty$ bis $+i\infty$,

3. den Umlaufintegralen I_{3k} um die Pole bei s_k ($k = 1, 2, ..., N$). Dann ist nach Gleichung (85)

$$I_1 + I_2 + \sum_{k=1}^{N} I_{3k} - \pi i\, H(s') = 0 . \qquad (3.86)$$

Das Integral I_2 (auf dem rechten Halbkreis) geht mit den in einem solchen Fall gebräuchlichen Stubstitutionen

$$s = R\,e^{i\varphi}\,,\ ds = iR\,e^{i\varphi}\,d\varphi$$

in die Gleichung

$$I_2 = \lim_{R \to \infty} \int_{-\pi/2}^{+\pi/2} \frac{H(R\,e^{i\varphi})}{R\,e^{i\varphi} - s'}\,iR\,e^{i\varphi}\,d\varphi$$

$$= \pi i\,H(\infty) \tag{3.87}$$

über.

Für $H(s)$ möge im Pol die Darstellung

$$H(s) = \frac{G(s)}{s - s_k} \tag{3.88}$$

gelten. Dann ist das Umlaufintegral um den Pol in dem aus Abb. 12 ersichtlichen negativen Umlaufsinn

$$I_{3k} = -2\pi i\,\frac{G(s_k)}{s_k - s'}\,. \tag{3.89}$$

Setzt man für das Integral auf der imaginären Achse reelle ω-Werte ein und zerlegt die Netzwerkfunktion in die Komponenten

$$H(i\omega) = A(\omega) + iB(\omega)\,, \tag{3.90}$$

so erhält man unter Beachtung der geforderten Richtung

$$I_1 = -\int_{-\infty}^{+\infty} \frac{A(\omega) + iB(\omega)}{\omega - \omega'}\,d\omega\,. \tag{3.91}$$

Die Gleichung (86) kann in zwei reelle Gleichungen zerlegt werden, von denen die eine aus den reellen Komponenten und die andere aus den imaginären Komponenten aller Glieder gebildet wird. Aus den imaginären Anteilen entsteht nach Fortkürzen von i und einer Umordnung das gesucht Ergebnis

$$\boxed{A(\omega') = -\frac{1}{\pi} \int_{-\infty}^{+\infty} \frac{B(\omega)}{\omega - \omega'}\,d\omega + H(\infty) - 2\,\mathrm{Re} \sum_{k=1}^{N} \frac{G(s_k)}{s_k - s'}} \tag{3.92}$$

Diese Gleichung ist die Hilbert-Transformation, *wenn die beiden letzten Glieder verschwinden.*

Diese Voraussetzung ist aber nicht immer erfüllt, so daß die bedenkenlose Verwendung der Hilbert-Transformation statt dieser allgemeineren Gleichung zu einem Fehler führen kann.

Für die Behandlung der Laufzeit kann man von der Definition der Gruppenlaufzeit ausgehen. Wenn man die Übertragungsfunktion in die Form

$$W(i\omega) = V(\omega)\,e^{i\Phi(\omega)} \tag{3.93}$$

bringt, gilt umgekehrt auch

$$\ln V(\omega) + i\Phi(\omega) = \ln W(i\omega)\,. \tag{3.94}$$

9*

Dann ist

$$\frac{\mathrm{d}}{\mathrm{d}s} \ln W(s)\,|_{(s=i\omega)} = \frac{\mathrm{d}\Phi(\omega)}{\mathrm{d}\omega} - i\,\frac{\mathrm{d}}{\mathrm{d}\omega} \ln V(\omega)\,. \qquad (3.95)$$

Die Gruppenlaufzeit ist also der *Real*teil von $-\frac{d}{ds} \ln W(s)|_{(s=i\omega)}$.
Wir führen deshalb die Netzwerkfunktion

$$H(s) = -\frac{\mathrm{d}}{\mathrm{d}s} \ln W(s) \qquad (3.96)$$

ein. Dann ist deren Komponente auf der $i\omega$-Achse $A(\omega)$ die Gruppenlaufzeit, während die andere Komponente

$$B(\omega) = \frac{\mathrm{d}}{\mathrm{d}\omega} V(\omega)\,, \qquad (3.97)$$

die Steilheit der Verstärkungsänderung in Abhängigkeit von der Frequenz ist. Dabei ist unter Verstärkung die negative Dämpfung zu verstehen, die in logarithmischen Einheiten (Neper) zu messen ist.

Die Laufzeit hängt nur dann ausschließlich von der anderen Komponente ab, wenn mathematisch gesprochen 1. die Netzwerkfunktion $H(s)$ im Punkt ∞ verschwindet, also $H(\infty) = 0$ gilt, und wenn 2. die Netzwerkfunktion weder im umschlossenen Bereich noch auf dessen Rand eine Singularität besitzt. Die Laufzeit ist gleichzeitig ein Beispiel dafür, daß die Warnung der Mathematiker vor der leichtfertigen Anwendung des Residuensatzes (nur Integration entlang der imaginären Achse) berechtigt ist. Technisch bedeutet $H(\infty)$ eine Verzögerung, die durch die endliche Geschwindigkeit der Ausbreitung des Signals im System zustande kommt. Ein einfaches Beispiel dafür ist der Übertragungsfaktor für $y(t) = x(t - t_0)$, der nach dem Verschiebungssatz

$$W(s) = \mathrm{e}^{-t_0 s} \qquad (3.98)$$

beträgt. In diesem Beispiel ist $H(\infty) = t_0$. Das letzte Glied ist technisch ausschließlich und allein in den sogenannten Allpässen vertreten, die der Korrektur von Laufzeitverzerrungen dienen[1].

---

[1] Zur Technik der Bemessung solcher Systeme muß auf die zahlreichen Werke über Netzwerksynthese hingewiesen werden: Z. B.:
GUILLEMIN, E. A.: Synthesis of Passive Networks. New York: J. Wiley 1957.
STORER, J. E.: Passive Network Synthesis. New York: McGraw-Hill 1957.
TUTTLE, D. E.: Network Synthesis. New York: J. Wiley 1958.
Der Kuriosität halber sei auch vermerkt, daß es ein überraschend einfaches technisches Verfahren gibt, die Laufzeitverzerrung auszugleichen, indem man als Entzerrer nicht ein komplementäres System sondern eine Nachbildung verwendet, dafür aber im Prozeß selbst der Zeit ein umgekehrtes Vorzeichen gibt. Das ist technisch durch einen Zwischenspeicher (Magnetband) möglich, aus dem abschnittweise die Elementarereignisse (Energiepakete) in der umgekehrten zeitlichen Reihenfolge abgerufen werden. Selbstverständlich ist hinter dem »Entzerrer« nochmals eine abschnittweise Umkehr der Zeitrichtung erforderlich (Rückwärtsabspielen).

§ 37 Die Autokorrelationsfunktion

Die durch die Gleichungen (27) und (28) angegebene Parsevalsche Gleichung ist nur ein Sonderfall der unter denselben Voraussetzungen gültigen allgemeineren Gleichung[1]

$$\int\limits_{-\infty}^{+\infty} w(t)\, w(t-\tau)\, \mathrm{d}t = \int\limits_{-\infty}^{+\infty} |W(i2\pi\mathrm{f})|^2 e^{i2\pi\tau\mathrm{f}}\, \mathrm{df}\,, \qquad (3.99)$$

die man auch mit der Kreisfrequenz $\omega = 2\pi\mathrm{f}$ in der Form

$$\int\limits_{-\infty}^{+\infty} w(\tau)\, w(\tau-t)\, \mathrm{d}\tau = \frac{1}{2\pi} \int\limits_{-\infty}^{+\infty} |W(i\omega)|^2 e^{i t\omega}\, \mathrm{d}\omega \qquad (3.100)$$

schreiben kann. (Die erste von beiden Schreibweisen hat dann Vorteile, wenn man sich den Prozeß als eine über die $\mathrm{f} \cdot t$-Ebene verteilte Energie vorstellt.)

Diese allgemeinere Parsevalsche Gleichung kann man aber auch als eine Fourier-Rücktransformation auffassen, bei der die dazugehörige Transformationsgleichung

$$|W(i2\pi\mathrm{f})|^2 = \int\limits_{-\infty}^{+\infty} \left(\int\limits_{-\infty}^{+\infty} w(t)\, w(t-\tau)\, \mathrm{d}t \right) e^{-i2\pi\mathrm{f}\tau}\, \mathrm{d}\tau \qquad (3.101)$$

lautet. Für die Originalfunktion wird zweckmäßig ein neues Formelzeichen

$$\Phi_{ww}(\tau) = \int\limits_{-\infty}^{+\infty} w(t)\, w(t-\tau)\, \mathrm{d}t \qquad (3.102)$$

und ein neuer Begriff eingeführt. Man nennt sie die *Autokorrelationsfunktion* von $w(t)$. Dieser erstmals mathematisch geschaffene Begriff muß auch in der Welt der Technik existieren, da die gemachten mathematischen Annahmen technisch bei Prozessen immer erfüllt sind. Man kann daher die Gleichung (102) als eine Anleitung zum technischen Handeln ansehen, die man befolgen muß, um die Autokorrelationsfunktion auch als ein technisches Ergebnis zu gewinnen. Es liegt nahe, dafür ein Magnetton-Aufnahme- und Wiedergabegerät zu verwenden. Von den beiden Wiedergabe-Köpfen ist der eine in Richtung der Bandgeschwindigkeit v verschiebbar[2]. Berücksichtigt man noch, daß die Funktion nach

---

[1] S. z. B.: DOETSCH, G.: Handbuch der Laplace-Transformation. I, 249. Basel: Birkhäuser 1950.

[2] Bei der dargestellten Anordnung ist es nicht möglich, τ bis zum Wert Null oder zu negativen Werten hin veränderlich zu machen. Dieser Fehler kann durch eine naheliegende Verbesserung (gleichzeitige Aufnahme auf zwei verschiedenen Spuren) leicht beseitigt werden.

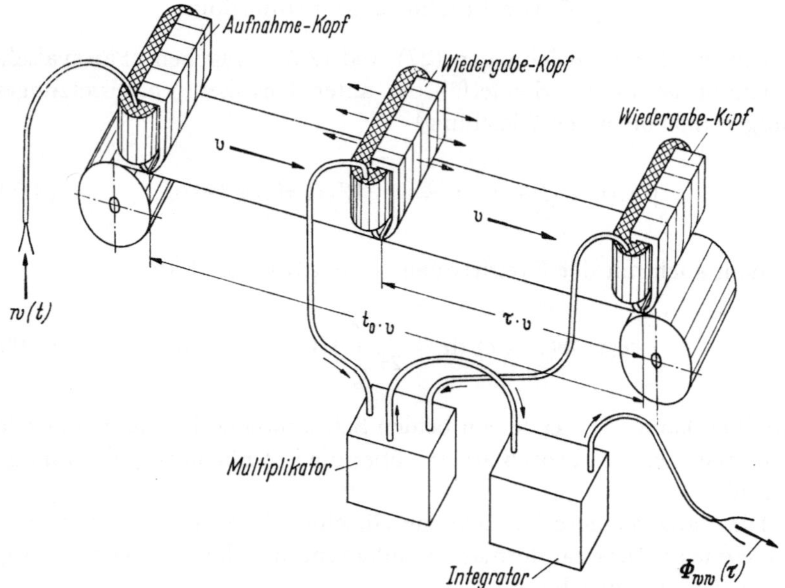

Abb. 3.16.   Maschine zum Berechnen der Autokorrelationsfunktion.

Gleichung (102) nicht von t sondern nur von dem *Betrag* von τ abhängt, ist die in Abb. 3.16 schematisch dargestellte Maschine wohl ohne weiterres verständlich.

Wie aus Gleichung (102) zu entnehmen ist, aber auch mit Hilfe der Maschine leicht gezeigt werden kann, ist

$$\Phi_{ww}(0) = \int\limits_{-\infty}^{+\infty} [w(t)]^2 \, \mathrm{d}t \tag{3.103}$$

die gesamte, innerhalb der verflossenen Zeit im Prozeß enthaltene Energie. Nimmt man jedoch die Autokorrelationsfunktion gleichzeitig für die verschiedenen Parameterwerte auf (was bei einer Bandaufnahme natürlich auch durch mehrfaches Abspielen mit verschiedenen τ-Werten geschehen könnte), so erhält man eine Funktion, die nach Gleichung (101) dem Besitz des Frequenzspektrums gleichwertig ist. (Man könnte die Transformation jederzeit mit den numerischen Hilfsmitteln der Mathematik durchführen.)

So gesehen erscheint die Aufnahme der Autokorrelationsfunktion als ein vielleicht interessantes technisches Verfahren, um auf Umwegen das Fourier-Spektrum[1] aufzunehmen. Dabei stehen der Bereich, über den

---

[1] Dies ist allerdings nur das Leistungsspektrum $|W(i\omega)|^2$, von dem aus man nur bei einem Minimumphasennetzwerk eindeutig auf das Spektrum $W(i\omega)$ schließen kann.

sich eine Autokorrelationsfunktion erstreckt, zu dem Frequenzbereich, den das dazugehörige Spektrum einnimmt, in einer Unschärferelation zueinander, da sie Fourier-Transformierte voneinander sind. Dieses Instrument wächst aber über diesen ursprünglichen Anwendungsfall hinaus, wenn man es auf Zufallsprozesse anwendet.

Hier ist die *Auto*korrelationsfunktion ein Sonderfall der Korrelationsfunktion. Die Autokorrelation beantwortet die Frage nach dem statistischen Zusammenhang zwischen zwei Funktionswerten *derselben* Funktion, die voneinander den zeitlichen Abstand τ haben; die *Fremd*korrelationsfunktion beantwortet die Frage nach dem statistischen Zusammenhang zwischen zwei Funktionswerten zweier *verschiedener* Funktionen, wobei man beide Funktionen zeitlich um τ gegeneinander verschieben kann.

§ 38 Kovarianz und Korrelation

Einstweilen sollen zwei einzelne Entscheidungen des Zufalls, die Auswahl eines Ergebnisses x_i aus der Menge (x) und die Auswahl des Ergebnisses y_j aus der Menge (y), hinsichtlich ihrer statistischen Abhängigkeit voneinander betrachtet werden. Wir greifen damit auf die Überlegungen in § 21 zurück. Wenn man die beiden Ergebnisse miteinander multipliziert, so ist die Wahrscheinlichkeit eines Produktes $x_i \cdot y_j$ gleich der Wahrscheinlichkeit des Zusammentreffens der beiden Faktoren miteinander: $p(x_i \cdot y_j) = p(x_i; y_j)$. Dann hat das Produkt den Erwartungswert

$$E[x \cdot y] = \sum_i \sum_j p(x_i; y_j)\, x_i \cdot y_j . \qquad (3.104)$$

Wenn der Zufall bei der einen Entscheidung nicht an die andere gedacht hat, ist nach einer Grundregel der Wahrscheinlichkeitstheorie

$$p(x_i; y_j) = p(x_i)\, p(y_j) . \qquad (3.105)$$

In diesem Fall kann man die rechte Seite von Gleichung (104) in das Produkt zweier voneinander unabhängiger Summen zerlegen und es ist

bei Unabhängigkeit $\qquad E[x \cdot y] = E[x] \cdot E[y] . \qquad (3.106)$

Der Erwartungswert der beiden »zentrierten«, d.h. der je um ihren Erwartungswert verminderten Ergebnisse wird mit *Kovarianz* bezeichnet. Er ist

$$\mathrm{Kov}[x; y] = E[(x - E(x))\,(y - E(y))] . \qquad (3.107)$$

Hier kann man auf der rechten Seite ausmultiplizieren. Es gelten für den Erwartungswert folgende Regeln:

1. Der Erwartungswert einer Summe ist gleich der Summe der Erwartungswerte: $E[x + y + z + \cdots] = E[x] + E[y] + E[z] + \cdots$.

2. Multipliziert man das Zufallsergebnis mit einem von diesem Ergebnis unabhängigen Faktor, so wächst der Erwartungswert um diesen Faktor: $E[k \cdot x] = k \cdot E[x]$.

3. Der Erwartungswert einer Konstanten ist diese Konstante: $E(k) = k$.

4. Der Erwartungswert von einem Erwartungswert ist der Erwartungwert: $E(E(x)) = E(x)$.

Faßt man die Bildung des Erwartungswertes als eine durch diese Regeln erklärte Rechenoperation auf, so erhält man

$$\text{Kov}\,[x;y] = E[(x - E(x))\,(y - E(y))] = E[x \cdot y] - E[x] \cdot E[y]\,. \tag{3.108}$$

Wenn beide Entscheidungen des Zufalls voneinander unabhängig sind, erhält man also

(bei Unabhängigkeit) $\qquad\qquad \text{Kov}\,[x;y] = 0\,. \tag{3.109}$

Den höchstmöglichen Wert nimmt die Kovarianz offensichtlich in dem Fall an, wenn $y \equiv x$ ist. Sie geht dann, wie die Gleichung (107) zeigt, über in das zentrierte Moment zweiter Ordnung, auch kurz *Varianz* genannt. Man kann dieses Maximum als den Bezugswert benutzen, um die Kovarianz zu normieren und erhält dann, wenn man außerdem noch eine Symmetrie des Ausdruckes in Bezug auf x und y verlangt, den *Korrelationskoeffizienten*

$$\text{Korr}\,[x;y] = \frac{E[(x - E(x))\,(y - E(y))]}{\sqrt{E[(x - E(x))^2] \cdot E[(y - E(y))^2]}}\,. \tag{3.110}$$

Wenn man die Möglichkeit einer **gegenläufigen** Korrelation mit berücksichtigt, gilt

$$-1 \leqq \text{Korr}\,[x;y] \leqq +1\,. \tag{3.111}$$

An die Gleichung

$$E[(x - E(x))^2] = E[x^2] - (E(x))^2 \tag{3.112}$$

wird in diesem Zusammenhang erinnert.

Kovarianz und Korrelation haben als Funktionen der Erwartungswerte die Eigenschaft, die wahre Abhängigkeit zwischen den Ergebnissen zweier statistischer Versuche nur dann (mit der Wahrscheinlichkeit 1) anzugeben, wenn die Versuche *unendlich viele* Einzelbeobachtungen umfassen. Auch bei Beobachtungen zweier Versuchsreihen, die auf Grund des tatsächlichen Zusammenhanges mit Sicherheit voneinander unabhängig sind, ist eine zufällige Korrelation nicht nur möglich, sondern sogar *mit einer Wahrscheinlichkeit* > 0 *zu erwarten*, wenn die Anzahl der Einzelbeobachtungen endlich ist. *Ein Kriterium für einen tatsächlich bestehenden Zusammenhang können diese Korrelationsgrößen erst dann sein, wenn sie wesentlich den Wert überschreiten, die nach Wahrscheinlichkeit auch beim Fehlen eines Zusammenhanges zu erwarten wäre*[1].

---

[1] Diese Tatsache liegt im Wesen der Wahrscheinlichkeit begründet und wird häufig genug übersehen. Selbstverständlich kann man dann mit Statistik wirklich »alles« beweisen.

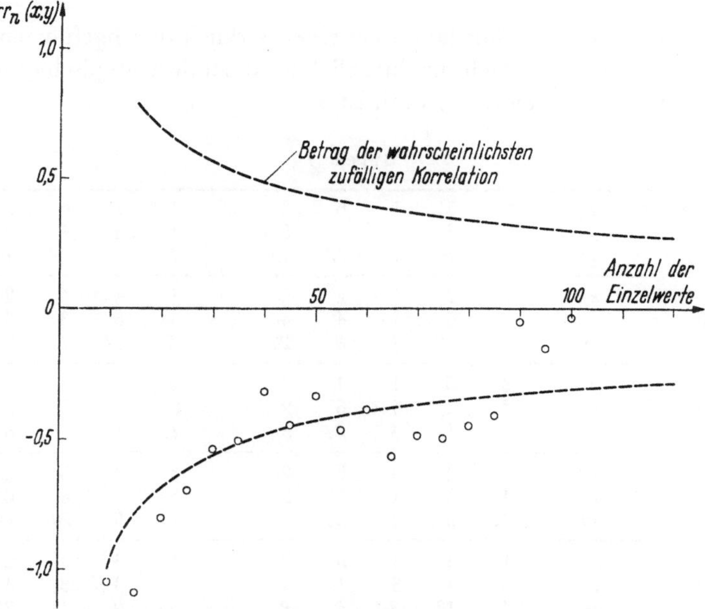

Abb. 3.17. Zur Wahrscheinlichkeit einer zufälligen Korrelation zwischen physikalisch voneinander unabhängigen Zufallsprozessen.

Eine gewisse Überzeugungskraft haben Experimente. Als *Beispiel* mögen die *Ergebnisse eines Würfelns* mit einem normalen Spielwürfel genommen werden. Man kann z.B. 100 Würfe machen und die Ergebnisse in 10 Reihen übereinander anordnen. Nunmehr soll die Frage geprüft werden, ob eine Korrelation zwischen dem Ergebnis einer Zeile und dem in der darunterliegenden Zeile besteht. (Das wäre also eine Autokorrelation, wobei das τ einem Unterschied von 10 Würfen entspricht.) Die Auswertung kann so geschehen, daß sich der Korrelationskoeffizient als Funktion der Anzahl der Würfe ergibt.

Bei diesem Versuch sei angenommen, daß keine Augenzahl durch die Art des vorgenommenen Versuches begünstigt ist. Daher ist $E(x) = E(y) = 3,5$; $E[(x - E(x))^2] = 35/12$. Wir rechnen also[1]

$$\mathrm{Korr}_n\,[x;y] = \frac{\dfrac{1}{n}\sum_{i=1}^{n} x_i \cdot y_i - \dfrac{49}{4}}{\dfrac{35}{12}}$$

$$= \frac{12}{35} \cdot \frac{1}{n}\sum_{i=1}^{n} x_i \cdot y_i - 4,2 \,. \tag{3.113}$$

---

[1] Die Auswertung setzt also die Kenntnis der Erwartungswerte voraus. Das ist sicher richtig, da man die Würfel ja physikalisch kennt. Außerdem würde man dasselbe Ergebnis erhalten, wenn man den Würfel durch eine Änderung seiner Beschriftung in $-2,5$; $-1,5$; $-0,5$; $+0,5$; $+1,5$; $+2,5$ »symmetrieren« würde.

Das zufällige Ergebnis lautet bei einer wirklich durchgeführten Versuchsreihe[1] (die auch nicht nachträglich als besonders »typisch« aus vielen derartigen Reihen ausgewählt ist):

Tabelle 7

Wurf-Nr.											
(1–10)	x	3	5	1	6	3	1	2	6	5	4
	y	1	2	1	2	5	1	4	4	2	2
	xy	3	10	1	12	15	1	8	24	10	8
(11–20)	x	1	2	1	2	5	1	4	4	2	2
	y	3	6	1	4	4	4	6	3	3	3
	xy	3	12	1	8	20	4	24	12	6	6
(21–30)	x	3	6	1	4	4	4	6	3	3	3
	y	3	2	4	6	2	3	3	5	2	5
	xy	9	12	4	24	8	12	18	15	6	15
(31–40)	x	3	2	4	6	2	3	3	5	2	5
	y	4	3	1	5	2	5	3	4	6	4
	xy	12	6	4	30	4	15	9	20	12	20
(41–50)	x	4	3	1	5	2	5	3	4	6	4
	y	3	4	3	1	4	1	3	3	4	5
	xy	12	12	3	5	8	5	9	12	24	20
(51–60)	x	3	4	3	1	4	1	3	3	4	5
	y	3	1	2	1	4	3	6	3	1	6
	xy	9	4	6	1	16	3	18	9	4	30
(61–70)	x	3	1	2	1	4	3	6	3	1	6
	y	2	6	2	6	1	2	6	5	6	1
	xy	6	6	4	6	4	6	36	15	6	6
(71–80)	x	2	6	2	6	1	2	6	5	6	1
	y	1	5	1	2	5	2	1	3	6	4
	xy	2	30	2	12	5	4	6	15	36	4
(81–90)	x	1	5	1	2	5	2	1	3	6	4
	y	3	5	6	6	4	6	6	4	6	5
	xy	3	25	6	12	20	12	6	12	36	20
(91–100)	x	3	5	6	6	4	6	6	4	6	5
	y	3	5	1	6	3	1	2	6	5	4
	xy	9	25	6	36	12	6	12	24	30	20

Die letzte Zeile wurde wieder mit der ersten Zeile gepaart.

Die in Abb. 3.17. eingetragenen Punkte sind das Ergebnis, nachdem die Wertepaare nach der Vorschrift in Gleichung (109) ausgewertet wurden. Demnach besteht also eine Korrelation in der Größenordnung —0,5 (also es kann mit gleicher Wahrscheinlichkeit sein oder nicht sein), die aber bei etwa $n = 90$ ziemlich unvermittelt auf kleine Werte springt.

---

[1] Dem Leser wird empfohlen, selbst die Korrelation zwischen zwei Versuchsreihen *endlicher* Länge kritisch zu untersuchen.

Was soll der unbefangene Betrachter von diesen Werten halten? Wäre ihm nur das Ergebnis für $n = 100$ bekannt, so würde er darin wohl eine Bestätigung für den erwarteten (fehlenden) Zusammenhang erblicken. Wieso aber dann die starke Korrelation unterhalb von $n = 90$? Oder ist bei der Durchführung des Versuches doch eine versteckte Kopplung statistischer Art übersehen worden, die jetzt durch die Auswertung aufgedeckt wird? Dann könnte das Ergebnis für $n = 100$ auf einem Zufall beruhen, das vermutlich, wenn die Versuchsreihe länger gewesen wäre, wieder durch die höhere Korrelation abgelöst worden wäre. Alle diese bei solchen Anlässen üblichen Spekulationen beruhen aber auf einer völligen Verkennung des Wesens des Zufalls.

Wenn wir annehmen, daß die einzelnen Ergebnisse in einer Folge von Zufallsergebnissen unabhängig voneinander sind, dann sind auch solche Folgen voneinander unabhängig, die auseinander durch eine zyklische Vertauschung z. B. um 10 Plätze hervorgehen. Dann *muß* diese Korrelation rein zufällig sein. Wenn das so ist, haben die einzelnen Produkte in dem Zahlenfeld

$$z = \left\{ \begin{array}{cccccc} 1 & 2 & 3 & 4 & 5 & 6 \\ 2 & 4 & 6 & 8 & 10 & 12 \\ 3 & 6 & 9 & 12 & 15 & 18 \\ 4 & 8 & 12 & 16 & 20 & 24 \\ 5 & 10 & 15 & 20 & 25 & 30 \\ 6 & 12 & 18 & 24 & 30 & 36 \end{array} \right. \tag{3.114}$$

sämtliche dieselbe Wahrscheinlichkeit 1/36, mehrfach vorkommende Produkte natürlich das entsprechende Vielfache davon. Wenn man jede dieser Zahlen z als zufällig behandelt, muß es nach dem *schwachen Gesetz der großen Zahlen* auch eine Abweichung geben, deren Betrag eine maximale Wahrscheinlichkeit besitzt.

Die in Gleichung (114) angegebenen Produktzahlen haben eine Varianz

$$E\{(z - E(z))^2\} = E\{z^2\} - (E\{z\})^2 = (E(x^2))^2 - (E(x))^4, \tag{3.115}$$

aus der sich unter Berücksichtigung der Normierung der Betrag der wahrscheinlichsten Korrelation (man kann auch sagen: der effektive Mittelwert der zu erwartenden Korrelation) zu

$$\textit{(wahrscheinlichste zufällige Korrelation)} \quad \frac{1}{\sqrt{n}} \cdot \frac{\sqrt{(E(x^2))^2 - (E(x))^4}}{\sqrt{E(x^2) - (E(x))^2}}. \tag{3.116}$$

ergibt. Setzt man in diesen Ausdruck die Erwartungswerte für den Würfel

$$E(x) = \frac{7}{2}, \quad E(x^2) = \frac{91}{6} \tag{3.117}$$

ein, so erhält man numerisch die (wohl überraschend hohe) zufällige Korrelation größter Wahrscheinlichkeit

$$\textit{(wahrscheinlichste zufällige Korrelation bei einem Paar erwürfelter Augenzahlen)} \quad \frac{3,07}{\sqrt{n}}. \tag{3.118}$$

Trägt man diese wahrscheinlichste Korrelation in die Abb. 3.17 als Funktion von der Anzahl n der ausgewerteten Würfe ein, so erkennt man, daß die festgestellte Korrelation sehr wohl auf reinem Zufall beruhen kann. Selbstverständlich liefert dieses *eine* experimentelle Ergebnis, dem Charakter des Zufalls entsprechend, wieder keinen Beweis, es könnte wiederum *zufällig* so ausgefallen sein, daß es zu der Kurve paßt, die die Theorie liefert. Die Wahrscheinlichkeit einer derartigen zufälligen Übereinstimmung ist aber sehr klein. Es kann daher dem Leser empfohlen werden, die Zahl der Versuchsreihen durch eigene Versuche zu erhöhen, und sein Ergebnis mit der theoretischen Erwartung zu vergleichen.

§ 39 Einführung eines Zufallsvektors

Der soeben behandelte Zusammenhang würde unverändert bleiben, wenn man nicht mit einem Würfel 100mal nacheinander werfen würde, sondern statt dessen mit 100 Würfeln gleichzeitig. (Die Würfel mögen auf eine Weise, die ihre Eigenschaften nicht beeinflußt, durchnumeriert sein.) Eine derartige Vertauschung ist aber, wie uns bereits aus § 27 bekannt ist, keineswegs allgemein zulässig, sondern setzt einen stationären *und* ergodischen Prozeß voraus.

Zwei Prozesse kann man bildlich als zwei übereinanderliegende Ebenen darstellen (Abb. 3.18.), wobei jeder Prozeß aus nebeneinanderliegenden Realisierungen besteht, die sich in der Zeit entwickeln.

Dieses Bild läßt zwei Möglichkeiten der Bildung von Kovarianzbegriffen zu:

1. Es werden *zwei feste Zeitpunkte*, t_x für den Prozeß x und t_y für den Prozeß y, herausgegriffen. Wenn die Realisierungen beider Prozesse nach irgendeinem System einander durch eine entsprechende Numerierung zugeordnet sind, kann man eine Kovarianz $\text{Kov}_{(t_x;t_y)}[x;y]$ bestimmen. Sie wird im allgemeinen eine Funktion von t_x und von t_y sein.

2. Es werden aus beiden Prozessen *je eine Realisierung*, z.B. $x_i(t)$ und $y_i(t)$ herausgegriffen. Man erhält die Kovarianz $\text{Kov}_{(x_i;y_i)}[t;\tau]$. Sie wird im allgemeinen davon abhängig sein, welches Paar von Realisierungen gerade gewählt worden ist.

Nur bei einem stationär-ergodischen Prozeß darf man beide Kovarianzen miteinander vertauschen. Da der Prozeß *stationär* ist, kann die über die Zeit gebildete Kovarianz nicht von t abhängen, da der Prozeß *ergodisch* ist, kann es gleichgültig sein, welches Paar von Realisierungen man miteinander in Beziehung setzt. Die Beziehung reduziert sich daher auf

$$\Phi_{xy}(\tau) = \int\limits_{-\infty}^{+\infty} x(t)\, y(t-\tau)\, \mathrm{d}t. \tag{3.115}$$

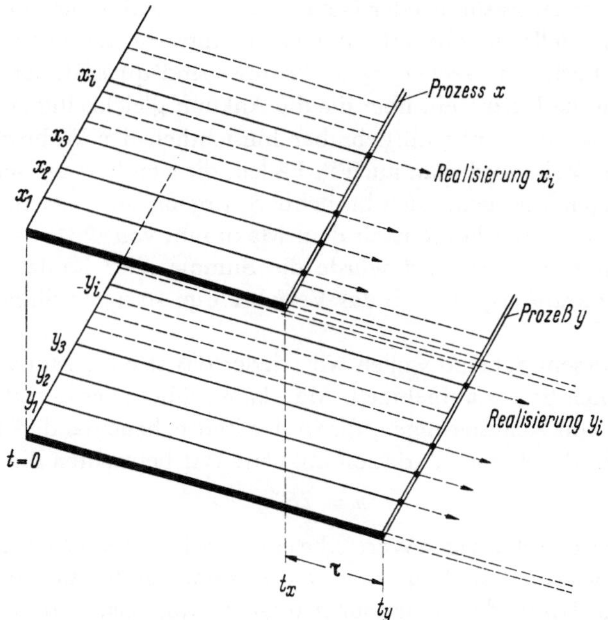

Abb. 3.18. Schematische Darstellung zweier Prozesse als Vorgänge auf zwei übereinanderliegenden Ebenen.

Man nennt diese etwas inkonsequent die *Fremd-* oder *Kreuz*korrelationsfunktion der beiden Prozesse x und y in Abhängigkeit[1] vom Parameter τ. (Die Bezeichnung Ko*varianz*funktion hätte ohne Zweifel das Wesen dieser Funktion besser wiedergegeben.)

Die Forderung, daß beide Prozesse stationär ergodisch sein müssen, wird man namentlich für technische Anwendungszwecke nicht übertrieben streng auslegen. Angenommen, die beiden Prozesse seien:

1. die Gesamtheit aller Briefinhalte (x), die von den Bewohnern des Landes X geschrieben werden,

2. die Gesamtheit des Verhaltens (y) der Bewohner des Landes Y, an die diese Briefe gerichtet waren.

Beide Prozesse sind weder stationär, denn die allgemeinen Begleitumstände ändern sich mit der Zeit, noch sind sie ergodisch, denn die einzelnen Briefe B_i, die ein bestimmter Bewohner des Landes X im Laufe der Zeit schreibt, haben in dieser Menge nicht dieselbe Wahrscheinlichkeit wie in der Menge der Briefe, die sämtliche Bewohner gerade im gegenwärtigen Augenblick schreiben. Trotzdem kann man den Prozeß (y),

---

[1] Hierbei ist stillschweigend eine lineare Abhängigkeit vorausgesetzt worden. Es kann aber im Bereich der Zufallsprozesse durchaus auch Abhängigkeiten geben, die nicht mehr linear sind.

vielleicht eine Auswahl aus der Gesamtheit der Realisierungen mit dem Prozeß (x), vielleicht ebenfalls mit einer Auswahl aus allen Realisierungen in Beziehung setzen. Beide Prozesse sind quasi-stationär, wenn sie sich innerhalb der Zeit, über die die Ankunft gleichzeitig geschriebener Briefe streut, nicht wahrnehmbar hinsichtlich der Wahrscheinlichkeit ändern. Z.B. wird man auch in Fällen, die sich hart an der Grenze des Zulässigen bewegen, noch brauchbare Ergebnisse erzielen. Ein Beispiel dafür wäre die Frage nach dem Maximum von $\Phi_{xy}(\tau)$ in Abhängigkeit von τ. Die Antwort würde die Summe aller Laufzeiten ohne Rücksicht darauf ergeben, ob das Verfahren im strengen Sinne korrekt ist.

Nach diesem Scherzo wollen wir wieder das strenge Motiv des vorangegangenen Satzes aufnehmen. Man kann dabei aber den Prozeß als eine Schar von Realisierungen, die in der Zeit nebeneinander herlaufen (Abb. 3.18.) durch eine Variation ablösen: Wir betrachten die Gesamtheit der

$$n = 2BT \tag{3.120}$$

voneinander unabhängigen Werte, die einem Zeitintervall T bei der Bandbreite B zugeordnet sind, als einen n-dimensionalen Vektor. Im Grenzfall kann die Anzahl der Dimensionen dieses Vektors sogar jede angebbare endliche Grenze überschreiten.

Es möge eingeschaltet werden, daß unter Bandbreite nur die einfache Bandbreite, also der Bereich zu verstehen ist, den die Frequenz (im physikalischen Sinne des Wortes) einnimmt. Wenn man komplex rechnet, wie es hier zur Vereinfachung durchweg geschieht, gibt es außerdem noch ein gleich großes Band von Frequenzen im negativen Frequenzbereich.

Diese Definition der Bandbreite soll auch dann gelten, wenn es auch eine untere Frequenzgrenze gibt, also die Frequenz Null außerhalb des Bandes liegt. Zwar tritt bei Amplitudenmodulation eine Verdopplung des Bandes ein, obwohl dieser Kanal einem einfachen Niederfrequenzband äquivalent bleibt. Diese Erscheinung ist aber nicht grundsätzlicher Natur, sondern beruht auf einer technischen Eigenart der Amplitudenmodulation, durch die ein Freiheitsgrad im NF-Kanal zwei Freiheitsgrade im HF-Kanal besetzt. (Abb. 3.19.). Ein technisches Gegenbeispiel ist die Einseitenband-Modulation.

Bei dieser Betrachtung ist es auch ohne Einfluß, wie die Freiheitsgrade auf die f-t-Fläche verteilt sind, da ihre Anzahl davon nicht abhängt. Auch die beiden Grenzfälle, daß die t-Achse auf der Länge T in $\frac{T}{2B}$ unterteilt ist, oder daß die f-Achse auf der Länge B in $\frac{B}{2T}$ Abschnitte unterteilt ist, fallen mit unter diese Betrachtung. Im ersten Fall stellt der Vektor unmittelbar die unabhängigen Funktionswerte der Zeitfunktion, und im zweiten Fall die unabhängigen Fourier-Koeffizienten dar. Nur muß in einem bestimmten Beispiel die einmal vorgenommene Aufteilung in Freiheitsgrade und die Zuordnung der Vektorkomponenten zu diesen Freiheitsgraden fest beibehalten werden.

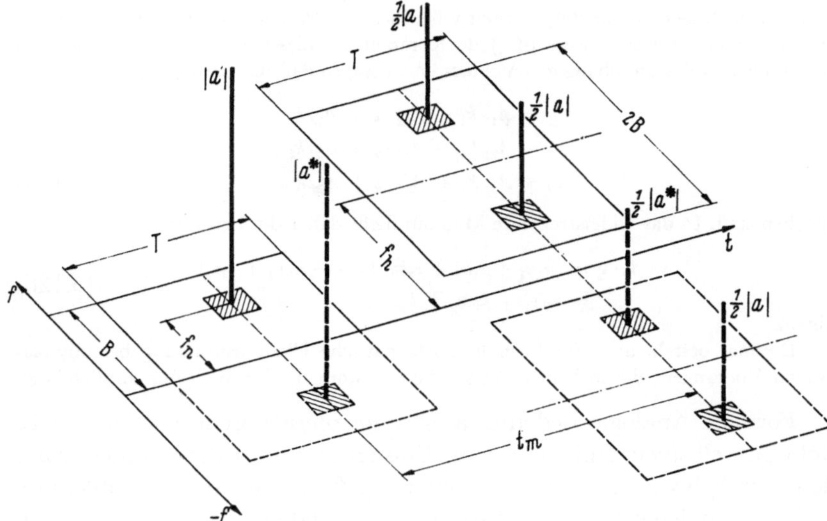

Abb. 3.19. Verdopplung der Anzahl der erforderlichen Freiheitsgrade bei Amplitudenmodulation, wenn beide Seitenbänder übertragen werden.

Es muß hier noch eine Bemerkung zum Begriff Vektor eingeschaltet werden, da dieser in der Mathematik nicht eindeutig festgelegt ist. Im ursprünglichen Sinn ist ein Vektor die Zusammenfassung einer positiven Zahl mit seiner Richtung. Statt die Richtung durch Winkel zu beschreiben, kann man auch ein dreidimensionales Koordinatensystem mit den paarweise zueinander senkrechten Einheitsvektoren (e_1, e_2, e_3) zugrundelegen. Dann ist ein beliebiger Vektor die *Summe*

$$\mathbf{x} = e_1 x_1 + e_2 x_2 + e_3 x_3 \,, \tag{3.121}$$

in der x_1, x_2, x_3 die (positiv oder negativ) reellen Komponenten sind.

Man bezeichnet aber auch ein System von n Zahlen, z. B. eine Spaltenmatrix in der Matrizenrechnung, auch als einen Vektor, ohne daß weder eine Summe noch Komponenten verschiedener Richtung vorliegen. In dieser Weise ist die Gesamtheit der Spannungen u_1, u_2, ..., u_n, die an einem linearen Netz in den Knoten (1, 2, ..., n) gemessen werden, ein »Vektor«. Die hineinfließenden Ströme sind durch die linearen Gleichungen

$$
\begin{aligned}
i_1 &= g_{11}\, u_1 + g_{12}\, u_2 + \ldots + g_{1n}\, u_n, \\
i_2 &= g_{21}\, u_1 + g_{22}\, u_2 + \ldots + g_{2n}\, u_n, \\
&\;\;\vdots \\
i_n &= g_{n1}\, u_1 + g_{n2}\, u_2 + \ldots + g_{nn}\, u_n
\end{aligned}
\tag{3.122}
$$

bestimmt. Die in das Netzwerk hineinfließende Leistung ist

$$\mathbf{u} \cdot \mathbf{i} = u_1 i_1 + u_2 i_2 + \cdots + u_n i_n \,. \tag{3.123}$$

Wirkt dagegen auf ein widerstrebendes Medium (in *einem* Punkt) eine Kraft

$$\mathbf{k} = e_1 k_1 + e_2 k_2 + e_3 k_3 \tag{3.124}$$

ein, so ruft diese eine Geschwindigkeit v hervor, die also ein Vektor als Funktion von einem Vektor, also ein *Tensor* ist. Jede Komponente dieses Vektors hängt von allen Komponenten des unabhängigen Vektors linear ab, so daß die Gleichungen

$$v_1 = A_{11} k_1 + A_{12} k_2 + A_{13} k_3 ,$$
$$v_2 = A_{21} k_1 + A_{22} k_2 + A_{23} k_3 ,$$
$$v_3 = A_{31} k_1 + A_{32} k_2 + A_{33} k_3 \qquad (3.125)$$

gegeben sind. In das widerstrebende Medium fließt daher die Leistung

$$\mathbf{k} \cdot \mathbf{v} = (e_1 k_1 + e_2 k_2 + e_3 k_3) (e_1 v_1 + e_2 v_2 + e_3 v_3)$$
$$= k_1 v_1 + k_2 v_2 + k_3 v_3 . \qquad (3.126)$$

hinein.

Diesmal besteht also eine formale mathematische Übereinstimmung bei physikalischen Vorgängen, die in keiner Weise übereinstimmen oder auch nur ähnlich sind.

Formale Analogie bedeutet also keine physikalische Gleichheit! Es steht uns selbstverständlich frei, die Einspeisung eines Verbundnetzes aus den räumlich weit getrennten Punkten E_1, E_2, ..., E_n als ein Problem im n-dimensionalen orthogonalen Raum zu behandeln (Abb. 3.20.), da sich hier ein geeignetes vorfabriziertes mathematisches Rüstzeug anbietet. Demzufolge ist die gesamte in das Netz hineinfließende Leistung

$$P = (e_1 u_1 + e_2 u_2 + \cdots + e_n u_n)(e_1 i_1 + e_2 i_2 + \cdots + e_n i_n)$$
$$= u_1 i_1 + u_2 i_2 + \ldots + u_n i_n . \qquad (3.127)$$

Der tiefere Grund dafür, daß alle Produkte $u_r i_s$ für $r \neq s$ verschwinden, ist aber nicht eine geheimnisvolle Eigenschaft des n-dimensionalen Raumes, sondern die schlichte Tatsache, daß man niemals die Spannung des einen Elektrizitätswerkes mit dem Strom aus dem anderen

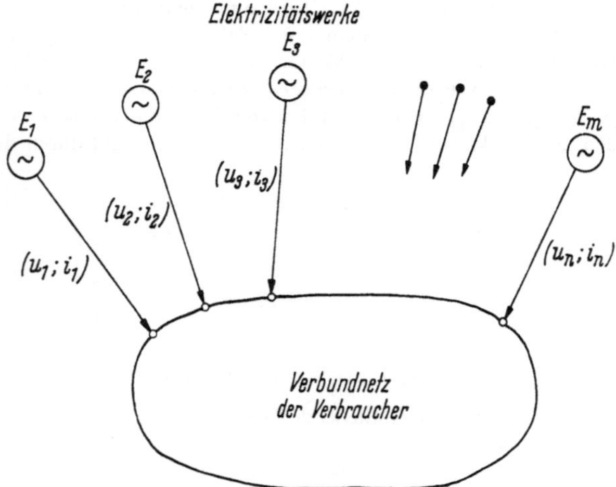

Abb. 3.20.   Die Einspeisung in ein Verbundnetz als Problem in einem n-dimensionalen Raum.

Elektrizitätswerk multiplizieren darf, da beide nichts miteinander zu tun haben und *deshalb* das Produkt Null als Beitrag zur Leistung ergeben müssen, damit das Ergebnis nicht den Sinn verliert. Der mathematische Formalismus muß ad hoc so ausgewählt werden, daß rechnerisch das geschieht, was die Physik erfordert. Deshalb *darf* man in diesem Fall die Rechnung gemäß Gleichung (123) mit der entsprechenden Vorsicht durch die nach Gleichung (127) ersetzen, aber man *muß* es nicht tun[1].

Wenn man eine geordnete Gesamtheit von zufälligen Zahlen $(x_1, x_2, \ldots, x_n)$ als einen Vektor auffaßt, und zwar als einen gerichteten Vektor in einem Raum, in dem sämtliche möglichen Paare von verschiedenen Einheitsvektoren aus $(e_1, e_2 \ldots, e_n)$ senkrecht aufeinander stehen, so liegt darin kein physikalischer Sinn. Man kommt dadurch auch keinen »höheren« Zusammenhängen auf die Spur, sondern man vereinfacht nur die Rechnung. Man wird sogar von Fall zu Fall prüfen müssen, ob der Gang der Rechnung mit den physikalischen Zusammenhängen korrespondiert oder nicht.

§ 40 Zum Rechnen mit dem Zufallsvektor

Physikalisch ist der Vektor also die geordnete Zusammenfassung der Werte, die der Zufall jedem der n Freiheitsgrade einer f-t-Ebene gegeben hat:

$$\mathbf{x} = (x_1, x_2, \ldots, x_n) \, . \tag{3.128}$$

Abgesehen von einer unwesentlichen Konstanten ist das Quadrat eines jeden *einzelnen* Wertes die auf jeden einzelnen Freiheitsgrad entfallende Energie, also

$$x_i^2 = E_i \, , \tag{3.129}$$

wobei aber

$$E = \sum_i E_i \tag{3.130}$$

die gesamte Energie dieser Realisierung des Zufallsprozesses ist. Dieser physikalische Zusammenhang wird im Ergebnis richtig wiedergegeben, wenn man mathematisch

$$\mathbf{x} = (e_1 \, x_1, e_2 \, x_2, \ldots, e_n \, x_n) \tag{3.131}$$

---

[1] Es liegt offenbar ein ähnlicher Zusammenhang vor wie zwischen den Schwingungsvorgängen und den komplexen Rechenverfahren: Die komplexe Rechnung wird nicht etwa deshalb erforderlich, weil die physikalisch auftretenden Größen komplex wären (was sie in Wirklichkeit nicht sind), sondern es bestehen in der Physik zwischen bestimmten Größen*paaren* die gleichen Zusammenhänge, die in der Mathematik bei Funktionen komplexer Größen auftreten. Die Beobachtung liefert dagegen immer nur eine reelle Anzahl von Maßeinheiten, also reelle Größen.

als einen Vektor in einem abstrakten n-dimensionalen Raum ansieht. Dann ergibt nämlich das innere Produkt mit sich selbst in Übereinstimmung mit (129) und (130):

$$(\mathrm{x})^2 = \sum_i x_i^2.$$ (3.132)

Wenn man den Vektor als eine Spaltenmatrix auffaßt, kann man gleichwertig auch

$$E = \begin{bmatrix} x^1 \\ x^2 \\ \cdot \\ \cdot \\ \cdot \\ x^n \end{bmatrix} \cdot (x_1, x_2, \ldots, x_n)$$ (3.133)

schreiben. (Die hochgestellten Indizes in der Spaltenmatrix sind eine Konvention und bedeuten nicht etwa Exponenten.)

In entsprechender Weise ist unter dem Produkt zweier *verschiedener* Vektoren x und y die Rechenoperation

$$\begin{bmatrix} x^1 \\ x^2 \\ \cdot \\ \cdot \\ \cdot \\ x^n \end{bmatrix} \cdot (y_1, y_2, \ldots, y_n) = \sum_i x_i y_i$$ (3.134)

zu verstehen.

Ersetzt man in der Gleichung für den Korrelationskoeffizienten die auf einen bestimmten festen Zeitpunkt bezogene Wahrscheinlichkeit durch die auf eine bestimmte Realisierung bezogene Wahrscheinlichkeit und ersetzt jetzt noch den Erwartungswert durch den Mittelwert

$$E[f(x)] \cong \frac{1}{n} \sum_{a=1}^{n} f(x_a) \equiv \overline{f(x)},$$ (3.135)

so geht bei $E(x) = 0$, $E(y) = 0$ die Korrelationsfunktion (108) für $\tau = 0$ in

$$\Phi_{xy}(0) = \frac{\overline{(x \cdot y)}}{\sqrt{\overline{(x)^2 \cdot \overline{(y)^2}}}}$$

$$= \frac{\sum\limits_{a=1}^{n} x_a \cdot y_a}{\sqrt{\sum\limits_{a=1}^{n} x_a^2 \cdot \sum\limits_{a=1}^{n} y_a^2}}$$ (3.136)

über. Diese Größe hat bei *drei*dimensionalen Vektoren eine unmittelbare geometrische Bedeutung: Sie ist der Kosinus des zwischen den beiden

Vektoren eingeschlossenen Winkels. Diese anschauliche Bedeutung führt auch bei *multi*dimensionalen Vektoren ($n > 3$) zu den Bezeichnungen

$$\text{orthogonal, wenn } \Phi_{xy} = 0 ,$$
$$\text{parallel, \quad wenn } \Phi_{xy} = 1 ,$$
$$\text{antiparallel, wenn } \Phi_{xy} = -1 .$$

Diese geometrische Interpretation ist deshalb sehr nützlich, weil die geometrischen Sätze des dreidimensionalen Raumes auch bei einer größeren Anzahl von Dimensionen erhalten bleiben.

Parallele Vektoren sind daher solche, bei denen immer $y_i = k\,x_i$ gilt, wobei k eine positiv reelle Konstante ist. (Entsprechend bezeichnet ein negativ reelles k antiparallele Vektoren.) Orthogonalität ist deshalb bei Zufallsvektoren ein Synonym für vollständige statistische Unabhängigkeit voneinander.

Man kann nunmehr geometrische Sätze auf Zufallsprozesse anwenden, etwa die beiden elementaren Sätze:

In einem n-dimensionalen Raum gibt es genau n zueinander orthogonale Richtungen (Einfachster Fall: die Richtungen der Koordinatenachsen).

Jeder Vektor läßt sich in die Summe zweier Vektoren zerlegen, von denen die eine Komponente zu einem gegebenen anderen Vektor parallel (bzw. antiparallel) *und die andere orthogonal ist.*

Da die Länge eines Vektors (= Betrag), wenn man sie zum Quadrat erhebt, ein Maß für die Energie ist, den der Prozeß mit sich führt, kann man den ersten Satz folgendermaßen »übersetzen«:

Zu einer Folge von n Zufallsergebnissen gibt es n — 1 Folgen mit der gleichen Gesamtenergie, die nicht dazu korreliert sind.

Zusatz 1: *Diese n — 1 Folgen sind auch untereinander nicht korreliert.*

Zusatz 2: *Alle überhaupt möglichen und nicht zur gegebenen Folge von n Ergebnissen korrelierten Folgen lassen sich als Linearkomposita von n — 1 voneinander unabhängiger Folgen darstellen.*

Zwei zufällig und unabhängig voneinander ausgewählte Folgen haben auch einen zu diesem Paar gehörenden *zufälligen* Korrelationsfaktor. Wenn man von einem konstanten Faktor absieht, gehören zu einem *n*-dimensionalen Vektor aber $n — 1$ orthogonale, aber nur ein paralleler Vektor. Dadurch wird folgender Satz begründet:

Mit wachsender Anzahl der Einzelwerte, aus denen sich eine Folge von Zufalls-ergebnissen zusammensetzt, geht die Wahrscheinlichkeit, daß eine zweite unabhängige[1] Folge gleicher Anzahl von Einzelwerten zufällig parallel *ist, gegen* Null *und die Wahrscheinlichkeit, daß diese* zufällig orthogonal *ist, gegen* Eins.

Damit ist unversehens ein Satz entstanden, der nicht mehr ganz so trivial klingt.

---

[1] Unabhängig bedeutet hier: physikalisch unabhängig, durch einen Zufallsmechanismus erzeugt, der mit dem der ersten Folge in keinerlei wirklichem Zusammenhang steht.

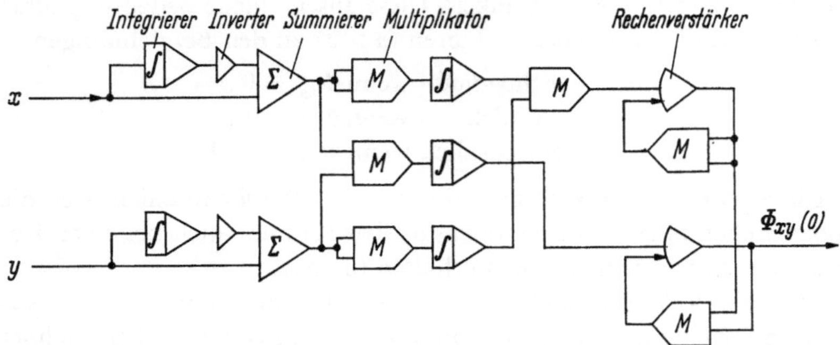

Abb. 3.21. Prinzipschaltbild eines Analogrechners zur Berechnung von $\Phi_{xy}(0)$. Die Integrierer sind so eingestellt, daß sie $\int e^{-at}x(t)\, dt$ berechnen.

Um den Vorgang der Berechnung einer Funktion $\Phi_{xy}(0)$ greifbarer zu machen, wird ein Prinzipschaltbild des Rechenvorganges[1] beigefügt, das sich Schritt für Schritt verfolgen läßt (Abb. 3.21.). Hierbei ist vorausgesetzt worden, daß $x(t)$ als eine Funktion der Zeit eingegeben wird, wobei $\dfrac{1}{2B}$ Werte pro Sekunde den gesamten Vorgang beschreiben. Die Integratoren sind nicht strenge Integratoren im mathematischen Sinn, sondern multiplizieren ihre Eingangsspannung vorher mit einer Dämpfung e^{-at}, wobei a so gewählt wird, daß 1. genügend viele Einzelwerte zusammenfassend berücksichtigt werden, dabei aber 2. zeitlich stärker zurückliegende Werte allmählich »vergessen« werden. Man beachte, daß eine solche Schaltung etwas »mathematisch Unmögliches« kann, nämlich die Bildung der Fremdkorrelation von zwei nur quasi-stationär-ergodischen Vorgängen[2]. Die Einstellung von a muß dann so vorgenommen werden, daß ein möglichst guter Kompromiß zwischen den beiden entgegengesetzten Forderungen zustandekommt, 1. sich zwar möglichst auf die neuesten Werte zu beschränken (also die alten Werte möglichst schnell zu vergessen), 2. gleichzeitig aber auch genügend viele Werte zusammenzufassen.

Die so entstehende Fremdkorrelation ist eine Funktion von t (*nicht* von τ), denn sie gibt den augenblicklichen Korrelationsfaktor (natürlich cum grano salis) an und spiegelt dabei langsame Änderungen der statistischen Kopplung zwischen zwei Vorgängen wider (z. B. Schwundeffekte bei einer drahtlosen Übertragung).

---

[1] Hierbei wurde das Buch: GILOI-LAUBER: Analogrechnen. Berlin–Göttingen–Heidelberg: Springer 1963; zugrunde gelegt.
[2] Selbstverständlich ist diese Rechnung mathematisch nicht streng richtig, kann aber trotzdem technisch gute Dienste leisten.

§ 41 Die Korrelationsfunktion

Die bisherigen Ergebnisse sind allerdings immer noch keine Korrelationsfunktionen, sondern Korrelationskoeffizienten für den Parameter Null. Die beiden Eingänge eines Fremdkorrelators, (mit diesem Namen werde nunmehr die Schaltung nach Abb. 21 und solche, die dem gleichen Zweck dienen, bezeichnet) seien gleichzeitig mit folgenden beiden Wertegruppen belegt,

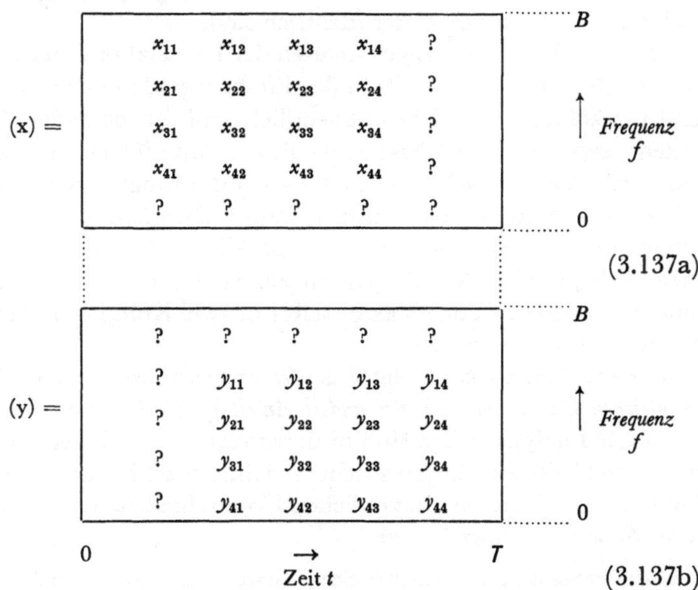

$$(3.137a)$$

$$(3.137b)$$

wobei die mit gleichen Indizes bezeichneten Größen x und y paarweise durch einen gemeinsamen Ursprung so zusammengehören mögen, daß eine starke gegenseitige Abhängigkeit vorliegt. Die mit ? bezeichneten Werte sollen rein zufällig sein und weder von den x- und y-Werten noch voneinander abhängen. Da nunmehr im Korrelator nur jeweils Wertepaare in einer f-t-Zelle zusammentreffen, die unabhängig voneinander sind, wird in diesem Falle der Korrelationskoeffizient eine Summe von zufälligen Größen sein und die größte Wahrscheinlichkeit beim Wert Null besitzen. Und das, obwohl doch beide B-T-Felder Wertegruppen enthalten, deren Korrelation untereinander vorausgesetzt wird. Die Abhilfe ist klar; man muß das B-T-Feld so zeitlich verschieben und in der Frequenz so versetzen, daß entsprechend Bezeichnetes aufeinander fällt.

Genau genommen ist diese zeitliche Relativverschiebung auch eine Drehung des Vektors im n-dimensionalen Raum, aber eine solche, die sich auf eine in diesen Raum eingebettete Überebene beschränkt und auch hier nur aus einer Vertauschung von Koordinaten besteht (dreidimensional gesprochen: Drehung um eine einzelne Koordinatenachse, und zwar um ganze Vielfache von 90⁰).

Wenn man sich auf zeitliche Relativverschiebungen beschränkt, also auch von der Möglichkeit eines Frequenzversatzes absieht, kann man den Koeffizienten der Fremdkorrelation als Funktion dieses Parameters auffassen. (Technisch gesehen, muß man am Eingang des Korrelators mit den bekannten technischen Mitteln eine zeitliche Verzögerung einschalten und den Koeffizienten für jeden einzelnen Parameterwert bestimmen.) (Abb. 3.22.)

Die Autokorrelationsfunktion ist die entsprechende Größe für den Fall daß x und y miteinander identisch sind.

Die grundsätzlichen Eigenschaften der Korrelationsfunktionen treten für den Grenzfall, daß die Zahl der Freiheitsgrade in der zusammenfassend betrachteten B-T-Ebene unendlich groß ist, besonders hervor: Es besteht jetzt mit der Wahrscheinlichkeit 1 (also für ein nur sehr großes n also mit der Wahrscheinlichkeit $1 - \varepsilon$) die Möglichkeit (Abb. 3.23.), bei je einer Realisierung x_i und y_i zweier Zufallsprozesse x und y den *Betrag* des Vektors $|y|$ in einen zu x parallelen Anteil $|y_P|$ und in einen dazu orthogonalen Anteil $|y_0|$ zu zerlegen (oder umgekehrt). (Man kann also nicht etwa den Vektor selbst in zwei Komponenten zerlegen!) Physikalisch bedeutet dies:

Der $|y_P|^2$ entsprechende Anteil an der gesamten Energie in $|y|^2$ entspringt der gleichen Quelle wie $|x|^2$, der andere Anteil $|y_0|^2$ einer verschiedenen Quelle.

Gleiche Energiequellen sind in diesem Zusammenhang auch Quellen mit verschiedenem physikalischem Hintergrund und verschiedenen Standorten, u. U. auch mit zeitlichen Unterschieden, *wenn sie ein* gemeinsames *Steuerungszentrum besitzen.*

(*Beispiel:* Der »rauschende« Beifall in einem Konzert, der von zwei verschiedenen Rundfunkempfängern wiedergegeben wird.)

Verschieden sind auch Energiequellen gleicher physikalischer Beschaffenheit, und zwar auch dann, wenn sie sich räumlich unmittelbar nebeneinander befinden, *wenn sie je einem* eigenen unabhängigen *Zufall gehorchen.*

(*Beispiel:* Zwei nebeneinanderstehende Rauschgeneratoren, die so gebaut sind, daß der Augenblickswert der Netzspannung nicht den Zufall beeinflußt.)

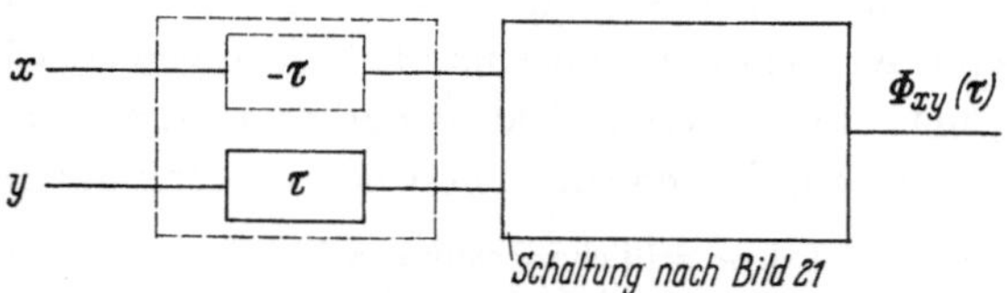

Abb. 3.22.   Fremdkorrelator schematisch. Der Schaltung nach Bild (21) wird noch ein Laufzeitglied vorgeschaltet. Eine negative Laufzeit wird durch eine positive Laufzeit bei der anderen Funktion ersetzt.

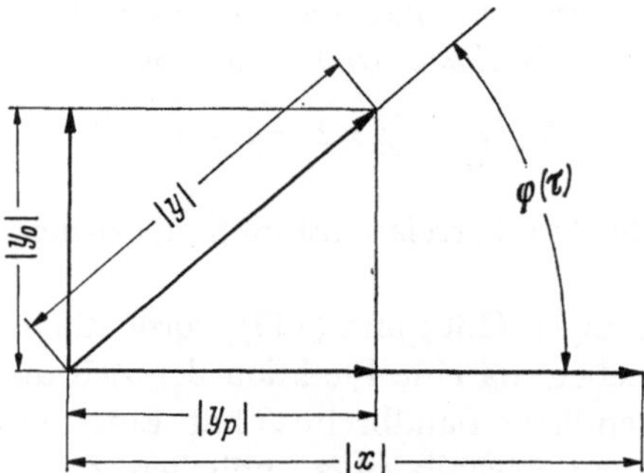

Abb. 3.23. Zerlegung eines Zufallsvektors in zwei Komponenten, von denen die eine zu einem gegebenen anderen Vektor orthogonal und die andere parallel ist.

Bevor wir fortfahren, möge eine kurze Zusammenfassung die getroffenen Feststellungen fixieren:

Da ist zunächst einmal die Kovarianz nach Gleichung (106). Sie ergibt nach Normierung den Korrelationskoeffizienten nach Gleichung (110). Diese beiden Größen beziehen sich auf die Gesamtheit der Realisierungen eines Prozesses zu einem gegebenen festen Zeitpunkt.

Wenn der Prozeß mindestens quasi-stationär-ergodisch ist, kann man die Wahrscheinlichkeit über die Ereignisse durch die Wahrscheinlichkeit über die Zeit ersetzen. Dann bleiben zwar die beiden Gleichungen (106) und (110) formal unverändert, erhalten aber eine andere Bedeutung.

Von jetzt ab nehmen wir an, daß die Erwartungswerte = zeitliche Mittelwerte der Ergebnisse der beteiligten Prozesse gleich Null sind, was man bei einem beliebigen Prozeß leicht dadurch erreicht, daß man nur die Abweichungen vom Mittelwert betrachtet. (Beim Würfelspiel zieht man also von jeder zufälligen Augenzahl eines Würfels 3,5 Augen ab.) Dann ist die normierte Korrelation nach Gleichung (136) eine Beziehung zwischen zwei bestimmten und zusammengehörigen Realisierungen x_t und y_t der Prozesse x und y, die jedoch, da Ergodizität vorausgesetzt wird, repräsentativ für die statistischen Eigenschaften beider Prozesse sind. Dasselbe gilt auch für die nicht normierte Korrelation, d.h. für die zeitliche Kovarianz.

Wenn man die zeitliche Kovarianz, genannt Korrelation, von den beiden Funktionen $x(t)$ und $y(t-\tau)$ bildet, erhält man die *Korrelationsfunktion*[1]

$$\Phi_{xy}(\tau) = \sum_t x(t)\, y(t-\tau) \ . \tag{3.138}$$

---

[1] Es wurde das negative Vorzeichen für τ benutzt, um eine normale Übereinstimmung mit der Faltung zu erreichen.

Eine solche Funktion kann man auch bilden, wenn x und y identisch gleich sind, und erhält die *Autokorrelationsfunktion*

$$\Phi_{xx}(\tau) = \sum_t x(t)\, x(t-\tau)\,. \tag{3.139}$$

(Eine entsprechende Autokorrelationsfunktion existiert natürlich auch für y.)

In diesen Gleichungen (138) und (139) wurde die Summe und nicht ein Integral geschrieben, da eine Funktion der Zeit aus physikalischen Gründen stets eine endliche Bandbreite B hat. Eine Funktion der Bandbreite B besitzt aber innerhalb eines endlichen Zeitintervalles T nur $n = 2BT$ voneinander unabhängige Werte. Auch wenn man formal ein Integral schreibt, so ist es physikalisch immer nur eine Summe.

Die Fouriertransformierte der Autokorrelationsfunktion $\Phi_{xx}(\tau)$ ist nach Gleichung (100) das Energiespektrum[1]

$$|\mathrm{X}\,(2\pi\mathrm{f})|^2 = \int\limits_{-\infty}^{+\infty} \Phi_{xx}(\tau)\, \mathrm{e}^{-i2\pi\mathrm{f}\tau}\, d\tau\,. \tag{3.140}$$

Soweit die Zwischenzusammenfassung. Wir greifen jetzt die Betrachtung von zwei zusammengehörigen, sonst aber beliebigen Realisierungen $x_i(t)$ und $y_i(t)$ aus den Prozessen $\mathrm{x}(t)$ und $\mathrm{y}(t)$ wieder auf. Zur Vereinfachung der Schreibweise werden die Indizes $_i$ fortgelassen. Da Ergodizität vorausgesetzt wurde, liegt hierin keine Einschränkung der Allgemeinheit, da jedes Paar eine allgemeine Eigenschaft beider Prozesse in ihrem Verhältnis zueinander darstellt.

Insgesamt sind die vier Korrelationsfunktionen $\Phi_{xx}(\tau)$, $\Phi_{xy}(\tau)$, $\Phi_{yx}(\tau)$ und $\Phi_{yy}(\tau)$ möglich. Ihre Determinante ist

$$|\Phi| = \begin{vmatrix} \Phi_{xx} & \Phi_{xy} \\ \Phi_{yx} & \Phi_{yy} \end{vmatrix} = \begin{cases} \sum\limits_t x(t)\, x(t-\tau) \cdot \sum\limits_t y(t)\, y(t-\tau) \\[2ex] -\sum\limits_t x(t)\, y(t-\tau)\, \sum\limits_t y(t)\, x(t-\tau)\,. \end{cases} \tag{3.141}$$

Da nach der Schwarzschen Ungleichung[2]

$$|\Phi_{xy}\, \Phi_{yx}| \leqq \Phi_{xx}\, \Phi_{yy}\,, \tag{3.142}$$

gilt für den Betrag der Determinante stets

$$||\Phi|| \leqq \Phi_{xx}\, \Phi_{yy}\,. \tag{3.143}$$

Wenn man in den Gleichungen (138) und (139) die Substitutionen

---

[1] Wir bezeichnen die Zeitfunktion mit $x(t)$, deren Laplace-Transformierte mit $X(s)$ und müssen daher die Fourier-Transformierte $\mathrm{X}(2\pi\mathrm{f})$ mit einem etwas anderen Symbol X schreiben.

[2] Duschek, A.: Vorlesungen über höhere Mathematik. **II**, 309. Wien: Springer 1950.

$t' = t - \tau$ einsetzt und über alle t' summiert, erhält man die Beziehungen[1]:

$$\Phi_{yx}(\tau) = \Phi_{xy}(-\tau)\,, \qquad (3.144\,\text{a})$$

$$\Phi_{xx}(\tau) = \Phi_{xx}(-\tau)\,, \qquad (3.144\,\text{b})$$

$$\Phi_{yy}(\tau) = \Phi_{yy}(-\tau)\,. \qquad (3.144\,\text{c})$$

Alle sonstigen Eigenschaften der Korrelationsfunktionen mögen dem Schrifttum entnommen werden[2].

Auch die technische Anwendung der Korrelationsmethoden kann hier nicht behandelt werden, da dies nicht in den Rahmen des in diesem Buch zu Behandelnden gehört. Das hierzu vorhandene Schrifttum[3] wird dem Leser empfohlen.

§ 42 Zusammenfassender Rückblick auf voraufgegangene Überlegungen

Die Überlegungen im ersten Kapitel zeigen, daß die Nachrichtentechnik ein Teil der Physik ist. Das ist gerade in der Nachrichtentechnik nicht so offensichtlich wie bei vielen anderen technischen Wissenschaften, weil die Elemente der Nachrichtentechnik, die Buchstaben, Zeichen, Symbole, Phoneme, ungleich den Elementen des Maschinenbaues oder der Starkstromtechnik, nicht in einem Physikbuch behandelt werden. Die Physik kennt sie nicht, wenigstens nicht unter dieser Bezeichnung.

Dieses Buch schließt sich daher der auf SZILARD zurückgehenden Auffassung von L. BRILLOUIN[4] an, daß der Erwartungswert der Information nicht etwa nur eine formale Analogie zur Entropie der Physik ist, sondern daß es sich hierbei um negative Entropie handelt. Die der Umwelt, etwa durch eine wissenschaftliche Untersuchung, entnommene und in Lehrsätzen und Tabellenwerken gespeicherte Information ist gewissermaßen ein Lagervorrat, der der Technik ein für allemal zur Verfügung steht, und der infolgedessen nicht jedesmal wieder von neuem der Natur entnommen zu werden braucht. Die modernen Verfahren der Entwicklung eines neuen technischen Gegenstandes, bei denen mit elektronischen Rechenmaschinen die physikalischen Grundlagen ausgewertet werden,

---

[1] Man lasse sich nicht zu der Annahme verleiten, daß etwa $\Phi_{xy}(\tau) = -\Phi_{xy}(-\tau)$ gilt.

[2] z. B.: SCHLITT, H.: Systemtheorie regelloser Vorgänge. 73–90. Berlin–Göttingen–Heidelberg: Springer 1960.

[3] ZIEL, A. VAN DER: Noise. New York: Prentice-Hall 1954. — TRUXAL, J. G.: Automatic Feedback Control System Synthesis. New York: McGraw-Hill 1955; Entwurf automatischer Realsysteme. München: Oldenbourg 1960. — LANING, and BATTIN: Random Processes in Automatic Control. New York: McGraw-Hill 1956. — DAVENPORT, and ROOT: Random Signals and Noise. New York: McGraw-Hill 1960. — KOTEL'NIKOV: The Theory of Optimum Noise Immunity. (Übers. a. d. Russ.). New York: McGraw-Hill 1959. — STEWART, J. L.: Fundamentals of Signal Theory, New York: McGraw-Hill 1960. — SCHLITT, H.: Anwendung statistischer Verfahren in der Regelungstechnik. München: R. Oldenbourg 1962.

[4] BRILLOUIN, L.: Science and Information Theory. New York: Academic Press 1956.

sind eine sinnvolle Anwendung dieses Grundsatzes. Die Forschung hat also, pragmatisch gesprochen, die Aufgabe, dieses Zwischenlager zu ergänzen und zu vervollständigen.

In diesem Sinne ist Information über den Umfang der Nachrichtentechnik hinaus ein generelles Maß für das Wissen in einem allgemeinen Sinne[1]. Umgekehrt hört aber die Information auf, einen abstrakten Begriff darzustellen, der außerhalb der Physik ein Sonderdasein führt. In seinem eigenen Band in dieser Reihe hat W. MEYER-EPPLER in Übereinstimmung mit der damals bestehenden geltenden Auffassung noch eine andere Einstellung mitgeteilt[2].

Die neue Auffassung von der Information begründet sich auf die Physik. Wir wollen sie der Genauigkeit halber durch die folgenden beiden Sätze ausdrücken:

1. *Information ist ein Maß für den Zustand der Ordnung in Materie oder Energie; es gibt keine Information, die nicht an Materie oder Energie gebunden ist.*

2. *In einem abgeschlossenen System kann die Information niemals zunehmen.* (Hierbei muß die in gespeicherter Form latent vorhandene Information selbstverständlich mitgerechnet werden.) *Wenn sich in einem System die Ordnung erhöhen soll, muß Information von außen zugeführt werden.*

Diese Sätze sind physikalische Sätze der Thermodynamik, wobei der Begriff Entropie durch negative Information ersetzt worden ist. Diese Sätze gelten nach SZILARD auch dann, wenn die abgeschlossenen Systeme intelligente Wesen enthalten. Sie werden ferner durch die Tatsache gestützt, daß sich biologische Organismen im elementaren Bereich streng physikalisch verhalten. Nach dieser Auffassung besteht kein grundsätzlicher Unterschied zwischen Automaten und Menschen[3], wenn man sie als Informationssysteme miteinander vergleicht.

Man kann auch der Frage der Übertragung von künstlerischem Empfinden durch einen technischen Nachrichtenkanal nicht ausweichen. Auch wenn die Fragen des Zusammenhanges zwischen dem künstlerischen Empfinden des Erzeugers eines Kunstwerkes und der technischen Gestaltung sowie der Rückübersetzung des Kunstwerkes in Empfinden

---

[1] PETERS, J.: Geltungsbereich und Anwendbarkeit der Informationstheorie außerhalb der Nachrichtentechnik. NTZ **10**, 621–625 (1963).

[2] MEYER-EPPLER, W.: Grundlagen und Anwendungen der Informations-Theorie. Berlin–Göttingen–Heidelberg: Springer 1959.

Dem Vorwort wird als Motto ein Ausspruch von N. WIENER vorangestellt: »Information is information, not matter or energy. No materialism which does not admit this can survive at the present day.«

Auf den S. 61 u. 63 befindet sich die bekannte, im wesentlichen auf SHANNON zurückgehende Auffassung von der Analogie des Entropiebegriffes der Informationstheorie zu dem in der Physik.

[3] STEINBUCH, K.: Automat und Mensch. Berlin–Göttingen–Heidelberg: Springer 1961.

beim Betrachter noch weit von einer befriedigenden Antwort entfernt sind, gibt es keinen transphysikalischen Kanal für künstlerisches Empfinden. Eine technisch perfekte Reproduktion eines Kunstwerkes löst beim subjektiv nicht beeinflußten Beobachter dasselbe Empfinden aus wie das Original, wenn diese Voraussetzung durch eine entsprechende Anlage des Versuches erfüllt ist[1].

Es soll dagegen nicht bestritten werden, daß es auch möglich ist, die Informationstheorie als Instrument der Forschung auch im Bereiche des Subjektiven zu verwenden. Dem Verfasser ist aber kein Beispiel aus dem Schrifttum bekannt, wo der strenge Begriff der Information den Ausführungen einen tieferen Inhalt gegeben hätte.

Parallel mit diesen physikalischen Überlegungen geht die allgemeine Bedeutung der Information aus ihrer mathematischen Formulierung hervor. Mathematisch ist die Entropie nach SHANNON einem Wahrscheinlichkeitsfeld zugeordnet. Nun ist die Wahrscheinlichkeit von der Fragestellung des Technikers aus, und in den für Techniker bestimmten Darstellungen des Technikers erst recht, ein sehr mißverstandener und zuweilen auch mißverständlich beschriebener Begriff, so daß es in diesem Buch ratsam war, nicht auf eigene Ausführungen zu diesem Teil zu verzichten. Diesem Zweck dient das zweite Kapitel. Man könnte sogar wegen dieser unmittelbaren Beziehung zwischen der Wahrscheinlichkeit und der Information in der Informationstheorie eine unmittelbare Fortsetzung der mathematischen Wahrscheinlichkeitstheorie sehen. Mindestens gilt dies für die mathematische Informationstheorie, die es ihrer Form wegen dem Techniker nicht leicht macht, daraus Anleitungen zum praktischen Handeln abzuleiten. Eine gewisse Einführung in die Kunst des Lesens mathematischer Ausführungen mit technischen Augen sind bereits die im Kapitel III dargestellten Zusammenhänge. Diese bauen ebenfalls auf dem Begriff Wahrscheinlichkeit auf und sind als Voraussetzung für die Informationstheorie schon deswegen notwendig, weil es anscheinend im Schrifttum eine geeignete Darstellung noch nicht gibt.

---

[1] Die entgegenstehenden Urteile von Künstlern beruhen stets auf subjektiven Behauptungen, nicht auf Schlußfolgerungen aus objektiv gesicherten Versuchsergebnissen. Statt der Überlegungen findet der Leser Appelle an das Emotionale in ihm vor, denen er leicht ohne inneren Widerspruch erliegt. Ein Beispiel für viele:

BESELE, H. v.: Das Klavierspiel, 16. Kassel: Bärenreiter-Verlag 1965:

»Physikalische Fragen können hier nicht behandelt werden, jedoch muß zu der Behauptung E. TETZELS, die Klangfärbung sei auf dem Klavier durch Anschlagsart nicht zu beeinflussen, es gäbe nur Unterschiede in der Tonstärke, Stellung genommen werden... Es gab immer große Künstler, unter deren Händen das Klavier zu singen vermochte... Und MIKULI berichtet über das Spiel seines Lehrers CHOPIN: ›Unter seinen Händen brauchte das Klavier weder die Violine um ihren Bogen, noch die Blasinstrumente um den lebendigen Atem zu beneiden. So wunderbar verschmolzen die Töne wie im schönsten Gesang.‹ Glücklicherweise gibt es in der Kunst Geheimnisse, die zu lüften kein Sterblicher vermag.«

Kapitel IV

Grundlagen der Informationstheorie

§ 43 Definition der Information

Den Überlegungen zur Wahrscheinlichkeit in § 12 war ein System zugrundegelegt worden, das auf ein bestimmtes Ereignis A mit einem Ergebnis B_i aus der Menge (B) von möglichen Ergebnissen antwortet. Welches Ergebnis ausgewählt wird, ist für den Beobachter entweder grundsätzlich (bei physikalischen Mikroprozessen oder bei Zufallsmechanismen) oder aber aus Mangel an Wissen eine Entscheidung des Zufalls. In der Vorstellung der Informationstheorie[1] erzeugt diese Entscheidung des Zufalls eine Information; dem Beobachter wird diese Information in dem Augenblick zugeführt, wo er diese Entscheidung unmißverständlich sicher erfährt. (Später werden auch unsichere Mitteilungen einbezogen werden, s. § 51.)

Vom Beobachter aus gesehen ist dieses System eine Informationsquelle. Hier wird die Information (gewissermaßen aus dem Nichts[2]) geschaffen. In Präzisierung der unscharfen Bedeutung des Wortes Information in der Umgangssprache soll dieses Wort jetzt durch Definition einen genauen Inhalt bekommen (etwa so wie die unscharfen Begriffe Wärme oder Arbeit der Umgangssprache zusätzlich in der Physik kraft Definition Präzisionsbegriffe bezeichnen). Wenn der Begriff Information der Umgangssprache wenigstens in ganz rohen Zügen den Präzisionsbegriff vorzeichnen soll, wird sich die Information nach dem Seltenheitswert der Entscheidung richten müssen, je seltener, um so höher im Wert. Als Ausdruck für den *Grad der Seltenheit* kann man die reziproke Wahrscheinlichkeit der Entscheidung B_i, also die Größe $\dfrac{1}{p(B_i)}$ ansehen.

Es ist jetzt die Information, die durch das Ergebnis B_i »erzeugt« wird, eine *Funktion nur der Wahrscheinlichkeit dieses Ergebnisses*, nicht irgend einer anderen Eigenschaft von B_i. Wenn dieses Ergebnis mit einem zweiten

---

[1] SHANNON, C. E.: The Mathematical Theory of Communication. Urbana: The University of Illinois Press 1949.

[2] In Wirklichkeit ist jede Quelle auch ein Verbraucher von Information dadurch, daß bei ihr die Versuchsbedingung A (als Auswahl einer bestimmten Bedingung aus der Menge (A) der möglichen Bedingungen) realisiert wird. Dies ist eine Information aus der dieser Quelle vorgeschalteten weiteren Quelle, usw. ad infinitum.

Ergebnis aus einer anderen von der ersten Quelle (B) unabhängigen Quelle (C) zusammentrifft, so ist die Forderung sinnvoll, daß die Information durch $B_i; C_j$ gleich der Summe der Informationswerte sein soll, die B_i und C_j einzeln dem Beobachter zuführen. Es soll also gelten:

$$I(B_i) = f[p(B_i)] , \qquad (4.1\,a)$$

$$I(C_j) = f[p(C_j)] , \qquad (4.1\,b)$$

$$I(B_i;C_j) = f[p(B_i;C_j)] ,$$
$$= I(B_i) + I(C_j) . \qquad (4.1\,c)$$

Damit diese Forderung erfüllt wird, muß, allgemein gesprochen, die Information in einer Entscheidung des Zufalls für das Ergebnis x_i die Form

$$I(x_i) = k \ln p(x_i) \qquad (4.2)$$

haben, wobei k eine an sich willkürlich wählbare Konstante ist. Die Entscheidung über k fällt durch *die Wahl der Einheit*, in der die Information angegeben werden soll. Wenn man fordert, daß die Einheit der Information dann erzeugt werden soll, wenn sich der Zufall zwischen *zwei gleich wahrscheinlichen Möglichkeiten* entscheidet, hat man für k die Bestimmungsgleichung

$$k \ln 0{,}5 = 1$$

oder

$$k = -\ln 2 . \qquad (4.3)$$

Statt $I(x_i) = -\ln 2 \ln p(x_i)$ kann man einfacher unter Verwendung des Logarithmus zur Basis 2 schreiben:

$$\boxed{I(x_i) = -\mathrm{ld}\, p(x_i) = \mathrm{ld}\, \frac{1}{p(x_i)}} . \qquad (4.4)$$

Die Einheit der Information[1] ist das *Bit*. Dieses Wort ist eine Zusammenziehung aus *binary digits*. Es wird als Einheit in einer Formel klein geschrieben und in der deutschen Sprache niemals mit einem Plural-s verwendet.

Beispiel: Ein selbstanzeigendes Voltmeter habe drei Dezimalstellen. Welche Information liefert die nächste Anzeige dem Beobachter, wenn alle Anzeigewerte, die möglich sind, die gleiche Wahrscheinlichkeit haben?

Insgesamt kann das Voltmeter 1000 verschiedene Werte anzeigen. Bei Gleichverteilung hat jeder Wert die Wahrscheinlichkeit 1/1000. Daher ist die Information ld 1000 = 9,966 bit. (Nicht bits).

---

[1] Physikalisch ist die Information eine dimensionslose Zahl. Da sie eine physikalische Größe kennzeichnet, kann der Begriff Information nur im Singular benutzt werden. Die Bezeichnung Informationsgehalt wird in diesem Buch vermieden werden. (Vgl.: Beim Begriff Masse gibt es ebenfalls weder den Plural noch den Begriff: Massengehalt.)

Es sei ausdrücklich daran erinnert, daß die Einheit der Information nicht etwa dann erzeugt wird, wenn zwischen zwei Möglichkeiten gewählt worden ist, sondern es müssen beide Möglichkeiten außerdem noch dieselbe Wahrscheinlichkeit haben. Umgekehrt wird die Information 1 bit natürlich auch dann erzeugt, wenn zwar mehr als zwei Möglichkeiten zur Verfügung standen, aber die eine ausgewählte gerade die Wahrscheinlichkeit 0,5 hatte. Wenn z.B. ein junger Mann die von ihm verehrte Dame fragt, ob sie ihn heiraten will, wird die Information in den weitaus meisten Fällen wesentlich geringer sein als ein Bit, denn er wird diese Frage normalerweise erst dann stellen, wenn er sich seiner Sache schon ziemlich sicher ist. Angenommen, die Wahrscheinlichkeit, daß sie ›Ja‹ sagt, sei 0,95. Dann ist die Information durch dieses Ja: —ld 0,95 = 0,074 bit.

Wie groß ist aber die Information in irgendeinem praktischen Fall, wenn man die Wahrscheinlichkeit für das betreffende Ergebnis nicht genau kennt? In diesem Fall kann man nur die Frage nach der *wahrscheinlichsten Wahrscheinlichkeit*[1] stellen. Setzt man diese nicht genau bekannte Wahrscheinlichkeit gleich a und deren Wahrscheinlichkeit (für eine Reihe von Werten) gleich $p(a_r)$, so entspricht jedem möglichen Wert a_r eine Information $-\mathrm{ld}\,(a_r)$. Der Erwartungswert für die Wahrscheinlichkeit ist daher

$$E(a) = \sum_r p(a_r)\, a_r \tag{4.5}$$

und die wahrscheinlichste Information

$$E(I) = -\sum_r \mathrm{E}(a_r)\, \mathrm{ld}\, \mathrm{E}(a_r)\,. \tag{4.6}$$

Wenn man aber auch nicht die wahrscheinliche Wahrscheinlichkeit kennt, ist jede Mühe vergeblich, denn man kann nicht erwarten, daß es eine irgendwie geartete mathematische Transformation gibt, durch die man totales Nichtwissen in Information umwandeln kann.

§ 44 Die Quelle diskreter Informationswerte[2]

Eine einzelne Entscheidung besteht in der Auswahl eines bestimmten Ergebnisses aus einer Menge von möglichen Ergebnissen und erzeugt kraft Definition den zu ihrer a priori Wahrscheinlichkeit dazugehörigen Informationswert nach Gleichung (4). Wenn das System eine Entschei-

---

[1] Dies wird im allgemeinen die Häufigkeit (also doch!) sein. (S. § 23.)

[2] Wir werden im Text die kürzere und übliche Bezeichnung *diskrete Quelle* verwenden, um dem allgemeinen Sprachgebrauch zu folgen. Logisch hat diese Kurzbezeichnung etwa dieselbe Qualität wie die Kurzbezeichnung *zweifelhafter Sachbearbeiter* anstatt Sachbearbeiter in einer Mahnabteilung, der zweifelhafte Fälle bearbeitet.

dung nach der anderen fällt, so ist eine bestimmte Folge dieser Entscheidungen eine bestimmte Realisierung eines Zufallsprozesses. Es wird entsprechend auch fortlaufend Information erzeugt; es entsteht ein *Informationsfluß*. Den Ort der Entstehung eines Flusses nennt man eine Quelle, in diesem Fall also eine Informationsquelle[1].

Wir wollen uns zunächst einmal auf den Fall beschränken, daß die Wahrscheinlichkeit der Ergebnisse nur einzelner diskreter Werte fähig ist. Dann entspricht einem jeden dieser Ergebnisse auch ein diskreter Informationswert. Die Anzahl der voneinander verschiedenen (disjunkten) Ergebnisse, über die eine *diskrete Quelle* verfügt, braucht nicht notwendig endlich zu sein. Die Bedingung

$$\sum_i p(x_i) = 1 \tag{4.7}$$

für die Summe aller Wahrscheinlichkeitszahlen, kann z. B. auch durch die *unendliche* Reihe

$$p(x_i) = \frac{1}{2^i} \tag{4.8}$$

erfüllt werden.

Eine Quelle ist durch ihre *Ergiebigkeit* gekennzeichnet, also durch den Mittelwert an Information *pro Zeiteinheit*. Diese ist das Produkt aus der mittleren Anzahl N der Entscheidungen pro Zeiteinheit und mit Mittelwert H der Information pro Entscheidung: Wenn die Entscheidungen zeitlich schwanken, wie etwa die elementaren Vorgänge bei einer radioaktiven Substanz, dann ist N der Erwartungswert der Anzahl pro Zeiteinheit. Wenn der Informationsprozeß quasi-stationär-ergodisch ist, was wir zugrundelegen wollen, so ist der Mittelwert der Information pro Entscheidung gleich dem Erwartungswert

$$H = \sum_i p(x_i)\, I(x_i) = -\sum_i p(x_i)\, \mathrm{ld}\, p(x_i)\,, \tag{4.9}$$

den man nach dem Beispiel von SHANNON *Entropie* nennt.

Die Wahl dieser Bezeichnung ist nicht frei von einer gewissen Problematik. Wenngleich SHANNON ausdrücklich nur die mathematische *Form* des Ausdruckes am weitesten rechts in Gleichung (8) mit Entropie bezeichnet[2], besteht doch die Gefahr einer Begriffsverwirrung, wenn dieselben Begriffe mit verschiedenen Bedeutungen verwendet werden. Diese Gefahr ist in der speziellen Informationstheorie nicht vorhanden, weil

---

[1] Gleich dem Wasser einer geographischen Quelle wird auch hier die Information nicht eigentlich »erzeugt«, sondern sie fließt auf »unterirdischen« Wegen zu und tritt erst hier ins Freie.

[2] SHANNON, C. E.: The Mathematical Theory of Communication. 20. 9. Aufl. Urbana: The Unversity of Illinois Press 1962. »Quantities of the *form* $H = -\Sigma p_i \log p_i$ (the constant K only amounts to a choice of a unit of measure) play a central role in information theory as measures of information, choice and uncertainty. The *form* of H will be recognized as defined in certain formulas of statistical mechanics where p_i is the probability of a system being in cell i of its phase space.«

diese nicht auf die Physik zurückgreift. In der allgemeinen Informationstheorie kommen dagegen beide Entropiebegriffe zunächst nebeneinander vor, bis sich herausstellt, daß beide nicht nur der Form nach, sondern auch physikalisch bis auf die Konstante K miteinander übereinstimmen.

Es muß auch bedacht werden, daß die Entropie bereits in der Thermodynamik zwei Bedeutungen hat: 1. als makrophysikalische Zustandsgröße nach CLAUSIUS, 2. als mikrophysikalische Zustandsgröße nach BOLTZMANN. Die Gleichsetzung dieser beiden Begriffe in der Physik ist eine der hervorragendsten Leistungen der theoretischen Physik überhaupt.

Da die Informationstheorie in erster Linie der Beurteilung von Informationssystemen dient, hat die Entropie gegenüber dem einzelnen Informationswert eine überragende Bedeutung. Das kommt auch darin zum Ausdruck, daß die Grenzfälle von Ergebnissen mit der Wahrscheinlichkeit 0 und mit der Wahrscheinlichkeit 1 keine Beiträge zur Entropie leisten.

Wenn ein bestimmtes Ergebnis die Wahrscheinlichkeit 1 hat, müssen alle anderen (endlich vielen) Ergebnisse je die Wahrscheinlichkeit 0 haben. Das Ergebnis mit der Wahrscheinlichkeit 1 hat aber wegen ld 1 = 0 die Information 0. *Ein* Ergebnis mit der Wahrscheinlichkeit 0 hat zwar eine über alle Grenzen hohe Information, liefert aber trotzdem keinen Beitrag zur Entropie, da

$$\lim_{x \to 0} x \ln \frac{1}{x} = 0 \tag{4.10}$$

ist.

Man kann die Gleichung (10) am einfachsten dadurch ableiten, daß man $1/x = u$ setzt, und nunmehr den Grenzwert

$$\lim_{u \to \infty} \frac{\ln u}{u} = \lim_{u \to \infty} \frac{d \ln u}{du} = \left(\frac{1}{u} \right)_\infty = 0 \text{ bildet.}$$

Wie man leicht zeigen kann, haben auch *endlich viele* Ergebnisse in der Entropie den Anteil (oder, wie man auch sagen kann, das Maß) Null. Wenn aber die Anzahl n_i gegen Unendlich geht und der Grenzwert so gebildet wird, daß $n_i p(x_i) = a$, das Produkt aus Anzahl der Ergebnisse gleicher Wahrscheinlichkeit und die Wahrscheinlichkeit eines dieser Ergebnisse, für $n_i \to \infty$ konstant bleibt, wächst der Beitrag für diese Ergebnisse zusammengenommen über alle Grenzen. Daraus lassen sich folgende Sätze gewinnen:

1. *Ein Ergebnis mit der Wahrscheinlichkeit* 1 *zieht die Entropie* 0 *für die Quelle nach sich.*

2. *Die Entropie einer Quelle mit* endlich vielen *Ergebnissen der Wahrscheinlichkeit* 0 *ist gleich der Entropie dieser Quelle, wenn sie diese Ergebnisse der Wahrscheinlichkeit* 0 *nicht enthält.*

3. *Die Entropie einer Quelle mit* unendlich vielen *Ergebnissen der Wahrscheinlichkeit* 0 *wächst dann über alle Grenzen, wenn diese genannten Ergebnisse zusammengenommen eine Wahrscheinlichkeit größer als Null besitzen.*

Die Quelle nach Gleichung (8) hat für die Wahrscheinlichkeit einen Häufungspunkt bei $p = 0$. Die Entropie ist

$$H = \sum_{i=1}^{\infty} \frac{1}{2^i}\, \mathrm{ld}\, 2^i = \sum_{i=1}^{\infty} \frac{i}{2^i} = 2 \ \text{bit/Ergebnis} . \qquad (4.11)$$

Die Reihensumme in Gleichung (11) kann höchst elementar wie folgt berechnet werden:
Bekannt ist die Reihe

$$1 + q + q^2 + q^3 + \cdots = \frac{1}{1-q} .$$

Nach Multiplikation mit q, q², gelten auch die Summen

$$q + q^2 + q^3 + q^4 + \cdots = q \cdot \frac{1}{1-q} ,$$

$$q^2 + q^3 + q^4 + \cdots = q^2 \cdot \frac{1}{1-q} ,$$

$$q^3 + q^4 + \cdots = q^3 \cdot \frac{1}{1-q} ,$$

$$\cdots \cdots \cdots$$

$$\cdots \cdots \cdots ,$$

und die Summe dieser Summen

$$q + q^2 + 2\,q^2 + 3\,q^3 + 4\,q^4 + \cdots = \frac{q}{(1-q)^2} . \qquad (4.12)$$

Dies ist aber für $q = 1/2$ die gesuchte Summe.

§ 45 Die informationstheoretische Entropie bei Nebenbedingungen

Die Entropie einer Quelle mit n Ergebnissen endlicher Wahrscheinlichkeit hat ein Maximum

$$H_{\max} = \mathrm{ld}\, n , \qquad (4.13)$$

wenn alle Ergebnisse dieselbe Wahrscheinlichkeit $1/n$ haben. Die Ableitung für diesen Satz ist einfach, und außerdem als Spezialfall in den folgenden Betrachtungen enthalten.

Die Informationstechnik hat den Wunsch, über Quellen zu verfügen, bei denen die Entropie einen Höchstwert hat. Dies ist aber nicht immer die Gleichverteilung, sondern meistens diejenige Verteilung, die unter bestimmten Nebenbedingungen einen Maximalwert für die Entropie liefert.

Schon an dieser Stelle sei vermerkt, daß genau dasselbe Problem in der Thermodynamik vorliegt, nur nimmt dort die Wahrscheinlichkeit von selbst diejenige Verteilung über die Mikrozustände an, die unter den gegebenen Nebenbedingungen die maximale Entropie nach sich zieht.

In der Technik erfordert jedes Ergebnis einen bestimmten Aufwand. Die Technik verfolgt daher das in der Biologie ebenfalls vorherrschende Prinzip, mit einem gegebenen Aufwand zu einem Höchstmaß an Wirksamkeit zu gelangen. Wenn ein physikalischer Strahler Quanten oder

Elektronen ausstrahlt, so können sich diese untereinander nur durch ihren Impuls unterscheiden. Ein verschieden großer Impuls bedeutet aber einen Unterschied in der Energie. Es ist deshalb eine natürliche Nebenbedingung, daß der Erwartungswert an Energie pro Ergebnis fest vorgegeben ist. (In der Thermodynamik ist die Energie pro Freiheitsgrad proportional der Temperatur.)

Mathematisch ist also das Maximum für

$$H = - \sum_i p(x_i) \, \mathrm{ld} \, p(x_i) \tag{4.14}$$

gesucht, wenn die beiden Nebenbedingungen

$$1 = \sum_i p(x_i) \tag{4.15}$$

$$A = \sum_i p(x_i) \, x_i^2 \tag{4.16}$$

bestehen. Davon ist die erste Nebenbedingung eine wahrscheinlichkeitstheoretische Forderung, die immer besteht, während die zweite die physikalische Nebenbedingung darstellt, daß der Erwartungswert A der Energie x_i^2 vorgeschrieben ist.

Diese Aufgabe ist ein einfaches Variationsproblem[1], die wir mit der Lagrangeschen Multiplikatorenmethode[2] lösen werden[3]:

Man erhält nach Einführen der vorläufig unbestimmten Faktoren λ_1 und λ_2 die Funktion

$$M(x_i) = - \sum_i p(x_i) \, \mathrm{ld} \, p(x_i) + \lambda_1 \sum_i p(x_i) + \lambda_2 \sum_i p(x_i) \, x_i^2, \tag{4.17}$$

deren Minimum in Abhängigkeit von $p(x_i)$ gesucht wird. Man hat $\frac{\mathrm{d}M}{\mathrm{d}p} = 0$ zu bilden und erhält

$$0 = - (\mathrm{ld} \, p + \ln 2) + \lambda_1 + \lambda_2 \, x^2 . \tag{4.18}$$

Da die beiden Faktoren ohnehin unbestimmt sind, kann man das nach p aufgelöste Ergebnis mit den beiden neuen unbestimmten Konstanten a_1 und a_2 auch

$$p = a_1 \cdot a_2^{x^2} \tag{4.19}$$

schreiben, wobei man die beiden Konstanten durch Einsetzen in die Gleichungen (15) und (16) bestimmen muß.

Man erhält

$$a_1 \cdot (a_2^{x_1^2} + a_2^{x_2^2} + \cdots + a_2^{x_n^2}) = 1 , \tag{4.20}$$

$$a_1 \cdot (x_1^2 a_2^{x_1^2} + x_2^2 \, a_2^{x_2^2} + \cdots + x_n^2 \, a_2^{x_n^2} = A . \tag{4.21}$$

---

[1] DUSCHEK, A.: Vorlesungen über höhere Mathematik. III, 226. Wien: Springer 1953.
[2] DUSCHEK, A.: Vorlesungen über höhere Mathematik. II, 138. Wien: Springer 1950.
[3] Siehe auch: GOLDMAN, S.: Information Theory. 2. Aufl. 131. New York: Prentice Hall 1954.

Wenn die x_i-Werte und außerdem der Erwartungswert $E(x^2) = A$ vorgegeben sind, können die Gleichungen nach a_1 und a_2 aufgelöst werden.

Aufgabe:[1] Es seien

$$x_1^2 = 1 \,, x_2^2 = 2 \,, x_3^2 = 3 \,, A = \frac{3}{2}$$

vorgegeben. Gesucht sind die optimalen Wahrscheinlichkeitszahlen für die drei möglichen Ergebnisse.

Die Gleichungen (20) und (21) lauten für dieses Beispiel

$$a_1 \cdot (a_2 + a_2^2 + a_2^3) = 1 \,,$$
$$a_1 \cdot (a_2 + 2\,a_2^2 + 3\,a_2^3) = \frac{3}{2} \,.$$

Daraus erhält man, nachdem a_1 durch Bildung des Quotienten eliminiert ist, eine Gleichung nur für a_2

$$3\,a_2^3 + a_2^2 - a_2 = 0$$

mit den Lösungen

$$a_{21} = 0, \, a_{22,23} = -\frac{1}{6} \pm \frac{1}{6}\sqrt{13} \,,$$

von der die von Null verschiedene positive Lösung die einzig brauchbare ist. Man erhält $a_2 = 0,4343$ und $a_1 = 0,7047$.

Durch Einsetzen dieser Werte in die Gleichung (19) erhält man schließlich

$$p(1) = 0,6162 \,, p(2) = 0,2676 \,, p(3) = 0,1162 \,.$$

Die Entropie dieser Verteilung beträgt 1,300 und setzt sich

aus den Anteilen	für x_1	...	0,430
	für x_2	...	0,509
	für x_3	...	0,361

zusammen.

Den größten Beitrag zur Entropie liefern immer die Ergebnisse mittlerer Wahrscheinlichkeit, also weder die sehr seltenen noch die sehr häufigen Ergebnisse.

Dieses Verfahren läßt sich dadurch verallgemeinern, daß man anstatt der Bedingung (16) die allgemeinere Nebenbedingung

$$A = \sum_i p(x_i)\, f(x_i) \tag{4.22}$$

vorschreibt. Die Lösung ist entsprechend Gleichung (19)

$$p(x_i) = a_1 \cdot a_2^{f(x_i)} \,. \tag{4.23}$$

Die hauptsächliche Arbeit besteht dann nur noch darin, nachträglich die Konstanten a_1 und a_2 durch Einsetzen der allgemeinen Lösung (23) in die Gleichungen (15) und (22) zu bestimmen. Jetzt kann man auch

---

[1] Man beachte, daß A zwischen den Grenzen $x_1^2 < A < x_3^2$ liegen muß, und daß es bei den Zahlen dieses Beispiels keinen Sinn hätte, ein $A > 2$ vorzugeben. Dann müßte die Gleichverteilung, die gerade bei $A = 2$ eintritt, um die gestellte Bedingung einzuhalten, zu Gunsten der hohen x-Werte geändert werden, und die Entropie sinkt trotz wachsender Energie.

leicht den Sonderfall behandeln, daß überhaupt keine Nebenbedingungen gestellt sind. Man braucht dann nur den Lagrangeschen Multiplikator λ_2 in Gleichung (17) gleich Null zu setzen und erhält dann $p(x_i) = a_1$. Durch Einsetzen dieser allgemeinen Lösung in die Gleichung (15) entsteht dann das gesuchte Ergebnis, das dann auf triviale Art auch das vorweggenommene Ergebnis (13) in sich schließt.

Eine wichtige Verallgemeinerung des durchgerechneten Beispiels bringt folgende Aufgabe[1]:

Jede Entscheidung bestehe in der Auswahl eines Körpers aus der unendlichen Menge aller derjenigen Körper, deren Masse ein ganzzahliges Vielfaches des Körpers mit der kleinsten Masse ist. Die Entropie ist zu einem Maximum zu machen, wobei ein vorgegebener Mittelwert der Masse pro Entscheidung einzuhalten ist.

Wenn wir auf Konstanten verzichten, die für die Aufgabe unwesentlich sind, können wir ihr folgende mathematische Form geben: Es kann x_i nur alle positiven ganzen Zahlen größer als Null annehmen. Vorgegeben ist ferner der Erwartungswert $E(x) = A$. Welche Wahrscheinlichkeit $p(x_i)$ macht die Entropie zu einem Maximum?

Die Lösung ist durch die Gleichung (23) zu

$$p(x_i) = a_1 \cdot a_2^{x_i} \tag{4.24}$$

gegeben. Die beiden Nebenbedingungen lauten jetzt:

1. Nach Gleichung (15):

$$1 = \sum_i p(x_i) = \sum_{x_i = 1}^{\infty} a_1 \cdot a_2^{x_i}$$

$$= a_1 \cdot \frac{a_2}{1 - a_2}; \tag{4.25}$$

2. nach Gleichung (22):

$$A = \sum_i p(x_i)\, x_i = \sum_{x_1 = 1}^{\infty} x_i \cdot a_1 \cdot a_2^{x_i}. \tag{4.26}$$

Mit der Summenformel (12) erhält man hierfür

$$A = a_1 \cdot \frac{a_2}{(1 - a_2)^2}. \tag{4.27}$$

Aus (25) und (27) erhält man die Koeffizienten

$$a_2 = 1 - \frac{1}{A}, \; a_1 = \frac{1}{A - 1} \tag{4.28}$$

und damit die Lösung

$$p(x_i) = \frac{1}{A - 1} \left(1 - \frac{1}{A}\right)^{x_i}. \tag{4.29}$$

---

[1] Man beachte die offensichtliche Analogie zu einer Aufgabenstellung in der Thermodynamik.

Die Entropie eines Prozesses mit der Wahrscheinlichkeit nach Gleichung (24) erhält man, wenn man diese in die Gleichung (14) einsetzt, zu

$$H = - a_1 \sum_i (\operatorname{ld} a_1 \cdot a_2^{x_i} + \operatorname{ld} a_2 \cdot x_i\, a_2^{x_i})\,. \tag{4.30}$$

Dies ist mit den bereits bekannten Summenausdrücken

$$H = - a_1 a_2 \left(\frac{\operatorname{ld} a_1}{1 - a_2} + \frac{\operatorname{ld} a_2}{(1 - a_2)^2} \right) \tag{4.31}$$

und mit den Werten für die Koeffizienten nach Gleichung (28)

$$H = A \operatorname{ld} A - (A - 1) \operatorname{ld} (A - 1)\,. \tag{4.32}$$

Für große Werte von A geht dieser Ausdruck

$$H = \frac{\mathrm{d}H}{\mathrm{d}A} \Delta A \tag{4.33}$$

in

$$H = \operatorname{ld} A + \ln 2 = \operatorname{ld} (2^{\ln 2} A) \quad (A \gg 1) \tag{4.34}$$

über, wenn man $\Delta A = 1$ setzt.

Obwohl die Anzahl der Möglichkeiten (alle ganzen und von Null verschiedenen positiven Zahlen) unendlich groß ist, bekommt die maximale Entropie infolge der Nebenbedingungen (der Erwartungswert dieser Zahl soll A sein) einen endlichen Wert, die überhaupt mögliche Entropie also eine obere Schranke. Man kann dies auch so ausdrücken: *Die unendliche Menge mit der genannten Nebenbedingung ist äquivalent einer endlichen Menge mit $2^{\ln 2}A$ Möglichkeiten. ($2^{\ln 2} = 1{,}616$).*

§ 46 Verallgemeinerung von Information und Entropie auf einen Ergebnisraum mit n Dimensionen

Die definierten Begriffe Information und Entropie gelten, wie wir bereits feststellten, für jedes bestimmte Ergebnis aus einer Menge von Möglichkeiten, und hängt nur von der Wahrscheinlichkeit dafür ab, daß durch die Entscheidung des Zufalls dieses bestimmte Ergebnis zustande kommt. Bei der Informationstheorie im engeren Sinn ist dieses Ergebnis ein bestimmtes Signal, Zeichen, Symbol oder Buchstabe; selbstverständlich erzeugt die Auswahl z.B. eines chinesischen Schriftzeichens aus einer Menge von 5000 möglichen Zeichen[1] eine Information. Man kann diese Zeichen selbstverständlich in eine Liste mit der laufenden Nummer von 1 bis 5000 zusammenstellen. Dann kann man gleichwertig, wenn die Zuordnung ein- für allemal hergestellt ist, z.B. statt des Schriftzeichens für Land, Staat: 國 auch die Listen-Nummer verwenden.

---

[1] Das Fischer-Lexikon: Sprachen. 56. Frankfurt: Fischer-Bücherei 1961.

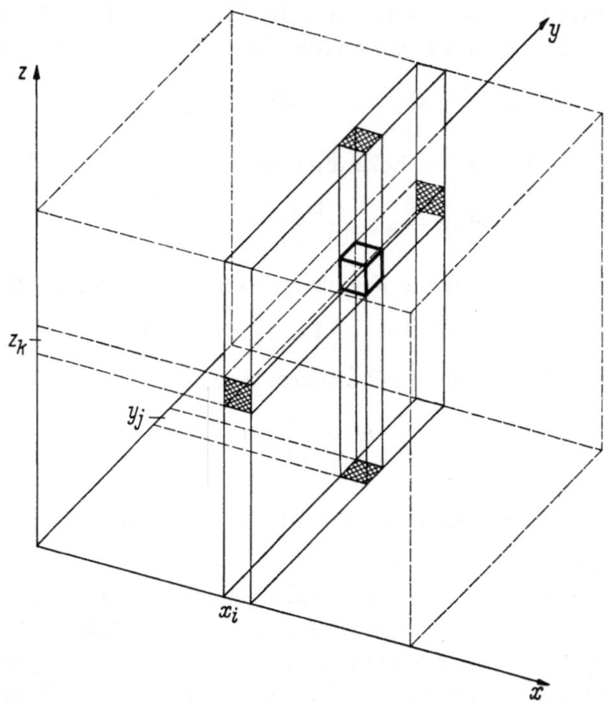

Abb. 4.1.   Die Information durch die Auswahl eines Elementes $(x_i; y_j; z_k)$ aus einem dreidimensionalen Raum ist (bei Unabhängigkeit) gleich der Summe der Informationswerte, die durch die Auswahl von x_i, y_j, z_k nacheinander erzeugt werden.

Diese Liste kann auch mehrdimensional angelegt sein. Sie kann aus $x = 10$ Heften bestehen, das Heft zu $y = 20$ Seiten, wobei auf jeder Seite $z = 25$ Zeilen mit je einem Schriftzeichen stehen. Dann bedeutet die Auswahl eines Zeichens die Bestimmung einer Zelle $x_i; y_j; z_k$ im dreidimensionalen $(x; y; z)$-Raum. (Abb. 4.1.)

Die Definition für Information nach Gleichung (4) läßt sich daher durch

$$I(x_{i_1}; x_{i_2}; \ldots; x_{i_n}) = -\mathrm{ld}\, p(x_{i_1}; x_{i_2}; \ldots; x_{i_n}) \qquad (4.35)$$

auf den n-dimensionalen Raum übertragen. Entsprechend ist die Entropie

$$H = -\sum_{i_1} \sum_{i_2} \cdots \sum_{i_n} p(x_{i_1}; x_{i_2}; \ldots; x_{i_n})\, \mathrm{ld}\, p(x_{i_1}; x_{i_2}; \ldots; x_{i_n}) . \qquad (4.36)$$

Dabei ist es kein wesentlicher Unterschied, ob die Koordinaten der Zelle, in der sich das bestimmte Ereignis befindet, die Größen meßbarer Eigenschaften oder Kennziffern einer an sich willkürlichen Katalogisierung sind.

Zur Vereinfachung der Darstellung wollen wir uns jetzt wieder auf den zweidimensionalen Raum $(x;y)$ beschränken. Es steht uns jederzeit frei, die Annahme einzuführen, daß x oder y oder beide mehr als eine Dimension haben. Dann ist die Information

$$I(x_i; y_j) = -\mathrm{ld}[p(x_i) \cdot p_{xi}(y_j)]$$
$$= -\mathrm{ld}\, p(x_i) - \mathrm{ld}\, p_{x_i}(y_j)\,. \qquad (4.37)$$

Für die dazugehörige Entropie ergibt sich wieder

$$H(x;y) = -\sum_i \sum_j p(x_i)\, p_{x_i}(y_j)\, \mathrm{ld}[p(x_i)\, p_{x_i}(y_j)]$$
$$= -\sum_i \sum_j p(x_i)\, p_{x_i}(y_j)\, \mathrm{ld}\, p(x_i)$$
$$- \sum_i \sum_j p(x_i)\, p_{x_i}(y_j)\, \mathrm{ld}\, p_{x_i}(y_j)\,. \qquad (4.38)$$

Da $\sum_j p_{x_i}(y_j) = 1$ ist, erhält man für den ersten der beiden rechten Ausdrücke

$$\sum_i p(x_i)\, \mathrm{ld}\, p(x_i) \sum_j p_{x_i}(y_j) = H(x)\,. \qquad (4.39)$$

Den zweiten der beiden Ausdrücke kann man auch

$$\sum_i p(x_i) \sum_j p_{x_i}(y_j)\, \mathrm{ld}\, p_{x_i}(y_j) = H_x(y) \qquad (4.40)$$

schreiben, und $H_x(y)$ die *bedingte Entropie* nennen.

Man muß dabei den Ausdruck nach Gleichung (40) von dem Ausdruck

$$H_{x_i}(y) = -\sum_j p_{x_i}(y_j)\, \mathrm{ld}\, p_{x_i}(y_j) \qquad (4.41)$$

streng unterscheiden. Es kann aber aus diesem letzten Ausdruck die bedingte Entropie nach der Gleichung

$$H_x(y) = \sum_i p(x_i)\, H_{x_i}(y) \qquad (4.42)$$

errechnet werden.

Jetzt kann man versuchen, das Ergebnis der Rechnung zu interpretieren: Die Zerlegung der Gleichung (37) in zwei Summanden kann nur bedeuten, daß die gesamte Information $I(x_i; y_j)$ in zwei Anteile zerfällt. Der erste Anteil wird dann frei, wenn aus allen x das bestimmte x_i ausgewählt worden ist. Die bedingte Information $I_{x_i}(y_j)$ ist die Information, die zusätzlich dadurch entsteht, daß ein bestimmtes y_j aus der Menge y ausgewählt wird, nachdem ein voraufgegangener Wahlgang bereits zu einem bestimmten x_i geführt hatte.

Wir versetzen uns jetzt in jenen Zeitpunkt zwischen den beiden Wahlgängen. Gewählt ist x_i unter den Kandidaten x. Welches y_j aus y berufen werden wird, weiß man selbstverständlich noch nicht. Die gesamte

Information, die man zu diesem Zeitpunkt bereits hat, nennt man die *a priori Information*, die gesamte Information nach der nächsten Entscheidung ist entsprechend die *a posteriori Information*. In einem etwas allgemeineren Zusammenhang besteht diese Situation in jedem Augenblick innerhalb einer ablaufenden Folge von Entscheidungen. Man ist stets im Besitz von a priori Information und muß stets damit rechnen, daß eine neue Entscheidung neue Information herbeiführt. Man weiß ja niemals wirklich, wieviel Dimensionen der Ergebnisraum insgesamt hat und wieviel Komponenten eines bestimmten endgültigen Ergebnisses noch ausstehen.

Die Wahrscheinlichkeit dieses abstrakten fernen Punktes, auf den uns die gesamte Folge von Entscheidungen hinführt, wird durch jede einzelne Entscheidung um den Faktor

$$\frac{\text{a posteriori Wahrscheinlichkeit}}{\text{a priori Wahrscheinlichkeit}}$$

vergrößert, die Information also um den Anteil

$$-\text{ld}\,\frac{\text{a posteriori Wahrscheinlichkeit}}{\text{a priori Wahrscheinlichkeit}}$$

$$= \text{a posteriori Information} - \text{a priori Information}$$

erhöht.

In diesem allgemeinen Sinne ist bei der Gleichung (37) zu dem Zeitpunkt zwischen den beiden Entscheidungen die Information

$$I(x_i) = -\text{ld}\,p(x_i) \tag{4.43}$$

die a priori Information und

$$I(x_i; y_j) = -\text{ld}\,p(x_i; y_j) = -\text{ld}\,[p(x_i)\,p_{x_i}(y_j)] \tag{4.44}$$

die a posteriori Information. Der Zuwachs ist

$$I_{x_i}(y_j) = -\text{ld}\,p(x_i; y_j) - [-\text{ld}\,p(x_i)]$$
$$= -\text{ld}\,\frac{p(x_i; y_j)}{p(x_i)} = -\text{ld}\,p_{x_i}(y_j), \tag{4.45}$$

die durch die Entscheidung y_j erzeugte zusätzliche Information.

Entsprechend gibt es zu den Informationsgrößen auch die entsprechenden relativen Entropiegrößen. Abgesehen von einer additiven Konstanten, die die a priori Information *vor* der *ersten* Entscheidung angeben möge, ist $H(x; y)$ die Entropie, wie sie vor den beiden Entscheidungen über x und y bestand. Sie vermindert sich bei der ersten Entscheidung um $H(x)$. Dann besteht noch die restliche Entropie $H_x(y_j)$. Man nennt jedoch nicht diese Größe die bedingte Entropie sondern deren Erwartungswert nach Gleichung (42). (Man müßte also »eigentlich« $H_{x_i}(y_j)$ die bedingte Entropie und $H_x(y)$ den Erwartungswert der bedingten Entropie nennen.)

Die Folge der Entscheidungen beeinflußt $H(x; y)$ nicht. Wenn man die Reihenfolge der Koordinaten vertauscht, entsteht zwar eine andere Folge von Informationsanteilen, *jedoch muß die Summe dieselbe sein.*

Dies drückt die aus (38), (39) und (40) hervorgehende Gleichung

$$H(x; y) = H(x) + H_x(y) \tag{4.46}$$

aus. Sie gilt in entsprechender Form auch im n-dimensionalen Ergebnisraum.

§ 47 Redundanz und Irrelevanz

Der soeben angedeutete Zusammenhang gilt nur dann, wenn man (stillschweigend oder expressis verbis) voraussetzt, daß jede neue Entscheidung vom Ergebnis der vorhergehenden Entscheidung ausgeht. Nur dann ist die Gesamtwahrscheinlichkeit das Produkt der einzelnen bedingten Wahrscheinlichkeiten und gemäß einer Eigenschaft der Logarithmusfunktion die gesamte Information die Summe der einzelnen Informationsanteile.

Man kann sich aber auch eine Art der Einengung des ursprünglich vorhandenen Entscheidungsspielraumes in der Weise vorstellen (Abb. 4.2.), daß jede Entscheidung aus der Universalmenge M von Möglichkeiten eine Menge M_i abgrenzt. Das Endergebnis ist dann diejenige

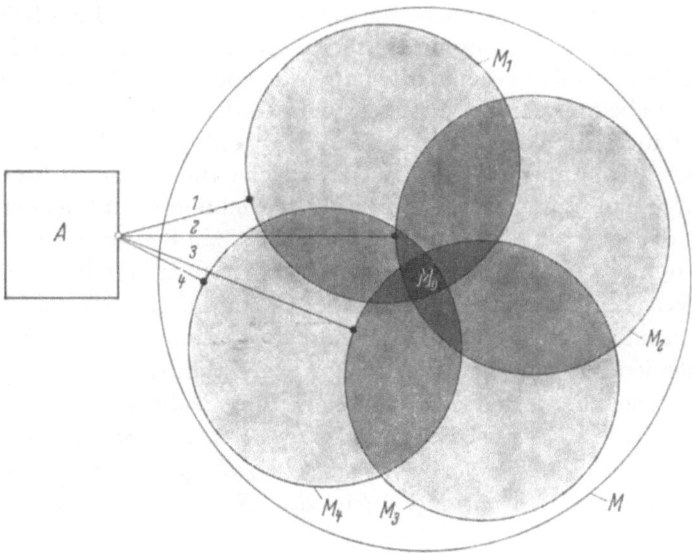

Abb. 4.2. Auswahl eines Elementes M_0 aus einer Universalmenge M durch eine Folge von Entscheidungen. Die gesuchte Menge gehört allen je durch eine Entscheidung ausgewählten Teilmengen gemeinsam an.

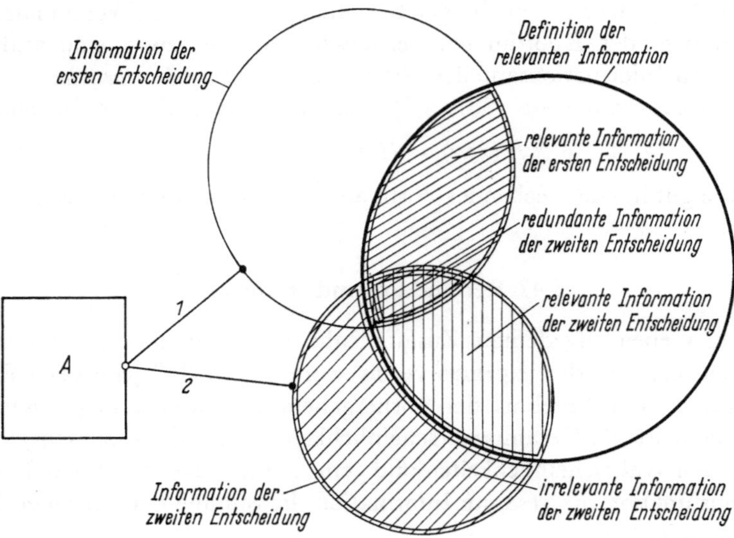

Abb. 4.3. Die relevante Information. (Legende im Text).

Menge M_0, die allen Teilmengen M_i aus M gemeinsam angehört. Die »Verschwendung« an Information bei diesem Verfahren besteht darin, daß die eine Entscheidung nicht von der anderen weiß, die Entscheidung der nächst höheren Zählnummer (die ja gleichzeitig oder sogar früher erfolgt sein kann) läßt erneut Informationsanteile zu, die durch die niedrigere Entscheidung bereits ausgeschieden worden waren.

Es ist auch ein noch anderes Modell (Abb. 4.3.) möglich. Durch eine Definition wird kategorisch festgesetzt, welche Information *relevant* ist. Jede durch eine Entscheidung gelieferte Information ist mit demjenigen Beitrag, der in den Relevanzbereich hineinfällt, ein Beitrag zur Gesamtinformation. Da sich die einzelnen Beiträge aber auch innerhalb des Relevanzbereiches überschneiden, ist die Gesamtinformation nicht die Summe, sondern die Vereinigungsmenge der Gesamtinformation. Man nennt denjenigen Informationsbeitrag zur relevanten Information in einer Entscheidung i, der schon von einer Entscheidung $< i$ angeliefert worden ist, eine *redundante* Information. *Vereinfacht ausgedrückt ist irrelevante Information also diejenige Information, nach der nicht gefragt worden ist, und redundante Information ist diejenige Information, die dem Empfänger schon bekannt ist.*

Mit diesen Begriffen lautet der noch ausstehende Satz:

Die Gesamtinformation in einer Summe von Entscheidungen ist gleich der Summe der relevanten Information und der nicht redundanten Informationsbeiträge in den einzelnen Entscheidungen.

Die Kenntnis dieses scheinbar selbstverständlichen Gesetzes kann dazu dienen, die vorhandenen Informationsmöglichkeiten rationell auszunutzen. Da dieser Punkt noch ausführlicher behandelt werden wird, möge es durch ein einfaches Beispiel erläutert werden: Wohl jeder kennt das Spiel, durch 20 Fragen einen gedachten Gegenstand, Begriff, Person, u. ä. zu erraten. Jede Frage wird nur mit Ja oder Nein beantwortet. Hierbei muß es das Bestreben des Fragestellers sein, mit einer Frage möglichst viel »herauszuholen«. Die maximal mögliche Information durch eine Antwort ist 1 Bit. Sie liegt dann vor, wenn die Antwort zwischen zwei a priori gleich wahrscheinlichen Möglichkeiten entscheidet. Hier liegt das Problem des Fragestellers: Seine Aufgabe besteht darin, die Fragen so zu formulieren, daß sie stets zwei gleich wahrscheinliche Möglichkeiten präsentieren. Tut er das, so erhöht er durch jede Frage, nachdem sie beantwortet worden ist, die a posteriori Wahrscheinlichkeit gegenüber der a priori Wahrscheinlichkeit um einen Faktor 2, mit 20 Fragen also um einen Faktor $2^{20} \sim 10^6$. Wenn die a priori Wahrscheinlichkeit für den gefragten Gegenstand größer war als 10^{-6}, errät er den Gegenstand, d. h. er bringt die Wahrscheinlichkeit auf 1, im anderen Fall ist er entsprechend »nahe dran«.

Beispiel: Zur Erläuterung des Verfahrens sei ein einfacheres Beispiel gewählt: Es soll mit 10 Fragen eine Zahl zwischen 0 und 1000 erraten werden. Die Informationstheorie sagt uns, daß dies mit Sicherheit möglich ist, denn 2^{10} ist 1024. Die Vorschrift für die Formulierung der Frage lautet: Frage so, daß die Wahrscheinlichkeit für beide Antworten Ja (1) oder Nein (0) a priori gleich groß ist. Aus diesem Grunde sind Fragen wie: Ist die gedachte Zahl eine Primzahl, ist sie dreistellig, ist sie durch 5 teilbar, usw., denkbar ungeschickt. Die konsequente Anwendung der Vorschrift läuft implizit immer darauf hinaus, die einzelnen Stellen der Binärzahl zu erfragen, die gleich der gedachten Zahl ist. Hierfür gibt es verschiedene Verfahren. Man kann z. B. fragen: Ist die Zahl gerade? Wenn die Antwort Ja lautet, fährt man fort: Ist die Hälfte der Zahl gerade? Lautet die Antwort aber Nein, so wäre die richtige nächste Frage: Ist die Hälfte der um 1 verminderten Zahl gerade? usw. Auf diese Weise hat man nach 10 Fragen sämtliche binären Stellen und kann damit die gedachte Zahl auch im Dezimalsystem angeben.

§ 48 Der Kanal

Die in § 46 über Information und Entropie angestellten Überlegungen lassen eine weitere Anwendung zu: Man kann die Ergebnisse x als die Entscheidungen einer *Quelle* (Abb. 4.4.) ansehen, der ein *Kanal*

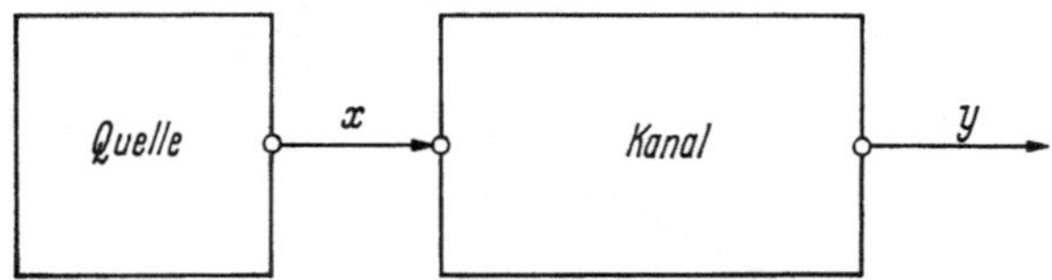

Abb. 4.4. · Quelle mit nachgeschaltetem Kanal, wobei nur der Ausgang des Kanals mit den Signalen (y) dem Beobachter zugänglich ist.

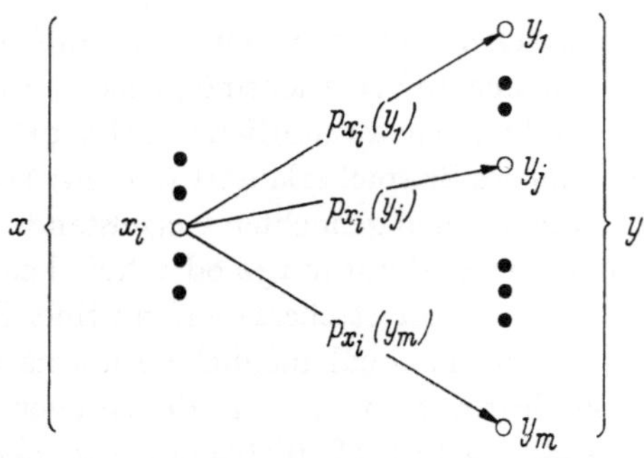

Abb. 4.5.   Zur Übergangswahrscheinlichkeit. (Legende im Text).

nachgeschaltet ist. Der Beobachter betrachtet die Ergebnisse am Ausgang des Kanals, die durch die Entscheidungen der vorgeschalteten Quelle bedingt sind. Er wird eine Wahrscheinlichkeit $p(y_j)$ für ein bestimmtes Ergebnis y_j aus der Menge der möglichen Ergebnisse y als existent ansehen oder auch kennen, dagegen im allgemeinen von dem Erzeugnis der vorgeschalteten Quelle x keine direkte Kenntnis besitzen. Für ihn ist gewissermaßen der Ausgang des Kanals die Quelle. Daß dahinter verborgen die eigentliche Quelle sitzt, wird eine Hypothese sein, die er sich schließlich nach sehr langen und häufigen Beobachtungsreihen zulegen kann, aber nicht muß.

Für diesen Beobachter ist die Information

$$I(y_j) = -\operatorname{ld} p(y_j) \tag{4.47}$$

mit dem Erwartungswert oder der Entropie

$$H(y) = -\sum_j p(y_j) \operatorname{ld} p(y_j) . \tag{4.48}$$

Wir nehmen nunmehr vorübergehend einen Beobachter an, der sowohl den Eingang als auch den Ausgang des Kanals beobachten kann.

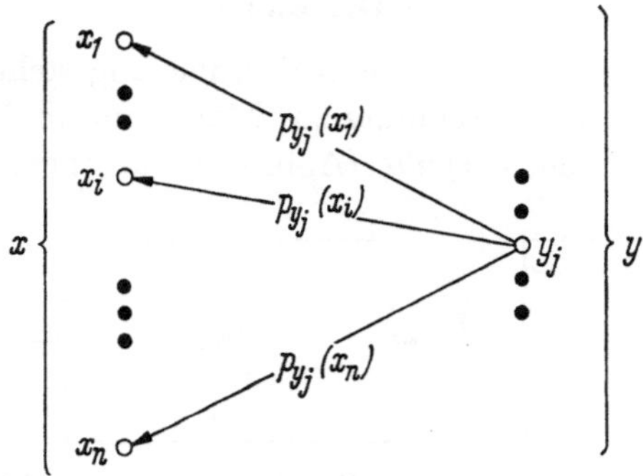

Abb. 4.6.   Zur Rückschlußwahrscheinlichkeit. (Legende im Text).

Von seiner Sicht aus betrachtet, steht der Übergangswahrscheinlichkeit (Abb. 4.5.) eine Rückschlußwahrscheinlichkeit (Abb. 4.6.) gegenüber, d.h., eine bedingte Wahrscheinlichkeit, die bei einem bestimmten bekannten y_j angibt, welches x_i aus x wohl dieses y_j hervorgerufen hat. Die Wahrscheinlichkeit $p(x_i; y_j)$ ist die Produktwahrscheinlichkeit, also die Wahrscheinlichkeit dafür, daß ein bestimmtes x_i ein bestimmtes y_j erzeugt hat. Für sie gilt deshalb

$$p(x_i; y_j) = p(y_j)\, p_{y_j}(x_i) \, , \tag{4.49}$$

für die aber andererseits auch nach den bisherigen Überlegungen

$$p(x_i; y_j) = p(x_i)\, p_{x_i}(y_j) \tag{4.50}$$

gilt.

Durch eine Ableitung, die der im § 46 vollkommen entspricht, kann man die Gleichung

$$H(x; y) = H(y) + H_y(x) \tag{4.51}$$

aufstellen, in der

$$H_y(x) = \sum_j p(y_j)\, H_{y_j}(x) \tag{4.52}$$

die *Rückschlußentropie* (eigentlich: Erwartungswert der Rückschlußentropie) ist. Dabei ist

$$H_{y_j}(x) = -\sum_i p_{y_j}(x_i)\, \mathrm{ld}\, p_{y_j}(x_i) \tag{4.53}$$

die »eigentliche« Rückschlußentropie. (Im Interesse kurzer Bezeichnungen und zur Anpassung an die Konvention sind hier Konzessionen gemacht worden, jedoch sollte der strenge Sachverhalt nicht vollständig übergangen werden.)

Nunmehr kann man die Gleichungen (46) und (51) zusammenfassen und erhält nach Umstellung

$$R = H(x; y) - H_y(x) - H_x(y) = H(x) - H_y(x) = H(y) - H_x(y) \, . \tag{4.54}$$

Diese Größe wird aus sofort ersichtlichen Gründen *Transinformation*[1] genannt. Im Englischen wird aus historischen Gründen auch die Bezeichnung *rate of information* verwendet (nicht zu verwechseln mit Informationsfluß!).

Um diesen Begriff näher kennenzulernen, sollen in die Gleichung (54) die Definitionsgleichungen für die einzelnen Entropiebegriffe (38), (39), (40), (41), (42), (48) und (52) eingesetzt werden. Man kann die mehrfache Gleichung (54) wieder in drei Gleichungen zerlegen:

---

[1] Auch diese Bezeichnung ist nicht logisch, denn es handelt sich wieder um den Erwartungswert einer Information, also um eine Entropie. H. PILOTY schlägt deshalb für diesen Begriff die Bezeichnung: *Synentropie* vor.

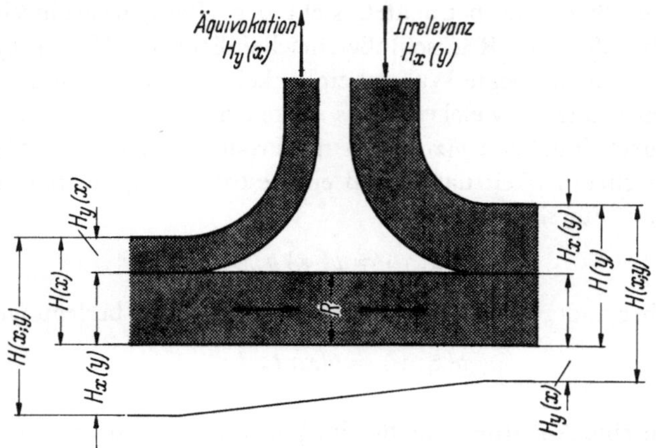

Abb. 4.7.   Das Bergersche Diagramm.

1. Der erste Ausdruck auf der rechten Seite von (54) liefert die Gleichung

$$R = -\sum_i \sum_j p(x_i;y_j)\,\mathrm{ld}\,\frac{p(x_i;y_j)}{p_{y_j}(x_i)\,p_{x_i}(y_j)}. \tag{4.55}$$

Mit $p_{y_j}(x_i) = \dfrac{p(x_i;y_j)}{p(y_j)}$; $p_{x_i}(y_j) = \dfrac{p(x_i;y_j)}{p(x_i)}$

erhält man hieraus

$$R = -\sum_i \sum_j p(x_i;y_j)\,\mathrm{ld}\,\frac{p(x_i)\,p(y_j)}{p(x_i;y_j)}. \tag{4.56}$$

Man erkennt aus diesem Ausdruck für R, daß es sich um ein Maß für die Kopplung zwischen der Wahrscheinlichkeit am Eingang des Kanals und der Wahrscheinlichkeit am Ausgang des Kanals handelt. Im Grenzfall engster Kopplung, wenn $p(x_i) = p(y_j) = p(x_i;y_j)$ für ein Paar zusammengehöriger Größen x_i und y_j ist, erhält man

$$R = H(x) = H(y) = H(x;y). \tag{4.57}$$
(Grenzfall engster Kopplung)

Im Grenzfall losester Kopplung ist $p(x_i)\,p(y_j) = p(x_i;y_j)$, und daher

$$R = 0. \tag{4.58}$$
(Grenzfall losester Kopplung)

R kann daher niemals negativ werden. (Abb. 4.7.)[1].

[1] BERGER, E. R.: Nachrichtentheorie und Codierung in:
STEINBUCH, K.: Taschenbuch der Nachrichtenverarbeitung. Berlin–Göttingen–Heidelberg: Springer 1962.

2. Aus dem zweiten Ausdruck auf der rechten Seite von (54) erhält man:

$$R = -\sum_i \sum_j p(x_i; y_j) \operatorname{ld} \frac{p(x_i)}{p_{y_j}(x_i)} . \tag{4.59}$$

Da $p_{y_j}(x_i) \leqq 1$, ist stets $R \leqq H(x)$, wie uns schon aus (57) bekannt ist. Die Differenz

$$H(x) - R = H_y(x) \tag{4.60}$$

bezeichnet einen nicht auswertbaren Teil der von der Quelle an den Kanal angelieferten Information[1]. Man nennt diesen Teil *Äquivokation*.

3. In entsprechender Weise erhält man aus dem dritten Ausdruck auf der rechten Seite von (54) die Gleichung

$$R = -\sum_i \sum_j p(x_i; y_j) \operatorname{ld} \frac{p(y_j)}{p_{x_j}(y_j)} . \tag{4.61}$$

Sie liefert uns außer bereits bekanntem eine Erklärung für

$$H(y) - R = H_x(y) . \tag{4.62}$$

Dies ist ein Anteil der am Ausgang des Kanals verfügbaren Information, die nicht aus der Quelle x herrührt. Wenn man nur nach dieser Information fragt, ist $H_x(y)$ eine irrelevante Information[2], oder, wie man auch kurz sagt, die *Irrelevanz*.

§ 49 Die Transinformation

Die bisherigen Überlegungen, insbesondere die Gleichungen (57) und (58) zeigen, daß R die obere Grenze für die relevante und am Ausgang des Kanals noch verfügbare Information[3] ist. Wie aber auch aus Gleichung (56) zu ersehen ist, hängt diese Eigenschaft keineswegs nur von der Übergangswahrscheinlichkeit $p_{x_i}(y_j)$ ab, die ausschließlich den Kanal kennzeichnet, sondern außerdem noch von $p(x_i)$. Wir werden auf diesen Punkt in § 50 zurückkommen. Damit ist aber keineswegs gesagt, daß ein beliebiger Empfänger diese Information tatsächlich dem Ausgang des Kanals entnimmt, sondern nur, daß es unter Aufbietung aller vorhandenen oder noch zu erfindenden technischen Möglichkeiten grundsätzlich unmöglich ist, diese Grenze zu überschreiten. Wie man diese Grenze erreicht, wird in § 52 an einem Beispiel gezeigt.

Beispiele:

1. Die Quelle kann nur ein bestimmtes Ergebnis erzeugen oder nicht erzeugen. Sie kann z. B. einen Schalter enthalten, der die Spannung 1 V entweder an den Kanal

---

[1,2] Ganz korrekt müßte es wieder: Erwartungswerte von Information anstatt Information heißen.

[3] Von jetzt an wird darauf verzichtet, darauf aufmerksam zu machen, daß es »eigentlich« Erwartungswert der Information oder negative Entropie heißen müßte.

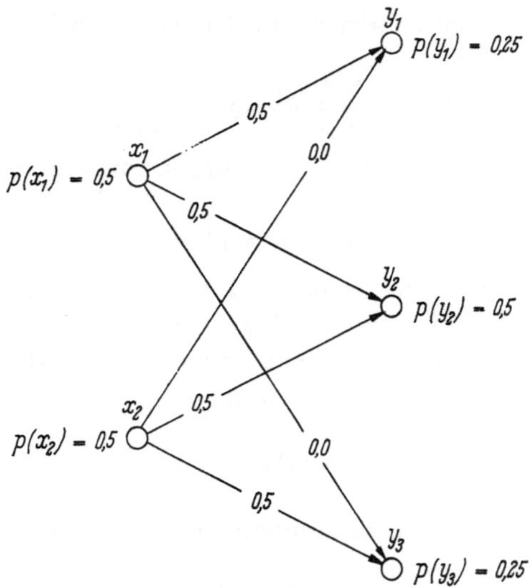

Abb. 4.8. Übergangswahrscheinlichkeiten beim Beispiel 1.

anlegt oder nicht. Der Kanal enthält eine Störung, bestehend aus einer Spannungsquelle von 1 V und einem Schalter, durch den diese Störspannung der Nutzspannung überlagert wird. Am Ausgang werden also drei verschiedene Spannungswerte 0 V, 1 V und 2 V auftreten. Die Nutzspannung habe für jeden der beiden Zustände dieselbe Wahrscheinlichkeit 0,5. Ebenso sei die Wahrscheinlichkeit für die Störspannung *unabhängig von der Nutzspannung* für jede der beiden Spannungen gleich groß.

Wir wollen jetzt, um nicht unnötig am konkreten Beispiel zu kleben, dem Eingang die beiden Ergebnisse $x_1 = 0$ und $x_2 = 1$ zuordnen. Es ist $p(x_1) = p(x_2) = 0{,}5$. Die Wahrscheinlichkeit für die Störung in Verbindung mit der vorausgesetzten Addition der Spannungen bestimmt zu den drei Ergebnissen am Ausgang des Kanals $y_1 = 0$, $y_2 = 1$ und $y_3 = 2$ die Übergangswahrscheinlichkeit (Abb. 4.8.):

$$p_{x_1}(y_1) = 0{,}5, p_{x_1}(y_2) = 0{,}5, p_{x_1}(y_3) = 0{,}0,$$
$$p_{x_2}(y_1) = 0{,}0, p_{x_2}(y_2) = 0{,}5, p_{x_2}(y_3) = 0{,}5.$$

Daraus ergeben sich, wie der Leser nachprüfen möge, die Wahrscheinlichkeitszahlen

$$p(y_1) = 0{,}25, p(y_2) = 0{,}5, p(y_3) = 0{,}25.$$

Die Wahrscheinlichkeitszahlen im Produktfeld sind

$$p(x_1; y_1) = 0{,}25, p(x_1; y_2) = 0{,}25, p(x_1; y_3) = 0{,}0,$$
$$p(x_2; y_1) = 0{,}0, \quad p(x_2; y_2) = 0{,}25, p(x_2; y_3) = 0{,}25.$$

Schließlich erhält man die Rückschlußwahrscheinlichkeiten (Abb. 4.9.):

$$p_{y_1}(x_1) = 1{,}0, \quad p_{y_1}(x_2) = 0{,}0,$$
$$p_{y_2}(x_1) = 0{,}5, \quad p_{y_2}(x_2) = 0{,}5,$$
$$p_{y_3}(x_1) = 0{,}0, \quad p_{y_3}(x_2) = 1{,}0.$$

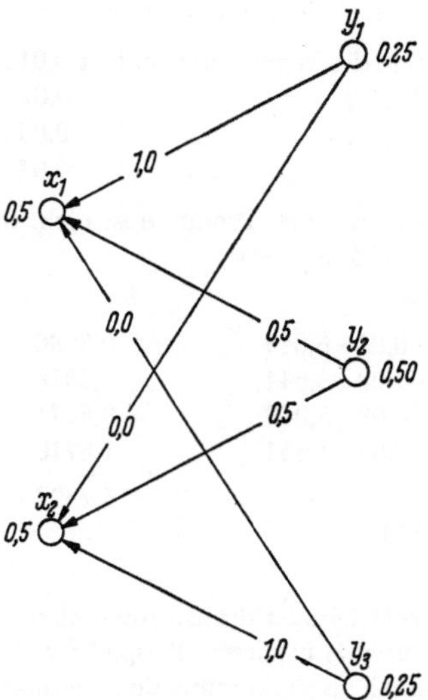

Abb. 4.9. Rückschlußwahrscheinlichkeiten beim Beispiel 1.

Obwohl das für die Lösung der Aufgabe nicht unbedingt erforderlich ist, benutzen wir das einfache Beispiel dazu, um sämtliche Entropiegrößen zu berechnen.

Es ist[1]

$$H(x) \quad = 0{,}5 \cdot 1 + 0{,}5 \cdot 1 = 1,$$

$$H(y) \quad = 0{,}25 \cdot 2 + 0{,}5 \cdot 1 + 0{,}25 \cdot 2 = 1{,}5\,,$$

$$H_x(y) \quad = 0{,}25 \cdot 1 + 0{,}25 \cdot 1 + 0 \cdot \infty$$
$$+\, 0 \cdot \infty \quad + 0{,}25 \cdot 1 + 0{,}25 \cdot 1 = 1\,,$$

$$H_y(x) \quad = 0{,}25 \cdot 0 + 0{,}25 \cdot 1 + 0 \cdot \infty$$
$$+\, 0 \cdot \infty \quad + 0{,}25 \cdot 1 + 0{,}25 \cdot 0 = 0{,}5\,,$$

$$H(x;y) \quad = 0{,}25 \cdot 2 + 0{,}25 \cdot 2 + 0 \cdot \infty$$
$$+\, 0 \cdot \infty \quad + 0{,}25 \cdot 2 + 0{,}25 \cdot 2 = 2{,}0$$

Mithin ist die Transinformation

$$R = 2{,}0 - 0{,}5 - 1{,}0 = 1{,}0 - 0{,}5 = 1{,}5 - 1{,}0 = 0{,}5\,.$$

Die Hälfte der von der Quelle angelieferten Information ist Äquivokation; zwei Drittel der am Ausgang des Kanals entnehmbaren Information ist irrelevant.

2. Die Quelle erzeugt alle ganzen Zahlen von 1 bis 10 je mit der Wahrscheinlichkeit 0,1. Im Kanal befindet sich eine Störquelle, die ebenfalls die ganzen Zahlen von 1 bis 10 erzeugt, und zwar mit einer von der Nutzspannung unabhängigen Wahrscheinlichkeit von je 0,1. Im Kanal werden Nutzsignal und Störsignal miteinander multipliziert, so daß der Empfänger nur die Produkte erfährt. (Kleines Einmaleins). Gesucht ist die Informationskapazität dieses Kanals.

---

[1] Man beachte, daß der an sich unbekannte Wert $0 \cdot \infty$ hier wegen des Ursprungs dieser Zahlen $(0 \cdot (-\operatorname{ld} 0))$ den bestimmten Wert 0 hat.

Das Einmaleins hat 42 verschiedene Produkte, von denen

$$6 \text{ je die Wahrscheinlichkeit } 0,01\,,$$
$$23 \;\; \text{,,} \quad \text{,,} \qquad \text{,,} \qquad 0,02\,,$$
$$4 \;\; \text{,,} \quad \text{,,} \qquad \text{,,} \qquad 0,03\,,$$
$$9 \;\; \text{,,} \quad \text{,,} \qquad \text{,,} \qquad 0,04$$

besitzen. [Die Wahrscheinlichkeit dieser Produkte ist nicht die Produktwahrscheinlichkeit, sondern die Wahrscheinlichkeit $p(y)$]

Aus dieser Liste kann man

$$
\begin{aligned}
H(y) = \; & 6 \cdot 0,01 \cdot 6,644 && 0,3986 \\
+\; & 23 \cdot 0,02 \cdot 5,644 && 2,5918 \\
+\; & 4 \cdot 0,03 \cdot 5,059 && 0,6071 \\
+\; & 9 \cdot 0,04 \cdot 4,644 && \underline{1,6718} \\
& && 5,2693 \\
= \; & 5,269
\end{aligned}
$$

errechnen.

Jetzt zur Produktentropie[1]! Dies ist die Entropie aller voneinander verschiedenen *Paare* $x_i; y_j$, von denen der Anteil x_i in diesem Beispiel die Zahlen von 1 bis 10 und der andere Anteil y_j alle im Einmaleins vorkommenden Produktzahlen sind.

Für $x_i = 7$ lauten z. B. diese Zahlenpaare: 7;7, 7;14, 7;21, ..., 7;70. Insgesamt enthält das Einmaleins also 100 Paare $x_i; y_j$, die sämtlich dieselbe Wahrscheinlichkeit 0,01 haben.

Daher ist die Produktentropie

$$H(x;y) = \text{ld } 100 = 6,64386\,.$$

Ebenso kann man nach kurzer Überlegung

$$H(x) = \text{ld } 10 = 3,32193$$

bestimmen. Nun ist wegen der Gleichung (54) die Transinformation auch durch

$$R = H(x) + H(y) - H(x;y) \tag{4.63}$$

auszudrücken. So entsteht

$$R = 3,322 + 5,269 - 6,644 = 1,947\,.$$

Dem unbelasteten oder mit der konventionellen Nachrichtentechnik belasteten gesunden Menschenverstand wird es merkwürdig und vielleicht auch schwer vorstellbar erscheinen, daß diese stark gestörten Kanäle einer ungestörten Quelle mit der Entropie R äquivalent sein sollen, denn das bedeutet das Ergebnis ja. Es handelt sich also nicht etwa nur um einen gestörten Kanal, in dem, bildlich gesprochen, noch jedes zweite Wort verständlich ist, sondern um einen beliebig störungsfreien Kanal, bei dem nur, wieder bildlich gesprochen, langsamer gesprochen werden muß.

---

[1] Das Wort Produkt entstammt in dieser Zusammensetzung der Wahrscheinlichkeitstheorie, wo es einfach das Produkt von Dimensionen zur Schaffung eines abstrakten Raumes höherer Ordnung bedeutet. Wenn man zur Umgehung dieser einmaligen Schwierigkeit im technischen Schrifttum die Bezeichnungen Verbundwahrscheinlichkeit usw. wählt, erschwert man entsprechend das Lesen des vorwiegend mathematisch orientierten Schrifttums.

Daß überhaupt ein Teil der Nachrichten ankommt, könnte man zur Not verstehen: Im 1. Beispiel wird eine empfangene 0 mit Sicherheit den Schluß zulassen, daß eine 0 gesendet wurde, eine empfangene 2 läßt mit Sicherheit den Schluß auf eine 1 zu. Diese sicheren Zeichen besitzen aber bereits die Wahrscheinlichkeit 0,5. Diese Übereinstimmung mit der Verringerung von $H(x)$ auf R um 50% ist eine Zufälligkeit des Beispiels. Im 2. Beispiel sind entsprechend sichere Schlüsse möglich, wenn eine 1, 25, 49, 64, 81 oder 100 empfangen wurde. Dies ist nur der siebente Teil der 42 verschiedenen Ausgangssignale, über die das Beispiel 2 verfügt. Dabei geht die Entropie aber nur von $H(x) = 3{,}322$ auf $R = 1{,}947$ zurück, also auf knapp 60% des ursprünglichen Wertes. Der Grund dafür liegt darin, daß auch die gestörten Zeichenelemente einen Anteil an der Transinformation stellen. Man kann auch Beispiele angeben, in denen störungsfreie Anteile die Wahrscheinlichkeit 0 besitzen, und die trotzdem eine Transinformation von beträchtlicher Größe besitzen. Dies ist sogar der technische »Normalfall«.

Diese Eigenschaft der Transinformation ist mit den Mitteln der klassischen Nachrichtentechnik nicht auswertbar. Sie wird in § 51 betrachtet werden.

§ 50 Die Kanalkapazität

Die Transinformation R ist eine Eigenschaft des Kanals in Bezug auf eine bestimmte Quelle, also keine Eigenschaft des Kanals allein. Dagegen kennzeichnet die von SHANNON eingeführte Kanalkapazität C nur den Kanal als das Maximum von R in Bezug auf alle möglichen, dem Kanal als Eingang vorgeschaltete Quellen[1].

Diese Definition der Kanalkapazität zieht eine Variationsaufgabe nach sich. Statt sich diese bestimmte Quelle zu *denken*, die die Transinformation R zu einem Maximum macht, möchte der auf Realisierungen bedachte Techniker auch *wissen*, wie diese Quelle aussieht. Da wir uns augenblicklich in dem Bereich der Informationstheorie befinden, wo die physikalische Natur der Zustände, Ereignisse und Ergebnisse gleichgültig ist, wird das Problem eindeutig durch folgende Frage beschrieben:

Welche Wahrscheinlichkeit $p(x)$ der dem Kanal vorgeschalteten Quelle macht die Transinformation durch diesen Kanal zu einem Maximum? Hierbei ist also die Transinformation R als Funktion der Funktion $p(x)$ aufzufassen, und dabei $p(x)$ als Funktion von x so zu bestimmen, daß R ein Maximum wird.

---

[1] SHANNON, C. E.: The Mathematical Theory of Communication, 9. Aufl. 38. Urbana: The University of Illinois Press 1962.

Da die Nebenbedingung

$$\sum_i p(x_i) = 1$$

zu berücksichtigen ist, lautet die zu lösende Gleichung mit dem Lagrangeschen Multiplikator λ:

$$\frac{\partial}{\partial p(x_a)}\,[R + \lambda \sum_i p(x_i)] = 0\,, \tag{4.64}$$

wobei α unabhängig von i den gesamten Wertebereich durchläuft. (Der vorläufig noch unbestimmte Parameter λ wird nachträglich durch Einsetzen der allgemeinen Lösung in die Nebenbedingung bestimmt.) Wenn man in die Gleichung (64) den Ausdruck für die Transinformation nach Gleichung (61) einsetzt, erhält man

$$\frac{\partial}{\partial p(x_a)}\,\Big[\sum_i p(x_i) \sum_j p_{x_i}(y_j)\, \mathrm{ld}\,\frac{p_{x_i}(y_j)}{p(y_j)} + \lambda \sum_i p(x_i)\Big] = 0\,, \tag{4.65}$$

wobei aber

$$p(y_j) = \sum_i p(x_i)\, p_{x_i}(y_j) \tag{4.66}$$

als eine Funktion von $p(x_i)$ behandelt werden muß.

Um die Schreibweise zu vereinfachen (und auch dadurch die Aufgabe übersichtlicher zu machen), werden vorübergehend die Veränderlichen

$$u_i = p(x_i)\,, \quad v_{ij} = p_{x_i}(y_j)\,, \quad w_j = p(y_j) \tag{4.67, a–c}$$

eingeführt, die die Nebenbedingungen

$$\sum_i u_i = 1\,, \quad w_j = \sum_i u_i v_{ij} \tag{4.68, a, b}$$

erfüllen. Die Gleichung (65) lautet jetzt:

$$\frac{\partial}{\partial u_a}\,\Big[\sum_i u_i \sum_j v_{ij}\,(\mathrm{ld}\,v_{ij} - \mathrm{ld}\,w_j) + \lambda \sum_i u_i\Big] = 0\,. \tag{4.69}$$

Für jeden α-Wert durchläuft i unabhängig von α den gesamten Wertebereich. Es entsteht also eine Summe für jedes α, wobei für die Summanden die beiden Fälle $i \neq \alpha$ und $i = \alpha$ zu unterscheiden sind:

1. $i \neq \alpha$: Hierbei sind u_i und v_{ij} als Konstanten und w_j nach Gleichung (68b) als eine Funktion aller u_i zu behandeln. Man erhält den Anteil

$$-u_i \sum_j v_{ij}\,\frac{\mathrm{ld}\,e}{w_j}\,v_{ij} = -\mathrm{ld}\,e\,u_i \sum_j \frac{v^2_{ij}}{w_j}\,. \tag{4.70}$$

2. $i = \alpha$: Das Ergebnis ändert sich in der Form, da jetzt ein Produkt zu differenzieren ist. Der Anteil lautet für dieses in der Summe nur einmal vorhandene Glied:

$$\sum_j v_{aj}\,\mathrm{ld}\,\frac{v_{aj}}{w_j} - \mathrm{ld}\,e\,u_a \sum_j \frac{v^2_{aj}}{w_j} + \lambda\,. \tag{4.71}$$

Als Summe aller Anteile entsteht:

$$\sum_j v_{aj} \operatorname{ld} \frac{v_{aj}}{w_j} = \operatorname{ld} e \sum_i u_i \sum_j \frac{v^2_{ij}}{w_j} - \lambda. \tag{4.72}$$

Setzt man statt der Substitutionen (67, a–c) wieder die ursprünglichen Ausdrücke ein, so erkennt man, daß die rechte Seite eine von α unabhängige Konstante ist, während die linke Seite die Transinformation[1] für x_a ist. Man erhält also

$$\sum_j p_{x_a}(y_j) \operatorname{ld} \frac{p_{x_a}(y_j)}{p(y_j)} = \text{const}. \tag{4.73}$$

Da die rechte Seite von Gleichung (72) die unbestimmte Konstante λ enthält, ist (73) bereits die Lösung. Statt λ muß jetzt die unbestimmte Konstante ›const.‹ bestimmt werden.

Die Gleichung (73) kann man auch durch folgenden Satz ausdrücken:

Der maximale Erwartungswert der Transinformation durch einen gegebenen Kanal wird durch diejenige vorgeschaltete Quelle bewirkt, bei der die Wahrscheinlichkeit $p(x_i)$ so bestimmt ist, daß die Transinformation für jedes einzelne x_i denselben Wert hat.

Dieser Satz wurde von FANO[2] mit der Einschränkung aufgestellt und bewiesen, daß $p(y_i)$ nicht von $p(x_i)$ abhängt. Diese Einschränkung konnte hier fallengelassen werden.

Beispiel: Ein Kanal sei durch die Matrix der Übergangswahrscheinlichkeiten

$$p_x(y) = \begin{pmatrix} 0{,}9 & 0{,}2 \\ 0{,}1 & 0{,}8 \end{pmatrix} \tag{4.74}$$

gegeben. Es ist die Wahrscheinlichkeit $p(x_i)$ für alle x_i der vorgeschalteten Quelle zu bestimmen, die den Erwartungswert der Transinformation zu einem Maximum macht.

Die Ordnung dieser Matrix bedeutet, daß es nur zwei Zustände x_1 und x_2 am Eingang und zwei Zustände y_1 und y_2 am Ausgang des Kanals gibt. Diese beiden Eingangssignale müssen dieselbe Transinformation

$$0{,}9 \operatorname{ld} \frac{0{,}9}{p(y_1)} + 0{,}1 \operatorname{ld} \frac{0{,}1}{p(y_2)} = R, \tag{4.75}$$

$$0{,}2 \operatorname{ld} \frac{0{,}2}{p(y_1)} + 0{,}8 \operatorname{ld} \frac{0{,}8}{p(y_2)} = R \tag{4.76}$$

bewirken, wobei die Nebenbedingung

$$p(x_1) + p(x_2) = 1$$

zu erfüllen ist. Aus der Gleichung

$$p(y_j) = \sum_i p(x;y) = \sum_i p(x_i) p_{x_i}(y_j)$$

entsteht hier das Gleichungspaar

---

[1] Hier ist wirklich einmal die Transinformation und nicht der Erwartungswert der Transinformation gemeint.

[2] FANO, R. M.: Transmission of Information. 138. New York: MIT-Press 1961.

$$p(y_1) = 0,9\,p(x_1) + 0,2\,p(x_2),$$
$$p(y_2) = 0,1\,p(x_1) + 0,8\,p(x_2).$$

Eliminiert man $p(x_2)$ mit Hilfe der Nebenbedingung, so nimmt das Gleichungspaar die Form

$$p(y_1) = \quad\ \ 0,7\,p(x_1) + 0,2,$$
$$p(y_2) = -\,0,7\,p(x_1) + 0,8$$

an. Damit hat man geeignete Substitutionen für $p(y_1)$ und $p(y_2)$ in den Gleichungen (75) und (76). Man erhält

$$\log \frac{0,7\,p(x_1)+0,2}{-0,7\,p(x_1)-0,8} = \frac{1}{0,7}\left(\begin{array}{c} 0.9 \log 0,9 + 0.1 \log 0.1 \\ -0.2 \log 0,2 -0,8 \log 0,8 \end{array}\right)$$
$$= 0,108778.$$

(Ursprünglich stand in dieser Gleichung der duale Logarithmus. Durch Multiplizieren beider Seiten mit derselben Konstanten wird sie nicht ungültig. Daher darf man, um Logarithmentafeln verwenden zu können, den dualen durch den Briggschen Logarithmus ersetzen.)

Damit entsteht die Lösung

$$p(x_1) = 0,482 \, , \ \ p(x_2) = 0,518 \, .$$

§ 51 Der Shannonsche Satz

Die Nachrichtentechnik verfügt über Umsetzer oder Koedwandler, die zwischen Quelle und den Kanal geschaltet, vom Kanal aus gesehen der Wahrscheinlichkeit der Quelle eine beliebig vorgegebene Wahrscheinlichkeit $p(x)$ geben. Einstweilen kann man davon absehen, wie diese als Umkodierung bezeichnete Umsetzung technisch bewirkt wird.

Auf diese Möglichkeit bezieht sich der Shannonsche Satz. Er lautet in der Shannonschen Form:

Ein diskreter Kanal hat die Kapazität C und eine diskrete Quelle die Entropie pro Signal[1] *H. Wenn H < C, so existiert ein Kodiersystem derart, daß die Signale aus der Quelle durch den Kanal mit einer beliebig kleinen Fehlerhäufigkeit (oder mit einer beliebig kleinen Äquivokation) übertragen werden.*

Wenn H > C, so ist es möglich, die Quelle derart zu kodieren, daß die Äquivokation unterhalb von H — C + ε liegt, wobei ε beliebig klein ist. Es gibt kein Kodierverfahren, durch das die Äquivokation unter H — C gesenkt werden kann.

Nach dem Shannonschen Satz[2] machen Störungen nicht etwa eine Kommunikation unzuverlässig, sondern sie verringern nur die mittlere Information pro Signal, wenn man geeignet kodiert.

Der Beweis zum Shannonschen Satz enthält, auch nach den eigenen Worten von SHANNON, mehr Aussagen als der Satz selbst. Daher ist es

---

[1] Im Original wird die Entropie entsprechend den etwas anderen voraufgehenden Festsetzungen auf die Sekunde bezogen.

[2] Shannon läßt in seinem Buch The Mathematical of Communication Urbana, 9. Aufl. 1962, S. 39 auch das Gleichheitszeichen in $H \leqq C$ zu. Wie der Beweis zeigt, muß dies ein Irrtum sein.

zweckmäßig, statt aller Kommentare den Beweis anzufügen, der in großen Zügen der Originalfassung[1] folgt. Es wurden nur Zwischenschritte und Erläuterungen eingefügt.

Wir wollen uns jetzt der Sprache der Nachrichtentechnik anschließen, und brauchen dazu eine Grammatik und einige Vokabeln.

In der Auffassung der Informationstheorie nach SHANNON ist die Sprache oder die Schrift, kurz jede Kommunikation, ein Zufallsprozeß. Jede spezielle Mitteilung oder Nachricht ist einer bestimmten Realisierung dieses Zufallsprozesses zugeordnet. Eine solche Realisierung nennt man ein Signal. Der Akt der Zuordnung bestimmter Mitteilungen zu bestimmten (akustischen oder optischen) Signalen geschieht durch die allmähliche Entwicklung einer Wort- oder Schriftsprache, oder im Einzelfall durch das Erlernen einer solchen Sprache. Jede bestimmte Sprache ist also ein bestimmtes Zuordnungssystem von optischen oder akustischen Signalen (Schrift und Sprache) zu Begriffen.

Die Zuordnung von Bedeutungsinhalten zu Signalen ist an sich willkürlich und auch für die Informationstheorie nicht wesentlich. Sie befaßt sich nur mit der Gesamtheit aller Signale, also mit dem Zufallsprozeß, mit den einzelnen und voneinander verschiedenen Realisierungen, die ein solcher Prozeß enthalten kann, also mit den einzelnen Signalen, und mit den Ergebnissen der Entscheidungen des »Zufalls«, die innerhalb einer bestimmten Realisierung aufeinander folgen. Diese Ergebnisse sind also in der Sprache die einzelnen Buchstaben und Zeichen in der Schriftsprache oder die elementaren akustischen Elemente in der gesprochenen Sprache.

Daher besteht eine Zuordnung zwischen den Begriffen der Wahrscheinlichkeitstheorie und den Begriffen nach SHANNON, von der wir einen Auszug bringen wollen.

Tabelle 8

Wahrscheinlichkeitstheorie	Informationstheorie (nach SHANNON)
Zufallsprozeß	Sprache, Kommunikation, Nachricht in einer allgemeinen Bedeutung, Gesamtheit aller möglichen Signale
Realisierung	Ein bestimmtes sprachliches Erzeugnis, eine bestimmte Mitteilung, ein bestimmtes Signal
Ergebnis	Zeichen, Symbol, Buchstabe, Nachrichtenelement.

[1] SHANNON, C. E.: The Mathematical Theory of Communication. 9 Aufl. 40. Urbana: The University of Illinois Press 1962.

Es ist auch möglich, die Beweisführung von SHANNON konkret als eine Anweisung zum technischen Handeln aufzufassen. Man braucht nur die bei SHANNON zwecks Beweisführung fiktiv eingeführten Begriffe und Annahmen technisch zu realisieren.

SHANNON betrachtet nicht einzelne Zeichen, sondern Signale, die aus N aufeinander folgenden einzelnen Zeichen bestehen. Wenn N sehr groß ist, hat jedes bestimmte Signal, das von der Quelle geliefert wird, die Information $N \cdot H(x)$. Der Empfänger am Ausgang des Kanals erhält die relevante Information[1]

$$N \cdot R = N \cdot [H(x) - H_y(x)] \tag{4.77}$$

und die irrelevante Information

$$N \cdot [H(y) - R] = N \cdot H_x(y) . \tag{4.78}$$

Die relevante Information ist das *Nutzsignal*, die Nachricht schlechthin, die irrelevante Information ist für den Empfänger gleichbedeutend mit den *Störungen*, die dem Nutzsignal anscheinend untrennbar überlagert sind. Aus diesem Grunde sucht daher die konventionelle Nachrichtentechnik das Verhältnis $\dfrac{H_x(y)}{H(x) - H_y(x)}$ so klein wie möglich zu machen. Der relative Störanteil in einer Nachricht und die Unzuverlässigkeit einer Nachricht sind nur zwei verschiedene Bezeichnungen für dieselbe Sache, wie sich bald noch deutlicher zeigen wird.

Die Gesamtheit aller voneinander verschiedener Signale, die eine Quelle mit der Entropie $H(x)$ in N Entscheidungen produzieren kann, läßt sich in zwei Klassen unterteilen, von denen die erste nahezu die gesamte Entropie und die andere nahezu die Entropie Null umfaßt. In der ersten Klasse ist die Entropie außerdem nahezu gleichmäßig über alle Signale verteilt. Diese Unterteilung gilt um so genauer, je größer N ist. Wenn man die gesamte Anzahl der Signale, die der ersten Klasse angehören, mit n bezeichnet, muß (annähernd)

$$\operatorname{ld} n = N \cdot H(x) \tag{4.79}$$

sein.

Wenn die Quelle die Entropie R besitzt, gilt für die Anzahl n' der Signale, die nach N Entscheidungen der ersten Klasse angehören, entsprechend (mit guter Annäherung)

$$\operatorname{ld} n' = N \cdot R . \tag{4.80}$$

Es bedeutet keine wesentliche Einschränkung der technischen Möglichkeiten, wenn die Signale der Klasse 2 nicht verwendet und nicht als existierend angesehen werden. (Sie taugen nicht für die Übertragung von Information und kommen außerdem nur selten vor.)

---

[1] Man benutzt hierbei zweckmäßig das Bergersche Diagramm Abb. 4.7.

Um ein ganz einfaches Beispiel zu haben, kann man immer annehmen, die Quelle[1] $H(x)$ habe einen Zeichenvorrat $1, 2, \ldots, z$ und die Quelle R einen Zeichenvorrat $A_1, A_2, \ldots, A_{z'}$, und zwar mögen in beiden Fällen alle Zeichen untereinander die gleiche Wahrscheinlichkeit haben. Dann gilt

$$H(x) = \operatorname{ld} z, \qquad (4.81\ \text{a})$$

$$R = \operatorname{ld} z'. \qquad (4.81\ \text{b})$$

Dann ist

$$n = z^N, \qquad (4.82\ \text{a})$$

$$n' = z'^N. \qquad (4.82\ \text{b})$$

Wir führen jetzt (fiktiv oder technisch real) einen Umsetzer ein, dessen Eingang mit der Quelle R verbunden ist, und dessen Ausgang die Quelle $H(z)$ darstellt. Der Umsetzer wählt aus den insgesamt möglichen n Signalen n' zunächst beliebige Signale aus, und ordnet diese den n' Signalen aus der Quelle $H(z)$ fest zu. Jedes der n' aus R ankommenden Signale wird also (determiniert) in ein Signal umgesetzt, das ihm gemäß Liste zugeordnet ist. Diese Zuordnung eines Signals zu einem anderen wird als *Kodieren* bezeichnet. Der Umsetzer ist also auch ein *Kodierer*. Die Liste der Zuordnungen ist der *Kode*.

Technisch besteht ein Kodierer also aus einem Speicher für N Zeichen (Blocklänge), einem Zuordnungsregister (Kode) und einem Generator für das gemäß Kode zugeordnete Signal.

Für den angeschlossenen Kanal ist der Kodierer die Quelle. Wenn dieser die gemäß § 50 optimale Wahrscheinlichkeit $p(x)$ einhält, was durch einen entsprechenden Kode erreicht werden kann, ist er sogar die bestmögliche Quelle.

Der Beobachter am Ausgang des Kanals findet nach dem Zwischenschalten des Kodierers zwischen der Quelle R und dem Eingang des Kanals eine andere Grundlage für die Beurteilung der Frage vor, mit welcher Wahrscheinlichkeit ein bestimmtes Signal y_j eine relevante Information, also eine Nachricht enthält, und mit welcher Wahrscheinlichkeit dieses Signal auf eine Störung schließen läßt.

Ohne Kodierer ist eine Übertragung dann frei von Störungen, wenn es zu jedem bestimmten y_j ein und nur ein x_i gibt, für das die Rückschlußwahrscheinlichkeit $p_{y_j}(x_i) = 1$ ist, während alle anderen $p_{y_j}(x_k \neq {}_i) = 0$ sind. Im allgemeinen ist die Wahrscheinlichkeit, daß y_j durch das zugeordnete x_i erzeugt wurde, also eine fehlerfreie Übertragung bezeichnet, durch $p_{y_j}(x_i)$ und die Wahrscheinlichkeit, daß dieses Signal ein Fehler (kein mögliches oder ein falsches zugeordnetes Eingangssignal) ist, $1 - p_{y_j}(x_i)$.

---

[1] Mit Quelle $H(x)$ ist diejenige Quelle gemeint, die die Entropie $H(x)$ besitzt. Entsprechendes gilt für Quelle R.

Wenn kodiert wird, sind von den n verschiedenen Signalen am Eingang des Kanals nur n' Möglichkeiten ausgenutzt. (Abb. 4.10.) In diesem Beispiel ist $n' = 3$. Der einem bestimmten y_j zugeordnete »Rückschlußfächer« besitze m_j »Strahlen«. Analog den Überlegungen, die zur Aufstellung der Gleichungen (79) und (80) geführt haben, kann man für die Anzahl dieser Strahlen die Beziehung

$$\mathrm{ld}\ m_j = N \cdot H_{y_j}(x) \qquad (4.83)$$

aufstellen. Da nur y_j gleicher Wahrscheinlichkeit betrachtet werden, haben alle Fächer dieselbe Anzahl m von Strahlen. Für die Anzahl der Strahlen *pro Rückschlußfächer* gilt dann

$$\mathrm{ld}\ m = N \cdot H_y(x)\ . \qquad (4.84)$$

Nunmehr kann man den Ausgang des Kanals über einen Dekodierer betrachten. Dieses fiktive oder wirkliche Gerät möge sich folgender Zuordnungslogik bedienen:

1. Ein empfangenes Signal y_j war sicher ein gesendetes A_i, wenn *einer* der Strahlen aus dem Fächer auf einen Platz x_i' schließen läßt, der gemäß dem Kode durch A_i besetzt ist.

2. Jeder andere Fall ist eine Störung.

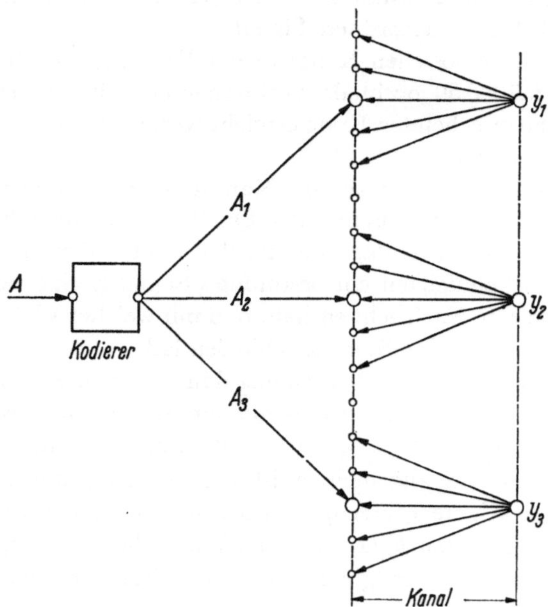

Abb. 4.10.　Der Kodierer für die Ableitung des Shannonschen Satzes. (Die Plätze am Eingang des Kanals werden mit x_i bezeichnet, davon die mit einem A_i belegten Plätze mit x_i'.)

Es wurde vorausgesetzt, daß die benutzten Wahrscheinlichkeiten sämtlich zur Klasse 1 mit der hohen Wahrscheinlichkeit gehören. Die entsprechende Voraussetzung gilt auch für $p_{y_j}(x'_i)$, wobei x'_i ein bestimmtes Signal aus allen Eingangssignalen bezeichnet, dem durch den Kodierer ein A_i zugeordnet ist. Das bedeutet, daß der Rückschlußfächer von y_j mit Sicherheit einen Strahl auf x'_i richtet. Jetzt sind noch $n-1$ Eingangssignale des Kanals vorhanden, denen $n'-1$ Signale des Kodierers zugeordnet sind. Die Wahrscheinlichkeit, daß ein anderes Eingangssignal mit einem anderen relevanten Signal aus dem Kodierer belegt ist, beträgt $\dfrac{n'-1}{n-1}$, die Wahrscheinlichkeit, daß es nicht belegt ist, also $1-\dfrac{n'-1}{n-1}$. Von dem Fächer sind noch $m-1$ Strahlen frei. Die Wahrscheinlichkeit, daß sämtliche freien Strahlen freie Signale belegen, so daß eine sichere Übertragung geschieht ist also

$$p_S = \left(1 - \frac{n'-1}{n-1}\right)^{m-1}.$$

Da n, n' und m nach Voraussetzung sehr große Zahlen sind, kann man 1 in Bezug auf diese Zahlen vernachlässigen und erhält die Wahrscheinlichkeit für den Eintritt eines sicheren Rückschlusses nach Punkt 1:

$$p_S = \left(1 - \frac{n'}{n}\right)^{m} \tag{4.85}$$

Setzt man aus (79), (80) und (84) ein, so entsteht

$$p_S = \left(1 - 2^{N \cdot [R-H(x)]}\right)^{2^{N \cdot H_y(x)}}. \tag{4.86}$$

Nun ist $R - H(x)$ nach Gleichung (54) gleich $-H_y(x)$. Ferner ist zu berücksichtigen, daß dem Ansatz zufolge R nicht die Transinformation des Kanals, sondern die Entropie der dem Kodierer vorgeschalteten Signalquelle ist. Wir wählen diese Entropie etwas kleiner als R, setzen also in die Gleichung (86) anstatt R die Entropie $R - \bar{R}$ ein. Es ist also $\bar{R}$ die komplementäre (nicht ausgenutzte) Transinformation. Dann erhält man

$$p_S = \left(1 - 2^{-N \cdot [H_y(x) + \bar{R}]}\right)^{2^{N \cdot H_y(x)}}. \tag{4.87}$$

Statt den Grenzwert unmittelbar auszurechnen, bestimmen wir den Grenzwert des natürlichen Logarithmus für $N \to \infty$, und erhalten zunächst

$$\ln p_S = 2^{N \cdot H_y(x)} \cdot \ln\left(1 - 2^{-N \cdot [H_y(x) + \bar{R}]}\right). \tag{4.88}$$

Mit dem asymptotischen Wert für den Logarithmus wird daraus

$$\ln p_S = 2^{N \cdot H_y(x)} \left(- 2^{-N \cdot [H(x) + \overline{R}]} \right)$$

$$= - 2^{-N \cdot \overline{R}}. \tag{4.89}$$

Die Wahrscheinlichkeit einer sicheren Übertragung geht also für $\overline{R} > 0$ mit wachsender Blocklänge N gegen Eins.

Dies ist der Shannonsche Satz. Er gilt, wie die Ableitung zeigt, nicht nur für die Kanalkapazität C, sondern für jedes $R < C$, das sich durch einen nicht optimalen Kode ergibt.

Die *Wahrscheinlichkeit eines Fehlers* ist das Komplement zu p_S, also

$$p_F = \overline{p}_S = 2^{-N \cdot \overline{R}} = \left(2^{-\overline{R}} \right)^N. \tag{4.90}$$

In der sehr zu beachtenden Tatsache, daß die Fehlerwahrscheinlichkeit einer Nachricht vom Produkt $N \cdot \overline{R}$ abhängt (Abb. 4.11.), ist das

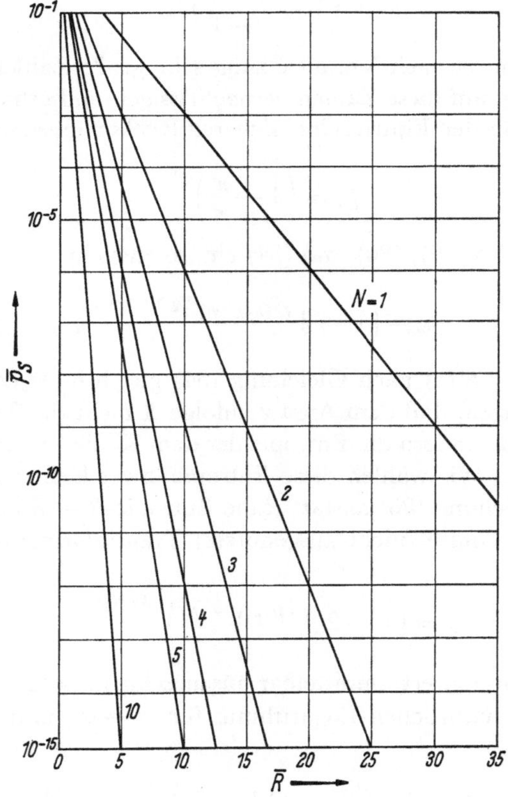

Abb. 4.11. Zusammenhang zwischen der nicht ausgenutzten Kanalkapazität $\overline{R}$ und der Wahrscheinlichkeit $p_F = \overline{p}_S$ eines Fehlers mit der Blocklänge als Parameter.

grundsätzliche Dilemma der Nachrichtentechnik enthalten: Den einen Extremfall $N = 1$ und entsprechend große nicht ausnutzbare Transinformation stellt die konventionelle Nachrichtentechnik dar. Die andere Lösung, $\bar{R}$ sehr klein zu machen und dafür eine große Blocklänge N vorzusehen, eröffnet die Informationstheorie. Allerdings bedeutet ein großes N, daß eine entsprechende zeitliche Verzögerung eintritt. Außerdem hängt der technische Aufwand für Kodieren und Dekodieren[1] nach einem Exponentialgesetz von N ab, erreicht also mit wachsendem N sehr bald die praktisch noch zulässige Grenze.

§ 52 Folgerungen aus dem Shannonschen Satz

Der Shannonsche Satz wird mit Recht als der zentrale Satz der Informationstheorie angesehen. Seine Aussage bedeutet für die Nachrichtentechnik eine Überraschung, da er eine beliebig fehlerfreie Übertragung über einen Kanal in Aussicht stellt, bei dem zwischen Eingang und Ausgang nur ein statistischer Zusammenhang besteht. Solch einen Kanal pflegt man technisch, im Gegensatz zu einem determinierten Kanal auch als gestört zu bezeichnen.

Vom Gesichtspunkt der Wahrscheinlichkeitstheorie, ex post geurteilt, deckt sich dieses Ergebnis mit dem Gesetz der großen Zahlen (§ 13) und mit den Beziehungen zwischen Zufallsvektoren mit unendlich vielen Dimensionen (§ 40). In allen drei Gesetzen wird gewissermaßen der Zufall dadurch überwunden, daß ein charakteristischer Parameter, die Anzahl der Wiederholungen beim Gesetz der großen Zahlen, die Anzahl der Dimensionen bei den Zufallsvektoren oder die Blocklänge beim Shannonschen Satz, gegen Unendlich geht. Das bedeutet praktisch in allen drei Fällen immer, daß bei einem sehr großen, aber immer noch endlichen Wert dieses Parameters nicht eine Sicherheit im Sinne der Bedeutung einer Wahrscheinlichkeit gleich Eins, sondern nur eine Wahrscheinlichkeit $1 - \varepsilon$ erreichbar ist. Der Parameter ist der Preis, den man für den kleinen Abstand von der völligen Sicherheit, gekennzeichnet durch die Wahrscheinlichkeit ε eines Fehlers, bezahlen muß. Selbstverständlich ist dieser Grenzübergang gegen Unendlich für den Parameter nur mathematisch, nicht aber technisch möglich. Daher ist die technische Frage im Grunde genommen immer die, welchen Grad von Sicherheit man noch bezahlen kann oder bezahlen möchte, oder von einem noch höheren Standpunkt aus, welcher Parameter im Sinne der Operations Research ein Optimum für den Quotienten Erfolg : Aufwand liefert.

---

[1] ELIAS, P.: Coding and Decoding. 324. in:
BAGHDADY, E. J.: Lectures on Communication System Theory. New York: McGraw-Hill 1961

Erkenntnistheoretisch gesehen ist es also keineswegs so, daß die von Natur aus unsichere Übermittlung des Einzelergebnisses eine grundsätzliche Unsicherheit im Gesamturteil zur Folge haben *muß*. Wenn man sich mit einer Aussage zufrieden gibt, deren Information unterhalb der »Kanalkapazität« liegt, so *kann* die Sicherheit dieser Schlußfolgerung durchaus gegen Eins konvergieren, wenn das Beobachtungsmaterial unbegrenzt wächst. Dieser Zusammenhang liegt aber nur für den Beobachter vor, der den richtigen »Kode« kennt, den die im Kern des Beobachtungskomplexes enthaltene »wahre« Quelle für die Verschlüsselung ihrer Nachrichten verwendet, falls sie überhaupt einen Kode verwendet.

Für die Anwendung des Shannonschen Satzes wird dem Techniker die Aufgabe gestellt, ein zusammengehöriges Paar von Kodierer und Dekodierer zu bauen, das den Kanal beliebig sicher macht. (Abb. 4.12.) Hierbei kann ihm die Informationstheorie aber ihrer eigenen Wesensart zufolge wenig helfen; sie spielt eine ähnliche Rolle wie die Hauptsätze der Thermodynamik: Sie gibt endgültige Grenzen für das physikalisch Mögliche und technisch Erreichbare an. Sie erklärt das, was jenseits dieser Grenzen liegt, für unmöglich und stellt einen schließlichen Erfolg für solche technischen Anstrengungen in Aussicht, die auf ein in diesem Sinne mögliches Ziel gerichtet sind. Sie gibt aber nicht die Mittel an, die für eine Realisierung einer möglichen Lösung erforderlich sind, genau so wenig wie der erste Hauptsatz z. B. Hinweise für die Konstruktion von Energiewandlern beliebiger Art gibt.

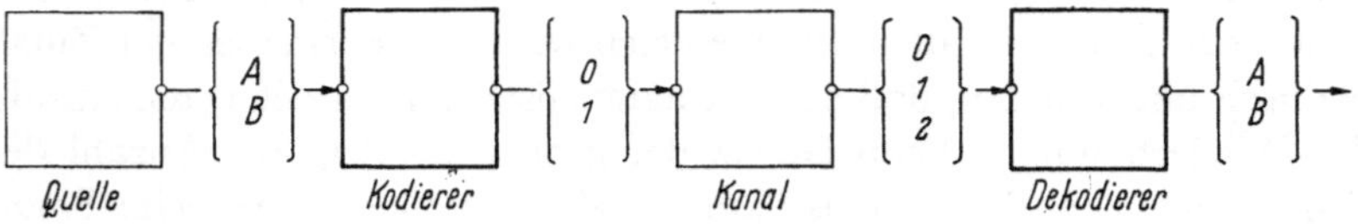

Abb. 4.12. Kodierer und Dekodierer als ein zusammengehöriges Paar von Umsetzern zur Verringerung der Fehler in einem Kanal.

Es ist daher nicht verwunderlich, daß es für die Bemessung von Informationswandlern, wie man die Kodierer und Dekodierer auch mit einem Oberbegriff nennen könnte, keine geschlossene Theorie gibt. Das Schrifttum[1] verfügt dafür über eine reichhaltige Auswahl an Gedanken und Anregungen.

---

[1] Die folgende Liste nennt nur einige Beispiele:

BAGHDADY, E. J.: Lectures on Communication Systems Theory. New York: McGraw-Hill 1961.

HOFFMANN, W.: Digitale Informationswandler. Braunschweig: Friedr. Vieweg & Sohn 1962.

STEINBUCH, K.: Taschenbuch der Nachrichtenverarbeitung. Berlin–Göttingen–Heidelberg: Springer 1962.

WOLFOWITZ, J.: Coding Theorems of Information Theory. I. Aufl. Berlin–Göttingen–Heidelberg–New York: Springer 1961.

Als eine Beigabe gewissermaßen liefert die Beweisführung von SHAN-NON zu seinem Satz auch Hinweise für den Techniker. Man braucht den gedanklich abstrakten Weg des Beweises »nur« Schritt für Schritt auf die technische Ebene abzubilden und hat dann den Apparat in der Hand, der das wirklich tut, was in der gedanklichen Ebene möglich ist.

Wir wollen uns hier der Demonstration halber und um die in § 49 gegebene Zusage zu halten, auf ein konkretes Beispiel beschränken. Dabei ist die dargestellte Lösung weder die einzige Möglichkeit, noch braucht sie die günstigste Lösung zu sein.

Wir greifen das in § 49 angenommene Beispiel eines Kanals mit der Matrix für die Übergangswahrscheinlichkeit

$$p_x(y) = \begin{pmatrix} 0,5 & 0,5 & 0,0 \\ 0,0 & 0,5 & 0,5 \end{pmatrix}$$

neu auf. Wie dort errechnet worden war, hat dieser Kanal die Transinformation $R = 0,5$, wenn ihm eine Quelle mit

$$p(x_1) = 0,5, \quad p(x_2) = 0,5$$

unmittelbar vorgeschaltet wird.

Der Shannonsche Satz verheißt eine sichere Übertragung einer Information $R - \bar{R}$ pro Entscheidung, wenn wir, was nicht möglich ist, die Blocklänge N, also die Anzahl der zu einem Signal im Kanal zusammengefaßten Entscheidungen, unendlich groß machen. (In diesem Zusammenhang wollen wir statt Entscheidung das Wort *Arbeitstakt* oder einfach *Takt* benutzen.) Wenn wir (gezwungenermaßen) einen kleinen restlichen Fehler mit der Wahrscheinlichkeit $p(\varepsilon) = p_F$ zulassen, haben wir nach Gleichung (90) die Wahl, wie wir das dadurch festgelegte Produkt

$$N \cdot \bar{R} = -\operatorname{ld} p(\varepsilon) \tag{4.91}$$

auf die beiden Faktoren verteilen, also entweder hohe Ausnutzung des Kanals und große Blocklänge oder geringe Ausnutzung und kleine Blocklänge. Die beiden Grenzen sind: Blocklänge $N \geqq 1$, unausgenutzte Kanalkapazität $\bar{R} < R$.

Ferner gehört zur Aufgabe noch eine Quelle. Diese kann die Zeichen einem beliebigen physikalischen Bereich entnehmen, was dadurch angedeutet sei, daß wir als Symbole für diese Zeichen jetzt Buchstaben wählen. Wir nehmen jetzt wieder den allereinfachsten Fall an, daß die Quelle nur über die beiden Zeichen A und B, und zwar über jede mit der Wahrscheinlichkeit 0,5, verfüge. Damit das Angebot an Information nicht die durch die ausnutzbare Kanalkapazität gegebene Grenze überschreite, hat die Geschwindigkeit, mit der diese Zeichen aufeinander folgen dürfen, eine Grenze: Da gemäß Annahme jedes Zeichen aus der Quelle 1 Bit

Information enthält, die ausnutzbare Kanalkapazität $R - \bar{R}$ aber nicht überschritten werden darf, darf die Quelle im Mittel nur ein Zeichen auf $\dfrac{1}{R - \bar{R}}$ Takte liefern.

Allgemein heißt das folgendes: Wenn eine Quelle so beschaffen ist, daß sie in einem Signal, auf das N Arbeitstakte entfallen, eine bestimmte Information I_Q liefert, dann darf N nur bis zu der Grenze verringert werden, an der

$$N(R - \bar{R}) = I_Q \tag{4.92}$$

ist. Sonst »läuft« der Kanal gewissermaßen »über«, d. h. der Überschuß an angelieferter Information geht verloren.

Wir wenden uns jetzt wieder dem Beispiel zu. Nach der Rückfrage auf die zu treffende Entscheidung zwischen Blocklänge und Ausnutzung des Kanals möge der Aufgabensteller die salomonische Richtlinie gegeben haben: Es soll, auch auf Kosten der Kanalausnutzung, die Blocklänge so niedrig wie möglich gewählt werden, aber es sollen keine Verluste durch »Überlaufen« eintreten. Gleichzeitig wird die Wahrscheinlichkeit des Fehlers (Fehlerrate) auf

$$p(\varepsilon) \leqq 0{,}01 \tag{4.93}$$

begrenzt.

Jetzt (erst jetzt!) ist die Aufgabe eindeutig gestellt. Nach Gleichung (90) ist

$$N \cdot \bar{R} \geqq \mathrm{ld}\ 100 = 6{,}644 \,, \tag{4.94}$$

während nach Gleichung (92)

$$N(R - \bar{R}) \geqq 1 \tag{4.95}$$

sein soll. Diese Bedingungen schließen, wenn man (94) und (95) addiert bei einem R = 0,5 alle N unterhalb von 15,3 aus. (Abb. 4.13.) die nächsthöhere ganze Zahl ist

$$N_{\mathrm{min}} = 16 \,. \tag{4.96}$$

Es verbleibt (mit einem kleinen Spielraum nach beiden Seiten) eine restliche Kanalkapazität

$$R - \bar{R} = 0{,}07 \,. \tag{4.97}$$

Für den Bau des Kodierers sind damit auch alle Angaben gemacht. In diesen 16 Arbeitstakten fällt gerade ein Signal A oder B an. Jedem dieser beiden Signale ist je ein Signal aus den $2^{16} = 66\ 536$ verschiedenen Signalen zuzuordnen, die am Eingang des Kanals über diese Blocklänge möglich sind. Man kann z. B. den Kode

$$A \ldots 0\ 1\ 0\ 1\ 0\ 1\ 0\ 1\ 0\ 1\ 0\ 1\ 0\ 1\ 0\ 1$$

$$B \ldots 1\ 0\ 1\ 0\ 1\ 0\ 1\ 0\ 1\ 0\ 1\ 0\ 1\ 0\ 1\ 0$$

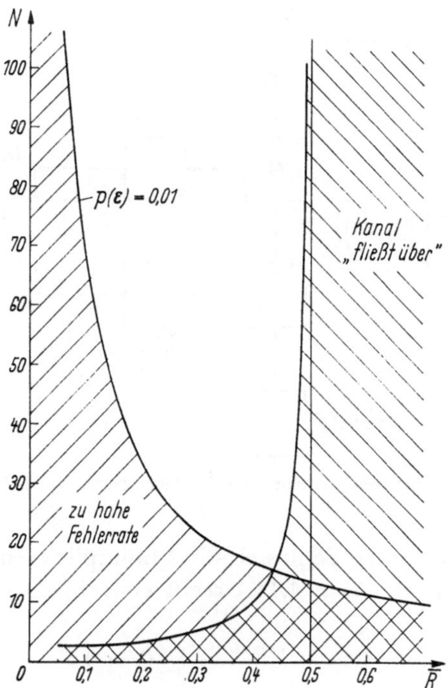

Abb. 4.13. Grenzen für die Wahl der Blocklänge N für ein behandeltes Beispiel.
$$(p(\varepsilon) = p_F)$$

wählen. Die Aufgabe, ein Gerät zu bauen, das auf ein Signal A oder B, das in jedem 16. Arbeitstakt angelegt wird, für die nächsten 16 Arbeitstakte mit dem zugeordneten Kode-Signal antwortet, ist nicht schwierig.

Der Dekodierer *weiß*, daß der Kodierer nur über diese beiden Signale verfügt. Er hat also nur zwischen diesen beiden Möglichkeiten zu entscheiden, wobei ihm in jedem Takt eines der drei Signale 0, 1 oder 2 zur Auswertung zur Verfügung stehen. Das sind in 16 Takten $3^{16} = 2\,125\,564$ verschiedene Möglichkeiten. Den Zugang zur Technik des Dekodierens vermittelt uns die Theorie der Zufallsvektoren in § 40. Wir bilden das innere Produkt des ankommenden Signals mit sämtlichen Schlüsseln; dabei wird aber jetzt nicht verlangt, darüber zu entscheiden, wie groß die Korrelation zwischen dem Signal und einem bestimmten Schlüssel ist: Da wir wissen, daß das Signal einem der Schlüssel bestimmt entspricht, brauchen wir nur den Schlüssel herauszusuchen, der am besten paßt. Er ist mit hoher Wahrscheinlichkeit gleich dem wirklich gesendeten Signal.

Die Durchführung der Rechnung kann für das vorliegende Beispiel noch etwas erleichtert werden, wenn man die Erwartungswerte $E(y)$ und $E(\text{Schlüssel})$ von vornherein zu Null macht. (Selbstverständlich

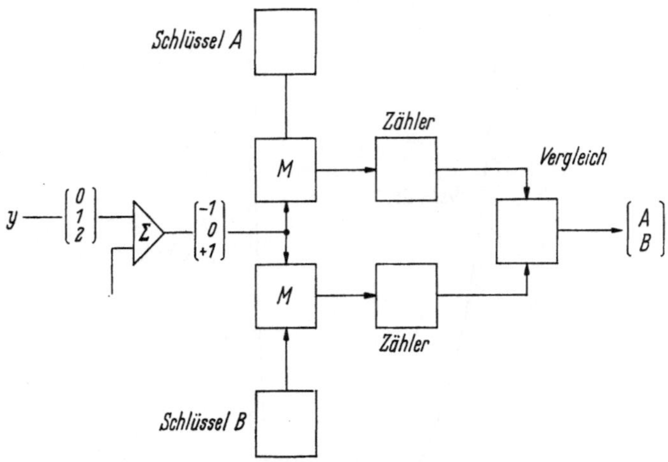

Abb. 4.14.   Zur technischen Realisierung des Dekodierers im behandelten Beispiel.

darf man dann noch den Schlüssel mit 2 multiplizieren.) Dann werden
die Multiplizierer M (Abb. 4.14.) recht einfach, da sie nur die sechs
Multiplikationen

$$-1 \cdot -1 = +1, \qquad -1 \cdot 0 = 0, \qquad -1 \cdot +1 = -1,$$
$$+1 \cdot -1 = -1, \qquad +1 \cdot 0 = 0, \qquad +1 \cdot +1 = +1$$

richtig auszuführen braucht. Der Multiplizierer kann daher in wohlbe-
kannter Technik aus logischen Bausteinen zusammengesetzt werden[1].
Der Zähler, das Vergleichsglied sowie Einrichtungen zum Synchroni-
sieren und Zurückstellen des Zählers auf Null nach jedem Blockende
sind ebenso einfache und mit bekannten Mitteln darstellbare Einrichtungen.

Nun ist dieser Dekodierer zwar ein spezielles Beispiel. Es ändert sich
aber nichts Grundsätzliches, sondern bedeutet nur eine Erhöhung des
Aufwandes, wenn am Eingang des Kodierers mehrstellige Signale, z.B.
die Signale AA, AB, BA, BB, oder die 8 dreistelligen Signale usw. liegen.
Es steigt nur der Aufwand für Kodierer und Dekodierer entsprechend.
Selbstverständlich kann für beide Zwecke auch ein elektronischer Digi-
talrechner verwendet werden.

In diesem allgemeinen Fall wird man auch den Kode, d.h. die paarweise Zuordnung von sich entsprechenden Signalen im Kodierer aus-
wechselbar machen. Wichtig ist nur, daß die gewählten Schlüssel untereinander orthogonal sind und denselben Betrag haben. Weshalb das so
sein muß, kann man unschwer dem § 40 entnehmen. (s. a. § 62).

---

[1] Z. B.: RICHARDS, R. K.: Arithmetic Operations in Digital Computers. 7. Aufl. Princeton: Van Nostrand 1958.

Kapitel V

Weiterführung und Anwendungen der Informationstheorie

§ 53 Verallgemeinerung des Informationsbegriffes auf stetig verteilte Signalmengen

Die bisherigen Überlegungen beziehen sich auf eine Signalquelle, die über eine endliche Menge von Signalen verfügt. Mathematisch[1] ist auch ein Modell einer Signalquelle denkbar, die unendlich viele stetig verteilte Signale enthält, so daß $P(x_i)\,\mathrm{d}x$ die Wahrscheinlichkeit für ein Signal im Intervall zwischen x_i und $x_i + \mathrm{d}x$ angibt. Für ein endliches Intervall $\varDelta x$ ist die Wahrscheinlichkeit

$$p(x_i < x \leqq x_i + \varDelta x) = \int\limits_{x_i}^{x_i + \varDelta x} P(x)\,\mathrm{d}x\,. \tag{5.1}$$

Wenn dieses Intervall hinreichend klein ist, und wenn $P(x)$ in diesem Intervall stetig ist, kann man auch näherungsweise

$$p(x_i < x \leqq x_i + \varDelta x) = P(x)\,\varDelta x \tag{5.2}$$

schreiben. Dann ist die zu dieser Wahrscheinlichkeit gehörende Information

$$I(x_i < x \leqq x_i + \varDelta x) = -\mathrm{ld}\,(P(x) \cdot \varDelta x)$$
$$= -\mathrm{ld}\,P(x) - \mathrm{ld}\,\varDelta x\,. \tag{5.3}$$

Praktisch entspricht diesem Ergebnis die Tatsache, daß man den Ort x niemals absolut genau angeben kann, sondern nur ein Intervall. In diesem Fall ist die Information um so höher, je kleiner dieses Intervall ist. Bei einem an einer bestimmten Stelle von 0 verschiedenen $P(x)$ kann also die Information über alle Grenzen wachsen. Diesem mathematischen Zusammenhang entspricht physikalisch der Schluß, daß einer »absolut genauen« Beobachtung eine unendlich hohe Information entspräche. Da es technisch und physikalisch keine absolute Genauigkeit gibt, haben nur endliche Informationsgrößen einen physikalischen Sinn.

---

[1] Physikalisch ist die Anzahl der Zustände immer endlich; das mathematische Modell ist also niemals streng realisierbar.

13*

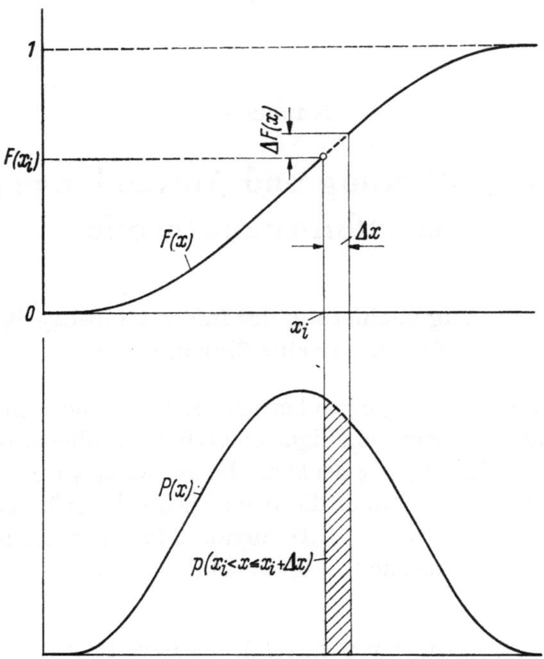

Abb. 5.1.   Die Summenfunktion $F(x)$ ist das Integral über $P(x)$. Die Wahrscheinlichkeit $p(x_i < x < x_i + \Delta x)$, dargestellt durch die schraffierte Fläche, gleicht $\Delta F(x)$ im Punkte x_i.

Führt man statt der Wahrscheinlichkeitsdichte $P(x)$ die Verteilungsfunktion (Summenfunktion)

$$F(x) = \int\limits_{-\infty}^{x} P(x')\,\mathrm{d}x' \tag{5.4}$$

ein, so geht die Gleichung (1) in

$$p(x_i < x \leqq x_i + \Delta x) = F(x_i + \mathrm{d}x) - F(x_i) \tag{5.5}$$

über (Abb. 5.1.). Wenn die Verteilungsfunktion unstetig ist und im Punkte x_i einen Sprung um

$$\Delta F(x_i) = F(x_i + \Delta x) - F(x_i) \tag{5.6}$$

macht, gehört zu diesem Punkt die endliche Information

$$I(x_i) = -\operatorname{ld} \Delta F(x_i) \,. \tag{5.7}$$

Mit wachsender Genauigkeit ($=$ Verringerung des Intervalles Δx) geht die Information nur dann gegen Unendlich, wenn 1. $P(x_i) \neq 0$, und wenn 2. $P(x)$ im Punkte x_i stetig verläuft.

Verteilungsfunktionen mit Unstetigkeitsstellen müssen deshalb mit in die Betrachtungen aufgenommen werden, weil es physikalische Zufallsmechanismen gibt, denen dieses mathematische Modell am besten entspricht. Wenn man z. B. eine drehbare Scheibe in Rotation versetzt und sich dann selbst überläßt, wird sie durch die Reibung abgebremst und schließlich in irgendeiner Stellung zur Ruhe kommen. Im idealen Fall ist die Wahrscheinlichkeit für die eintretende Ruhelage gleichmäßig über den Winkel 360^0 verteilt. Die technisch herstellbaren Scheiben sind aber nicht frei von Fehlern. Es ist denkbar, daß die Lagerung in einzelnen diskreten Richtungen kleine Fehler derart aufweist, daß für die Ruhelage die Tendenz besteht, hier »einzurasten«. In diesem Beispiel ist die Information endlich, wenn die Scheibe in einem diskreten Einrast-Punkt zur Ruhe kommt, sie wächst aber über alle Grenzen, wenn die Ruhestellung *zwischen* zwei diskreten Punkten liegt, und wenn *diese* Ruhestellung »absolut genau« angegeben werden kann.

§ 54 Die Entropie bei stetiger Verteilung

Bei einer stetigen Verteilung kann man statt der Gleichung (4) auch

$$P(x)\,\mathrm{d}x = \mathrm{d}F(x) \qquad (5.8)$$

setzen. Für die Information nach Gleichung (7) erhält man den Erwartungswert

$$H = -\int\limits_{-\infty}^{+\infty} P(x)\,\ln\,(Px\,\mathrm{d}x)\,\mathrm{d}x$$

$$= -\int\limits_{-\infty}^{+\infty} \ln\,[\mathrm{d}F(x)]\,\mathrm{d}F(x)\;. \qquad (5.9)$$

Dieser Erwartungswert existiert mathematisch nicht; er wächst für $dF \to 0$ über alle Grenzen.

Wenn man die Funktion $F(x)$ durch eine Treppe annähert, in der sie endliche Sprünge um $\Delta F(x_i) = p(x_i)$ macht, entsteht der bekannte Ausdruck $H = -\sum\limits_i p(x_i)\,\mathrm{ld}\,p(x_i)$ für die Entropie einer diskreten Verteilung.

Wenn man aber $\mathrm{d}x$ als eine *sehr kleine*, aber immer noch *von Null verschiedene* Größe ansieht, kann man den Ausdruck nach Gleichung (9) in

$$H = -\int\limits_{-\infty}^{+\infty} P(x)\,\mathrm{ld}\,P(x)\,\mathrm{d}x - \int\limits_{-\infty}^{+\infty} P(x)\,\mathrm{ld}\,(\mathrm{d}x)\,\mathrm{d}x \qquad (5.10)$$

zerlegen. (Physikalisch kann man $\mathrm{d}x$ als das Auflösungsvermögen des Beobachters deuten, das notwendig stets größer als Null ist.) Wenn dieses $\mathrm{d}x$ in einem Sonderfall unabhängig von x ist, kann man das zweite Glied der Gleichung (10) unabhängig von $P(x)$ zu

$$K = - \int\limits_{-\infty}^{+\infty} P(x)\,\mathrm{ld}\,(\mathrm{d}x)\,\mathrm{d}x = -\mathrm{ld}(\mathrm{d}x) \qquad (5.11)$$

zusammenfassen. Es ist bedeutsam, daß nur dieses zweite Glied für $\mathrm{d}x \to 0$ über alle Grenzen wächst. Man kann also alle Betrachtungen sehr vereinfachen, wenn man die Größe $H' = H - K$ einführt und nur damit rechnet. Diese Größe

$$H' = \int\limits_{-\infty}^{+\infty} P(x)\,\mathrm{ld}\,P(x)\,\mathrm{d}x \qquad (5.12)$$

soll ebenfalls (wenn auch unter Bedenken) mit Entropie (der stetigen Verteilung) bezeichnet werden. *Es ist aber zu beachten, daß diese Entropie nicht etwa durch einen Grenzübergang aus der Entropie der diskreten Verteilung hervorgeht, sondern daß sich beide Entropien noch um ein im Grenzfall unendlich großes K voneinander unterscheiden* (s. a. § 56).

Beispiele:

1. *Gleichverteilung*

Mit der Gleichverteilung (Abb. 5.2.) werde eine innerhalb eines endlichen Intervalles konstante Wahrscheinlichkeitsdichte bezeichnet. Wenn dieses Intervall $x_1 \leqq x \leqq x_2$ ist, muß

$$P(x) = \frac{1}{x_0}, \quad (x_0 = x_2 - x_1) \qquad (5.13)$$

sein. Dann ist die Entropie

$$H' = - \int\limits_{0}^{+\infty} \frac{1}{x_0}\,\mathrm{ld}\,\frac{1}{x_0}\,\mathrm{d}x$$

$$= \mathrm{ld}\,x_0\,. \qquad (5.14)$$

Dieses Beispiel läßt einen Schönheitsfehler erkennen, wenn x eine physikalische Dimension hat. (Man kann bekanntlich nur den Logarithmus einer dimensionslosen Größe bilden.) Diese Schwierigkeit läßt sich beheben, wenn man x_0 als die dimensionslose Anzahl von Maßeinheiten ansieht, über die sich das Intervall erstreckt. *Das Ergebnis ist also nicht unabhängig von der Wahl dieser Maßeinheit.*

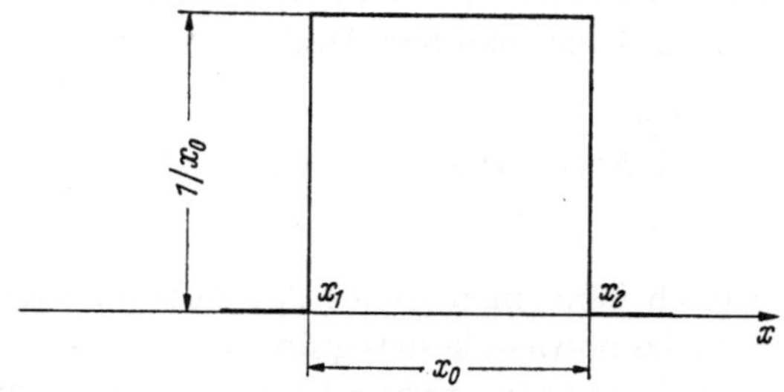

Abb. 5.2.   Gleichverteilung einer Wahrscheinlichkeitsdichte.

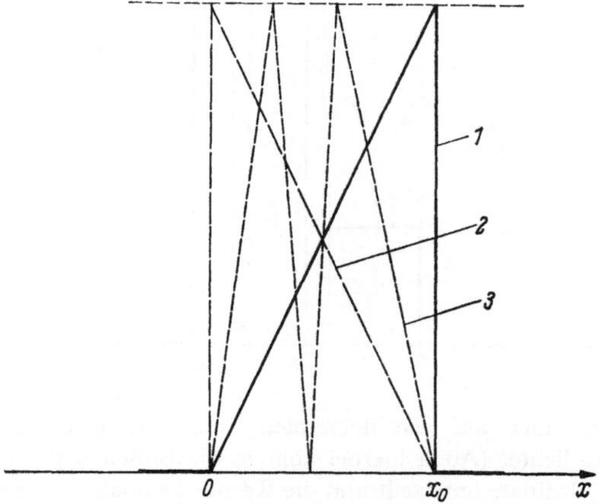

Abb. 5.3.   Die hier als Sägezahn-Verteilung bezeichnete Dichtefunktion. Für die Berechnung der Entropie ist die Kurve 1 zugrundegelegt. Jedoch haben, wie man leicht einsehen kann, auch die Kurven 2 und 3 dieselbe Entropie.

2. *Sägezahn-Verteilung*

Mit Sägezahn-Verteilung werde hier diejenige Verteilung der Wahrscheinlichkeitsdichte bezeichnet (Abb. 5.3.), die innerhalb eines Intervalles, das bei $x_1 = 0$ beginnen und bei $x_2 = x_1 + x_0$ aufhören möge, linear ansteigt. Die Wahrscheinlichkeitsdichte möge an der unteren Grenze des Intervalles verschwinden (Kurve 1). Dann ist

$$P(x) = \frac{2x}{x_0^2} \text{ für alle } x \text{ innerhalb des Intervalles}$$
$$= 0 \quad \text{für alle } x \text{ außerhalb des Intervalles.} \tag{5.15}$$

Die gesuchte Entropie ergibt sich wieder zu

$$H' = -\int_{-0}^{+\infty} \frac{2x}{x_0^2} \operatorname{ld} \frac{2x}{x_0^2} \, dx$$

$$= -\frac{2}{x_0^2} \int_0^{x_0} x \operatorname{ld} x \, dx$$

$$+ \frac{2}{x_0^2} (\operatorname{ld} x_0^2 - \operatorname{ld} 2) \int_0^{x_0} x \, dx \, .$$

Mit der Integralformel

$$\int x \ln x \, dx = \frac{x^2}{2} \left(\ln x - \frac{1}{2} \right) + C$$

erhält man daraus

$$H' = -\frac{2}{x_0^2} \cdot \frac{1}{\ln 2} \frac{x_0^2}{2} \left(\ln x_0 - \frac{1}{2} \right) + 2 \operatorname{ld} x_0 - \operatorname{ld} 2$$

$$= \operatorname{ld} \frac{\sqrt{e}}{2} x_0 \, . \tag{5.16}$$

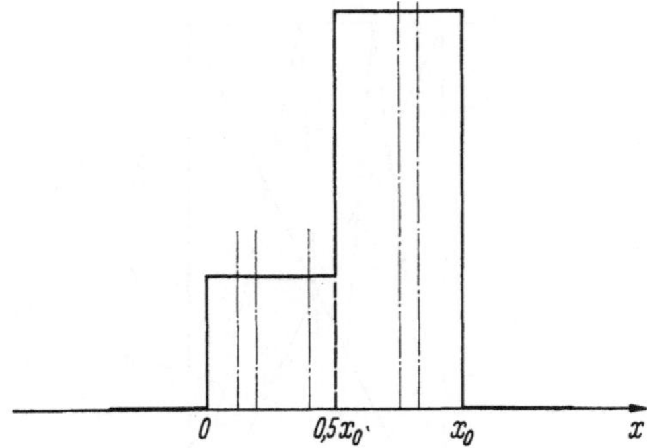

Abb. 5.4. Beispiel einer aus Rechteckstufen zusammengesetzten Verteilung der Wahrscheinlichkeitsdichte. (Auch hierbei können die Stufen beliebig durch Schnittlinien parallel zur Ordinate unterteilt und die Rechtecke unabhängig voneinander entlang der Abszisse verschoben werden. Überlappungen dürfen dabei allerdings nicht auftreten.)

Die Entropie einer Sägezahn-Verteilung ist also größer als die Entropie der Gleichverteilung, wenn man dasselbe Intervall zugrundelegt. *Diese Verminderung hängt weder vom Intervall noch von der gewählten Maßeinheit ab.*

3. *Stufen-Verteilung*

Mit Stufen-Verteilung werde eine Verteilung bezeichnet, die sich aus mehreren Rechteckstufen von verschiedener Höhe zusammensetzt. Ein einfaches Beispiel für zwei Stufen (Abb. 5.4.) ist

$$P(x) = \frac{1}{2x_0} \quad \text{im Bereich } 0 \leqq x \leqq \frac{1}{2}\, x_0$$

$$= \frac{3}{2x_0} \quad \text{im Bereich } \frac{1}{2}\, x_0 < x \leqq x_0$$

$$= 0 \qquad \text{in allen anderen Bereichen.} \tag{5.17}$$

Die Entropie ist

$$H' = - \int\limits_{0}^{\frac{1}{2}x_0} \frac{1}{2x_0}\, \mathrm{ld}\, \frac{1}{2x_0}\, \mathrm{d}x$$

$$- \int\limits_{\frac{1}{2}x_0}^{x_0} \frac{3}{2x_0}\, \mathrm{ld}\, \frac{3}{2x_0}\, \mathrm{d}x$$

$$= \frac{1}{2x_0}\, \mathrm{ld}\, 2x_0 \cdot \frac{1}{2}\, x_0 + \frac{3}{2x_0}\, \mathrm{ld}\, 2x_0 \cdot \frac{1}{2}\, x_0 - \frac{3}{4}\, \mathrm{ld}\, 3$$

$$= \mathrm{ld}\, 2x_0 - \frac{3}{4}\, \mathrm{ld}\, 3$$

$$= \mathrm{ld}\, (2 \cdot 3^{-\frac{3}{4}} \cdot x_0)\,. \tag{5.18}$$

Auch diese Verteilung hat eine größere Entropie als die Gleich-Verteilung (im gleichen Intervall).

4. *Exponentialverteilung*

Mit Exponentialverteilung werde die Wahrscheinlichkeitsdichte

$$P(x) = \frac{a}{2} \cdot e^{-a|x|} \tag{5.19}$$

bezeichnet. Ihre Entropie ist

$$H' = -\int\limits_{-\infty}^{+\infty} \frac{a}{2} \cdot e^{-a|x|} \operatorname{ld}\left(\frac{a}{2}\, e^{-a|x|}\right) dx$$

$$= -a \cdot \int\limits_{0}^{\infty} \cdot e^{-ax} \operatorname{ld}\left(\frac{a}{2} \cdot e^{-ax}\right) dx$$

$$= -a \cdot \operatorname{ld}\frac{a}{2} \int\limits_{0}^{\infty} e^{-ax}\, dx$$

$$+ a^2 \cdot \operatorname{ld} e \int\limits_{0}^{\infty} x \cdot e^{-ax}\, dx$$

$$= -\operatorname{ld}\frac{a}{2} + \operatorname{ld} e = \operatorname{ld}\frac{2e}{a}\,. \tag{5.20}$$

5. x^{-2}-*Verteilung*

Mit x^{-2}-Verteilung werde die der Wahrscheinlichkeitsdichte

$$P(x) = \frac{a}{2} \cdot \frac{1}{(a + |x|)^2} \tag{5.21}$$

entsprechende Verteilung bezeichnet. Sie hat die Entropie

$$H' = -a \int\limits_{0}^{\infty} \frac{1}{(a+x)^2} \operatorname{ld}\frac{\tfrac{1}{2}a}{(a+x)^2}\, dx$$

$$= -a \operatorname{ld}\frac{a}{2} \int\limits_{0}^{\infty} \frac{dx}{(a+x)^2} + 2a \int\limits_{0}^{\infty} \frac{\operatorname{ld}(a+x)}{(a+x)^2}\, dx\,.$$

Mit den Integralen

$$\int\limits_{0}^{\infty} \frac{dx}{(a+x)^2} = \frac{1}{a}\,;$$

$$\int\limits_{0}^{\infty} \frac{\ln(a+x)}{(a+x)^2}\, dx = \left[-\frac{1}{a+x}\left[1 + \ln(a+x)\right]\right]_{0}^{\infty} = \frac{1}{a}(1 + \ln a)$$

erhält man das Ergebnis

$$H' = -\operatorname{ld}\frac{a}{2} + 2 \cdot \frac{1 + \ln a}{\ln 2} = \operatorname{ld}(2e^2 a)\,. \tag{5.22}$$

6. *Gaußsche Verteilung*

Mit Gaußscher Verteilung werde die der Wahrscheinlichkeitsdichte

$$P(x) = \frac{1}{a\sqrt{2\pi}}\,e^{-\frac{1}{2}\left(\frac{x}{a}\right)^2} \tag{5.23}$$

entsprechende Verteilung bezeichnet. Die dazugehörige Entropie ist

$$H' = -\int\limits_{\infty}^{\infty} \frac{1}{a\sqrt{2\pi}}\,e^{-\frac{1}{2}\left(\frac{x}{a}\right)^2}\,\mathrm{ld}\left[\frac{1}{a\sqrt{2\pi}}\,e^{-\frac{1}{2}\left(\frac{x}{a}\right)^2}\right]\mathrm{d}x$$

$$= \mathrm{ld}\,a\sqrt{2\pi} + \frac{1}{a\sqrt{2\pi}\,\ln 2}\int\limits_{0}^{\infty}\left(\frac{x}{a}\right)^2\cdot e^{-\frac{1}{2}\left(\frac{x}{a}\right)^2}\,\mathrm{d}x\,.$$

Das darin enthaltene Integral hat den Wert $a\sqrt{\dfrac{\pi}{2}}$. Setzt man diesen ein, so erhält man zunächst

$$H' = \mathrm{ld}\,a\,\sqrt{2\pi} + \frac{1}{2}\cdot\frac{1}{\ln 2}\,.$$

Da $\dfrac{1}{2}\dfrac{1}{\ln 2} = \mathrm{ld}\,\sqrt{e}$, entsteht hieraus schließlich

$$H' = \mathrm{ld}\,(a\sqrt{2\pi e})\,. \tag{5.24}$$

§ 55 Abhängigkeit der Entropie einer stetigen Verteilung von Änderungen des Maßstabes

Die Maßeinheit für die Entropie ist das Bit, sowohl bei der diskreten als auch bei der stetigen Verteilung. Das ist bei der Entropie einer diskreten Verteilung schon deshalb selbstverständlich, weil sie hier den Erwartungswert der Information pro Entscheidung bedeutet.

Eine jede *genau* bekannte Entscheidung aus einem stetigen Bereich von möglichen Entscheidungen hat eine unendlich hohe Information. Der Erwartungswert für die Information in einer Entscheidung muß daher notwendig auch über jeder angebbaren endlichen Grenze liegen.

Durch die Abspaltung des unendlich großen Anteiles K, den wir vorläufig als einen Ausdruck für das Auflösungsvermögen des Beobachters ansehen, haben wir eine Entropie H' gewonnen, die nunmehr *endlich* ist. Anders ausgedrückt, haben wir eine Koordinatenverschiebung vorgenommen, durch die der unendlich ferne Punkt[1] in die Nähe des Nullpunktes rückt. *Die Entropie einer stetigen Verteilung ist also nicht der Erwartungswert der Information.*

Es besteht noch ein anderer Unterschied hinsichtlich der Information oder dem Erwartungswert der Entropie diskreter und bei stetiger

---

[1] Um die mit der Gleichung $\infty + c = \infty$ zusammenhängenden Fehler zu vermeiden, ist es sinnvoll, sich K durch ein passend gewähltes $\mathrm{d}x > 0$ zwar sehr groß, aber immer noch endlich vorzustellen.

Verteilung: die diskrete Information ist unabhängig vom gewählten Koordinatensystem im Ergebnisraum, die Information bei stetiger Verteilung dagegen offensichtlich abhängig, wie die Beispiele gezeigt haben.

Die Wahrscheinlichkeits*dichte* hat die Dimension $[x]^{-1}$, während die Wahrscheinlichkeit eine dimensionslose Zahl ist. Dimensionslos, also invariant gegen Koordinatentransformationen, ist also $P(x)\,\mathrm{d}x$ und nicht etwa $P(x)$. Führt man z.B. die Koordinaten

$$x' = r \cdot x \tag{5.25}$$

ein, so muß

$$P'(x')\,\mathrm{d}x' = P(x)\,\mathrm{d}x$$

oder

$$P'(x') = \frac{1}{r}\,P\left(\frac{x'}{r}\right) = \frac{1}{r}\,P(x) \tag{5.26}$$

sein.

Die Entropie im neuen System ist nunmehr

$$H'' = - \int\limits_{-\infty}^{+\infty} P'(x')\,\mathrm{ld}\,P'(x')\,\mathrm{d}x'$$

$$= - \int\limits_{-\infty}^{+\infty} P\left(\frac{x'}{r}\right)\mathrm{ld}\left[\frac{1}{r}\,P\left(\frac{x'}{r}\right)\right]\mathrm{d}\left(\frac{x'}{r}\right)$$

$$= - \int\limits_{-\infty}^{+\infty} P\left(\frac{x'}{r}\right)\mathrm{ld}\,P\left(\frac{x'}{r}\right)\mathrm{d}\left(\frac{x'}{r}\right)$$

$$+ \mathrm{ld}\,r \int\limits_{-\infty}^{+\infty} P\left(\frac{x'}{r}\right)\mathrm{d}\left(\frac{x'}{r}\right)$$

$$= H' + \mathrm{ld}\,r. \tag{5.27}$$

Wenn sich der Maßstab um den Faktor r ändert, ändert sich die Entropie additiv um ld *r* (Abb. 5.5.). Wählt man z.B. bei unveränderter Wahr-

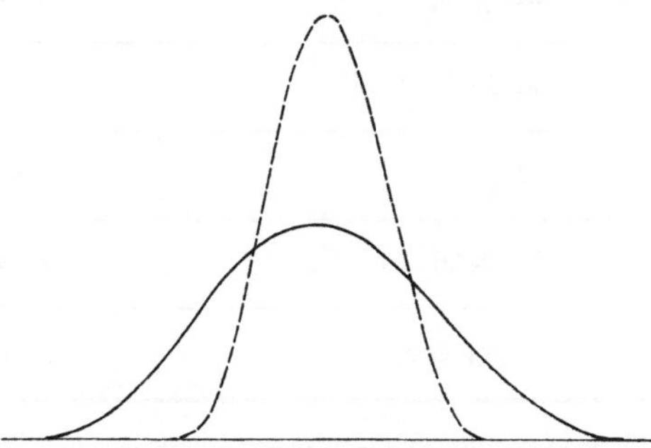

Abb. 5.5.   Die beiden dargestellten Funktionen unterscheiden sich um einen Faktor $r = 2$. Die dazugehörigen Entropien unterscheiden sich um 1 Bit, und zwar hat die flachere und breitere Funktion die höhere Entropie.

scheinlichkeitsdichte über einer Strecke x nunmehr statt Meter die Einheit Millimeter, so wächst (scheinbar) die Entropie um ld 1000. Wenn man aber die Wahrscheinlichkeitsdichte bei unveränderten Koordinaten um den Faktor r auseinanderzieht, so wächst die Entropie (tatsächlich!) um ld 1000.

Die Entropie der stetigen Verteilung ist also nur dann eindeutig angegeben, wenn man sie auf eine bestimmte Maßeinheit für x bezieht[1].

§ 56 Der »Nullpunkt« der Entropie einer stetigen Verteilung

Die informationstheoretische und die thermodynamische Entropie sind ihrem Wesen nach stets positive Größen. Infolge der Abspaltung des Anteiles K kann es jedoch geschehen, daß H' einen negativen Wert annimmt. Man kann daher durch Änderung des Maßstabes jede Verteilungsfunktion so abwandeln, daß die dazugehörige Entropie den Wert Null erhält.

Es mag einen gewissen qualitativen Eindruck über den Zusammenhang zwischen dem Verlauf der Wahrscheinlichkeitsdichte und der Entropie geben, wenn man mehrere derartige Funktionen gemeinsam betrachtet. Zu diesem Zweck wollen wir auf die sechs Beispiele des § 54 zurückgreifen. Man muß in jedem Beispiel den freien Parameter gerade so wählen, daß sich die Entropie $H' = 0$ ergibt (s. Tabelle 9).

Tabelle 9

Beispiel Nr.	Entropiegleichung $H' =$	Parameter für $H' = 0$
1	$\mathrm{ld}\ x_0$	$x_0 = 1$
2	$\mathrm{ld}\ \dfrac{\sqrt{e}}{2}\, x_0$	$x_0 = \dfrac{2}{\sqrt{e}}$
3	$\mathrm{ld}(2 \cdot 3^{-3/4} \cdot x_0)$	$x_0 = \dfrac{3^{3/4}}{2}$
4	$\mathrm{ld}\ \dfrac{2e}{a}$	$a = 2e$
5	$\mathrm{ld}\ (2e^2 a)$	$a = \dfrac{1}{2e^3}$
6	$\mathrm{ld}\ (a\sqrt{2\pi e})$	$a = \dfrac{1}{\sqrt{2\pi e}}$

---

[1] Man kann sich diese Eigenschaft dadurch verständlich machen, daß man die Konstante K mit berücksichtigt. Wenn man dx zwar sehr klein, aber noch von 0 verschieden wählt, verringert sich K bei Maßstabsänderung um genau so viel wie H' zunimmt, so daß H invariant bleibt.

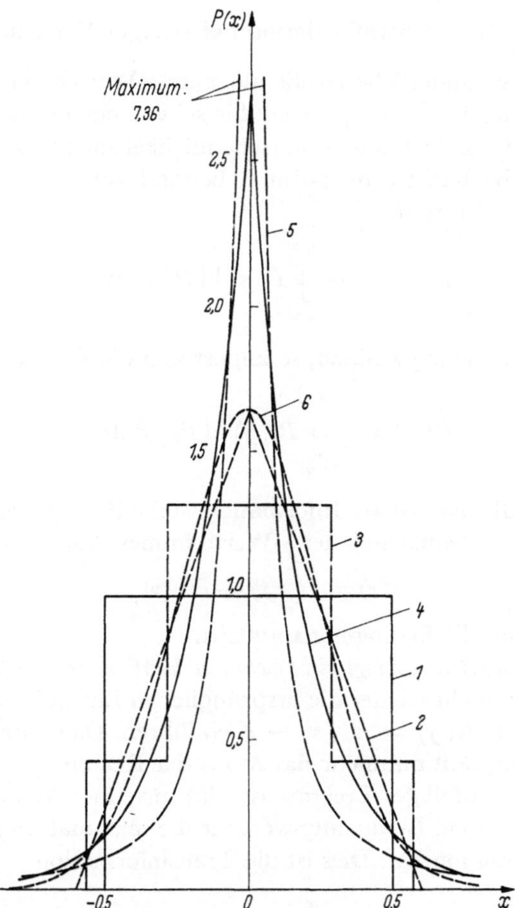

Abb. 5.6. Die dargestellten Funktionen sind die Wahrscheinlichkeitsdichten der 6 behandelten Beispiele, jedoch maßstäblich so geändert, daß jede von ihnen dieselbe Entropie besitzt.

Mit Hilfe der Abb. 1 bis 5 kann man eine ziemlich beliebig ausgewählte Wahrscheinlichkeitsdichte mit einer Genauigkeit von etwa $\pm$ 0,2 Bit auf der Entropieskala einordnen. Man braucht sich nur eine möglichst ähnlich verlaufende Dichte aus den 6 Beispielen auszuwählen. Kleine Abweichungen zwischen zwei Wahrscheinlichkeitsfunktionen haben einen bemerkenswert geringen Einfluß auf die Entropie.

Die dadurch entstehenden Wahrscheinlichkeitsdichten sind in Abb. 5.6. zusammengestellt. Dabei konnten die Funktionen nach Beispiel 2 (Sägezahnverteilung) und nach Beispiel 3 (Stufen-Verteilung) nach einem elementaren Gesetz der Integralrechnung[1] so geändert werden, daß auch sie symmetrisch in Bezug auf $x = 0$ verlaufen.

---

[1] Man kann $P(x)$ in Streifen der Breite dx zerlegen und diese Streifen beliebig (aber ohne Überlappung) auf der x-Achse verschieben, ohne daß sich die Entropie ändert.

§ 57 Die Transinformation bei stetiger Verteilung

Eine stetig veränderliche Größe möge im y-Wertebereich die Wahrscheinlichkeitsdichte $P(y)$ besitzen. Sie sei von einem Parameter x abhängig, so daß die bedingte Wahrscheinlichkeitsdichte $P_x(y)$ besteht.

Für einen Beobachter im y-Raum bestand vor dem Auftreten der Bedingung x die Entropie

$$H'(y) = -\int_{-\infty}^{+\infty} P(y)\,\mathrm{ld}\,P(y)\,\mathrm{d}y\,. \tag{5.28}$$

Tritt die Bedingung x hinzu, so ändert sich die Entropie in

$$H'_x(y) = -\int_{-\infty}^{+\infty} P_x(y)\,\mathrm{ld}\,P_x(y)\,\mathrm{d}y\,. \tag{5.29}$$

Die maximal auswertbare Information ist die Entropieverminderung. Daher wird dem Beobachter der y-Werte immer dann die Information

$$I(x) = H'(y) - H'_x(y) \tag{5.30}$$

angeboten, wenn die Bedingung x auftritt.

Diese Entropiedifferenz hängt nicht mehr von der Wahl der Größe $\mathrm{d}y$ *ab,* denn man könnte nunmehr wieder die ursprünglichen Entropiewerte $H(y) = H'(y) + K$ und $H_x(y) = H'_x(y) + K$ einführen. Da es nur auf die Differenz ankommt, fällt nunmehr das K aus der Rechnung heraus.

Wenn x ein zufälliges Ereignis ist, das aus einer Menge (x) ausgewählt wurde, tritt ein Erwartungswert für die maximal im y-Raum auswertbare Information auf. Dies ist die Transinformation

$$R = \int_{-\infty}^{+\infty} P(x)\,I(x)\,\mathrm{d}x\,, \tag{5.31}$$

wobei ersichtlich diese Gleichung nur dann gilt, wenn die Verteilung stetig ist.

Nun kann man statt der Gleichung (28) auch

$$H'(y) = -\int_{-\infty}^{+\infty}\int_{-\infty}^{+\infty} P(x;y)\,\mathrm{ld}\,P(y)\,\mathrm{d}x\,\mathrm{d}y \tag{5.32}$$

und statt der Gleichung (29) auch

$$H'_x(y) = -\int_{-\infty}^{+\infty}\int_{-\infty}^{+\infty} P(x;y)\,\mathrm{ld}\,P_x(y)\,\mathrm{d}x\,\mathrm{d}y \tag{5.33}$$

schreiben. Also gilt statt der Gleichung (31)

$$R = - \int\limits_{-\infty}^{+\infty} \int\limits_{-\infty}^{+\infty} P(x;y)\, \mathrm{ld}\, \frac{P(y)}{P_x(y)}\, \mathrm{d}x\, \mathrm{d}y\,. \qquad (5.34)$$

Dieses Ergebnis kann man als die auf S. 156 angekündigte Verallgemeinerung des Informationsbegriffes ansehen: Es trifft im allgemeinen nicht zu, daß man nur ein Intervall von y_j bis $y_j + \Delta y$ kennt, in dem das »richtige« Ergebnis mit gleicher Wahrscheinlichkeit liegen muß, sondern man kann für jedes bestimmte x eine bedingte Wahrscheinlichkeitsdichte $P_x(y)$ angeben. Die Information, die der Beobachter erfährt, beruht auf der Verminderung der Entropie von $P_x(y)$ gegenüber der ursprünglichen Entropie von $P(y)$.

Die Transinformation ist unabhängig vom Koordinatenmaßstab, und sie gleicht der Transinformation, die man durch einen skrupellosen Grenzübergang aus der Gleichung (4.61) erhalten würde.

Nach genauerer Betrachtung kann man diese Aussage noch verschärfen:

Transformiert man die Gleichung (34) auf ein neues Koordinatensystem x', y', so hat man darin zu setzen

$$P'(x', y') = P(x;y) \cdot \mathcal{J}\left(\frac{x,\, y}{x',\, y'}\right)$$

$$\mathrm{d}x'\mathrm{d}y' = \mathcal{J}\left(\frac{x',\, y'}{x,\, y}\right) \mathrm{d}x\, \mathrm{d}y\,.$$

Mithin ist in neuen Koordinaten[1]:

$$H'(y') - H'_x(y') = \iint P(x,y) \cdot \mathcal{J}\left(\frac{x,\, y}{x',\, y'}\right) \mathrm{ld}\, \frac{P_x(y)}{P(y)} \cdot \mathcal{J}\left(\frac{x',\, y'}{x,\, y}\right) \mathrm{d}x\, \mathrm{d}y$$

$$= \iint P(x,y)\, \mathrm{ld}\, \frac{P_x(y)}{P(y)}\, \mathrm{d}x\, \mathrm{d}y$$

$$= H'(y) - H'_x(y)\,. \qquad (5.35)$$

$\mathcal{J}(\ldots)$ bezeichnet hierin die Jacobische Funktionaldeterminante[2].

Die Transinformation ist also eine invariante (d. h. nicht von den Koordinaten abhängige) *Größe.* Das gilt z. B. sogar dann, wenn innerhalb des Übertragungssystems Transformationen der relativistischen Physik vorkommen. Die Transinformation ist nämlich ihrer physikalischen Dimension nach eine reine Zahl; sie kann also schon aus diesem Grunde nicht durch die relativistische Transinformation geändert werden. (Das gilt selbstverständlich nicht auch für den Transinformationsfluß!)

---

[1] GOLDMAN, S.: Information Theory. 153. New York: Prentice-Hall 1953.
[2] S. DUSCHEK, A.: Vorlesungen über höhere Mathematik **II.** 78, 99, 101 Wien: Springer 1950. Vorlesungen über höhere Mathematik **III.** 114 Wien: Springer 1953

§ 58 Die Transinformation bei gemischter Verteilung

Eine Wahrscheinlichkeitsdichte kann auch dann, wenn man nur »praktisch vorkommende« Fälle berücksichtigen will, singuläre Punkte besitzen, wie in § 16 gezeigt wurde. Das trifft auch für die zweidimensionale Wahrscheinlichkeitsdichte $P(x;y)$ zu. Da man sie in die Produkte

$$P(x;y) = P(x) \cdot P_x(y) = P(y) \cdot P_y(x) \qquad (5.36)$$

zerlegen kann, muß man erwarten, daß ein singulärer Punkt für $P(x)$ auch in $P(x;y)$ singuläre Punkte nach sich zieht, und zwar für alle y-Werte, in denen $P_x(y) > 0$ gilt.

Die gemeinsame Darstellung für eine diskrete und für eine stetige Wahrscheinlichkeit war bisher die Summenfunktion $F(x)$. Es liegt nahe, nunmehr eine zweidimensionale Summenfunktion $F(x,y)$ einzuführen, wobei

$$dd\,F(x;y) = P(x,y)\,dx\,dy \qquad (5.37)$$

ist. Einem singulären Punkt von $P(x)$ entspricht eine Unstetigkeitsstelle in $F(x)$. Die Differenz zwischen dem links- und dem rechtsseitigen Grenzwert der Funktion $F(x)$ in einer Unstetigkeitsstelle x_i bedeutet eine diskrete Wahrscheinlichkeit $p(x_i)$.

Im zweidimensionalen Fall muß man fordern, daß $F(x;y)$ mit wachsendem x und mit wachsendem y monoton nicht abnimmt (d.h. zunimmt, oder wenigstens konstant ist). Dabei können sowohl Sprünge nur für ein wachsendes x als auch nur für ein wachsendes y auftreten. Allgemein können im $F(x;y)$-Gebirge aber senkrechte Wände auftreten, die nicht senkrecht zu den Koordinaten und nicht gerade zu verlaufen brauchen (Abb. 5.7.).

Schreibt man

$$dd\,F(x,y) = P(x;y)\,dx\,dy$$
$$= dF(x) \cdot dF_x(y) = P(x)\,dx \cdot P_x(y)\,dy$$
$$= dF(y) \cdot dF_y(x) = P(y)\,dy \cdot P_y(x)\,dx, \qquad (5.38)$$

so erkennt man, daß jeder endliche Sprung von $F(x;y)$ beim Fortschreiten in der x-Richtung entweder durch einen Sprung von $F(x)$ oder von $F_y(x)$ verursacht sein kann. (Entsprechendes gilt für Sprünge beim Fortschreiten in der y-Richtung.)

Angenommen, $F(x)$ sei eine Treppe mit der Stufenhöhe $p(x_i)$, so werden die Sprünge in $F(x;y)$ nicht von y abhängen, (also senkrechte Wände parallel zur y-Achse darstellen).

Wiederum gehört zu jedem x_i, das mit der Wahrscheinlichkeit $p(x_i)$ auftreten möge, nach Gleichung (34) die angebotene Information (Transinformation für ein einzelnes bestimmtes Signal)

$$R(x_i) = \int\limits_{-\infty}^{+\infty} P_{x_i}(y)\,\mathrm{ld}\,\frac{P_{x_i}(y)}{P(y)}\,dy\,. \qquad (5.39)$$

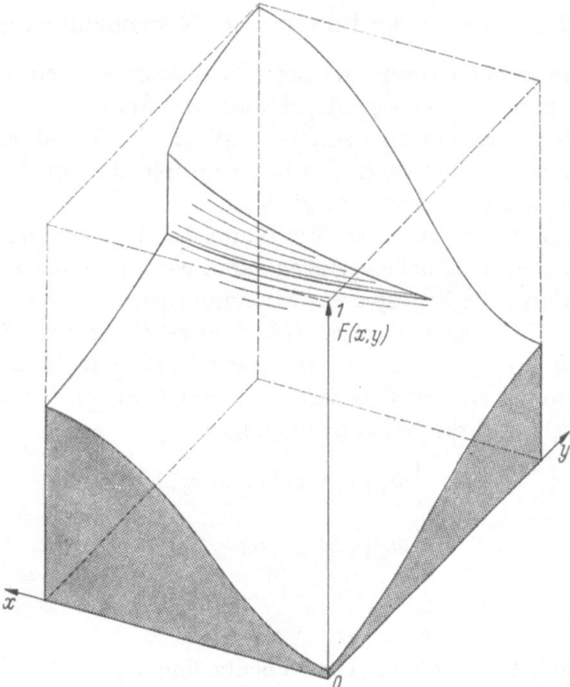

Abb. 5.7. Zweidimensionale Summenfunktion $F(x; y)$. Die Funktion kann weder in Richtung steigender x- noch in Richtung steigender y-Werte fallen. Unstetigkeitssprünge haben eine Ausdehnung entlang einer keineswegs immer geraden Linie, die keineswegs, wenn sie gerade ist, eine Parallele zu einer der beiden Achsen zu sein braucht.

Der Erwartungswert für die Transinformation ist dann

$$R = \int\limits_{-\infty}^{+\infty} \sum_i p(x_i)\, P_{x_i}(y)\, \mathrm{ld}\, \frac{P_{x_i}(y)}{P(y)}\, \mathrm{d}y\,. \tag{5.40}$$

Dieser Fall tritt dann auf, wenn ein *stetiger* Kanal mit einer Quelle verbunden wird, die über endlich viele *diskrete* Signale verfügt. Allgemeinere Fälle einer gemischten zweidimensionalen Verteilung $F(x; y)$ sind physikalisch durchaus denkbar, können aber offenbar noch nicht durch wichtige technische Beispiele belegt werden. Daher möge der allgemeine Hinweis genügen, daß die Transinformation in diesem Fall mit den Verteilungsfunktionen nach Gleichung (38) darzustellen ist.

§ 59 Extremwerte der Entropie bei Nebenbedingungen

Nach dem zweiten Hauptsatz der Physik kann sich ein nichtstationärer Zufallsprozeß in einem abgeschlossenen System nur so ändern, daß dabei die Gesamtentropie zunimmt. Wenn ein Prozeß stationär geworden ist, besitzt er deshalb die höchste Entropie, die unter Berücksichtigung der Nebenbedingungen möglich ist.

Wenn man technisch über die Wahrscheinlichkeitsverteilung der Signale einer stetigen Quelle verfügen kann, wird man dies zweckmäßig so tun, daß dabei die Entropie ein Maximum wird. *Bei der Entscheidung der Quelle für ein bestimmtes Zeichen verschwindet die Entropie und die Entropieverminderung ist der Erwartungswert der Information pro Entscheidung.*

Zu bestimmen ist also diejenige Funktion $P(x)$, die ein Maximum für H' ergibt, wobei die Nebenbedingungen

$$\int \Phi_0 \left[x; P(x)\right] \mathrm{d}x = c_0,$$

$$\int \Phi_1 \left[x; P(x)\right] \mathrm{d}x = c_1,$$

$$\cdots \cdots \cdots \cdots \cdots$$

$$\cdots \cdots \cdots \cdots \cdots \qquad (5.41)$$

berücksichtigt werden sollen. (Die Nebenbedingung

$$\int\limits_{-\infty}^{+\infty} P(x)\, \mathrm{d}x = 1$$

ist selbstverständlich immer vorhanden.)

Technisch kann man sich z. B. x als eine Spannung vorstellen. Dann kann man sich vorstellen, daß ein Höchstwert für x oder ein Erwartungswert $E(x^2)$, der technisch die mittlere Leistung bedeutet, vorgegeben sind.

Die mathematische Lösung ist der bei diskreter Verteilung (s. § 45) analog. Mit den vorläufig noch unbestimmten Parametern λ_0, λ_1, die nachträglich aus den Nebenbedingungen zu bestimmen sind, erhält man die zu lösende Gleichung[1]

$$\frac{\partial(P\ln P)}{\partial P} + \lambda_0 \frac{\partial \Phi_0}{\partial P} + \lambda_1 \frac{\partial \Phi_1}{\partial P} + \cdots = 0 . \qquad (5.42)$$

Da $\Phi_0(P) = P$, kann man in dieser Gleichung die ersten beiden Glieder differenzieren und erhält für den hier immer vorliegenden Spezialfall:

$$\ln P + 1 + \lambda_0 + \lambda_1 \frac{\partial \Phi_1}{\partial P} + \lambda_2 \frac{\partial \Phi_2}{\partial P} + \cdots = 0 . \qquad (5.43)$$

---

[1] In dieser Gleichung ist zur Vereinfachung der Rechnung statt des dualen der natürliche Logarithmus verwendet worden. Das muß später bei der Bestimmung der Konstanten berücksichtigt werden.

Mithin ist die gesuchte Wahrscheinlichkeitsdichte

$$P = e^{-1 + \lambda_0 + \lambda_1 \frac{\partial \Phi_1}{\partial P} + \lambda_2 \frac{\partial \Phi_2}{\partial P} + \cdots}. \tag{5.44}$$

Beispiele:

1. *Feste Grenzen*

Die Größe x soll nur innerhalb der Grenzen $x_1 \leqq x \leqq x_2$ auftreten. Man drückt das so aus, daß die Wahrscheinlichkeit für ein x, das außerhalb dieses Bereiches liegt, gleich Null sein soll. Sonstige Nebenbedingungen werden nicht gestellt. Nochmals ausführlich hingeschrieben ist dann

$$\mathrm{ld}\, e \cdot \frac{\partial (P \ln P)}{\partial P} + \lambda_0 = 0$$

oder

$$e \ln P + 1 + \lambda_0 = 0.$$

Diese Gleichung kann nur dann erfüllt werden, wenn P eine Konstante ist. Die maximale Entropie innerhalb fester vorgegebener Grenzen erhält man daher für

$$P(x) = \frac{1}{x_2 - x_1}. \tag{5.45}$$

2. *Vorgegebener linearer Mittelwert*

Die Größe x soll nur positiv sein, was man durch die Integrationsgrenzen 0 und ∞ festlegen kann. Ferner ist der Erwartungswert von x (technisch z. B.: Mittelwert der Spannung) fest vorgegeben:

$$\int_0^\infty P(x) \cdot x \, \mathrm{d}x = E(x) = \bar{x}.$$

Dann erhält man die Gleichung

$$\ln P + 1 + \lambda \cdot \frac{\partial (P \cdot x)}{\partial P} = 0,$$

die mit neuen Konstanten die Lösung

$$P(x) = C_0 \cdot e^{-C_1 x}$$

hat. Die Konstanten ergeben sich aus den beiden Bedingungen

$$\int_0^\infty P(x) \, \mathrm{d}x = 1$$

$$\int_0^\infty P(x) \cdot x \, \mathrm{d}x = \bar{x}.$$

Für diese Integrale erhält man

$$\int_0^\infty P(x) \, \mathrm{d}x = C_0 \int_0^\infty e^{-C_1 x} \, \mathrm{d}x = \frac{C_0}{C_1} = 1,$$

$$\int\limits_{0}^{\infty} x\, P(x)\, \mathrm{d}x = C_0 \int\limits_{0}^{\infty} x \cdot \mathrm{e}^{-C_1 x}\, \mathrm{d}x = \frac{C_0}{C_1^2} = \bar{x}\,,$$

so daß beide Konstanten den Wert

$$C_0 = C_1 = \frac{1}{\bar{x}}$$

annehmen. Die gesuchte Wahrscheinlichkeitsdichte ist damit

$$P(x) = \frac{1}{\bar{x}} \cdot \mathrm{e}^{-\frac{1}{\bar{x}} \cdot x}\,. \tag{5.46}$$

3. *Vorgegebener quadratischer Mittelwert*

Der Wertebereich möge wieder von $-\infty$ bis $+\infty$ gewählt werden. Fest vorgegeben sei die Varianz (technisch z. B. die Leistung)

$$\int\limits_{-\infty}^{+\infty} x^2 P(x)\, \mathrm{d}x = N\,.$$

Wie nunmehr wohl unschwer nachzuprüfen ist, erhält man die allgemeine Lösung

$$P(x) = C_0 \cdot \mathrm{e}^{-C_1 x^2}\,.$$

Aus den beiden Nebenbedingungen

$$C_0 \int\limits_{-\infty}^{+\infty} \cdot\, \mathrm{e}^{-C_1 x^2}\, \mathrm{d}x = 1\,;\quad C_0 \int\limits_{-\infty}^{+\infty} x^2 \cdot \mathrm{e}^{-C_1 x^2}\, \mathrm{d}x = N$$

errechnet man die Konstanten

$$C_0 = \frac{1}{\sqrt{2\pi N}}\,;\, C_1 = \frac{1}{2N}\,,$$

und erhält als gesuchte Wahrscheinlichkeit die Gaußsche Funktion

$$P(x) = \frac{1}{\sqrt{2\pi N}} \cdot \mathrm{e}^{-(x^2/2N)}\,. \tag{5.47}$$

Dieser Fall liegt bei einem thermodynamischen Prozeß vor, wenn die gesamte kinetische Energie der Teilchen, d. h. die Temperatur, fest vorgegeben ist.

Ist bei einer Quelle für Nutzsignale die einzige Nebenbedingung der Mittelwert der Leistung, so muß man, um die maximal mögliche Information pro Zeichen zu erzielen, eine Gaußsche Wahrscheinlichkeit einstellen.

§ 60 **Die Transinformation eines stetigen Kanals**

Es liege ein stetiger Kanal vor, dessen Grundgeräusch im Mittel die Energie N enthält. Dann beträgt die Wahrscheinlichkeit der Störamplitude

$$P(n) = \frac{1}{\sqrt{2\pi N}} \cdot \mathrm{e}^{-(n^2/2N)}\,.$$

Wenn für diesen Kanal die mittlere Energie S des Nutzsignals s, bezogen auf den Ausgang, fest vorgeschrieben ist, wählt man technisch die Wahrscheinlichkeitsverteilung gemäß

$$P(s) = \frac{1}{\sqrt{2\pi S}} \cdot e^{-(s^2/2S)}.$$

Ein Beobachter am Ausgang erhält ein Signal $y = n + s$ mit der Energie $N + S$, deren Wahrscheinlichkeit ebenfalls gaußisch verteilt ist, d.h., es gilt:

$$P(y) = \frac{1}{\sqrt{2\pi(N+S)}} \cdot e^{-(y^2/2(N+S))}.$$

Bei einem bestimmten Eingangssignal verschwindet in $P_x(y)$ der durch S verursachte Anteil, d.h. es ist

$$P_x(y) = \frac{1}{\sqrt{2\pi N}} \cdot e^{-(y^2/2N)}.$$

Die Entropie bei arbeitender Signalquelle ist am Ausgang nach Gleichung (5–24)

$$H'(y) = \mathrm{ld}\sqrt{(N+S)\cdot 2\pi e}.$$

Sie vermindert sich bei einem bestimmten Signal x_i auf

$$H'_x(y) = \mathrm{ld}\sqrt{N\cdot 2\pi e}.$$

Die Differenz ist der Erwartungswert der angebotenen Information, also die Transinformation pro Entscheidung:

$$R = H'(y) - H_x{}'(y)$$
$$= \mathrm{ld}\sqrt{(N+S)2\pi e} - \mathrm{ld}\sqrt{N\cdot 2\pi e}$$
$$= \frac{1}{2}\,\mathrm{ld}\left(1 + \frac{S}{N}\right).$$

Wenn es sich um einen linearen Kanal mit der Bandbreite B handelt, so sind in der Zeit T im Höchstfall $2\,BT$ voneinander unabhängige Entscheidungen möglich. Für den Erwartungswert der Information, die in dieser Zeit den Kanal passieren kann, gilt daher

$$H < R \cdot 2\,BT = BT \cdot \mathrm{ld}\left(1 + \frac{S}{N}\right).$$

Unter den vorausgesetzten Nebenbedingungen ist dies die maximal mögliche Transinformation in einem linearen Kanal in der Zeit T. Die maximal mögliche Transinformation *pro Zeiteinheit* nennt man Kanalkapazität[1]. Sie ist hier

$$C = B \cdot \mathrm{ld}\left(1 + \frac{S}{N}\right). \tag{5.48}$$

---

[1] Nicht zu verwechseln mit der Kanalkapazität pro Zeichen C.

Zu beachten ist dabei, daß eine Gauß-Verteilung der Störungen vorausgesetzt wird. Da jede andere Verteilung eine geringere Entropie der Störquelle bedeutet, muß die Kanalkapazität für diese größer sein.

Eine ähnliche Überlegung kann man anstellen, wenn der Empfänger nicht eine stetige Folge von Spannungswerten, sondern Quanten beobachtet. Der Zähler möge empfindlich genug sein, um einzelne Quanten zu zählen. Dagegen werde angenommen, daß er Quanten mit verschiedenem Impuls nicht voneinander unterscheiden kann.

Wenn man einen bestimmten Zeitraum T zugrundelegt, in der der Erwartungswert für die Anzahl Quanten $\bar{n}$ ist, so beträgt die Wahrscheinlichkeit für die Anzahl i der wirklich gemessenen Quanten (Poisson-Verteilung, s. § 23).

$$p(i) = \frac{\bar{n}^i}{i!}\, e^{-\bar{n}}. \tag{5.49}$$

Es besteht die Entropie

$$H = -\sum_{i=0}^{\infty} \frac{\bar{n}^i}{i!} \cdot e^{-\bar{n}}\, \mathrm{ld}\left\{ \frac{\bar{n}^i}{i!} \cdot e^{-\bar{n}} \right\}.$$

Wenn der Empfänger im Mittel $\bar{n}$ Quanten aus einer Störquelle und $\bar{s}$ Quanten aus einer Nutzquelle[1] empfängt, ist die Transinformation

$$R = \sum_{i=0}^{\infty} \frac{(\bar{n}+\bar{s})^i}{i!} \cdot e^{-(\bar{n}+\bar{s})}\, \mathrm{ld}\left\{ \frac{(\bar{n}+\bar{s})^i}{i!} \cdot e^{-(\bar{n}+\bar{s})} \right\}$$

$$- \sum_{j=0}^{\infty} \frac{\bar{n}^j}{j!} \cdot e^{-\bar{n}}\, \mathrm{ld}\left\{ \frac{\bar{n}^j}{j!} \cdot e^{-\bar{n}} \right\}.$$

Mit

$$\sum_{i=0}^{\infty} p(n) = 1 \,; \quad \sum_{i=0}^{\infty} n p(n) = \bar{n}\,.$$

erhält man daraus

$$R = (\bar{n}+\bar{s})\, \mathrm{ld}\, \frac{\bar{n}+\bar{s}}{e} - \bar{n}\, \mathrm{ld}\, \frac{\bar{n}}{e}\,. \tag{5.50}$$

Alle übrigen Glieder in den beiden Entropieausdrücken sind untereinander gleich und heben sich daher auf.

Wenn man die Funktion $y = x \cdot \mathrm{ld}\, \dfrac{x}{e}$ einführt (s. Abb. 5.8.), so ist

$$R = y(\bar{n}+\bar{s}) - y(\bar{n})\,. \tag{5.51}$$

Die Gleichung (50) kann man aber auch in der Form

$$R = \bar{s} \cdot \mathrm{ld}\left(1 + \frac{\bar{s}}{\bar{n}}\right) + \bar{s}\, \mathrm{ld}\, \frac{\bar{n}+\bar{s}}{e} \tag{5.52}$$

---

[1] Man beachte, daß die Erwartungswerte $\bar{n}$ und $\bar{s}$ nicht etwa ganzzahlig sein müssen. Obwohl einzelne Quanten gezählt werden, handelt es sich also um einen stetigen Kanal.

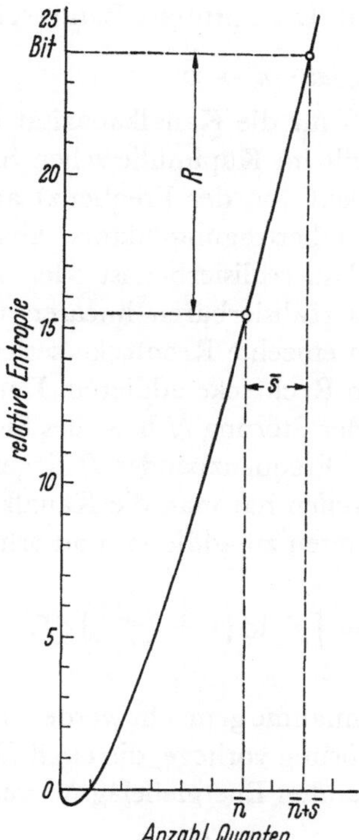

Abb. 5.8. Die Funktion $y = x\,\mathrm{ld}\,\dfrac{x}{e}$.

schreiben und erhält mit

$$\bar{n} = \tilde{N} \cdot T$$

$$\bar{s} = \tilde{S} \cdot T,$$

wobei $\tilde{N}$ und $\tilde{S}$ die Anzahl der Quanten je Zeiteinheit aus der Stör- bzw. Nutzquelle bedeuten, nunmehr die Kanalkapazität

$$C = \tilde{N} \cdot \mathrm{ld}\left(1 + \frac{S}{\tilde{N}}\right) + \tilde{S}\,\mathrm{ld}\left(T \cdot \frac{\tilde{N} + \tilde{S}}{e}\right). \tag{5.53}$$

Das erste Glied ist unabhängig von der Zeit. Wenn es gegenüber dem zweiten stark überwiegt, ist die maximal übertragbare Information proportional der Zeit. Mit Rücksicht auf das zweite Glied ist es nicht mehr gleichgültig, in welche Zeitabschnitte T_i man eine längere Übertragungszeit T unterteilt. Man muß sogar die auf einen Abschnitt T_i entfallende gesamte Anzahl der Quanten $T_i(\tilde{N} + \tilde{S})$ größer als e wählen, wenn das zweite Glied nicht negativ werden soll.

Wenn man die technisch einstweilen noch utopische Annahme fallen läßt, daß der Empfänger einzelne Quanten zählen kann, muß man das zweite Glied in Gleichung (53) streichen.

§ 61 **Die optimale Bandbreite**

1. *Der theoretische Grenzfall*[1] $n \to \infty$

In der Gleichung (48) für die Kanalkapazität ist die Bandbreite B enthalten. Diese Größe gilt im Küpfmüllerschen Sinn für einen Kanal mit einem (in Abhängigkeit von der Frequenz) annähernd rechteckig verlaufenden Betrag des Übertragungsfaktors. Unabhängig davon, ob ein strenger Rechteckverlauf realisierbar ist oder nicht, kann man den Übertragungsfaktor eines realisierbaren linearen Übertragungssystems rechnerisch annähernd in einzelne Rechtecke zerlegen, und die Kanalkapazitäten der einzelnen Rechtecke addieren. Dann sind unter N und S diejenigen Leistungen der Störung N bzw. des Signals S zu verstehen, die jeweils innerhalb des Frequenzbandes B liegen. Im Grenzfall der Zerlegung in einzelne Streifen hat man die Kanalkapazitäten der differentiell schmalen Bandbreiten zu addieren und erhält also

$$C = \int_0^\infty f \cdot \mathrm{ld}\left(1 + \frac{S(f)}{N(f)}\right) df. \tag{5.54}$$

Nunmehr möge die Annahme gemacht werden, daß in einem linearen System eine Gaußsche Störung vorliege, die ein differentielles Frequenzintervall mit einem konstanten Energiebelag N' versieht, so daß

$$N = N' \cdot B \tag{5.55}$$

ist.

Wie groß muß nunmehr die Bandbreite gewählt werden, um die Kanalkapazität pro Zeiteinheit zu einem Maximum zu machen?

Aus Gleichung (48), wenn man Gleichung (55) einsetzt, entsteht

$$C = B\,\mathrm{ld}\left(1 + \frac{S}{N'B}\right)$$
$$= \mathrm{ld}\left(1 + \frac{S}{N'B}\right)^N.$$

Für $B \to \infty$ strebt dieser Ausdruck monoton dem Grenzwert

$$C = \mathrm{ld}\left\{e^{\frac{S}{N'}}\right\} = \frac{S}{N'}\,\mathrm{ld}\,e \tag{5.56}$$

zu. Dieses Ergebnis sagt also, daß man die Bandbreite B so groß machen soll, daß S ein Maximum annimmt. Das heißt im Grenzfall, daß man B unendlich groß wählen soll.

Dieses Ergebnis steht anscheinend im Widerspruch zur praktischen Erfahrung[2], die besagt, daß man die Bandbreite nicht größer machen soll, als die Bandbreite, die mit

---

[1] Abweichend von § 51 wird jetzt die Blocklänge mit n bezeichnet, um eine Verwechslung mit der Störenergie N zu vermeiden.

[2] WOLTER, H.: Mündliche Mitteilung, 1958, an den Verfasser.

Rücksicht auf die linearen Verzerrungen des Signals unbedingt erforderlich ist, um mit den »überflüssigen« Frequenzbändern auch deren Störleistung zu unterdrücken.

Bei solchen Betrachtungen muß man ferner immer genau sagen, was man meint. Es ist z. B. ein Unterschied, ob bei der Optimierung der Modulator und der Demodulator bereits fest vorgegeben sind oder noch der freien Verfügung unterliegen.

Es bleibt also, um irreführende Aussagen zu vermeiden, noch die Lösung der Frage offen, welcher Informationsfluß bei begrenztem technischen Aufwand im Höchstfall zu erreichen ist. Trotzdem soll zunächst die Frage beantwortet werden, wie die Kanalkapazität sich in Abhängigkeit von der Bandbreite ändert, wenn vorausgesetzt wird, daß der Shannonsche Grenzwert für jede Bandbreite technisch realisierbar ist. Zu diesem Zweck führen wir die Bezugsbandbreite

$$B_0 = \frac{S}{N'} \tag{5.57}$$

als diejenige Bandbreite ein, bei der die Nutzenergie im Signal gleich der Störenergie (*noise*) wird. Nunmehr fragen wir nach der Kanalkapazität als Funktion von B/B_0. Durch Einsetzen in die Gleichung (48) erhält man

$$C = B_0 \cdot \frac{B}{B_0} \cdot \mathrm{ld}\left(1 + \frac{B}{B_0}\right)$$

$$= B_0 \cdot \mathrm{ld}\,e \cdot \ln\left[\left(1 + \frac{1}{B/B_0}\right)^{B/B_0}\right]. \tag{5.58}$$

Die Kanalkapazität ist also proportional dem Faktor

$$f\left(\frac{B}{B_0}\right) = \ln\left[\left(1 + \frac{1}{B/B_0}\right)^{B/B_0}\right], \tag{5.59}$$

der in Abb. 5.9. dargestellt worden ist. Dieser strebt monoton gegen 1 für $B \to \infty$. Selbstverständlich ist dieser Grenzwert bereits dadurch irreal, daß es nicht möglich ist, unendlich hohe Bandbreiten zu realisieren. Außerdem würde man dabei notwendig die physikalische Voraussetzung

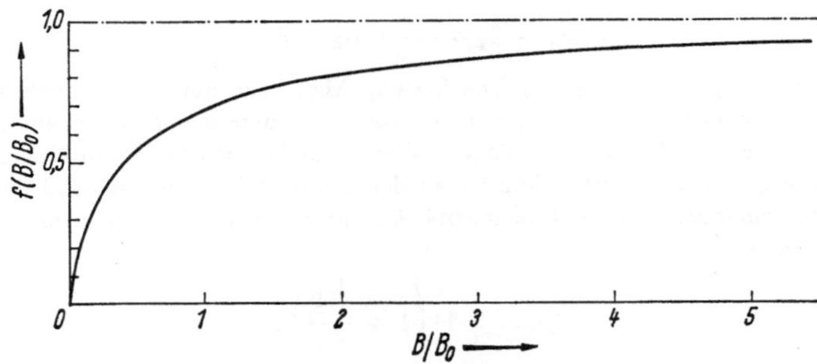

Abb. 5.9. Abhängigkeit der Kanalkapazität C pro Zeiteinheit von der Bandbreite. B_0 ist eine Bezugsbandbreite, die so gewählt ist, daß $S = N$ wird.

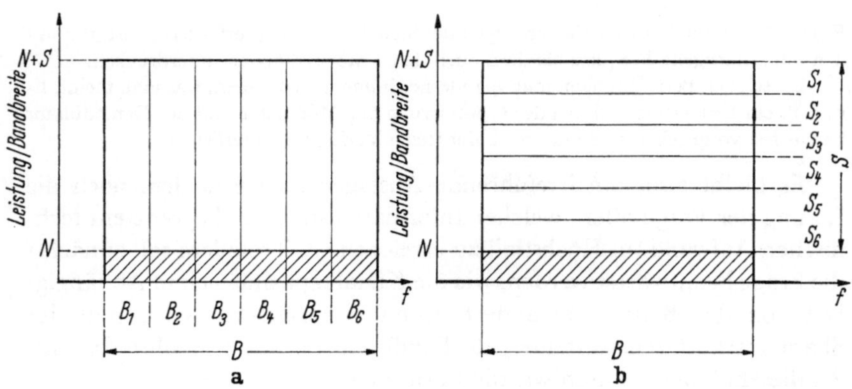

Abb. 5.10. Grundsätzliche Möglichkeiten der Aufteilung eines zur Verfügung stehenden Kanals in mehrere verschiedene Benutzer: (a) konventionell: jeder Benutzer erhält einen Anteil an der gesamten Bandbreite, (b) informationstheoretisch: alle Benutzer besetzen dasselbe Band, unterscheiden sich aber durch ihren Kode.

$hf \ll kT$ verletzen müssen. Dieser Einwand ist aber praktisch deshalb nicht so schwer, weil bereits etwa 70% des theoretischen Grenzwertes bei $B = B_0$ erreicht werden, so daß diese Voraussetzung im allgemeinen noch erfüllt sein wird. In diesem Fall, den man als eine Art technischen Kompromiß ansehen könnte, ist

$$C = B \quad \text{für} \quad B = B_0 = \frac{S}{N'}. \tag{5.60}$$

Das Diagramm zeigt, wie gering der Bruchteil der ausgenutzten Kanalkapazität ist, wenn man, wie man es technisch vorzugsweise tut, B/B_0 sehr klein wählt, also mit einem großen (S/N)-Verhältnis arbeitet.

Dieses Ergebnis führt ferner auf eine theoretisch interessante Überlegung, wenn sich mehrere Benutzer in einen zur Verfügung stehenden Kanal teilen müssen (Abb. 5.10). Die konventionelle Lösung für k Benutzer besteht in der Aufteilung des Bandes B in die Teil-Bänder mit den Bandbreiten

$$B_1 + B_2 + \cdots + B_k = B.$$

Dies ist keineswegs die einzig mögliche Lösung. Man kann auch alle Signale sich in einem gemeinsamen Kanal superponieren lassen. Sie unterscheiden sich durch den Kode, so daß ein bestimmter Empfänger die nicht für ihn bestimmte Nutzenergie mit der Störenergie hinzurechnet. Nimmt man der Einfachheit halber an, daß die Teilkanäle untereinander dieselbe Teilkapazität C_k haben sollen, so hat man im Fall der Unterteilung in Frequenzbänder.

$$C_{kB} = \frac{B}{k}\, \mathrm{ld}\left(1 + \frac{\frac{1}{k}S}{\frac{1}{k}N}\right), \tag{5.61}$$

wobei angenommen worden ist, daß sich die Energien gleichmäßig über das gesamte Frequenzband verteilen.

Wenn aber alle k Teilnehmer dasselbe Band benutzen und sich nur im Kode unterscheiden, so steht jedem die Kanalkapazität

$$C_{kK} = B \operatorname{ld}\left(1 + \frac{\frac{1}{k} \cdot S}{N + \frac{k-1}{k} \cdot S}\right) \tag{5.62}$$

zur Verfügung.

Beispiel:

Wenn $S/N = 1023$ ist, hat man bei $k = 10$:

$$C_{kB} = B \ ;$$

$$C_{kK} = B \cdot \operatorname{ld}\left(1 + \frac{1023}{1 + \frac{9}{10} \cdot 1023}\right)$$

$$= 1{,}08 \ B \ .$$

Wenn $S/N > k$ ist, hat die Aufteilung in verschieden kodierte Signale einen kleinen Vorteil, im anderen Fall die Aufteilung in einzelne Bänder.

2. *Der praktische Fall* $n < \infty$

Von jetzt ab werde vorausgesetzt, daß n eine vorgegebene *endliche* Größe ist. Dann tritt in einem Signal ein Fehler mit der durch die Gleichung (4.90) gegebenen Wahrscheinlichkeit $p_S = 2^{-n\overline{C}}$ auf. Nun kann man die Information nicht von der Wahrscheinlichkeit eines Fehlers trennen.

Als Beispiel, an dem diese Abhängigkeit voneinander gezeigt werden soll, werde ein Meßsatellit angenommen, bei dem ein einmal gesendetes Signal eine sichere Entscheidung zwischen zwei Möglichkeiten bedeutet, deren a priori-Wahrscheinlichkeiten die Experten mit je 50% angegeben haben mögen. Wenn die Störung im Empfänger so beträchtlich ist, daß nur eine Wahrscheinlichkeit von 50% dafür besteht, daß dieses Signal richtig ist, bedeutet das die Zerstörung der gesamten Information.

Dieser gegenseitigen Beziehung kann man dadurch Rechnung tragen, daß man eine Fehlerentropie

$$H_r = -p_S \operatorname{ld} p_S - p_F \operatorname{ld} p_F \tag{5.63}$$

einführt, in der $p_F = 1 - p_S$ ist. Diese Entropie ist die *r*estliche Unsicherheit, die nach Empfang eines Signals verblieben ist. Man kann sie für kleine p_S näherungsweise durch

$$H_r = p_S \operatorname{ld} \frac{\mathrm{e}}{p_S} \tag{5.64}$$

ersetzen. Um diese Entropie vermindert sich die in demselben sicheren Signal enthaltene Entropie, wenn es mit einer Fehlerwahrscheinlichkeit p_S empfangen wird.

Da die Fehlerentropie ihr Maximum bei $p_S = 50\%$ hat und dann 1 Bit beträgt, wirkt sie sich besonders empfindlich bei einer kleinen Information pro Zeichen (Binärzeichen) aus.

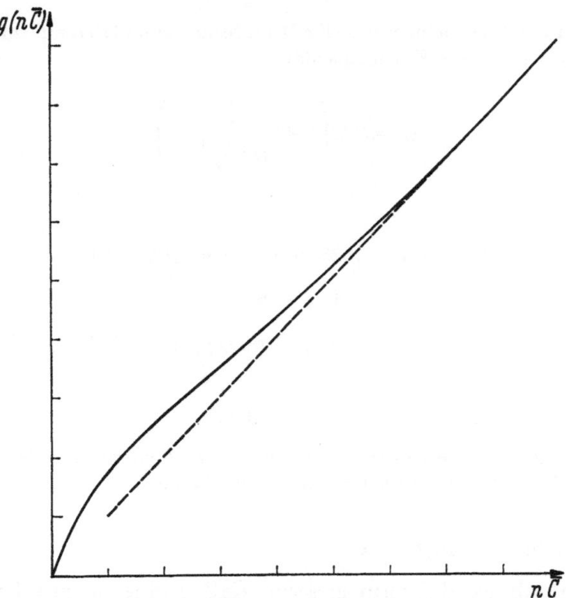

Abb. 5.11.   Die Funktion $g(n\overline{C})$. Sie kann für $nC \geqq 5$ näherungsweise durch $n\overline{C}$ ersetzt werden.

Ein Beispiel möge die Situation verdeutlichen: Angenommen, ein Satellit soll durch eine Messung eine wissenschaftliche Streitfrage klären, auf die es zwei Antworten gibt. Die a priori Wahrscheinlichkeit sei für jede der beiden Antworten 0,5. Dann liefert das vom Satelliten gesendete Signal die Information 1 Bit. Besteht aber nach Empfang des Signals nur eine Wahrscheinlichkeit 0,5 für dessen Richtigkeit, so ist man nach diesem Experiment genau so schlau wie zuvor, die Information durch ein so gestörtes Signal ist Null.

Man kann nunmehr fragen, um wieviel sich die Information dadurch vermindert, daß sie unzuverlässig ist.

Der einfachste Ansatz ist der, daß sich die Information in einem gestörten Kanal

$$H = C - \bar{C}$$

durch den restlichen Fehler

$$p_F = 2^{-n\overline{C}}$$

je Blocklänge um die Fehlerentropie H_r vermindert. Die restliche Information je Blocklänge ist also

$$nH - H_r = n(C - \bar{C}) - 2^{-n\overline{C}} \cdot \mathrm{ld}\, e \cdot n\overline{C}\,.$$

Die »Netto«-Information pro Zeichen beträgt daher

$$H' = \frac{nH - H_r}{n} = C - \bar{C}\,(1 + \mathrm{ld}\, e \cdot 2^{-n\overline{C}})\,. \tag{5.65}$$

Die nicht ausgenutzte Kanalkapazität hat sich also um $\bar{C} \cdot \mathrm{ld}\, e \cdot 2^{-n\overline{C}}$ erhöht (oder die Kanalkapazität um diesen Wert vermindert). Wenn diese Erhöhung die Differenz $H = C - \bar{C}$ erreicht, ist die Netto-Information zu Null geworden. Dies ist dann der Fall, wenn die rechte Seite der Gleichung (65) verschwindet.

Der »Netto«-Informationsfluß pro Zeiteinheit ist das $2B$-fache der Gleichung (65), also

$$\Phi' = 2B\,\frac{nH - H_r}{n} = C - 2B\bar{C}\,(1 + \text{ld e} \cdot 2^{-n\bar{C}})\,. \tag{5.66}$$

Mit der Funktion

$$g(n\bar{C}) = n\bar{C}\,(1 + \text{ld e} \cdot 2^{-n\bar{C}}) \tag{5.67}$$

(Abb. 5.11.), erhält man für den »Netto«-Informationsfluß

$$\Phi' = C - 2B\,\frac{g\,(n\bar{C})}{n}\,. \tag{5.68}$$

In Verbindung mit der Gleichung (59) entsteht daraus

$$\Phi' = \text{ld e} \cdot B_0\left[f(B/B_0) - \frac{B}{B_0}\ln 2\,\frac{g\,(n\bar{C})}{n}\right]. \tag{5.69}$$

Wenn man durch eine Entscheidung über n und H über die Größe $g(n\bar{C})$ verfügt hat, ist auch $\frac{g(n\bar{C})}{n}$ eine Konstante. Der Informationsfluß ist dann proportional der Differenz von $f(B/B_0)$ und einer durch den Nullpunkt gehenden Geraden mit der Steigung $\ln 2\,\frac{g(n\bar{C})}{n}$. Die günstigste Bandbreite ist diejenige, bei der die Differenz zwischen beiden Funktionen ein Maximum wird. Das ist, wie graphisch-geometrisch (Abb. 5.12.)

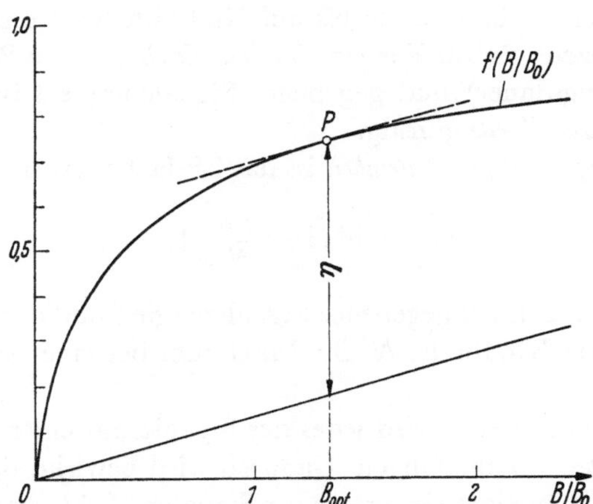

Abb. 5.12.   Bestimmung der optimalen Bandbreite. In das Bild 5–9 wird die Gerade $\frac{B}{B_0}\ln 2\,\frac{g(n\bar{C})}{n}$ eingetragen. Eine zu dieser Geraden parallele Tangente berührt die Funktion $f(B/B_0)$ im Punkt P. Der Abstand zwischen beiden Funktionen gibt den Bruchteil η der ausnutzbaren Kanalkapazität an, die dazugehörige Abszisse die optimale Bandbreite.

gezeigt wird, bei einem endlichen B der Fall. Das optimale B wird um so größer, je kleiner $\dfrac{g(n\bar{C})}{n}$ ist.

Mit wachsendem n geht $\dfrac{g(n\bar{C})}{n}$ gegen $\bar{C}$, wie aus der Gleichung (67) abzulesen ist. Dann nimmt das Steigungsmaß der Geraden [zweites Glied in der Klammer von Gleichung (69)] die Größe ln $2 \cdot \bar{C}$ an. Da man, wie bereits hinreichend überlegt ist, niemals $\bar{C} = 0$ realisieren kann, wird die Parallele zu dieser Geraden stets die Funktion $f(B/B_0)$ im Endlichen berühren. *Die optimale Bandbreite kann daher niemals über alle Grenzen wachsen.*

Damit ist eine Erkenntnis gewonnen, die der praktischen Erfahrung nicht widerspricht und die man durch den Lehrsatz ausdrücken kann:

Der mögliche »Netto«-Transinformationsfluß Φ' ist geringer als die Kanalkapazität pro Zeiteinheit C und hat sein Maximum bei einer endlichen Bandbreite B.

3. Zusammenfassung

Durch die Fülle von Größen und Zusammenhängen ist das Ergebnis auf den ersten Blick nicht klar erkenntlich, daher die Zusammenfassung:

Man muß unterscheiden zwischen der Kanalkapazität pro Zeichen

$$C = \frac{1}{2}\,\mathrm{ld}\left(1 + \frac{S}{N' \cdot B}\right),$$

die mit wachsender Bandbreite bis auf Null fällt, weil die Störenergie über alle Grenzen wächst. Für ein *einzelnes Zeichen* (ohne Rücksicht auf die Übertragungsdauer) und gegebener Signalenergie S ist daher eine *möglichst kleine Bandbreite* günstig.

Die *Kanalkapazität pro Zeiteinheit* ist das $2B$-fache davon, also

$$C = B\,\mathrm{ld}\left(1 + \frac{S}{N'B}\right).$$

Diese hat rechnerisch bei gegebener Signalenergie S und der Störenergiedichte pro Hertz Bandbreite N' ihr Maximum bei einer *unendlich hohen Bandbreite.*

Bei einem endlichen n wird jedes der Signale mit einer Fehlerwahrscheinlichkeit $p_s > 0$ empfangen. Dadurch wird bewirkt, daß eine restliche Entropie H_r in einer Gruppe von n Signalen (Fehlerentropie) übrig bleibt. Dadurch verringert sich die Information pro Zeichen H auf die »Netto«-Information pro Zeichen H', die in Gleichung (65) angegeben ist.

Die »Netto«-Information pro Zeiteinheit wird als Informationsfluß Φ' bezeichnet, die durch Gleichung (66) gegeben ist.

Es zeigt sich, daß dieser Informationsfluß stets kleiner als die Kanalkapazität pro Zeiteinheit C und kleiner als die pro Zeiteinheit angelieferte Information $2BH$ ist.

Der maximal mögliche Informationsfluß ist für ein gegebenes n eine Funktion der Bandbreite B. Diese optimale Bandbreite geht mit wachsendem n gegen Unendlich. (Auch in diesem Grenzfall ist der Gewinn an Informationsfluß oberhalb einer gewissen Bandbreite B_0, die also einen technischen Kompromiß zwischen Aufwand und Nutzen darstellt, relativ gering.)

Wenn man jedoch den durch ein endliches n verbleibenden restlichen Fehler berücksichtigt, gibt es bei sonst gleichbleibenden Parametern eine optimale Bandbreite, die den maximalen »Netto«-Informationsfluß bewirkt.

§ 62 Technische Approximation des Informationsflusses an die Kanalkapazität

Die soeben überlegten Einschränkungen, daß sich die Kanalkapazität niemals voll durch einen gleich starken Informationsfluß ausnutzen läßt, entsprechen einer allgemeinen technischen Erfahrung. Wenn man jedoch das Ziel hat, einen bestimmten Bruchteil, z.B. 50% der Kanalkapazität, als Signalfluß auszuwerten, so bedeutet das einen außerordentlich hohen Fortschritt gegenüber der konventionellen Technik mit $n = 1$.

Bei einem Fernsehübertragungskanal hat man bei einem S/N-Verhältnis (Leistungsverhältnis von 1023 : 1 eine Kanalkapazität pro Zeichen von 5 Bit. Bei einer Bandbreite von 5 MHz ergibt dies eine Kanalkapazität pro Zeiteinheit von $C = 50 \cdot 10^6$ Bit/s.

Wenn man die Information auf einer Schreibmaschinenseite bei 40 Zeilen und 50 Anschlägen pro Zeile (ziemlich reichlich) mit 5 Bit pro Anschlag rund zu 10000 Bit berechnet, müßte es möglich sein, über den Fernsehkanal je Sekunde 2000 (i.W. zweitausend) dieser Schreibmaschinenseiten *fehlerfrei* zu übertragen, wenn man nur 40% der Brutto-Kanalkapazität ausnutzen will. Das entspricht dem Lesebedarf eines weit über den Durchschnitt interessierten Menschen für ein ganzes Jahr!

Dieses Beispiel soll nur zeigen, daß sich auch dann noch erhebliche Möglichkeiten ergeben, wenn man einen erheblichen Abstand von der absoluten Grenze einhalten will.

Es sei noch bemerkt, daß man n Zeichen erst dann auswerten kann, wenn diese insgesamt den Empfänger erreicht haben. Das dauert eine Zeit, die mindestens gleich der Dauer eines Blockes

$$\tau_n = \frac{n}{2B} \tag{5.70}$$

ist. Es kann also durchaus der Fall eintreten, daß die Blocklänge deshalb vermindert werden muß, weil sonst eine vorgeschriebene maximale Laufzeit überschritten würde.

Die in § 61 angestellten Überlegungen beziehen sich zwar auch realistisch auf ein endliches n und dem dadurch begrenzten Aufwand für die Kodierung und Dekodierung, auf die (nunmehr endliche) Bandbreite und die sich dadurch ergebende endliche Laufzeit. Sie stellen aber immer noch reine Existenzsätze, nicht aber Anweisungen zum technischen Handeln dar.

Gewisse Anleitungen kann man aber aus dem Shannonschen Beweis ablesen, wenn man diesen mit technischen Augen betrachtet. SHANNON hat übrigens selbst die Anmerkung gemacht, daß sein Beweis viel mehr Hinweise enthalte als der sich schließlich ergebende Satz.

Wie in § 51 ausgeführt wurde, bezeichnet

$$p_F = 2^{-n\bar{R}} \tag{5.71}$$

die Wahrscheinlichkeit einer Störung oder eines Fehlers, wobei n die sogenannte Blocklänge, die Dimension eines zu einem Zufallsvektor zusammengesetzten Signals von n voneinander unabhängigen Einzelwerten bedeutet. $\bar{R}$ ist der nicht ausgenutzte Anteil in der Transinformation R pro Einzelsignal, so daß also die wirkliche Information pro Signal

$$H = R - \bar{R} \tag{5.72}$$

betragen muß.

Die Gleichung $p_F = 2^{-n\bar{R}}$ zeigt, daß die Fehlerwahrscheinlichkeit weder von n oder von $\bar{R}$ allein, sondern nur von dem Produkt beider abhängt. Man kann also in bestimmten Grenzen wählen, ob man eine vorgegebene Fehlerwahrscheinlichkeit mit einer großen Blocklänge n oder einem großen Verlust $\bar{R}$ an Transinformation erreichen will. Die untere Grenze für die Blocklänge ist $n = 1$ und die obere Grenze für $\bar{R}$ ist $\bar{R} = R$. Der Fall $n = 1$ liegt vor, wenn in konventioneller Weise alle Zeichen einzeln und unabhängig voneinander übertragen werden und der Fall $\bar{R} \to R$, wenn nur ein verschwindend kleiner Bruchteil der vorhandenen Transinformation ausgenutzt wird. Die sich hierbei ergebende Fehlerwahrscheinlichkeit

$$p_F \geqq = 2^{-R} \quad \text{für} \quad n = 1$$

ist also für die konventionelle Technik eine naturgegebene Grenze.

Eine vollständige Freiheit von Fehlern (mit der Wahrscheinlichkeit 0) ist auch in der statistischen Signaltechnik nicht möglich, da $n\bar{R}$ stets endlich bleibt. Ein unendlich großes n bedeutet auch eine unendliche Laufzeit, da diese mindestens gleich der des Blockes von $\frac{n}{2B}$ ist. Ferner wächst der technische Aufwand[1] für einen gegebenen Fall etwa proportional n^2

---

[1] S. ELIAS, P.: Coding and Decoding in: BAGHDADY: Lectures on Communication System Theory. 324. New York: McGraw-Hill 1961.

an, d. h. technisch ist auch jetzt der Shannonsche Grenzfall schon deshalb nicht streng realisierbar.

Eine allgemeine Anweisung zum technischen Handeln ist grundsätzlich kaum aus einer Theorie abzuleiten, da immer individuelle Nebenbedingungen und vielleicht auch individuelle Einfälle einen unvorhersehbaren Einfluß haben. Daher soll ein einfaches Beispiel[1] als Anregung stellvertretend für viele andere Fälle behandelt werden:

Beispiel anstelle einer Theorie[1]:

Es sei ein Kanal gegeben (Abb. 5.13.), der nur die beiden binären Zeichen 0 und 1 aufnehmen kann. In seinem Innern sei eine Störquelle vorhanden, die je Eingangssignal ebenfalls mit gleicher Wahrscheinlichkeit eine 0 oder eine 1 erzeugt und diese zum Nutzsignal hinzuaddiert. Am Ausgang treten also die drei Zeichen (0, 1, 2) auf.

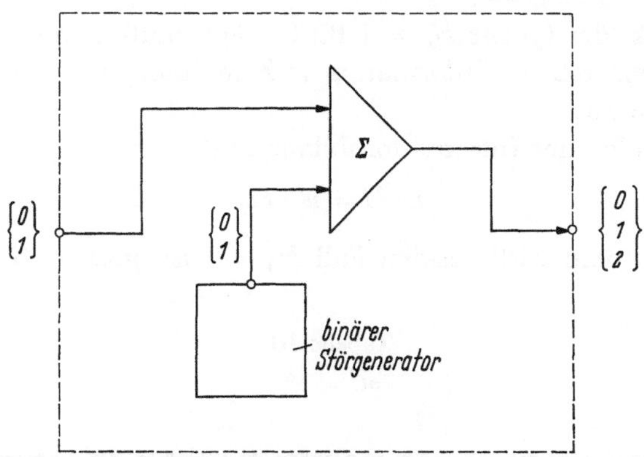

Abb. 5.13.   Ersatzbild des als Beispiel gewählten gestörten Kanals.

Wie man mit Hilfe der Grundlagen der Informationstheorie (s. Kap. IV) berechnet, hat dieser Kanal die Kanalkapazität $C = 0{,}5$ Bit pro Zeichen, wenn dieser Kanal aus einer binären Signalquelle gespeist wird, die die beiden Zeichen 0 und 1 mit gleicher Wahrscheinlichkeit erzeugt.

Es ist bekannt, daß man ein beliebiges Signal mit begrenzter Bandbreite, z. B. ein auf einem Stück Tonband aufgezeichnetes Musikstück, in eine Folge von Nullen und Einsen umkodiert werden kann, in der die Wahrscheinlichkeit für jedes der beiden Zeichen gleich 0,5 ist. Damit die Qualität der ursprünglichen Aufzeichnung praktisch nicht beeinträchtigt wird, muß man eine genügend kleine Fehlerwahrscheinlichkeit p_F vorschreiben, z. B. $p_F = 10^{-3}$. Es soll hier nicht darauf eingegangen werden, wie man dieses binäre Signal aus dem ursprünglichen Signal gewinnt, sondern es sei gegeben, wobei auch eine bestimmte obere Grenze

---

[1] Vgl. PETERS, J.: Nachrichtentechnik und Entropie. NTZ, **10,** 614–617 (1966).

für p_F vorgeschrieben sei. Es bleibe auch dahingestellt, ob dieses Signal in wahrer Zeit angeboten wird, oder ob man es Zeichen für Zeichen aus einem Zwischenspeicher entnehmen kann. Die Zeichen mögen in äquidistanten Zeitpunkten gegeben werden, wobei wir den Abstand zwischen zwei Zeichen, den Takt, als Einheit der Zeit ansehen.

Die Quelle liefert also die Information von $H_0 = 1$ Bit je Zeichen und je Zeiteinheit. Nunmehr muß wegen der Gleichung (71)

$$n \cdot \bar{C} \geqq - \operatorname{ld} p_F \tag{5.73}$$

gewählt werden, im vorliegenden Fall also (hinreichend genau) $n\bar{C} \geqq 10$. Da $C = R = 0,5$ bit/Zeichen ist, gilt $\bar{C} < 0,5$.

Man kann für die Bedingung eine Tabelle über die möglichen Wertepaare von n und $\bar{C}$ aufstellen. Man erhält aus dem $\bar{C}$ das dem Kanal anzubietende $H = C - \bar{C}$.

Da je Takt der Quelle $H_0 = 1$ Bit beträgt, muß man den Kanaltakt so untersetzen, daß die Information je Kanaltakt mit dem geforderten H übereinstimmt.

Aus Gründen der Informationsbilanz muß

$$n \cdot H = n' \cdot H_0 \tag{5.74}$$

gelten. Da in dem vorliegenden Fall $H_0 = 1$ ist, gibt $n \cdot H$ die Anzahl

Tabelle 10

$n\bar{C} = 12$

1	2	3	4
$\bar{C}$	n	H	$n \cdot H$
0,50	24	0,00	0
0,48	25	0,02	1/2
0,40	30	0,10	3
0,30	40	0,20	8
0,25	48	0,25	12
0,24	50	0,26	13
0,20	60	0,30	18
0,15	80	0,35	28
0,12	100	0,36	36
0,10	120	0,40	48
0,08	150	0,42	63
0,06	200	0,44	88
0,05	240	0,45	108
0,04	300	0,46	138
0,03	400	0,47	168
0,02	600	0,48	288
0,015	800	0,485	388
0,010	1200	0,490	588
0,005	2400	0,495	1188

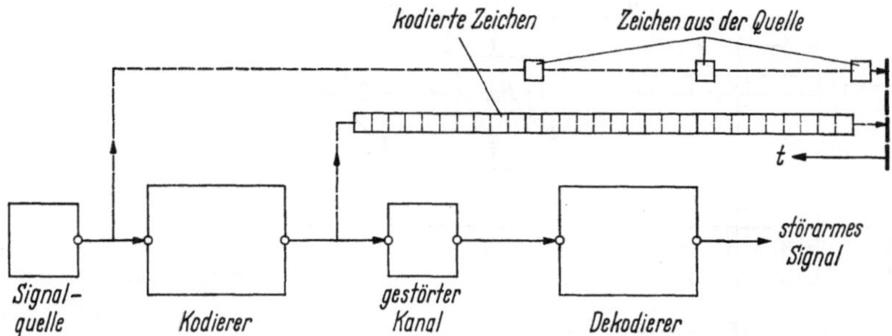

Abb. 5.14. Einschaltung von Kodierer und Dekodierer in den Übertragungsweg; zeitliche Zuordnung der Zeichen aus der Quelle zu den Zeichen aus dem Dekodierer für die Lösung $\bar{C} = 0{,}40$, $n = 30$. In diesem Fall ist der Takt der Signalquelle gegenüber dem Kanaltakt im Verhältnis $1:10$ herabgesetzt.

der Takte der Quelle an, die auf eine Gruppe von n Kanaltakten entfallen müssen.

Technisch ist wünschenswert, daß sich passende ganzzahlige Zahlenverhältnisse zwischen dem Takt der Quelle, dem Kanaltakt und der Blocklänge ergeben. Wir wählen der besseren Demonstration halber $n\bar{C} = 12$. Damit erhalten wir die Tabelle 10.

Technisch ist also ein Kodierer so zu bauen, daß er 1. den Takt aus der Signalquelle im Verhältnis $H:H_0$ heruntersetzt ($H_0 = 1$), daß 2. jedem der möglichen verschiedenen Signale aus der Quelle mit der Stellenzahl $\dfrac{n \cdot H}{H_0} = nH$ ein Signal der Stellenzahl n zugeordnet wird. Immer dann, wenn eines der Signale mit $n \cdot H$ Stellen aus der Quelle den Kodierer erreicht hat, soll dieser automatisch ein zugeordnetes Signal der Stellenzahl n in Richtung zum Kanal und im richtigen Takt absenden. (Abb. 5.14.)

Der Kodierer ist ein Gerät, das jedem $n \cdot H$-dimensionalen Vektor aus dem Generator je einen bestimmten n-dimensionalen Vektor zuordnet. Er enthält also in gespeicherter Form diese Zuordnungstabelle. Die jeweils gewählte Zuordnung kann man auch als Schlüssel bezeichnen. Die Anzahl der zu speichernden Vektorpaare beträgt $2^{n \cdot H}$.

Es ist nur wesentlich, daß die $2^{n \cdot H}$ Vektoren, die aus 2^n Möglichkeiten ausgewählt werden, untereinander so verschieden wie möglich sind.[1]

---

[1] Man kann an ein Schlüsselsystem in einem Hotel denken, bei dem zwar z. B. 10 000 000 verschiedene Schlüssel möglich seien. Wenn man nur 100 verschiedene Türen zu sichern hat, kann man je 2 beliebige Schlüssel durch mehrere Merkmale voneinander unterscheiden, so daß im Falle von Fehlern immer noch die Unverwechselbarkeit erhalten bleibt.

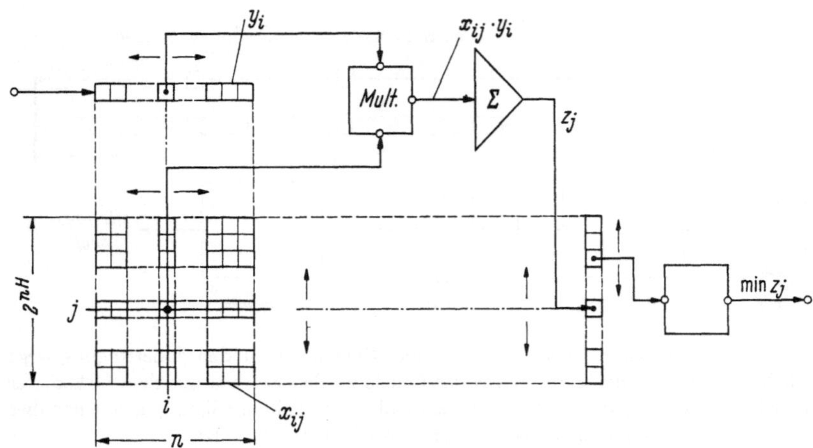

Abb. 5.15. Funktionsschaltbild des Dekodierers. Der Bedarf an Speicherplätzen ist
$(n + 1)\,(2^{nH} + 1)$.

Der Dekodierer auf der Empfangsseite (Abb. 5.15.) wird die empfangenen n-stelligen Signale mit dem ihm bekannten Schlüsselsystem
vergleichen und untersuchen, welcher Schlüssel am besten paßt. Er möge
das Signal

$$y_i = (y_{i,1}; y_{i,2}; \ldots; y_{i,n})$$

empfangen haben. Das Schlüsselsystem enthält die Schlüssel

$$x_j = (x_{j,1}; x_{j,2}; \ldots; x_{j,n})$$

und muß auch im Dekodierer gespeichert werden. Der Dekodierer bildet
mit dem empfangenen Signal alle inneren Produkte

$$z_{ij} = \sum_{k=1}^{n} x_{i,k} \cdot y_{j,k}. \tag{5.75}$$

Derjenige Schlüssel x_j, der mit einem empfangenen Signal y_i das
kleinste innere Produkt erzeugt, ist das wahrscheinlichste Eingangssignal.
Die Wahrscheinlichkeit, daß das kleinste Produkt bei $i = j$ vorliegt, ist
gleich dem Komplement der vorgegebenen Fehlerwahrscheinlichkeit.
Eine Störung (Fehler) tritt dann auf, wenn zufällig ein anderer als der
dazugehörige Vektor das kleinste Produkt ergibt.

Man erkennt in der Tabelle 10 aus dem Ansteigen der Zahlen n und
$n\,H$ mit anwachsendem H unschwer, daß sehr bald eine technische Grenze erreicht sein muß.

Der technische Aufwand für Kodierer und Dekodierer wächst im
vorliegenden Beispiel proportional der Anzahl der zu speichernden Stellen. Die Quelle kann 2^{nH} verschiedene Signale der Stellenzahl nH liefern.
Jedem dieser Signale ist ein n-stelliges binäres Signal zuzuordnen. Die

insgesamt sowohl im Kodierer als auch im Dekodierer zu speichernde Stellenzahl ist daher $n \cdot 2^{nH}$. Bei einer 20prozentigen Kanalausnutzung ($\bar{C} = 0{,}4$) sind dies, wie man der Tabelle entnehmen kann, $30 \cdot 2^3 = 240$ Stellen. Diese Zahl wächst bei einer 99prozentigen Kanalausnutzung ($\bar{C} = 0{,}005$) auf $2400 \cdot 2^{1188} = 1{,}09 \cdot 10^{361}$. (Die gesamte Anzahl der Elementarteilchen im Weltall beträgt etwa 10^{81}.)

Dieses Beispiel ist aber hinsichtlich des Aufwandes nicht restlos repräsentativ, denn es ist nicht nötig, das Schlüsselsystem im Kodierer und im Dekodierer als Tabelle zu speichern. Statt dessen kann der Kodierer einen Rechner enthalten, der für jedes einzelne Eingangssignal das zugeordnete Schlüsselsignal ausrechnet. Dann brauchen nur die Rechenregeln in der Schaltung des Rechners und die u.U. veränderbaren Parameter gespeichert zu sein.

Ein Kodierer mit einem eingebauten Rechner, der ein bestimmtes Rechengesetz erfüllt, ist aber die allgemeinste Form eines Modulators. Entsprechend ist ein dazu reziproker Dekodierer die allgemeinste Form eines Demodulators.

§ 63 Die Information beim Messen, Steuern und Regeln

Da die Information nur von der Wahrscheinlichkeit, nicht aber von dem Zustand oder Ereignis abhängt, dessen Wahrscheinlichkeit bekannt ist, kann man die Informationstheorie immer dann anwenden, wenn ein Wahrscheinlichkeitsfeld (im mathematischen Sinne) vorliegt, ohne Rücksicht auf die dem zugrundeliegende physikalische oder sonstige Natur des Vorganges[1].

Wenn zwei verschiedene Wahrscheinlichkeitsfelder durch eine Kopplung statistisch voneinander abhängen, spricht man von einem Produkt-Wahrscheinlichkeitsfeld. Auch dabei ist es völlig gleichgültig, was diese beiden miteinander gekoppelten Wahrscheinlichkeitsfelder physikalisch darstellen.

Insbesondere kann man auf diese Weise eine Signalquelle mit einem Wahrscheinlichkeitsfeld in Verbindung bringen, das z.B. eine Gesamtheit von physikalischen Zuständen darstellt. Wenn die Kopplung in Richtung vom Signal zum physikalischen Zustand besteht, kann man durch Signale die Zustände beeinflussen; es liegt eine Steuerung vor (Abb. 5.16.). Wenn die Kopplung nur in Richtung vom physikalischen Zustand zum Signal besteht, liegt eine Meßeinrichtung vor. Man kann also ein Stellglied und ein Meßglied als Informationskanäle im Sinne der Informationstheorie behandeln.

---

[1] S. PETERS, J.: Geltungsbereich und Anwendbarkeit der Informationstheorie außerhalb der Nachrichtentechnik. NTZ **16,** 12, 621 (1963).

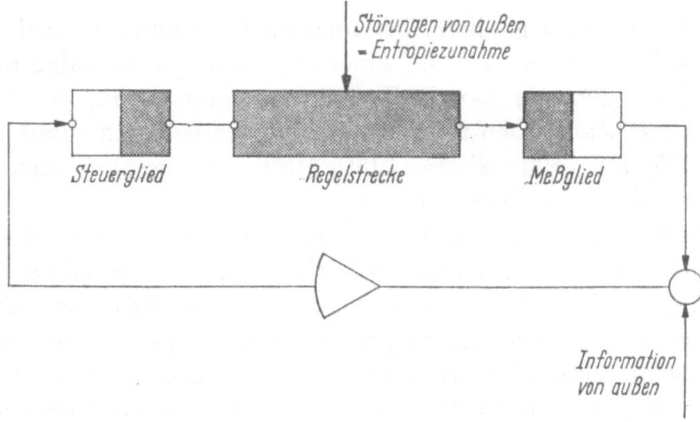

Abb. 5.16.   Der Regler als geschlossener Informationsfluß. Nachdem der Kreis stationär geworden ist, kann eine von außen zugeführte Störung = Entropiezunahme nur durch eine mindestens dem Betrage nach gleiche Information von außen ausgeregelt werden.

Betrachtet man die zwischen einem Stellglied und einem Meßglied liegende Regelstrecke, so ist auch sie ein von Information durchflossener Kanal.

Schließt man schließlich eine aus Stellglied, Regelstrecke und Meßglied bestehende Reihenschaltung über einen Verstärker zu einem Kreis zusammen, so kann sich in diesem System, wenn es abgeschlossen ist, nach Beendigung eines Ausgleichsvorganges die Entropie nicht mehr ändern. Ein Regler dient aber im allgemeinen dazu, einen Prozeß, trotz von außen eindringender Störungen, stationär zu halten. In unserer Sprache ausgedrückt heißt das, daß die von außen zugeführte Entropie beseitigt werden muß. Das kann nur durch Zufuhr einer dem Betrage nach mindestens gleichen Information geschehen.

Wenn man nicht eine Gesamtheit von Regelstrecken, sondern eine bestimmte einzelne Strecke betrachtet, kann die Bezugnahme auf den Erwartungswert der Information unangemessen sein.

Wenn man vorschreibt, daß eine bestimmte einzelne Realisierung eines vorgegebenen Prozesses mit einer vorgegebenen Wahrscheinlichkeit bestimmte Grenzen nicht überschreitet, kann man sich des Bienaymé-Tschebyscheffschen Satzes bedienen. Technisch ergibt sich daraus der effektive Mittelwert = Wurzel aus der Varianz, der einzuhalten ist, damit die Bedingung erfüllt wird. Diese Varianz nimmt zu, wenn die Regelstrecke Störungen ausgesetzt ist.

Die Information, die in einem Regelkreis einen entsprechenden Zuwachs an Entropie ausgleichen soll, muß einem Meßglied entnommen werden, das die Störungen beobachtet, und die dadurch entstehende Information dem Regelkreis zuführt. Das bedeutet, daß der Informationsfluß im Beobachtungskanal mindestens so groß sein muß wie der Entropiefluß in dem Kanal, der die Störungen zuführt.

Bei Wachstumsprozessen tritt scheinbar eine Verringerung der Entropie in dem Material ein, das zum Bauwerk zusammengefügt wird. In Wirklichkeit enthält der genau ausgeführte Bau dieselbe Information wie der Bauplan. Durch mehrfaches Abdrucken desselben Klischees entsteht genau so wenig eine zusätzliche relevante Information, sondern nur Information, die zu der des Klischees redundant ist. Die Entwicklung von biologischen Systemen ist eine allmähliche Ausführung von Bauten nach vorgegebenen, d.h. durch die Vererbung abkopierten Plänen. Es wird also insgesamt keine Entropie vernichtet.

Beispiel: Ein bestimmter Flugkörper wird unter bestimmten Anfangsbedingungen gestartet. Seine Geschwindigkeit $v = (v_1; v_2; v_3)$ ist eine Zufallsgröße und außerdem eine Funktion der Zeit. Eine Gesamtheit von Flugkörpern bildet einen Zufallsprozeß, jeder einzelne Flugkörper ist hinsichtlich seiner Geschwindigkeit eine Realisierung dieses Prozesses. Die Wahrscheinlichkeitsdichte $P_t(v)$ kennzeichnet eine Gesamtheit von vielen voneinander unabhängigen Ursachen. Sie ist daher nach dem zentralen Grenzwertsatz eine Gaußsche Funktion, und enthält die Zeit als Parameter. Daher sind auch die Erwartungswerte $E_t[v_1]$, $E_t[v_2]$, $E_t[v_3]$, $E_t[v_1{}^2]$, $E_t[v_2{}^2]$, $E_t[v_3{}^2]$ vorhanden. Sie sind im allgemeinen Funktionen der Zeit. Aus

$$E_t[v] = E_t[v_1; v_2; v_3]$$

kann man durch Integrieren die mittlere Bahn der Schar von Flugkörpern bestimmen. Die Varianzen

$$\text{var}_t v_i = E_t[v_i{}^2] - (E_t[v_i])^2$$

ergeben sich aus der Energiebilanz. Es ist

$$\frac{m}{2} \cdot \text{var}_t |v| = Q$$

die gesamte Störenergie, die der Flugkörper während seines Fluges aufgenommen hat Daher nimmt die Varianz mit der Zeit monoton zu.

Aus der Wahrscheinlichkeitsdichte $P_t(v)$ kann man die Entropie S_t des Flugkörpers berechnen. Sie wächst monoton mit der Zeit. Wenn man für einen bestimmten Zeitpunkt t_x eine Entropie nicht größer als S_0 vorschreibt, muß dem Flugkörper die Information

$$H = \frac{1}{k}[S_{t_x} - S_0]$$

in der zur Verfügung stehenden Zeit zugeführt werden.

Um diesen Informationsbedarf zu decken, müssen das Meßglied, der Übertragungskanal und der Flugkörper hintereinander geschaltet eine genügend kleine Kanalkapazität haben. Hierbei wird im allgemeinen die Kanalkapazität des Flugkörpers das engste Glied in der Kette darstellen.

§ 64 Raum-Nachrichtentechnik und Informationstheorie

Auf unserem Planeten sind die Ansprüche an die Nachrichtentechnik von vornherein begrenzt: Die größte benötigte Entfernung ist 20 000 km; es können höchstens sämtliche Erdbewohner zur gleichen Zeit je ein Ferngespräch mit einem Partner führen, wobei der Informationsfluß nicht das Aufnahmevermögen des Menschen an Information zu übertreffen braucht. Daß dieser Fall je eintritt, ist extrem unwahrscheinlich. Selbst wenn $2 \cdot 10^9$ Menschen miteinander je Tag eine halbe Stunde über eine mittlere Entfernung von 200 km sprechen, wobei die obere Grenze des Informationsflusses 50 bit/s sei, kommt man mit einer investierten Leistungsfähigkeit von $4 \cdot 10^{11}$ km bit s^{-1} aus. Benutzt man das später verwendete Leistungsmaß km^2 bit s^{-1}, so kommt man auf knapp 10^{14} km^2 bit s^{-1} für den gesamten Bedarf an Kommunikation auf der Erde.

Wenn man den Bedarf an Massen-Kommunikationsmitteln, Rundfunk und Fernsehen einbeziehen will, muß man berücksichtigen, daß viele Hunderttausend, u. U. mehrere Millionen Menschen aus demselben Kanal versorgt werden. Nehmen wir an, daß ein Fünftel der Erdoberfläche je mit 5 Programmen pro (quadratisch gedachter) Flächeneinheit versorgt werden soll, die eine Kantenlänge von 200 km haben möge, so braucht man etwa 12 000 Kanäle. Jeder Kanal zwischen einem Studio und etwa 10^5 Menschen ist zwar aufwendiger als eine Fernsprechverbindung von Mensch zu Mensch. Da dieser Faktor vermutlich klein gegen 10^5 ist, kann man den Aufwand für Massen-Kommunikation gegen den für die paarweise Kommunikation nahezu vernachlässigen.

Dagegen wird diese Grenze neuerdings auch auf der Erde dadurch überschritten, daß Automaten untereinander Information austauschen. Dabei kann der Bedarf an Informationsfluß u. U. die Größenordnung von 10^6 bit s^{-1} je Kanal erreichen. Rechnet man wieder mit einer durchschnittlichen Entfernung von 200 km, so ergibt dies eine Informations-Transport-Leistung $R^2\Phi$ von $4 \cdot 10^{10}$ km^2 bit s^{-1} je Automatenpaar. Wenn auf der Welt 5 000 Automaten dieser Größenordnung paarweise miteinander verbunden sind, so ist der dafür notwendige Aufwand $2 \cdot 10^{14}$ km^2 bit s^{-1}, kommt also in die Größenordnung des gesamten sonstigen nachrichtentechnischen Aufwandes.

Während man sich auf der Erde noch darüber unterhalten kann, ob es sinnvoll ist, ein Maß einzuführen, das das *Quadrat* der Entfernung enthält, ist dies in der Raum-Nachrichtentechnik berechtigt, wie noch gezeigt werden wird. Da die größte denkbare Entfernung der Radius der relativistischen Welt von etwa 10^{23} km ist, würde eine Transportleistung in der irdischen Größenordnung von 10^{14} km^2 bit s^{-1}, wenn sie auf diese Entfernung angewendet würde, nur einen Informationsfluß von 10^{-12} bit s^{-1} zulassen. Da es kaum eine wissenschaftliche Entscheidung mit einer Information wesentlich unter einem Bit gibt, müßte man auf dieses Bit mehr als 30 000 Jahre warten, d. h. warten in dem Sinne, daß die Signale in dem gesamten Zeitraum dazwischen sorgfältig nach relevanter Information ausgewertet werden müssen.

Es soll offen bleiben, ob es technische Verfahren gibt, die dies möglich machen. Da es Frequenzgeneratoren mit einer Genauigkeit von 10^{-12} gibt, ist es ja möglich, z. B. eine Trägerfrequenz von 10^{10} Hz mit einer Bandbreite von 0,01 Hz zu modulieren. Bei einer Zerlegung des gesamten Zeitraumes in jährliche Abschnitte könnte man 1 Jahr = $3 \cdot 10^7$ Sekunden auf 1 Sekunde komprimieren. Die Bandbreite des aufmodulierten Signals käme dadurch auf einen Wert von $3 \cdot 10^5$ Hz. Alle aneinander gefügten Stücke würden eine Länge von 30 000 Sekunden, also von etwa einem Arbeitstag ergeben. Dieses Band enthält also rund 10^{10} Freiheitsgrade, in denen 1 Bit verborgen liegt.

Die Aufgabe, Information über große astronomische Entfernungen zu übertragen, wird von folgenden drei Grundlagen ausgehen müssen:

1. die im Weltraum auftretende Störenergie,

2. die Abhängigkeit der kennzeichnenden Größen technischer Konstruktionen, wie Energiebedarf, Abmessungen, Gewicht, Genauigkeit von irdischen Maßstäben,

3. die grundsätzlichen Zusammenhänge der Informationstheorie.

Wenn man einen Zeitpunkt zugrundelegt, in dem der Endpunkt der Entwicklung in der Empfangstechnik erreicht ist, kann man mit Empfängern und Antennen rechnen, die kein Eigenrauschen besitzen. Die Antennen sind aus einem supraleitfähigen Material, müssen also u. U. künstlich gekühlt werden, um die thermisch rauschenden Eigenverluste zu vermeiden. Sie besitzen ferner keine Antennencharakteristik mit Nebenzipfeln, die Störanteile aufnehmen. Schließlich kann man sich vorstellen, daß die Anlage auf der von der Erde abgewandten Seite des Mondes betrieben wird, wenn wir Vollmond haben, um jede thermische Einstrahlung von der Sonne oder der Erdatmosphäre abzuschirmen.

Dann bleibt immer noch die Strahlung des Himmels-Hintergrundes übrig. Eine Antenne, die auf einen Punkt des Himmels gerichtet ist, wird für eine bestimmte Frequenz f_0 ein Rauschen aufweisen, die durch eine Ersatztemperatur T gekennzeichnet ist. Diese Ersatztemperatur ist eine Funktion der Frequenz und ist hinreichend durch Messungen bekannt. Es wäre aber ein Fehler, wenn man nur diese Temperatur des Himmelshintergrundes berücksichtigen wollte. Wenn die Empfangscharakteristik singuläre Quellen mit starker Strahlungsenergie in dem betrachteten Frequenzbereich erfaßt, so erhöhen diese entsprechend die mittlere Ersatztemperatur in dem Raumwinkel. Wenn der Sender auf der Erde steht, werden vom Empfänger aus gesehen, alle technischen und hochfrequenten Störquellen einen Beitrag zur Temperatur liefern. Umgekehrt wird sich auch bei einer Nachrichtenverbindung vom Satelliten zur Erde die Umgebung des Satelliten auswirken. Wenn die Empfangscharakteristik an Schärfe zunimmt, wird der Planet und u. U. der zu diesen Planeten gehörige zentrale Stern, in dessen Nähe sich der Satellit befindet, einen wachsenden Anteil an der Störstrahlung liefern. (Es ist kaum anzunehmen, daß man Meßsatelliten in Bereiche des Himmelsraumes weitab von jedem Himmelskörper schickt, da es hier vermutlich auch wenig zu messen gibt, was ein besonderes Interesse erweckt.)

Immerhin ist die äußerste Grenze für die Störleistung die Hintergrundstrahlung des freien Raumes, soweit diese nicht aus der Erdatmosphäre stammt.

Wenn man also nur die Hintergrundstrahlung des Himmels ansetzt, begeht man eine Vereinfachung, die ein um mehr als eine Größenordnung zu günstiges Ergebnis vortäuscht.

Andererseits entsteht diese Strahlung innerhalb unseres Milchstraßensystems. Die Störstrahlung im intergalaktischen Raum ist nicht bekannt, allerdings in diesem Zusammenhang, wie sich bald zeigen wird, auch nicht von Interesse.

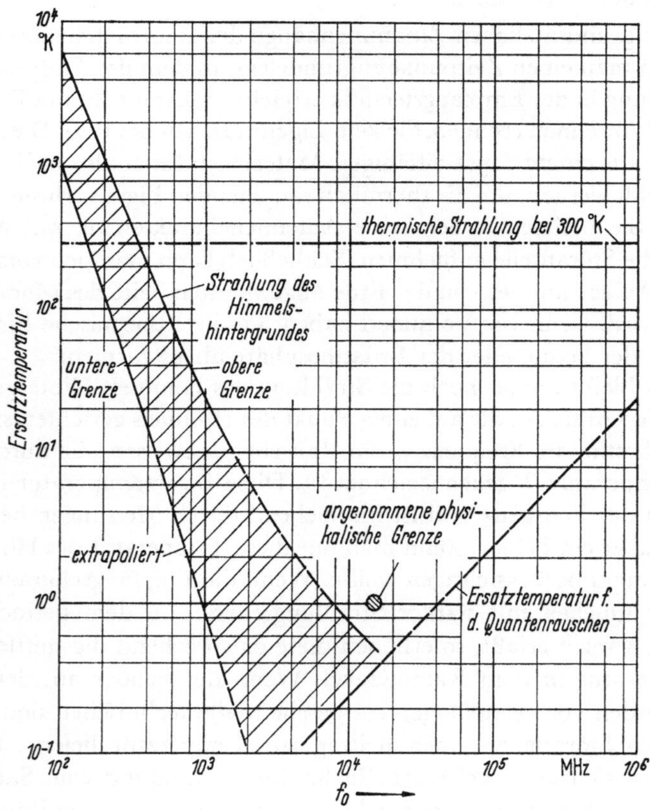

Abb. 5.17. Zur angenommenen physikalischen Grenze für die minimale Ersatztemperatur der Hintergrundstrahlung.

Unsere Galaxis hat bekanntlich eine flache Linsenform und das Rauschen hängt davon ab, ob in Richtung der Hauptebene oder senkrecht dazu gemessen wird.

Die Ersatztemperaturen fallen stark mit wachsender Frequenz. Sie werden unterhalb von $10°$ K unsicher (Abb. 5.17.).

Die Betrachtungen, die auf der Ersatztemperatur T und der Störung kTB beruhen, gelten in dem durch $hf \ll kT$ gegebenen Frequenzbereich, wobei T nicht die physikalische Temperatur zu bedeuten braucht.

Im Frequenzbereich, wo $h \cdot f \gg kT$ ist, gelten diese Überlegungen nicht mehr. Es gibt mehrere Möglichkeiten, die angestellten Überlegungen in diesen Bereich hinein zu verallgemeinern.

Die erste Möglichkeit besteht darin, die Entropie der Poisson-Verteilung zugrundezulegen (s. § 60).

Eine zweite Möglichkeit geht von der allgemeinen Planckschen Gleichung für die Energie eines Oszillators

$$\varepsilon = \frac{hf}{e^{\frac{hf}{kT}}-1} + \frac{hf}{2} \tag{5.76}$$

aus. Diese Gleichung kann man auch

$$\varepsilon = kT \cdot \frac{hf}{2kT} \cdot \mathrm{tgh}\,\frac{hf}{2kT} \tag{5.77}$$

schreiben. Die bisherige Betrachtung ist daher nur ein Sonderfall für $\frac{hf}{2kT} \to 0$. Im neu zu betrachtenden Sonderfall geht die Energie in

$$E \to \frac{hf}{2}$$

über. Man kann also die bisherige Form der Darstellung beibehalten, wenn man für Quanten die »Ersatztemperatur«

$$T = \frac{hf}{2k} \tag{5.78}$$

einführt.

Die letzte dieser Darstellungen hat den Vorzug, einheitlich im ganzen Frequenzband zu gelten, also auch im optischen Bereich für kohärentes Licht (Laser).

Man kann also mit gutem Grund eine untere Grenze für die Ersatztemperatur annehmen. Auch wenn man sich wirklich außerhalb der galaktischen Strahlung befände, bleibt mindestens ein reines Quantenrauschen übrig, das eine endgültige Grenze bildet. In diesem Sinne ist es vernünftig, den Betrachtungen eine untere Rauschtemperatur von etwa $1°$ K bei einer Frequenz von $f_0 = 15$ GHz zugrunde zu legen. Man beachte, daß hierfür bereits Voraussetzungen gemacht sind, die man wohl als utopisch ansehen muß.

Die Beziehungen zwischen Entropie und Information bedeuten, daß man im äußersten Grenzfall die Energie

$$Q = \ln 2 \cdot \mathrm{k} T \cdot H$$

für die Information H
oder die Leistung

$$P_R = \ln 2 \cdot \mathrm{k} T \cdot \Phi \tag{5.79}$$

für den Informationsfluß $\Phi = H/t$ in den Eingang des Empfängers liefern muß. Die Informationsübertragung wird also schließlich auf ein Problem der drahtlosen Energieübertragung zurückgeführt. Mit $T = 1°\mathrm{K}$ wird für jedes Bit eine Energie $\ln 2 \cdot \mathrm{k} = 10^{-23}$ Wattsekunden im Empfänger benötigt. (Diese Zahl ist aber utopisch und liegt, gemessen am gegenwärtigen Stand der Technik, um mindestens zwei Größenordnungen zu niedrig.)

Die Aufgabe, diese Energie in die Antenne des Empfängers zu liefern, erfordert eine Sendeantenne mit der Fläche A_T, eine Empfangsantenne mit der Fläche A_R und einen Sender mit der Leistung P_T. Dann ist bei einer Wellenlänge $\lambda = c/f_0$ und einer Entfernung R zwischen beiden Antennen, bei Verlustfreiheit im Übertragungsmedium und bei günstigster Ausrichtung beider Antennen zueinander

$$P_R = P_T \cdot \frac{A_T \cdot A_R}{R^2 \cdot \lambda^2} \,.$$

Setzt man links die Gleichung (79) ein, so erhält man[1]

$$R^2 \Phi = \frac{P_T}{\eta \cdot \ln 2 \cdot \mathrm{k} T} \frac{A_T \cdot A_R}{\lambda^2} \cdot \mathrm{e}^{-\left(\frac{4\pi}{\lambda}\right)^2 \cdot \frac{1}{\sigma_T^2 + \sigma_R^2}} \,. \tag{5.80}$$

Dabei bedeuten:

η ein Koeffizient, der den Bruchteil der ausgenutzten Kanalkapazität bezeichnet,

k die Boltzmannsche Konstante von $1{,}38 \cdot 10^{-23}$ Ws/°K,

T die Summe der Ersatztemperaturen aller statistisch voneinander unabhängigen Störungen,

A_R und A_T die Absorptionsflächen der Empfangs- bzw. Sendeantenne,

λ die Wellenlänge,

σ_R und σ_T die effektiven Fehler der Antennenoberflächen.

Es sei bemerkt, daß diese Beziehung für kohärente Strahlung im gesamten Frequenzbereich, also auch für die optische Strahlung (Laser) gilt.

Auf der rechten Seite der Gleichung (80) stehen sämtliche technischen Parameter; die linke Seite ist die Informations-Transportleistung $R^2 \Phi$.

---

[1] Vgl.: BALAKRISHNAN, A.V.: Space Communications, 163. New York: McGraw-Hill 1963.

Wenn die einzige physikalische Konstante T größer als Null ist, ergibt sich immer ein endliches $R^2\Phi$. Man kann sie sehr optimistisch mit $T = 1^0$ einsetzen. Sicher kann man keine endgültigen Werte für die aus technischen Parametern gebildete Funktion angeben; es ist aber sicher, daß sie ihre endgültige Grenze dadurch finden, daß die Technik in allen ihren Mitteln an die Größenordnung der Erde gebunden ist. Man kann sich darüber unterhalten, ob es möglich ist, eine Antenne zu bauen, die alle Nebenbedingungen erfüllt und dabei so groß ist wie ein Fußballplatz. Es ist sicher aber nicht möglich, ihr die Größe des Stadtgebietes von München oder des Freistaates Bayern zu geben. Ein ähnliches Argument kann man für die Sendeleistung anbringen. Nunmehr kann man noch die Wellenlänge λ verkleinern. Eine Verringerung der Wellenlänge z. B. auf den tausendsten Teil bedeutet aber im Bereich der Quantenstrahlung ein Steigen der Ersatztemperatur um den Faktor 1000. Das bedeutet nur dann eine Steigerung der Reichweite um den Faktor $\sqrt{1000}$, wenn Leistung, beide Antennenflächen und vor allen Dingen die mechanische Genauigkeit der Antennenflächen unter betriebsmäßigen Bedingungen dieselbe bleiben.

Auch dann ist die Folge einer Verkleinerung von λ eine entsprechende Verkleinerung des Raumwinkels, in den die Antenne strahlt oder aus dem sie Strahlung empfangen kann. Eine entsprechende Folge ist ein langwieriger Suchprozeß beim Absuchen des Himmels nach Sendern. Die Wahrscheinlichkeit, daß zwei Gegenstationen, die theoretisch eine Nachrichtenverbindung herstellen könnten, sich auch wirklich finden, nimmt mit λ^4 ab.

Man kann einige Zahlen annehmen, die man für technisch realisierbar hält, z. B.

$$P_T = 100 \text{ kW bei } \lambda = 3 \text{ cm},$$

$$A_T = 10\,000 \text{ m}^2,$$

$$A_R = 100 \text{ m}^2,$$

$$\eta = 10\%,$$

$$T = 30^\circ K.$$

Dann ist das technische Gütemaß

$$R^2\Phi = 3{,}7 \cdot 10^{28} \text{ km}^2 \text{ bit } s^{-1}.$$

Das reicht zwar aus, um über eine Entfernung von 10 Lichtjahren einen Informationsfluß von 1 Bit je Sekunde zu unterhalten. Darüber hinaus fällt der Informationsfluß aber schnell bis unter die Grenze des noch Interessierenden (Abb. 5.18.).

Man kann also sagen, daß die Nachrichtentechnik über ihre Leistungsfähigkeit auf der Erde hinaus noch Reserven genug hat, um innerhalb unseres Planetensystems und äußersten Falles auch noch darüber hinaus eine Verbindung mit einem ausreichenden Informationsfluß

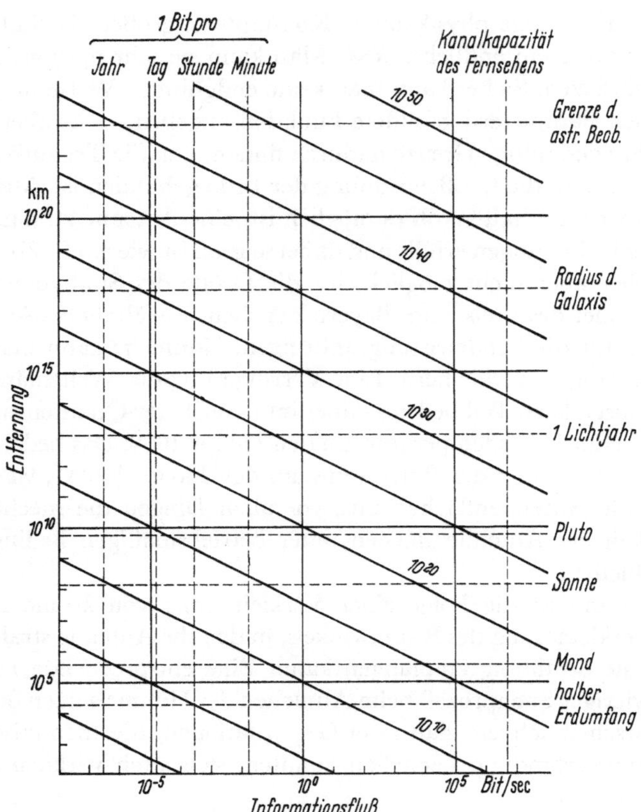

Abb. 5.18.   Zusammenhang zwischen Entfernung und Informationsfluß. Parameter ist die Informationstransportleistung (= technischer Aufwand) in km² bit sec⁻¹.

sicherzustellen. Es wird für lange Zeit noch höchst zweifelhaft bleiben, ob eine Nachrichtenbrücke auch nur in das Planetensystem (falls vorhanden) des nächsten Fixsternes möglich ist. Eine unbeschränkte Reichweite innerhalb unserer Galaxis oder gar darüber hinaus ist mit Sicherheit nie zu erwarten.

§ 65 Radartechnik und Informationstheorie

Die folgenden Überlegungen gehen nicht auf die geometrischen Fragen der Abtastung des Raumwinkels und die damit zusammenhängenden mechanischen und elektrischen Fragen ein. Daher wird die in den meisten Fällen von Sender und Empfänger gemeinsam benutzte Antenne als gegeben angesehen.

Ersatzweise (aber auch in der technischen Wirklichkeit) kann man dem Sender und dem Empfänger je eine eigene Antenne geben (Abb. 5.19.), wobei beide Antennen elektrisch gegeneinander so entkoppelt sind, daß Signale nur über ein reflektierendes Objekt im Bereich des Radar-Strahles vom Sender zum Empfänger gelangen können.

Damit ist das Radar-Problem auf die Theorie linearer Übertragungssysteme zurückgeführt.

Bei einer Informationsübertragung von Punkt zu Punkt ist die Information im Sendesignal $f_1(t)$ enthalten. Dieses Signal erzeugt über ein bekanntes lineares System $w(t)$ das empfangene Signal $f_2(t)$. Im Gegensatz dazu steht das Radargerät: Es erzeugt ein auch dem Empfänger »bekanntes« Sendesignal $f_1(t)$, das infolgedessen keine Information mit sich führt. Über ein zunächst noch unbekanntes System $w(t)$ wird das zu empfangende Signal $f_2(t)$ erzeugt. Die Information ist also jetzt in $w(t)$ enthalten. Das Signal erhält diese Information aufgeprägt, wenn es das durch $w(t)$ gekennzeichnete System durchläuft. Diese Information soll möglichst ohne Verlust wieder in $f_2(t)$ auftauchen.

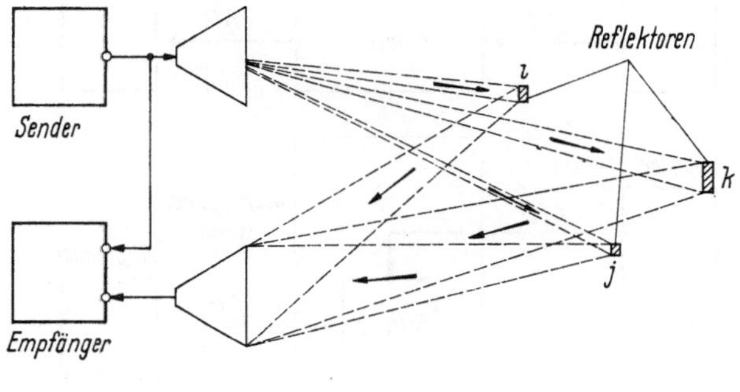

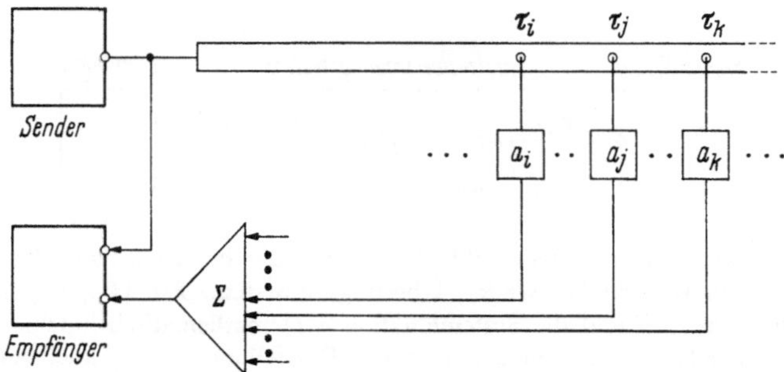

Abb. 5.19. Ersatzbild für die Signalübertragung beim Radargerät. Wenn man die Sendeantenne von der Empfangsantenne trennt, kann man den Übertragungskanal durch die dargestellte Laufzeitkette mit einzelnen Dämpfungsgliedern ersetzen.

In den Beziehungen[1]

$$f_2(t) = f_1(t) * w(t) \qquad (5.81)$$

(Original- oder Zeitbereich)

und

$$F_2(s) = F_1(s) \cdot W(s) \qquad (5.82)$$

(Bild- oder Frequenzbereich)

treten das Sendesignal $f_1(t)$ mit der Laplace-Transformierten $F_1(t)$ und eine das Übertragungssystem kennzeichnende Zeitfunktion $w(t)$ mit der $\mathscr{L}$-Transformierten $W(s)$ auf. Das Sendesignal und die Systemfunktion sind in beiden Gleichungen hinsichtlich ihrer Stellung zueinander symmetrisch und können daher miteinander vertauscht werden. Wenn man das tut (Abb. 5.20.), hat man ersatzweise eine lineare Übertragung des Sendesignals $w(t)$ über ein System, das durch die Funktion $f_1(t)$ gekennzeichnet ist.

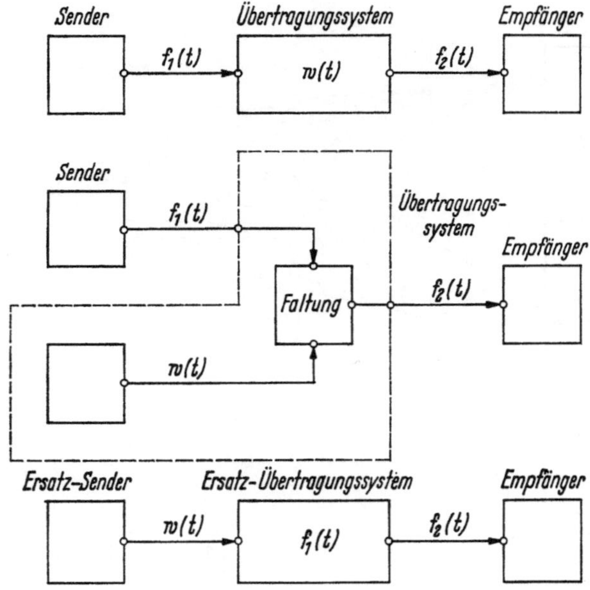

Abb. 5.20. Ersatzbild vom Ersatzbild: In der für die Punkt-zu-Punkt-Verbindung charakteristischen Reihenfolge Sender, Übertragungssystem, Empfänger (oben) sind die Sendefunktion $f_1(t)$ und die Systemfunktion $w(t)$ mathematisch miteinander vertauschbar. Daher kann man eine symmetrische Darstellung (Mitte) auch durch eine Ersatz-Darstellung (unten) ersetzen, in der beide Funktionen miteinander vertauscht sind.

---

[1] Der Stern * bezeichnet das Faltungsukt prod $f(t) * w(t) = \int\limits_0^t f(t) \cdot w(t-\tau)\, d\tau$.

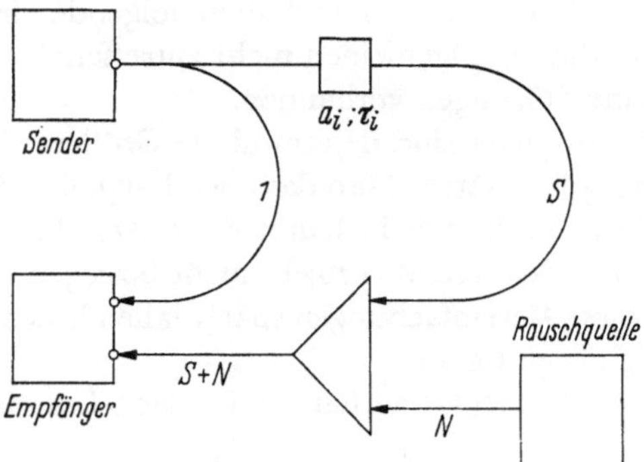

Abb. 5.21.   Die dem Empfänger zufließenden Leistungen.

Wenn man den Nullpunkt der Zeit so wählt, daß $f_1(t) = 0$ für $t < 0$, kann man stets ein Übertragungssystem angeben, das auf einen Dirac-Stoß mit der Funktion $f_1(t)$ antwortet. Das Ersatzbild ist also grundsätzlich realisierbar. Die Aufgabe besteht also jetzt darin, dasjenige Übertragungssystem $f_1(t)$ zu bestimmen, das geeignet ist, die Gesamtheit aller zu erwartenden Sendesignale $\{w(t)\}$ mit einem möglichst geringen Verlust an Information zu verarbeiten.

Die Systemfunktion (und bisherige Sendefunktion) $f_1(t)$ wird im allgemeinen durch die Funktionswerte über der Abszisse t gegeben sein.

Das Übertragungssystem $F_1(s)$ kann man sich linear aus einzelnen diskreten Reflektoren mit der Amplitude $a = f_1(\tau)\mathrm{d}\tau$ und der Laufzeit τ (Abb. 5.21.) zusammengesetzt denken. Es genügt daher, einen einzelnen diskreten Reflektor zu betrachten.

Ein elementarer Übertragungsvorgang besteht aus der Faltung eines Sendesignals $a_i d(t - \tau_i)$, wobei d einen Dirac-Stoß bezeichnet, mit der Systemfunktion $f_1(t)$. Man erhält also im Zeitbereich das elementare Empfangssignal

$$f_2(t) = a_i d(t - t_i) * f_1(t) , \tag{5.83}$$

das im Bildbereich die $\mathscr{L}$-Transformation

$$F_2(s) = a_i \cdot F_1(s) \cdot \mathrm{e}^{-s\tau_i} \tag{5.84}$$

besitzt. Allgemein besteht das empfangene Signal aus der Summe aller elementaren Empfangssignale. Soweit die elementaren Vorgänge nicht voneinander abhängen, ist die gesamte Information gleich der Summe der Informationsbeiträge in den elementaren Vorgängen.

Der einzelne elementare Reflektor ist also durch zwei Größen a und τ gekennzeichnet. Man kann es deshalb als das Ziel der Radarmessung ansehen, zu einem gegebenen Zeitpunkt t sämtliche Wertepaare a_i und τ_i aller Reflektoren zu bestimmen.

Die bisherigen Überlegungen enthalten folgende drei wesentliche Vereinfachungen, die im allgemeinen nicht zutreffen:

1. Es sind keine Störungen vorhanden.

2. Sämtliche Parameter sind determinierte Größen.

3. Das Übertragungssystem (also das »Sendesignal« $w(t)$) ändert sich nicht mit der Zeit. Technisch bedeutet diese Annahme, daß sich die Antennen und das reflektierende Objekt nicht bewegen.

Wir werden diese Vereinfachungen später fallen lassen müssen, sehen sie aber vorläufig als gültig an.

Das »Sendesignal« $a_i d(t - \tau_i)$ hat die Laplace-Transformierte[1]

$$W(s) = a_i \cdot e^{-\tau_i s},$$

die auf der $i\omega$-Achse überall dem Betrage nach konstant ist:

$$|W(s = i\omega)| = |a_i|.$$

Diese damit angegebene Lösung des Problems ist bekannt; die ideale »Systemfunktion« $F_1(s)$ sollte daher ebenfalls eine unendlich hohe Bandbreite besitzen, d. h. sie sollte im Zeitbereich einem Dirac-Stoß

$$f_1(t) = d(t)$$

entsprechen.

Da diese Forderung nicht realisierbar ist, ersetzt man sie praktisch durch die eine Approximation an die Funktion

$$F_1(s) = e^{-\tau_0 s}$$

innerhalb eines endlichen Bereiches auf der $i\omega$-Achse. Dieses Problem ist hinreichend im Schrifttum behandelt[2] und überschreitet den hier gesteckten Rahmen.

Das Vertauschungsprinzip führt also auf die konventionelle Lösung des Impulsradars, in dem der Impuls $f_1(t)$ eine möglichst gute Annäherung an den Dirac-Stoß sein soll, um ein hohes Auflösungsvermögen zu erreichen.

Bei Störungen muß der Impuls so groß sein, daß er noch hinreichend sicher auf dem verrauschten Hintergrund erkennbar ist. Bei schwachen Signalen besteht auch die Gefahr, daß zufällige Spitzenwerte des Rauschens für echte Reflexionen gehalten werden.

An die mit dieser Aufgabe verbundene bekannte Problematik des Erkennens für einen subjektiven Beobachter soll hier erinnert werden, ebenso an die bekannten Hilfen, die Amplitude durch Kammfilter, durch

---

[1] In strenger mathematischer Auslegung ist weder der Dirac-Stoß eine Funktion noch hat sie eine $\mathcal{L}$-Transformierte.

S. DOETSCH, G.: Handbuch der Laplace-Transformation. **I,** 67 u. 163. Basel: Birkhäuser 1950.

[2] Z. B. PETERS, J.: Gleichzeitige Approximation der Amplitude und der Laufzeit eines idealen Tiefpasses mit Hilfe der Strömungs-Analogie. A. E. Ü. **9,** 453–459 (1955).

Austasten oder durch mehrfache Überlagerung eines periodisch wieder-
kehrenden Signals zu verbessern. In allen diesen Fällen ist eine Verbesserung nur dann zu erreichen, wenn Information aus voraufgegangenen
Messungen zur Verfügung steht.

Ein Signal $f_1(t)$ wird bei der Reflexion in einer Entfernung r um die
Laufzeit

$$\tau = \frac{2r}{c} \tag{5.85}$$

verzögert. Wenn der Reflektor die Eigengeschwindigkeit v in radialer
Richtung vom Radargerät fort besitzt, ändert sich eine bestimmte Frequenz f_0 im Signal (Trägerfrequenz) um

$$f = f_0 \cdot \frac{2v}{c}. \tag{5.86}$$

Für kleine Änderungen gehen diese beiden Gleichungen in die Beziehungen

$$\Delta\tau = \frac{2}{c}\,\Delta r \; ; \; \Delta f = f_0 \cdot \frac{2}{c} \cdot \Delta v. \tag{5.87, 88}$$

über. Multipliziert man diese Beziehungen miteinander und ersetzt die
linke Seite durch die von S. 23 her wohlbekannte Küpfmüllersche Unschärfebeziehung, so erhält man nach einfacher Umformung

$$\Delta r \cdot \Delta v = \geqq \frac{c^2}{8 f_0}. \tag{5.89}$$

*Es ist also nicht möglich, gleichzeitig die Entfernung und die Geschwindigkeit
eines reflektierenden Objektes mit beliebiger Genauigkeit zu messen.*

Dieselbe Unschärfebeziehung nach Gleichung (89) gilt auch für
Schallortung, wenn man für c nicht die Lichtgeschwindigkeit, sondern
die Schallgeschwindigkeit einsetzt.

Beispiel: Mit c = 1500 m s^{-1} und f_c = 1000 Hz erhält man:

$$\Delta r \cdot \Delta v \geq 281 \; m \cdot ms^{-1}.$$

Man muß also den Unsicherheitsbereich in der Entfernungs-Geschwindigkeits-
Ebene in einzelne Zellen mit der Fläche $\Delta r \cdot \Delta v$ einteilen. Durch eine entsprechende
Gestaltung des Sendesignals kann man wählen[1], welche der beiden Unschärfekompo-
nenten man auf Kosten der anderen verringern will.

Wenn man in einer bestimmten Richtung, also bei feststehend gedachten Anten-
nen, die Suche nach Information auf eine Fläche $r_1 \leqq r \leqq r_2$; $v_1 \leqq v \leqq v_2$ begrenzt,
braucht man soviel Radar-Auswertungen gleichzeitig oder zeitlich nacheinander, wie
Zellen $\Delta r \cdot \Delta v$ in dieser Fläche enthalten sind.

---

[1] Woodward, P. M.: Probability and Information Theory, with Application to Radar.
Oxford: Pergamon-Press 1953.
Siebert, W. Mc: A Radar Detection Philosophy. IRE-Trans. on I. T. **IT2,** No. 3,
204–221 (1956).

§ 66 Extraktion der Information aus Radar-Signalen

Die in § 65 betrachtete konventionelle Radartechnik entspricht der konventionellen Nachrichtentechnik: Das Signal muß genügend hoch über dem allgemeinen Störpegel liegen, damit man es überhaupt erkennen kann.

Von der Informationstheorie her gesehen, könnte man die Aufgabe der Radartechnik auch als ein Übertragungsproblem in einem gestörten Kanal auffassen: Es soll beim Empfang eines Signals am Ausgang eines gestörten Kanals möglichst sicher darauf rückgeschlossen werden können, ob dieses Signal für den Parameter τ_i (bzw. dem Wertepaar $\tau_i; x_i$) durch die Anwesenheit oder durch das Fehlen eines reflektierenden Objektes in der diesem Zahlenpaar entsprechenden Entfernung und Radialgeschwindigkeit bedeutet.

Bezeichnet man vereinfachend diese beiden Möglichkeiten mit 1 oder 0, so haben wir einen gestörten Kanal mit zwei voneinander verschiedenen Eingangssignalen vor uns.

Die schematische Anwendung der Informationstheorie hat deshalb keinen Sinn, weil die Wahrscheinlichkeiten $p(1)$ und $p(0)$ nicht bekannt sind und nicht von vornherein bekannt sein können. Wenn den Voraussetzungen entsprechend Störungen vorhanden sind, bedeutet z.B. ein Signal 1 am Eingang nicht *sicher*, daß der Empfänger am Ausgang auch eine 1 empfängt. Daher ist es sinnvoll, die bedingte Wahrscheinlichkeit der Entscheidung des Empfängers, ob ein Reflektor als vorhanden angesehen wird oder nicht, mit $p_i(j)$ einzuführen. Dabei bedeutet

$p_i(j)$ die Wahrscheinlichkeit, daß am Ausgang des Empfängers ein j ($j = 0; 1$) angezeigt wird, wenn das Signal am Eingang in Wirklichkeit ein i ($i = 0; 1$) ist.

Speziell bezeichnet $p_1(0)$ die Wahrscheinlichkeit, daß ein vorhandenes Objekt nicht entdeckt wird (falsche Ruhe), und $p_0(1)$ die Wahrscheinlichkeit, daß ein Objekt angezeigt wird, obwohl in Wirklichkeit keines vorhanden ist (Fehlalarm). Im allgemeinen wird man für $p_0(1)$ und $p_1(0)$ recht niedrige Zahlen vorgeben. Sie werden in der Regel voneinander verschieden sein, wenn die Folgen für beide Abarten des Versagens verschieden bewertet werden. Es liegt also genaugenommen bereits eine Aufgabe aus dem Bereich der Entscheidungstheorie vor.

Man kann aber das Signal so verschlüsseln, wie man dies bei einer Punkt-zu-Punkt-Verbindung tun würde. Da Sender und Empfänger räumlich benachbart sind, braucht man nicht unbedingt einen eingespeicherten festen Schlüssel zu verwenden, sondern kann ihn durch den Zufall laufend neu herstellen lassen.

Das den Eingang des Empfängers erreichende Signal $f_2(t)$ setzt sich nunmehr aus den beiden Anteilen

$$f_2(t) = s(t) + n(t) \tag{5.90}$$

zusammen, von denen $s(t)$ die Information enthält, während $n(t)$ die Störung liefert.

Die technischen Mittel seien so bemessen, daß eine Bandbreite B und ein Zeitintervall T zur Verfügung steht. Ein Signal, das diesen Rahmen voll ausnutzt, enthält

$$n = 2\,BT \tag{5.91}$$

Freiheitsgrade. Alle diese Signale können sich durch n verschiedene unabhängige Werte voneinander unterscheiden. Ist das Signal eine Zufallsfunktion, so ist es gleichwertig einem n-dimensionalen Zufallsvektor.

Dieser gleiche Rahmen mit n Freiheitsgraden steht sowohl dem Störsignal als auch dem Nutzsignal zur Verfügung.

Das Störsignal besetzt, wenn es den stationären Zustand der höchsten Entropie erreicht hat, alle Freiheitsgrade nach Wahrscheinlichkeit gleichmäßig. Dasselbe sollte man auch mit dem Nutzsignal tun, um diesem die höchste Entropie geben zu können.

Es entfalle daher auf einen bestimmten Freiheitsgrad der Zufallswert x vom Nutzsignal und der Zufallswert y vom Störsignal. Man kann annehmen, daß diese beiden Größen elektrische Spannungen darstellen. Dann bedeutet

$$\int\limits_{-\infty}^{+\infty} x\,P(x)\mathrm{d}x = E[x] = \bar{x} \tag{5.92}$$

den Gleichstromanteil des elektrischen Stromes, den diese Spannung durch einen Widerstand $R = 1$ schicken würde. Entsprechend bedeutet

$$\int\limits_{-\infty}^{+\infty} x^2 P(x)\mathrm{d}x = E[x^2] \tag{5.93}$$

die in den Widerstand $R = 1$ hineinfließende mittlere Leistung. Diese kann man in die Leistung des Gleichstromanteiles $(E[x])^2$ und die Leistung des Schwankungsanteiles

$$E[(x - E[x])^2]$$

zerlegen. In der Tat ist ja auch mathematisch (s. § 24)

$$E[(x - E[x])^2] = E[x^2] - (E[x])^2. \tag{5.94}$$

Wenn man die Summe über n voneinander unabhängige Zufallswerte

$$\mathrm{x}_n = x_1 + x_2 + \cdots + x_n \tag{5.95}$$

bildet, gilt, wie nunmehr auch physikalisch einleuchtend sein wird,

$$E[\mathrm{x}_n] = n\,E[x] \tag{5.96}$$

$$E[\mathrm{x}_n^2] = n \cdot E[x^2]. \tag{5.97}$$

Unter $\sqrt{\overline{E\{(x-E(x))\}^2}}$ kann man technisch den effektiven Mittelwert der Schwankung verstehen.

Multipliziert man zwei *unabhängige* Zufallsveränderliche x und y miteinander, so daß sie eine neue Zufallsveränderliche

$$z = x \cdot y \tag{5.98}$$

bilden, so gilt (wegen der Unabhängigkeit)

$$P(x;y)\,\mathrm{d}x\mathrm{d}y = P(x)\,\mathrm{d}x \cdot P(y)\,\mathrm{d}y\,.$$

Daher ist

$$E_U\{z\} = E\{x\}\,E\{y\}\,, \tag{5.99}$$

$$E_U\{z^2\} = E\{x^2\}\,E\{y^2\}\,. \tag{5.100}$$

Bezeichnet man die Summe von n *unabhängigen* Produkten entsprechend Gleichung (95) mit

$$z_n = z_1 + z_2 + \cdots + z_n\,, \tag{5.101}$$

so ist wieder

$$E_U\{z_n\} = n\,E\{x\} \cdot E\{y\}\,, \tag{5.102}$$

$$E_U\{z_n^2\} = n\,E\{x^2\} \cdot E\{y^2\}\,. \tag{5.103}$$

Diese Beziehungen setzen, wie nochmals betont sei, statistische Unabhängigkeit zwischen x_n und y_n, sowie zwischen den einzelnen Komponenten der Vektoren voraus.

Wenn eine durch

$$y = a \cdot x \tag{5.104}$$

gegebene *Abhängigkeit* besteht, *wobei a eine Konstante ist*, so erhält man

$$E_A\{z\} = E\{ax^2\} = a\,E\{x^2\} \tag{5.105}$$

$$E_A\{z^2\} = E\{a^2x^4\} = a^2E\{x^4\}\,. \tag{5.106}$$

und daher auch

$$E_A\{z_n\} = na\,E\{x^2\}\,, \tag{5.107}$$

$$E_A\{z_n^2\} = na^2E\{x^4\}\,. \tag{5.108}$$

Bezeichnet man die Erwartungswerte erster Ordnung mit

$$E\{x\} = \bar{x}\;;\quad E\{y\} = \bar{y} \tag{5.109a, b}$$

und die zweiter Ordnung mit

$$S = E\{x^2\}\,, \tag{5.110a, b}$$

$$N = E\{y^2\}\,,$$

so ist der Erwartungswert für das innere Produkt der beiden Vektoren x_n und y_n bei *Unabhängigkeit*:

$$E_U\{z_n\} = n \cdot \bar{x} \cdot \bar{y} \tag{5.111}$$

bei *Abhängigkeit*:

$$E_A\{z_n\} = n \cdot a \cdot S\,.$$

Wegen $N = a^2 S$ kann man auch

$$E_A(z_n) = n\sqrt{S \cdot N} \tag{5.112}$$

schreiben.

Für $E_A(z_n{}^2)$ (Abhängigkeit) erhält man

$$E_A(z_n^2) = nE_A(z^2)$$

$$= nE(x^2) \cdot E(y^2) = n \cdot S \cdot N . \tag{5.113}$$

Die Gleichungen (112) und (113) gelten auch dann, wenn die Größe a in Gleichung (104) nicht eine Konstante, sondern eine Zufallsgröße ist, für die $P(a)$, mithin auch $E(a)$ und $E(a^2)$ existieren. Wenn a von x unabhängig ist, können die Gleichungen (111) und (113) auch auf dieses Produkt angewendet werden und ergeben

$$E(a \cdot x) = E(a) \cdot E(x) = \bar{a} \cdot \bar{x}$$

$$E((a \cdot x)^2) = E(a^2) \cdot E(x^2) .$$

Dabei geht die Beziehung $N = a^2 S$ in

$$N = E(a^2) \cdot S$$

über.

Die Varianz von z_n ist wieder:

$$E((z_n - E(z_n))^2) = E(z_n^2) - (E(z_n))^2$$

$$n \cdot E(z^2) - n^2 (E(z))^2 . \tag{5.114}$$

Sie ist bei Unabhängigkeit

$$E_U((z_n - E(z_n))^2) =$$

$$= nE(x^2) \cdot E(y^2) - n^2 (\bar{x} \cdot \bar{y})^2$$

$$= n \cdot S \cdot N - n^2 \cdot (\bar{x} \cdot \bar{y})^2 \tag{5.115}$$

und bei Abhängigkeit

$$E_A((z_n - E_A(z_n))^2) = E_A(z_n^2) - (E_A(z_n))^2$$

$$= n \cdot S \cdot N - n^2 (\bar{x} \cdot \bar{y})^2 \tag{5.116}$$

was mit dem Ergebnis in Gleichung (115) übereinstimmt.

Die Varianz des Produktes zweier Zufallsgrößen ist also unabhängig von der statistischen Abhängigkeit beider Größen voneinander.

Wichtig ist technisch besonders der Fall $\bar{x} = 0$, $\bar{y} = 0$. Dann ist

$$E_U(z_n) = 0 \tag{5.117}$$

und

$$E_A(z_n) = n \cdot S \cdot N. \tag{5.118}$$

Der effektive Mittelwert der Schwankung ist (bei Abhängigkeit und bei Unabhängigkeit)

$$\sigma = \sqrt{n \cdot S \cdot N}. \tag{5.119}$$

Im Fall 0 (kein reflektierendes Objekt anwesend) erhält der Eingang des Empfängers nur die Störung y mit der Energie N pro Freiheitsgrad. Im Fall 1 (ein reflektierendes Objekt ist anwesend) tritt zur Störung das Nutzsignal x mit der Energie S pro Freiheitsgrad hinzu.

Vom Sender kann man über eine direkte Leitung das Nutzsignal x' beziehen. Es werde über eine künstliche Laufzeit um die Zeit τ verzögert, so daß es mit dem Anteil x im Signal $x + y$ des Empfängereinganges korreliert ist. Die Energie des vom Sender herrührenden Signals sei pro Freiheitsgrad zu 1 normiert.

Dann entsteht im Fall 0 der Erwartungswert

$$E_U\{\mathrm{x}'_n \mathrm{y}_n\} = 0 , \tag{5.120}$$

da Nutzsignal und Störung nicht voneinander abhängen.

Die Varianz ist

$$\sigma_0^2 = n \cdot N . \tag{5.121}$$

Im Fall 1 ist der Erwartungswert des inneren Produktes

$$E[\mathrm{x}'_n(\mathrm{x}_n + \mathrm{y}_n)] = E_A\{\mathrm{x}'_n \mathrm{x}_n\} + \frac{1}{\sqrt{S}} E\{\mathrm{x}_n^2\} + E_U\{\mathrm{x}'_n \cdot \mathrm{y}_n\}$$

$$= n\sqrt{S} \tag{5.122}$$

mit der Varianz

$$\sigma_1^2 = n\,(S + N) . \tag{5.123}$$

Angenommen, das Ergebnis dieser Rechnung würde von einem Instrument angezeigt: Der Ausschlag würde im Mittel 0 sein, wenn das empfangene Signal keinen Anteil enthält, der mit dem direkt vom Sender bezogenen Signal korreliert ist, dagegen $n \cdot \sqrt{S}$, wenn dieser Anteil durch die Energie S bezeichnet wird. Die Varianzen, also die Quadrate der mittleren quadratischen Abweichungen, sind im Fall 0: $n \cdot N$ und im Fall 1: $n(S + N)$.

Es liegt nahe, den Ausschlag des Instrumentes bei Vorhandensein eines Reflektors zu 1 zu normieren. Dann sind die Effektivwerte der Schwankungen um diese Mittelwerte

$$\sigma_0' = \frac{\sqrt{n \cdot N}}{n \cdot \sqrt{S}} = \sqrt{\frac{N}{n \cdot S}} , \tag{5.124}$$

$$\sigma_1' = \frac{\sqrt{n\,(S + N)}}{n \cdot \sqrt{S}} = \sqrt{\frac{1}{n}\left(1 + \frac{N}{S}\right)} . \tag{5.125}$$

Gleichgültig, welche Werte die Energie S in einem Einzelsignal und die entsprechende Energie der Störung haben mögen, gehen die Streuungen um die Anzeigenwerte mit wachsendem n gegen Null.

Für eine hinreichend große Anzahl von Einzelsignalen n ist

$$\sigma_1'^2 = \sigma_0'^2 + \frac{1}{n} \sim \sigma_0'^2 . \tag{5.126}$$

Betrachtet man jetzt nur noch die Varianz

$$\sigma_0'^2 = \frac{N}{n \cdot S} \, , \tag{5.127}$$

so kann man wieder für die Störleistung den Ausdruck $N = kT \cdot B$ einführen.

Für das Signal seien zwei Fälle unterschieden:

1. Es ist ein Höchstwert der Energie pro Zeiteinheit, also der mittleren Leistung über die Dauer der Signalgruppe

$$\frac{n \cdot S}{\tau_n} = P_S \tag{5.128}$$

vorgeschrieben.

2. Bezugswert soll die für eine Signalgruppe von n Einzelsignalen erforderliche Energie

$$Q_n = n \cdot S \tag{5.129}$$

sein. Berücksichtigt man, daß die Dauer einer Signalgruppe durch

$$\tau_n = \frac{n}{2B} \tag{5.130}$$

mit der Anzahl n und der Bandbreite B zusammenhängt, so erhält man je nach den gewählten Parametern die Ausdrücke:

$$\sigma_0'^2 = \frac{B}{\tau_n} \cdot \frac{kT}{P_S} \, ; \qquad \sigma_0'^2 = \frac{n}{2\tau_n^2} \cdot \frac{kT}{P_S} \, ; \qquad \sigma_0'^2 = \frac{2B^2}{n} \cdot \frac{kT}{P_S} \, ;$$

$$\sigma_0'^2 = B \cdot \frac{kT}{Q_n} \, ; \qquad \sigma_0'^2 = \frac{n}{2\tau_n} \cdot \frac{kT}{Q_n} \, .$$

$$\text{(5.131, a–e)}$$

Es ist also nicht möglich, für die günstigste Wahl der Parameter einfache und allgemein gültige Regeln aufzustellen. Die günstigste Bemessung hängt vielmehr in starkem Maße von den technischen Randbedingungen ab, die je nach der besonderen Aufgabe verschieden vorgegeben sein werden.

Die Varianz wird aber durch die vorgegebenen Wahrscheinlichkeitszahlen $p_1(0)$ für falsche Ruhe bzw. $p_0(1)$ für Fehlalarm bestimmt. Die technische Anordnung möge so getroffen sein, daß $x_n'(x_n + y_n)$ Alarm bedeutet, wenn ein vorgegebener Wert A' überschritten wird. Im andern Fall wird kein Alarm gegeben. Die Wahrscheinlichkeit, daß bei Fehlen eines reflektierenden Objektes $x_n'(x_n + y_n) \geqq A'$ ist, stimmt mit $p_0(1)$, und die, daß bei vorhandenem reflektierendem Objekt $x_n'(x_n + y_n) < A'$ ist, mit $p_1(0)$ überein.

Normieren wir ebenfalls die Schranke A' zu

$$A' = A \cdot n\sqrt{S}, \tag{5.132}$$

wobei gleich die Komplemente

$$\bar{A} = 1 - A \tag{5.133}$$

$$\bar{A}' = (1 - A) \cdot n\sqrt{S} \tag{5.134}$$

eingeführt werden,

so ergibt sich auf Grund des Bienaymé-Tschebyscheffschen Satzes (Gleichung 2.123) für den Fall 0:

$$p_0(1) = p(x'_n(x_n + y_n) \geqq A') \leqq \frac{1}{2A'^2}\, n \cdot N, \tag{5.135}$$

und für den Fall 1:

$$p_1(0) = p(x'_n(x_n + y_n) < \bar{A}') \leqq \frac{1}{2\bar{A}'^2}\, n \cdot (S + N) \tag{5.136}$$

Aus den Gleichungen (132), (133) und (134) erhält man, wenn in (133) und (134) der Grenzfall zugrunde gelegt wird, für den das Gleichheitszeichen gilt,

$$p_0(1) \cdot p_1(0) = \frac{1}{4\,A^2\bar{A}^2} \cdot \frac{N(S+N)}{n^2 \cdot S^2} = \frac{1}{4\,A^2\bar{A}^2}\, \sigma_0'^2 \cdot \sigma_1'^2 \tag{5.137}$$

und

$$\frac{p_0(1)}{p_1(0)} = \frac{\bar{A}^2}{A^2} \cdot \frac{N}{S+N} = \frac{\bar{A}^2}{A^2} \cdot \frac{\sigma_0'^2}{\sigma_1'^2}\,. \tag{5.138}$$

Durch Multiplizieren bzw. Dividieren dieser beiden Gleichungen erhält man schließlich

$$p_0(1) = \frac{1}{2A^2} \cdot \frac{1}{n} \cdot \frac{N}{S} = \frac{1}{2A^2} \cdot \sigma_0'^2\,, \tag{5.139.1}$$

$$p_1(0) = \frac{1}{2\bar{A}^2} \cdot \frac{1}{n} \cdot \frac{S+N}{S} = \frac{1}{2\bar{A}^2} \cdot \sigma_1'^2\,. \tag{5.139.2}$$

Beide Wahrscheinlichkeitszahlen, die für die *falsche Ruhe* $p_1(0)$ und die für den *Fehlalarm* $p_0(1)$ hängen voneinander ab: Man kann bei gegebenem S/N-Verhältnis nur noch die Schranke A frei wählen. Wie auch physikalisch zu erwarten, kann man durch ein großes A zwar einen *Fehlalarm* beliebig unwahrscheinlich machen, erhöht dabei aber die Gefahr für die *falsche Ruhe* und umgekehrt. Durch die Wahl der Schranke wird bei gegebenen Leistungen S und N und einer bestimmten Anzahl von Freiheitsgraden n nur ein möglichst günstiger Kompromiß zwischen den beiden Arten von Fehlern gewählt. Dieser Kompromiß ist dann eindeutig getroffen, wenn vorher zahlenmäßig die relative Schädlichkeit jedes der beiden Fehler angegeben werden kann.

Sagt man z. B., eine falsche Ruhe ist 100-mal so schlimm wie ein Fehlalarm, so hat man A so zu wählen, daß sich ein Minimum für $100\, p_1(0) + p_0(1)$ ergibt.

In Übereinstimmung mit der Informationstheorie kann man durch ein großes n zwar beide Fehler beliebig klein machen, findet aber die endgültige Grenze in der dadurch verursachten zeitlichen Verzögerung und in dem dafür nötigen technischen Aufwand.

§ 67 Das neuzeitliche Weltbild in der Informationstheorie

Die Informationstheorie kann selbstverständlich nur einige Züge des neuzeitlichen Weltbildes auf eine eigene Weise beleuchten, ohne es dabei wesentlich zu ändern oder zu ergänzen.

Nachdem die Quantentheorie von M. PLANCK und die Unschärfebeziehung von W. HEISENBERG das frühere mechanistisch-determinierte Weltbild zerstört haben, kann die Informationstheorie nur denselben Widerspruch mit anderen Worten darstellen. Jede Beobachtung eines ablaufenden Prozesses greift in das Geschehen ein; während die Einwirkung bei einem einzelnen Ereignis eben zufällig ist, tritt bei der Gesamtheit aller Realisierungen eines Zufallsprozesses wieder ein Gesetz auf. Dem Erwartungswert der Information, die der Beobachter in sich aufnimmt, steht eine (mindestens) ebenso große Zunahme der Entropie des beobachtenden Objektes gegenüber. Auch wenn man die Information in negative Entropie umrechnet, kann deshalb in einem abgeschlossenen System die gesamte Entropie niemals abnehmen.

Die Information ist in den einzelnen Beobachtungen enthalten. Die gesamte naturwissenschaftliche Bildung ist gespeicherte Information, durch deren Erwerb sich die Entropie der Natur um mindestens denselben Betrag erhöht hat.

Durch abstrakte Überlegungen kann man keine Information schaffen, wohl aber entwickelt und verbessert sich durch das abstrakte Denken unaufhörlich das Instrument, das geeignet ist, Information umzuwandeln oder aus Beobachtungen die relevante Information zu extrahieren, die Mathematik.

Was relevante Information ist, muß in diesem Zusammenhang definiert sein.

Man kann nicht alles zu irgendeinem Zeitpunkt wissen wollen und trotzdem einen deterministischen Ablauf des zukünftigen Geschehens erwarten. Es gibt zwei Grenzfälle: Entweder man weiß alles, dann hat man bereits durch die Beobachtung den Zustand höchstmöglicher Entropie erzeugt oder man weiß nichts und kann dann aus Unkenntnis des Anfangszustandes keine Voraussage machen.

Wenn das makroskopische Geschehen nicht durch die Beobachtung zerstört wird, wie die alltägliche Erfahrung lehrt, so bedeutet das nur, daß die Informationswerte im Verhältnis zu den Entropiewerten verschwindend klein sind. Der Mensch ist informationstheoretisch nur sehr lose an seine Umwelt angekoppelt.

Da ein nichtstationärer Zufallsprozeß sich in Richtung des steilsten Entropieanstieges entwickelt, bedeutet die Gleichsetzung von Information mit negativer Entropieänderung, daß die Entwicklung stets die zur Verfügung stehende Information verringert. Ist der Zustand der höchstmöglichen Entropie in einem abgeschlossenen System erreicht, hört innerhalb des Systems auch der Austausch von Information auf.

Die Informationstheorie schließt auf Grund der Überlegungen von L. Szilard und L. Brillouin ausdrücklich auch das biologische Geschehen, die Handlungen intelligenter Wesen und die Entwicklung und die Fortpflanzung von biologischen Organismen mit in ihren Bereich ein: Es gibt keine abgeschlossenen Systeme, auch nicht solche, die denkende Wesen enthalten, in denen sich die Entropie vermindern könnte.

Die Philosophie unterscheidet seit dem griechischen Altertum (Parmenides) zwischen der objektiv vorhandenen und der subjektiv wahrnehmbaren Welt. Da die Erkenntnis selbst, neuzeitlich ausgedrückt, durch Zufallsprozesse vermittelt wird, kann niemals mit Sicherheit auf das Objekt rückgeschlossen werden. In Anbetracht des Shannonschen Satzes kann man aber anzweifeln, daß diese Schlußfolgerung grundsätzlich und ohne Ausnahme richtig ist. Konkret gesprochen kann man die sichere Erkenntnis nicht grundsätzlich für unmöglich erklären, daß ein Stuhl dann ein Stuhl ist, wenn die für diese Aussage nötige Information, dividiert durch die Dauer der Beobachtung, unter der Kanalkapazität des Weges liegt, der diese Beobachtung übermittelt.

Der Austausch von Nachrichten im umfassenden Sinne wird zu einem Teilgebiet der Thermodynamik, ob es sich um die Regelung von Turbinen, um die tägliche Wetterbeobachtung, um die Fernschreibeverbindungen einer Presseagentur, um die Reizleitung in den Nerven oder um die Eindrücke handelt, die von Sinnesorganen aufgenommen werden. Alle diese Geschehnisse werden vom *zweiten* Hauptsatz der Thermodynamik in analoger Weise beherrscht wie die Übertragung von *Energie* durch den *ersten* Hauptsatz.

Der umfassende Charakter aller dieser Zusammenhänge gibt die Möglichkeit, die Güte der technischen Nachrichtensysteme mit den von der Natur geschaffenen Nachrichtensystemen zu vergleichen. Da es eine endgültige Grenze gibt, kann man dabei mit absoluten Maßstäben messen.

Diese endgültige Grenze setzt auch der Spekulation ein Ende, daß die Möglichkeiten der Nachrichtentechnik in der Raumfahrttechnik sich *unbegrenzt* erweitern. Wenn man einen mit irdischen Mitteln noch gerade darstellbaren technischen Aufwand zugrundelegt, dürfte die Grenzreichweite bei einem noch praktisch interessanten Nachrichtenfluß etwa an der Grenze unseres Planetensystems erreicht sein. Da diese Entfernung etwa um einen Faktor 1 000 000 höher ist als die größte Entfernung auf der Erde, kann man noch mit einer Fülle von technischen Aufgaben rechnen.

Auch im Bereiche von abstrakten Systemen, z.B. der Wirtschaft, kann die Informationstheorie angewendet werden. Sie leitet dabei in die Entscheidungstheorie über.

Mit den Verfahren, die dem Zwecke dienen, auf eine wissenschaftlich begründete Weise optimale Entscheidungen herbeizuführen, befaßt sich die mathematische Verfahrensforschung (Operations Research). Sie zwingt den Menschen, sein bisheriges, auf Fingerspitzengefühl begründetes Verhalten in folgende Schritte zu unterteilen:

1. Objektive Analyse und mathematische Beschreibung des Systems, der Anfangsbedingungen sowohl wie die inneren Gesetzmäßigkeiten unter seinen kennzeichnenden Größen, und zwar unabhängig von den eigenen Wunschvorstellungen.

2. Analyse und mathematische Beschreibung der eigenen Ziele mit einer Bewertung aller in diesem Zielraum enthaltenen Punkte (Zielfunktion), unabhängig von der gegenwärtig bestehenden Lage.

3. Rein mathematische Bestimmung derjenigen Entscheidungen, die zum maximal erreichbaren Wert der Zielfunktion führen.

Manche Aufgaben der Operations Research haben nichts mit Wahrscheinlichkeit und infolgedessen auch nichts mit Informationstheorie zu tun. Wenn jedoch eine Gesamtheit von einzelnen zufälligen Vorgängen zu behandeln ist, kann man mit den Erwartungswerten rechnen, die nicht immer Erwartunsgwerte der Information, sondern auch solche von anderen Größen, z.B. des Preises oder der Zeit sein können. Eine besondere Rolle spielt bei solchen Überlegungen die Varianz oder die mittlere wahrscheinliche Abweichung vom erreichbaren Höchstwert.

Für eine große Gesamtheit von einzelnen Maßnahmen gilt aber wieder, daß die im angestrebten Ziel liegende Unsicherheit, ausgedrückt durch die Entropie, um nicht mehr vermindert werden kann, als an Information zur Verfügung steht, vorausgesetzt, daß der Weg, der zwischen Erkenntnis und Auswirkung des Handelns liegt, auch diese Information in der zur Verfügung stehenden Zeit durchlassen kann.

Mit anderen Worten wird ein rein zufälliges Handeln, das also von den tatsächlichen Geschehnissen nicht abhängt, im Gegenteil die Unsicherheit vergrößern.

Je enger aber diese Kopplung zwischen den zukünftigen Ereignissen, die man in einem erwünschten Sinne zu beeinflussen trachtet, und den Schalthebeln ist, die dem eigenen Zugriff unterliegen, um so stärker werden im Mittel auch die Auswirkungen des eigenen Handelns sein.

Quantitativ drücken diesen Zusammenhang die Entropieverminderung des zukünftigen Ereignisses und die Kanalkapazität des Weges aus, der die Kopplung herstellt.

Grundsätzlich ist die Informationstheorie ein Instrument zur Erfassung, Regelung und Steuerung von Vorgängen, die sich aus einer sehr großen Anzahl von Elementarvorgängen zusammensetzen. Dabei braucht noch nicht einmal die physikalische oder sonstige Natur des betrachteten Systems bekannt zu sein, sondern nur die mathematisch dargestellten Zusammenhänge unter den interessierenden Größen.

Nachdem der Verfasser sich bisher bemüht hat, den in § 1 niedergelegten Vorsatz zu erfüllen und den naturwissenschaftlichen Rahmen einzuhalten, sei ihm eine Bemerkung zu den Bemühungen gestattet, mit der Informationstheorie auch in das geistige Gebiet einzudringen:

Selbstverständlich kann man Information gleich *Wissen* setzen und dann unter *Geist* die Fähigkeit verstehen, in einem ganz allgemeinen Sinne Wissen aufzunehmen, zu verarbeiten, zu sammeln und an andere weiterzugeben.

Dann war z.B. die Abfassung dieses Buches nichts als eine Informationsverarbeitung, denn der Verfasser hat nur die relevante Information aus den ihm zugänglichen Quellen extrahiert, was nach seinen eigenen Feststellungen keine zusätzliche Information schafft. Er hat keine eigenen Versuche angestellt, kann also auch keine negative Entropie der Umwelt entnommen haben.

Grundsätzlich könnte eine derartige Arbeit also auch von technischen Verarbeitungssystemen geleistet werden.

Der Hinweis darauf, daß ein solches System z.Z. technisch nicht realisierbar ist, liefert kein grundsätzliches Gegenargument. Es ist zum mindesten eine Tatsache, daß die Technik heute schon in der Lage ist, die sogenannte *geist*tötende und stumpf*sinnige* Arbeit menschlicher Gehirne durch Automaten vornehmen zu lassen. Warum können nicht eines Tages auch Automaten den gesamten Bestand an naturwissenschaftlicher Erkenntnis unter einem gegebenen Gesichtspunkt auswerten? Wo ist die grundsätzliche Grenze?

Man kann zwei Dinge einwerfen: Eine auch nur auswertende und verarbeitende *geistige* Tätigkeit des Menschen liegt in extremen Größenordnungen, verglichen z.B. mit dem Prozeß in einem Elektronenrechner. Nach oberflächlicher Schätzung müßte man jedem Menschen der Erde eine elektronische Großrechenanlage geben und alle diese Maschinen mit den entsprechenden Kommunikationsmitteln verbinden, um etwa auf die strukturelle Größenordnung eines einzigen Menschengehirns zu kommen.

Die Größenordnung wird bereits aus der Tatsache erkenntlich, daß es die Informationsverarbeitung mit einer Größenordnung von Zahlen zu tun hat, die sonst in der Natur nicht vorkommt. Wenn dieses Buch etwa 4 000 000 Bit Information enthält, so ist diese gleichwertig der Information, die durch die Auswahl eines Elementes aus einer Menge von etwa $10^{1\,200\,000}$ gleich wahrscheinlichen Elementen entsteht. Andererseits leben wir in einer Welt mit einem relativistischen Radius von 10^{28} cm und einem Alter von 10^{17} sec und die etwa 10^{81} Elementarteilchen umfaßt.

Die Möglichkeit, daß ein solches Rechensystem einschließlich Stromversorgung und Programmierung jemals technisch realisiert werden kann, stößt aber auf dieselben grundsätzlichen Argumente wie die Realisierung einer Nachrichtenverbindung z. B. zu den Plejaden (s. § 64).

Schließlich sollte man vorsichtig in der Beurteilung des zugrundegelegten Gleichungspaares »Wissen = Information, Geist = Fähigkeit, umfangreichen Wissensstoff zu verarbeiten« sein. Wir haben nur die eine Seite definiert und sind in jeder Weise den Beweis dafür schuldig geblieben, daß die andere Seite der Gleichung auch dieser Definition entspricht.

Als Naturwissenschaftler kennen wir die andere Seite nicht so genau, als daß wir uns berechtigt fühlen könnten, das Gleichheitszeichen zu setzen. Aber es besteht auch keine Disjunktion zwischen den definierten Begriffen und den ihnen gegenübergestellten Begriffen Wissen und Geist, denn dann wäre es z. B. unmöglich, einem Speicher Information zu entnehmen und in Wissen umzusetzen. Es ist noch nicht einmal möglich, die Begriffe Wissen und Geist derart einzuengen, daß jede Überschneidung mit den definierten technischen Begriffen vermieden wird. Beide Seiten überlappen sich ohne Zweifel in einem gemeinsamen Teilbereich.

Damit bietet die Informationstheorie eine Brücke an, die in Richtung auf das Transzendente zielt, aber sie gleicht der Brücke von Avignon und bricht über dem Grenzstrom ab.

Alle informationsverarbeitenden Systeme, welchen Bereich sie auch immer überdecken mögen, erfüllen für sich und untereinander die Gesetze der Informationstheorie und der Thermodynamik. Das gilt auch für das alle einzelnen Systeme umschließende Gesamtsystem, die physikalische Welt, in der die Entropie unaufhörlich zunimmt. In die Vergangenheit zurückverfolgt, kann man daher an den Anfang allen Geschehens einen Zustand kleinster Entropie, also höchster Gesetzmäßigkeiten und höchster Information, setzen. Ohne blasphemische Absicht könnte man die Anfangsworte der vulgata: »In principium erat verbum«, daher auch übersetzen mit: »Im Anfang war die Information!«

Schrifttumsverzeichnis

Dieses Verzeichnis enthält nur eine dem Leser zu empfehlende Auswahl.

ALEXANDROFF, P. S.: Einführung in die Mengenlehre und in die Theorie der reellen Funktionen. Berlin: Deutscher Verlag der Wissenschaften 1956.

AYLOTT, E.R., and E.S. SIMMONDS: Error Correction in Data Transmission. Journal of the British Institution of Radio Engineers, 2, August 1962.

BAGHDADY, E.J.: Lectures on Communication Systems Theory. New York: McGraw-Hill 1961.

BALAKRISHNAN, A.V.: Space Communications, 163. New York: McGraw-Hill 1963.

BAUER, H.A.: Grundlagen der Atomphysik, 4. Aufl. Wien: Springer 1951.

BAVINK, B.: Ergebnisse und Probleme der Naturwissenschaften, 8. Aufl. Leipzig: S. Hirzel 1944.

— Was ist Wahrheit in den Naturwissenschaften? Wiesbaden: Eberhard Brockhaus 1948.

BECKER, F.: Geschichte der Astronomie. Bonn: Universitäts-Verlag 1947.

BECKER, R.: Theorie der Wärme. Berlin-Göttingen-Heidelberg: Springer 1955.

BEER, St.: Kybernetik und Management. Frankfurt a.M.: Fischer 1963.

BENSE, M.: Konturen einer Geistesgeschichte der Mathematik. Hamburg: Classen & Goverts 1946.

BERGER, E.R.: Nachrichtentheorie und Codierung. In: Steinbuch, K.: Taschenbuch der Nachrichtenverarbeitung. Berlin-Göttingen-Heidelberg: Springer 1962.

— und I. CASPARY: Über die Wirksamkeit von verkürzten Hamming-Codes und von Fire-Codes gegenüber stochastisch verteilten Störungen. A.E.Ü. 20, Heft 3, 131–135 (1966).

BESELE, H. v.: Das Klavierspiel, 16. Kassel: Bärenreiter 1965.

BITTEL, H.: Brownsche Bewegung des Galvanometers und elektronisches Rauschen. Zeitschrift für angewandte Physik, 13, 9 (1961).

BLANC-LAPIERRE, A.: Modèles Statistiques Pour L'Étude De Phénomènes De Fluctuations. Paris: Masson & Cie 1963.

— et R. FORTET: Théorie des Fonctions Aléatoires. 75 Paris: Masson & Cie 1953.

BODE, H.W.: Network Analysis and Feedback Amplifier Design. New York: Van Nostrand 1945.

— and C.E. SHANNON: A Simplified Derivation Of Linear Least Square Smoothing And Prediction Theory. Proc. IRE 4, 417–425 (1950).

BOHR, N.: Atomphysik und menschliche Erkenntnis. Braunschweig: Fr. Vieweg & Sohn 1958.

BORN, M.: Zur statistischen Deutung der Quantentheorie. Stuttgart: Ernst Battenberg 1962.

BRILLOUIN, L.: Science and Information Theory. New York: Academic Press 1956.

BUCKINGHAM, W.: Automation und Gesellschaft. Frankfurt a.M.: Fischer 1963.

CALDWELL, S.H.: Switching Circuits and Logical Design. New York: J. Wiley 1958.

CARATHÉODORY, C.: Maß und Integral und ihre Algebraisierung. Basel: Birkhäuser 1956.

CAUER, W.: Theorie der linearen Wechselstromschaltungen, 2. Aufl. Berlin: Akademie-Verlag 1954.
— Theorie der linearen Wechselstromschaltungen. Berlin: Akademie-Verlag 1960.
CHERRY, C.: Kommunikationsforschung – eine neue Wissenschaft. Frankfurt a. M.: Fischer 1963.
CHESTNUT-MAYER: Servomechanismus and Regulating System Design. New York: J. Wiley 1955.
CORINALDESI and STROCCHI: Relativistic Wave Mechanics. Amsterdam: North-Holland Publishing Company 1963.
DAVENPORT and ROOT: Random Signals and Noise. New York: McGraw-Hill 1960.
DE BROGLIE, L.: La Cybernétique, Théorie du Signal et de l'Information. Paris: Éditions de la Revue d'Optique Théorique et Instrumentale 1951.
Deutscher Normenausschuß (DNA): DIN-Taschenbuch 22 Einheiten und Formelgrößen. Berlin–Köln–Frankfurt/M.: Beuth-Vertrieb GmbH, 1964.
Defense Systems Department, General Electric Company: Tables of the Individual and Cumulative Terms of Poisson Distribution. Princeton: Van Nostrand 1962.
DE GROOT, S.R.: Thermodynamik irreversibler Prozesse. Mannheim: Bibliographisches Institut 1960.
DIAMANTIDES, N.D.: Correlation Functions. Electronics April 1962.
DOETSCH, G.: Handbuch der Laplace-Transformation I, 60. Basel: Birkhäuser 1950.
— Handbuch der Laplace-Transformation II, 29-44. Basel: Birkhäuser 1955.
— Einführung in Theorie und Anwendungen der Laplace-Transformationen. Basel: Birkhäuser 1958.
DOOB, J.L.: Stochastic Processes. New York: J. Wiley & Sons 1953.
DUSCHEK, A.: Vorlesungen über höhere Mathematik I, 169. Wien: Springer 1949.
— Vorlesungen über höhere Mathematik II, 235, 251, 138, 309, 114. Wien: Springer 1950.
— Vorlesungen über höhere Mathematik III, 226. Wien: Springer 1953.
— Vorlesungen über höhere Mathematik IV, Wien: Springer 1961.
— und HOCHRAINER: Tensorrechnung in analytischer Darstellung III, 232 ff. Wien: Springer 1965.
DYNKIN, E.B.: Die Grundlagen der Theorie der Markoffschen Prozesse. Berlin-Göttingen-Heidelberg: Springer 1961.
EISNER, H.: A Generalized Network Approach To The Planning And Scheduling Of A Research Project. Operations Research Inc. Silver Spring, Maryland 1961.
ELIAS, P.: Coding and Decoding 324 in: Baghdady, E.J.: Lectures on Communication System Theory. New York: McGraw-Hill 1961.
FANO, R.M.: Transmission of Information 104–114; 138. New York: MIT-Press 1961.
FAST, J.D.: Entropie. Eindhoven: Philips Technische Bibliothek 1960.
FERSCHEL, F.: Zufallsabhängige Wirtschaftsprozesse – Grundlagen und Anwendungen der Theorie der Wartesysteme. Wien–Würzburg: Physica Verlag 1964.
FINKELNBURG, W.: Einführung in die Atomphysik, 343, 5. und 6. Aufl. Berlin-Göttingen-Heidelberg: Springer 1958.
— Einführung in die Atomphysik, 50. Berlin-Göttingen-Heidelberg: Springer 1964.

Das Fischer-Lexikon: Sprachen. 56. Frankfurt a.M.: Fischer-Bücherei 1961.

Fox, J.: (Ed.) Proceedings of the Symposium on Information Networks. New York: Polytechnic Institute of Brooklyn 1955.

Françon, M.: Modern Applications of Physical Optics. New York: Interscience Publishers 1963.

Gabor, D.: La Théorie Des Communications Et La Physique. In: La Cybernetique, Théorie du Signal et de l'Information. Paris: Éditions de la Revue d'Optique Théorique et Instrumentale 1951.

Gardner-Barnes: Transients in Linear Systems. New York: J. Wiley & Sons 1942.

Giloi-Lauber: Analogrechnen. Berlin-Göttingen-Heidelberg: Springer 1963.

Goldmann, S.: Information Theory. 2. Aufl. 131, 153. New York: Prentice-Hall 1954.

Goode-Machol: System Engineering. New York: McGraw-Hill 1957.

Grau, G.K.: Rauschen im optischen Spektralbereich. Zeitschrift für angewandte Physik 17, Heft 1, 21–26 (1964).

— Noise in Photoemission Current. Applied Optics, 4, 755 (1965).

Guillemin, E.A.: Synthesis of Passive Networks. New York: J. Wiley & Sons 1957.

— The Mathematics of Circuit Analysis. 5 Aufl. New York: J. Wiley & Sons 1958.

— A Summary of Modern Methods of Network Synthesis. Advances in Electronics, III, 1951.

Hasselmann, K.: Über zufallserregte Schwingungssysteme. ZAMM 42, 465–476 (1962).

Heckmann, O., Bergedorf. Briefliche Mitteilung an den Verfasser.

Heisenberg, W.: Physikalische Prinzipien der Quantentheorie, 13. Mannheim: Bibl. Institut 1958; Z. f. Phys. 43, 172 (1927).

— Physik und Philosophie. Stuttgart: S. Hirzel 1959.

— und N. Bohr: Die Kopenhagener Deutung der Quantentheorie. Stuttgart: Ernst Battenberg 1963.

Henze, E.: Einführung in die Informationstheorie. Elektronische Datenverarbeitung, Beiheft 3, Braunschweig: Friedr. Vieweg & Sohn 1963.

Hoffmann, W.: Digitale Informationswandler. Braunschweig: Friedr. Vieweg & Sohn 1962.

Jackson, W.: Communication Theory. London: Butterworths Scientific Publications 1953.

Jeans, J.: Physik und Philosophie. Zürich: Rascher 1952.

Jordan, P.: Die Physik und das Geheimnis des organischen Lebens. Braunschweig: Friedr. Vieweg & Sohn 1947.

— Der Naturwissenschaftler vor der religiösen Frage. Oldenburg: Gerhard Stalling 1963.

Kamke, E.: Mengenlehre. 999/999 a. Berlin: Walter de Gruyter 1955.

Kartashev, A.I.: Optical Systems With Enhanced Resolving Power. Optics and Spectroscopy. 204–206 Sept. 1960.

King, G.W. and A.G. Emslie: Spectroscopy from the Point of View of the Communication Theory. Part. I. Resolution. Journal of the Optical Society of America. 41, 405–411 (1951).

— Spectroscopy from the Point of View of the Communication Theory. Part III. The Amount of Information in a Spectrum. Journal of the Optical Society of America. 43, 664–668 (1953).

Emslie A.G. and King, G.W.: Spectroscopy from the Point of View of the Communication Theory. Part. II. Line Widths. Journal of the Optical Society of America. 43, 658–663 (1953).

KLEEN, W.: Rauschprobleme der Nachrichtentechnik. ETZ (Elektrotechnische Zeitschrift) **76**. Heft 6, (1955).

KNOPP, K.: Theorie und Anwendung der unendlichen Reihen. 571. Berlin: Julius Springer 1931.

KOTEL'NIKOV: The Theory of Optimum Noise Immunity. (Übers. a. d. Russ.) New York: McGraw-Hill 1959.

KROMPHARDT, W., R. HENN, und K. FÖRSTNER: Lineare Entscheidungsmodelle. Berlin-Göttingen-Heidelberg: Springer 1962.

KUO, B. C.: Analysis and Synthesis of Sampled-Data Control Systems. Englewood Cliffs: Prentice-Hall 1963.

KÜPFMÜLLER, K.: Über Einschwingvorgänge in Wellenfiltern. El.-Nachr.-T. **1**, 141–152 (1924).

— Die Systemtheorie der elektrischen Nachrichtenübertragung. Stuttgart: Hirzel 1949.

LANGE, F.H.: Korrelationselektronik. Berlin: VEB Verlag Technik 1959.

LANING, and BATTIN: Random Processes in Automatic Control. New York: McGraw-Hill 1956.

LENSE, J.: Reihenentwicklungen in der mathematischen Physik. 145–151. Berlin: W. de Gruyter 1933.

LÉVY, P.: Processus Stochastiques et Mouvement Brownien. 27. Paris: Gauthier-Villars 1948.

Lexikon der Physik. Stichwort Kraft. Stuttgart: Franck'sche Verlagshandlung 1952.

LIETZMANN, W.: Das Wesen der Mathematik. Braunschweig: Friedr. Vieweg & Sohn 1949.

LINFOOT. E.H.: Optical Image Evaluation From The Standpoint Of Communication Theory. Physica **XXIV**, 476–494 (1958).

LÖHN, K., H. WEINERTH und H. WOLTER: Zur Frage der Fehlerfortpflanzung und Sicherheit bei der Übermittlung von Nachrichten unter Verwendung von elektronischen Analogrechnern zur Rückrechnung. A.E.Ü. **15**, 455–566 (1961).

LORENTZ-EINSTEIN-MINKOWSKI: Das Relativitätsprinzip, 6. Aufl. Stuttgart: B. G. Teubner 1958.

LYNCH & TRUXAL: Introductory System Analysis. New York: McGraw-Hill 1961.

MACDONALD, D.K.C.: On Brownian Movement And Irreversibility. Physica **XXVIII**, 409–416 (1962).

MARSHAK, R.E. und E.C.G. SUDARSHAN: Einführung in die Physik der Elementarteilchen. Mannheim: Bibl. Institut 1964.

MASON, S.F.: Geschichte der Naturwissenschaft. Stuttgart: Alfred Kröner.

MAYERHOFER, K.: Inhalt und Maß. Wien: Springer 1952.

MEYER-BRÖTZ, G.: Die Messung von Kenngrößen stochastischer Prozesse mit dem elektronischen Analogrechner. Elektronische Rechenanlagen, Heft 3/1962.

MEYER-EPPLER, W.: Grundlagen und Anwendungen der Informations-Theorie. Berlin-Göttingen-Heidelberg: Springer 1959.

MIDDLETON, D.: Statistical Criteria for the Detection of Pulsed Carriers in Noise I and II. Journal of Applied Physics. **24**, No. 4, 371–391 (1953).

NEUMANN, J. v. und O. MORGENSTERN: Spieltheorie und wirtschaftliches Verhalten. Würzburg: Physica Verlag 1961.

OLLENDORF, F.: Die Welt der Vektoren. 247–310. Wien: Springer 1950.

PADELT/LAPORTE: Einheiten und Größenarten der Naturwissenschaften. Leipzig: VEB Fachbuchverlag 1964.

PALEY-WIENER: Fourier-Transforms in the Complex Domain 14–20. New York: American Mathematical Society 1934.

PETERS, J.: Einschwingvorgänge, Gegenkopplung, Stabilität. Berlin - Göttingen - Heidelberg: Springer 1954.

— Geltungsbereich und Anwendbarkeit der Informationstheorie außerhalb der Nachrichtentechnik. NTZ **10**, 621–625 (1963).

— Gleichzeitige Approximation der Amplitude und der Laufzeit eines idealen Tiefpasses mit Hilfe der Strömungs-Analogie. A.E.Ü. **9**, 453–459 (1955).

— Quantitative Betrachtungen zur Kommunikation mit Raumfahrzeugen. Vortrag im Lehrgang für Raumfahrttechnik. München. 12.-16.6.1962.

— Nachrichtentechnik und Entropie, NTZ **10**, 614–617 (1966).

PLANCK, M.: Thermodynamik, 10. Aufl. Berlin: Walter de Gruyter 1954.

REIDEMEISTER, K.: Raum und Zahl. Berlin-Göttingen-Heidelberg: Springer 1957.

RICHARDS, R.K.: Arithmetic Operations in Digital Computers. 7. Aufl. Princeton: Van Nostrand 1958.

RICHTER, H.: Wahrscheinlichkeitstheorie, 1. Aufl. Berlin - Göttingen - Heidelberg: Springer 1956.

RUSSEL, B.: Philosophie des Abendlandes. Frankfurt a. M.: Holle 1950.

— Probleme der Philosophie, 17. Aufl. Wien: Humboldt 1943.

— The Principles of Mathematics. London: Allen & Unwin Ltd. 1903.

RYSKIN, E.Ya.: Differentiation of Random Processes. Telecommunications, Part 1, No. 6, June 1962.

SCHIEF, R.: Koinzidenz-Filter als Modell für das menschliche Tonhöhenunterscheidungsvermögen. Kybernetik, **2**, 8–15. (1963).

SCHLITT, H.: Systemtheorie regelloser Vorgänge. 73–90. Berlin - Göttingen - Heidelberg: Springer 1960.

— Anwendung statistischer Verfahren in der Regelungstechnik. München und Wien: R. Oldenbourg 1962.

SCHRÖDINGER, E.: Geist und Materie. Braunschweig: Fr. Vieweg & Sohn 1961.

— Was ist ein Naturgesetz? München und Wien: R. Oldenbourg 1962.

— Die Wellenmechanik. Stuttgart: Ernst Battenberg 1963.

SHANNON, C.E.: The Mathematical Theory of Communication. Urbana: The University of Illinois Press 1949.

— The Mathematical Theory of Communication. 9 Aufl. Urbana: The University of Illinois Press 1962.

SHERIDAN, T.B.: Experimental Analysis of Timevariation of the Human Operator's Transfer Function. Automatic and Remote Control, III, Bd. 96/2 1961.

SIEBERT, W.Mc.: A Radar Detection Philosophy. IRE-Trans. on I.T. IT2, No. 3, 204–221 (1956).

Sitzungsberichte der preuß. Akademie der Wissenschaften 3.1925.

SKOROKHOD, A.V.: Studies In Theory Of Random Processes (Übers. a. d. Russ.) Reading (Mass.) – New York: Addison-Wesley Publishing Company 1965.

SOKOLOW, A.A., J.M. LOSKUTOW, und I.M. TERNOW: Quantenmechanik, 273 –474. Berlin: Akademie-Verlag 1964.

STACHOWIAK, H.: Denken und Erkennen im kybernetischen Modell. Wien-New York: Springer 1965.

STEINBUCH, K.: Automat und Mensch. Berlin–Göttingen–Heidelberg: Springer 1961.

— Taschenbuch der Nachrichtenverarbeitung. Berlin–Göttingen–Heidelberg: Springer 1962.

— Über Kybernetik. Köln und Opladen: Westdeutscher Verlag 1963.

STERN, T.E.: Some Quantum Effects in Information Channels. IRE Transactions on Information Theory. Sept. 1960.

STEWART, J. L.: Fundamentals of Signal Theory. New York: McGraw-Hill 1960.

STORER, J.E.: Passive Network Synthesis. New York: McGraw-Hill 1957.

SZILARD, L.: Über die Entropieverminderung in einem thermodynamischen System bei Eingriffen intelligenter Wesen. Zeitschrift für Physik 53. 840–856 (1929).

TOLMAN, R.C.: The Principles of Statistical Mechanics. London: Oxford University Press 1938.

TRUXAL, J.G.: Automatic Feedback Control Synthesis. New York: McGraw-Hill 1955.

TUTTLE, D.E.: Network Synthesis. New York: J. Wiley & Sons 1958.

VOELKER/DOETSCH: Die zweidimensionale Laplace-Transformation. Basel: Birkhäuser 1950.

v. WEIZSÄCKER, C.F.: Die Geschichte der Natur. Göttingen, Vandenhoeck & Ruprecht 1948.

WHITEHEAD, A.N.: Einführung in die Mathematik. Wien: Humboldt Verlag 1948.

— Philosophie und Mathematik. Wien: Humboldt Verlag 1949.

WHITTACKER, E.: Von Euklid zu Eddington. Wien: Humboldt Verlag 1952.

WIENER, N.: Extrapolation, Interpolation and Smoothing of Stationary Time Series, 2. Aufl. 96 und 97. New York: J. Wiley & Sons 1950.

— Kybernetik. Düsseldorf: Econ 1963 (Übersetzung von: Cybernetics. MIT 1948).

— Nonlinear Problems in Random Theory. 1–15. New York: The Technology Press of MIT 1958.

WIRK, A.: Philosophie und Physik. Stuttgart: S. Hirzel 1961.

WOLFOWITZ, J.: Coding Theorems of Information Theory, I. Aufl. Berlin-Göttingen-Heidelberg: Springer 1961.

WOLTER, H.: Zu den Grundtheoremen der Informationstheorie, insbesondere in der Nachrichtentechnik. A.E.Ü. 12. 335–345 (1958).

— Zum Sampling -Theorem zweiter Art. A.E.Ü. 13. 477–481 (1959).

— Verfahren zur beliebig genauen Berechnung einer Originalnachricht aus endlich vielen Beobachtungen hinter einem Rechteckbandpaß. A.E.Ü. 13. 393–404 (1959).

— Nachweis für die Überschreitbarkeit der von den Sampling-Expansion-Theoremen postulierten Informationsschranken. Optica Acta, 7, 53 (1960).

— Zur Minimumstrahlkennzeichnung bei Spektrographen. Zeitschrift für Physik, 135, 531–540 (1953).

— Über die prinzipiellen Meßfehlergrenzen bei Schlieren- und Interferenzverfahren. Ann. Physik, 6. Folge, 19, Heft 1–2 (1956).

— Verbesserung der abbildenden Schlierenverfahren durch Minimumstrahlkennzeichnung. Ann. Physik, 6. Folge, 7 (1950).

— Zur Informationstheorie in der Optik. Physikertagung Wiesbaden 1960. Mosbach/Baden: Physik-Verlag.

— Zum Grundtheorem der Informationstheorie, insbesondere in der Optik. Physica XXIV, 457–475 (1958).

— Zur Genauigkeitssteigerung optischer Messungen durch Minimumstrahlkennzeichnung. Z. Naturforschg. 5a, 139–143 (1950).

— On Basic Analogies And Principal Differences Between Optical And Electronic Information. Progress in Optics, I. Amsterdam: North-Holland Publishing Company 1961.

WOODWARD, P.M.: Probability and Information Theory, with Application to Radar. Oxford: Pergamon-Press 1953.

ZIEL, A. Van der: Noise. New York: Prentice-Hall 1954.

Symposium on Information Theory 1956. IRE Transactions on Information Theory. **IT-2**, No. 3, Sept. 1956.

NTF-Nachrichtentechnische Fachberichte – Rauschen. NTZ Beiheft 2/1955. Braunschweig: Friedr. Vieweg & Sohn.

IRE Transactions Information Theory. International Symposium on Information Theory. **IT-8**, Sept. 1962, No. 5. New York: Institute of Radio Engineers, Inc. 1962.

VDI-Berichte: Anwendung statistischer Methoden auf Schwingungsprobleme. No. 66, Düsseldorf: VDI-Verlag GmbH 1962.

Information Theory as the Basis for Thermostatics and Thermodynamics. Journal of Applied Mechanics, 465–470, 1961.

Sachverzeichnis